伝統中国と福建社会

三木　聰著

汲古書院

序

本書は、一九八六年から二〇一三年までの間に、筆者が発表した論考を集成したものである。本書の各章は、主として、中国の東南沿海に位置する福建省を地域的対象とし、また十四世紀の後半に始まる明朝の時代から二十世紀半ばの土地改革の時代までを扱っている。それらは本書の標題が示すように、〈福建社会〉という空間的世界を、現代、或いは当代の中国にも通底する〈伝統中国〉という時間軸のなかに置いて分析・検討を加えたものである。〈福建社会〉および〈伝統中国〉という枠組み自体は、前著『明清福建農村社会の研究』（北海道大学図書刊行会、二〇〇二年）における問題意識を踏襲している。前著は明清時代の農村社会に見られる抗租という地主―佃戸関係の矛盾の表象をめぐり、それと関連する地域経済・国家権力、或いは図頼行為という諸問題の考究を通じて、抗租のもつ豊かな歴史に眼を向けたものであった。それに対して、本書の内容は福建の沿海地域から内陸の山区へ、また〈海〉の魚課・海賊の問題から〈陸〉の抗租・公田の問題へというように、分析の対象は様々で、そこには一貫性が見られず、或いは散漫の誹りを免れないのかも知れない。しかしながら、筆者の問題関心自体は、依然として〈伝統中国〉の持続性との関連において福建という一地域に固有の歴史的世界を解明することにある。本書が成し得たことは、ごく些細なものであり、いわば〈点の歴史〉を明らかにしたに過ぎないとはいえ、これらの所論が故高橋芳郎氏の言われる「捨て石」となって、今後の研究にわずかなりとも寄与することができれば望外の悦びである。

ここでは、はじめに、各章の内容について簡単に述べておくことにしたい。なお、各章は時系列に即して配置してある。

第一章から第三章までは、主として福建の沿海地域を対象に、魚課・対外情報・海賊という海域世界に関連する諸問題を取り扱っている。

第一章は、福建における魚課の問題を、明代の前期から中後期にかけて考察したものである。福建では洪武十四年（一三八一）という時期に広汎な地域で「閘辦魚課」が実施され、さらに内陸地域も含めて各地に河泊所が設置されることで魚課の徴収体制が確立された。当初、魚課は米建てで徴収されたが、明代中期にかけて魚課制度の改革が行われた。弘治六年（一四九三）における福建巡按御史呉一貫の改革は、魚課の全面的な銀納化と「漁課冊」攢造による魚課徴収体制の整備を目的とするものであった。おそらくは呉一貫の改革以降、沿海地域では「澳」を単位として漁戸を組織する澳甲制を通じて魚課は徴収されたと思われる。また本章では、明初以来の里甲制的徴税体系と魚課徴収との関連についても論及している。

第二章は、万暦二十年代の初めに福建巡撫を務めた許孚遠の文集『敬和堂集』所収の「請計処倭酋疏」を糸口に、朝鮮半島を舞台とする壬辰戦争の裏面史を、福建―薩摩間の商業貿易関係との関連において考察したものである。許孚遠が派遣した貿易商人によって収集された日本情報を前提に、反封貢論を展開するとともに対日軍事方略を提言した許孚遠の上奏は、万暦二十二年（一五九四）五月初旬に明朝中央に提出され、封貢中止という政策決定に一定の影響を与えたのであった。その後、許孚遠は薩摩の島津義久と結ぶことで秀吉の「擒斬」を図るという、ある種の謀略を構想するに至り、それを実施に移そうとしたのである。「島津家文書」に残された許孚遠の義久宛「回文」および秀吉宛「檄文」からも、その一端を窺うことができる。

第三章は、明末天啓・崇禎年間の福建において、知府・道台を務めた王康謡および推官として在任した祁彪佳の判牘――『閩讞』および『莆陽讞牘』――の分析を通じて、倭寇・海賊の存在形態と沿海地域社会との関連について考察したものである。判牘という史料の性格上、裁きの場を通じて倭寇・海賊の実態が白日のもとに暴き出されている。海賊が次々と再生産される過程には「被擄」から「作賊」へというように、海賊に拉致された人々がそのまま海賊へ移行するという事態が存在していたが、膨大な数の被虜人は沿海地域に暮らす漁民層や沿岸貿易に従事する商人層など、まさしく「編戸の斉民」であった。また祁彪佳の判牘からは、沿海地域密着型の海賊や沿海の〈澳〉社会に特有の共同体的慣習（澳例）をも見出すことができるのである。

次に、第四章と第五章とは、福建山区の汀州府を対象としている。

第四章は、前著の第四部で取り上げた図頼――死骸を利用して怨みをもつ相手を恐喝・誣告する行為――について、清初康熙年間の汀州府の事例による考察を加えたものである。ここでは、王廷掄『臨汀考言』所収の判牘に見える図頼関係事案（全十九件）の分析を通じて、図頼の詞訟化という現実の事態に対する知府王廷掄の裁きの有りようを具体的に提示している。王廷掄は着任当初より、図頼の厳格な取り締まりを目指していたにも拘わらず、事件の背後に存在する〈死〉＝〈情〉の問題によって、事案そのものが図頼・誣告として裁かれることはきわめて稀だったのである。そこには伝統中国的法文化に媒介された紛争処理の実態が現れているといえよう。

第五章は、二〇〇九年・二〇一〇年の福建寧化県（明清期は汀州府寧化県）における史跡・史料調査で発掘・実見することのできた新史料、すなわち謝氏家廟内の碑刻「寧邑奸佃蔽租碑記」および『謝氏十修族譜』「増修祀産紀」の初歩的な分析を通じて、明清鼎革期の〈黄通の抗租反乱〉時に登場した長関が乾隆三十年代まで持続的に存在していたという確かな史実を提示したものである。また寧化県の農村社会では、明末清初期以来、長関の伝統が乾隆期を経て民国期まで底流していたと推測される。そこには〈国家〉統治の裏側に存在する〈社会〉的実態を考える手掛かりが隠されているように思われるのである。

さて、第六章および第七章は、革命期および建国期という福建の現代史に関するものである。

第六章は、一九二〇年代末から一九三〇年代初までの江西南部・福建西部地区（贛南・閩西革命根拠地）における土地革命と当該地区に特徴的な〈郷族〉との関連について考察したものである。具体的には、宗族的土地所有とでもいうべき公田が土地革命においてどのように処理されたのか、という問題に、中国共産党の土地政策に見える公田認識の変遷と土地革命の実践との分析を通じてアプローチしている。土地革命期では、一九三三年十月の段階において、地主的土地所有と同様に公田のすべてが没収の対象にされたとは考えられず、〈郷族〉の全面的な解体は志向されていなかったといえよう。

第七章は、建国直後に公布された「中華人民共和国土地改革法」に依拠して実施された福建省の土地改革と族田等の宗族的土地所有を中心とする公地・公田との関連を考察したものである。福建を含む華東区では、族田の「徴収・分配」において宗族農民の所有意識に配慮し、「少量の祭田」の存続が宗族農民の意思に委ねられることになっていた。しかしながら、当該時期の政治情勢、或いは土地改革前の土地所有状況という福建省の現実は、特段の配慮もなく公地・公田の「徴収・分配」が行われるという事態をもたらしたものと思われる。

最後に附篇であるが、これ自体は第二章との関連で本書に収録したものである。内容的には、壬辰戦争に対する明朝中央の封貢・封倭をめぐる政策的対応と政策決定過程について、万暦二十一年（一五九三）四月から同二十四年五月までの時期を対象に考察を行っている。ここでは特に、万暦二十二年（一五九四）五月の封貢中止に関連する九卿・科道会議、および同二十四年（一五九六）五月の政治的混迷のなかで開かれた九卿・科道会議の分析が中心となっているが、当該期における明朝中央政治の具体像を少しく開示することができたといえよう。万暦政治史は、わが国では未だ十分な開拓が行われていない分野であり、今後の研究の進展に期待したい。

目次

伝統中国と福建社会

第一章　明代の福建における魚課について

はじめに

本章は、明代における漁業税ともいうべき魚課の問題を、中国の東南沿海に位置する福建の事例に即して考察しようとするものである。

明代の魚課、或いは漁業に関しては、呉智和・中村治兵衛両氏によって本格的な研究が開始された[1]。特に中村氏の研究は、魚課およびその徴収機関としての河泊所の官制について考察するとともに、河泊所を媒介とした明朝の漁業支配についても論及されており、きわめて詳細な研究であるといえよう。しかしながら、氏の研究では、明代の魚課・河泊所の問題がいわば全国的・包括的に取り扱われることによって、それぞれの地域の特殊性との関連がいまひとつ明らかではなく、かつ魚課徴収制度についてもむしろ静態的な分析に終わっているように思われる。

ところで、洪武年間から隆慶初年までの間、明朝国家は海禁政策を〈祖宗の法〉として堅持したにも拘わらず、浙江・福建を中心とする東南沿海地域では海上密貿易が盛行し、特に嘉靖三十年代・同四十年代（十五世紀半ば）は〈後期倭寇〉〈嘉靖海寇反乱〉〈嘉靖大倭寇〉といわれるように、倭寇・海寇がきわめて激化した時代であった[2]。この時期の海寇が史料の上では「倭寇」といわれていたものの、実際には「真倭」はごく少数であり、その大多数が浙江・福建沿海の「編戸の斉民」であったことは周知のとおりである。かつて、片山誠二郎氏は、嘉靖年間の海寇を私貿易の公許を求める〈自立的中小貿易商人〉を中心とした民衆反乱、すなわち〈嘉靖海寇反乱〉と規定するとともに、こうした反乱を根底から支えたものとして沿海地域の「貧窮民」の広汎な存在に注目されたのであった。(3)

明清時代に編纂された福建沿海地域の地方志のなかに「濱海、魚を業とす」「海郷の民、多くは魚を業とす」「漁を以て生と為す」「濱海の邑、耕は四にして漁は六なり」という記述を見出すことができるように(4)、嘉靖年間の海寇を構成する「編戸の斉民」のなかで、沿岸漁業に従事する漁民層が一定の比重を占めていたことは明らかであろう。〈嘉靖大倭寇〉史研究という側面においても、中国東南沿海地域の漁業の分析、或いは明朝国家の漁民支配の解明は不可缺の課題であるといえよう。

以下、本章では、明朝国家の漁民支配の解明という課題に近接するための一つの作業として、特に明代初期から中後期にかけて福建における魚課徴収の問題を検討することにしたい。

一　明初における魚課と河泊所

(i)「閘辦魚課」とは何か

明朝の成立後、魚課徴収のための河泊所の官制が中央政府によって正式に施行されたのは、洪武十五年(一三八二)十二月のことであった。(5)しかしながら、それ以前から地域によっては河泊所が設置され、魚課の徴収が実際に行われていたことは、すでに中村治兵衛氏によって指摘されている。(6)

では、福建における魚課の徴収はいつ頃、どのようなかたちで始まったのであろうか。この問題については、まず、泉州府の(a)嘉靖『恵安県志』巻七、課程、魚課、および(b)万暦24『福州府志』巻七、輿地志七、食貨、魚課の次のような記事を挙げることができる。

(a)我朝始立河泊所、以榷沿海漁利。凡舟楫・網技、不以色藝自実没之。吾邑東南海地、分為八澳、澳有総甲一人、催督課米。洪武中、遣校尉点視、遂以所点為額。

我が朝は始めて河泊所を立て、それによって沿海の漁利に税を掛けた。およそ船・櫂や網技を操る場合、その技能を申告しなかったものはそれらを没収した。わが県の東南沿海は、八澳に分かれており、澳には総甲一人が置かれ、［魚］課米を催督している。洪武中に、校尉を派遣して調査・視察を行い、遂に査察したところによって［魚課の］原額とした。

(b)国朝立河泊所、榷漁利。凡舟楫・網罟、不以色藝自実者、没入之。洪武中、遣校尉点視、遂以所点為額、納課米。

国朝は河泊所を立て、漁利に税を掛けた。およそ船・櫂や漁網については、その技能を申告しなかった者は、それらを没官した。洪武中に、校尉を派遣して調査・視察を行い、遂に査察したところによって原額とし、［魚］課米を納入させた。

(a)・(b)ともに、明初の洪武年間において、中央政府から派遣された武官（「校尉」）が当該地域の漁業、或いは漁民の調査・視察（「点視」）を行い、それに基づいて魚課の原額が設定されたことが記述されている。

次に、(c)弘治『興化府志』巻一一、戸紀五、財政考下、魚課米、および(d)万暦21『福寧州志』巻四、食貨志、課程、州、魚課の記事を提示することにしたい。

(c)聞、魚課初立時、京都差有職役人員、前来閘辦、遂拠所及、以為定額。

聞くところでは、魚課が初めて立てられた時、京都から職役の人員が派遣され、［当地に］来て閘辦を行い、遂に可能なところに依拠し、それによって［魚課の］定額とした。

(d)考之、魚課初立時、京師差員役閘辦、遂拠所入、以為定額。

これを考察するに、魚課が初めて立てられた時、京師から員役を派遣して閘辦を行い、遂に収入に依拠し、それによって［魚課の］定額とした。

いずれも、魚課の原額（「定額」）を設定するにあたって、中央政府（「京都」「京師」）から特別の官員（「職役人員」「員役」）が派遣され、「閘辦」が行われたという内容である。特に「閘辦」については、弘治『八閩通志』巻四〇～四三、公署、郡県、所載の河泊所の項にも、次のような記載を見出すことができる。

①延平河泊所

在南平県治西隅。洪武十四年、戸部差人閘辦魚課、即旧鉄局為閘辦所。尋置今所。十六年、始設官吏。（巻四一、公署、延平府、文職公署）

南平県治の西隅に所在する。洪武十四年、戸部は人を派遣して魚課の閘辦を行ったが、即ち旧鉄局を閘辦所とした。ついで今の所に置かれた。十六年、始めて官吏が設けられた。

②同府順昌県河泊所

在県治之西。洪武十四年、戸部差人閘辦魚課。知県胡乾䌽建。（巻四三、公署、延平府、文職公署）

県治の西に所在する。洪武十四年、戸部は人を派遣して魚課の閘辦を行った。知県胡乾が創建した。

③同府同県仁寿河泊所

在県西北仁寿郷。洪武十四年、戸部差人閘辦魚課。未設官吏、其課米県兼領之。（同前）

県の西北の仁寿郷に所在する。洪武十四年、戸部は人を派遣して魚課の閘辦を行った。未だ官吏は設けられず、その［魚］課米は県がそれを兼領した。

④興化府河泊所
在府城東南胡公里霊慈廟中。洪武十四年、戸部差総旗宋雲億、閘辦魚課、寓延興里留茂庵。十六年、始置河泊所。（巻四三、公署、興化府、文職公署）
府城東南の胡公里霊慈廟内に所在する。洪武十四年、戸部は総旗の宋雲億を派遣して、魚課の閘辦を行ったが、延興里の留茂庵に寓した。十六年、始めて河泊所が置かれた。

⑤同府莆田県黄石河泊所
寓府城東南連江里顕済廟、旧寓万善堂。洪武十四年、戸部差総旗李臘孫・劉会保、閘辦魚課、寓顕済廟。十八年、設河泊所。（同前）
府城東南の連江里顕済廟に寓しているが、旧は万善堂に寓した。洪武十四年、戸部は総旗の李臘孫・劉会保を派遣して、魚課の閘辦を行ったが、［その時は］顕済廟に寓した。十八年、河泊所が設置された。

弘治『八閩通志』の記事は、内陸の延平府および沿海の興化府の事例に限定されているが、「閘辦魚課」が洪武十四年（一三八一）という特定の時期に、中央の戸部から派遣された官員によって行われていること、および③を除いて「閘辦魚課」の後にそれぞれの地域で河泊所ないし河泊所官が設置されていることを指摘することができよう。では、これらの史料に見える「閘辦魚課」とは、具体的にどのような行為、或いは状況を表しているのであろうか。字義的には「閘」は調査、「辦」は徴収の意であると思われる。(7) 従って「閘」自体は「点視」とほぼ同義であり、前掲の「京師、員役を差して閘辦せしめ、遂に入る所に拠りて、以て定額と為す」（万暦21『福寧州志』）という記述は、まさに「洪武中、校尉を遣わして点視せしめ、遂に点する所を以て額と為す」（嘉靖『恵安県志』）という記述に対応するものといえよう。すなわち「閘辦魚課」とは、当該地域における漁業・漁民の実態を調査し、それに基づいて初めて魚課を徴収したことを表現したものである[8]。

ところで、明初の段階に福建では、広汎な地域において「閘辦魚課」が実施されていたが[9]、如上の史料からも明らかなように、おそらくは洪武十四年（一三八一）という時期に集中的に行われたものと思われる。もしこうした推定が誤りでなければ、福建における魚課原額の設定、或いは魚課徴収体制の確立という点において、洪武十四年（一三八一）はまさに一つの画期であったと看做すことができよう。

なお「閘辦魚課」が中央から派遣された「校尉」「総旗」或いは「老軍」によって行われたことは、諸史料の物語るところであるが、弘治『興化府志』巻三一、礼紀一七、藝文志七、雑録に収録された「洪武十五年九月朔旦」の陳稔「贈戸部欽差閘辦黄石魚課官駱君重修東山涵閘序」には、

去秋、朝廷悉代天下閘辦魚課官。命戸部、仍以久次兵籍、勤労国家者、思所以優養之。於是盱眙駱興氏、泊儀真馮巨川氏、領勅符来莆之黄石。

去秋、朝廷は尽く天下の魚課を閘辦する官を交替した。戸部に命じて、依然として久しく兵籍に就き、国家に勤労する者に対して、これを優養することを考えさせた。そこで盱眙の駱興氏、および儀真の馮巨川氏は、勅符を受領して莆［田］の黄石に来た。

と記されている。「閘辦魚課」が戸部の管轄のもとに全国的レヴェルで実施されていたこと、および「欽差閘辦魚課官」として武官（「兵籍」）が各地に派遣されていたことを看取することができる[10]。福建における「閘辦魚課」は、まさにそうした全国的事業の一環に位置するものであった。

次に、福建の魚課が何を基準に科派されたのか、という点について触れておきたい。前掲の嘉靖『恵安県志』および万暦21『福州府志』の記載によれば、魚課は「舟楫」「網罟」という漁業に固有の生産手段の所有に対して科派さ

れたことが窺えるが、恵安県の『崇武所城志』漁課にも、

崇武一澳、大小船網、籍報恵安県征米。

崇武の一澳では、大小の船・網が、恵安県に籍報されて［魚課］米が徴収された。

と書かれており、[11] まさに船隻・魚網が官側に登録され、それを基準として魚課が科派されたのであった。漳州府の万暦『南靖県志』巻四、賦役、魚課には、

係漁戸・船戸出辦。

漁戸・船戸が支払うものである。

と見られるように、福建における魚課は、本来的には船隻・魚網を所有し、漁業に従事する「船戸」「漁戸」（以下、漁戸と一括して称する）から徴収すべきものだったのである。[12]

魚課の科派に関する如上の事例が、すべて福建沿海地域のものであるのに対して、内陸地域では、延平府の万暦『将楽県志』が「紅戸」および「碓戸」（碓臼を所有する戸）を（巻六、鈔課、魚課）、同じく万暦『大田県志』が「漁戸」「船戸」のほかに「蓄碓人戸」を挙げている（巻九、輿地志、版籍、賦、魚課）。さらに、建寧府の万暦『建陽県志』巻三、籍産志、賦役、国朝では「万暦二十四年奉都御史金公攢造比徴冊県額総数」の項に、「魚課米」は「船戸・碓戸人」による「辦納」とある一方で、

以上、比徴冊実賦。知県魏時応、謹述其事。……乃船戸・碓戸、亦称魚課、則以均取利于水耳。

以上、比徴冊［所載］の実際の賦税額である。知県魏時応は、謹んでその事を述べている。……乃ち船戸・碓戸［に課せられた税］も、また魚課と称しているが、［それは］則ち均しく利益を水から取得しているからだけであった。

と記されている。ここに見える「船戸」「碓戸」が漁業とは全く関係なく、単に「利を水より取る」という理由によっ

てのみ魚課を科派されていることが窺えよう。特に、こうした「碓戸」からの魚課徴収は、明代後期に至って現出した状況ではないか、と思われる。

本節の最後に、明初に設定された福建各地の魚課額（数値）を提示することにしたい。[表1]は、弘治『八閩通志』巻二〇、食貨、財賦、所載の各県の「魚課米」の額を表示したものである。明初において、福建の魚課は米穀で徴収され、従って「魚課米」と通称されていた。魚課の原額自体も、米建てで設定されていたものと思われる。(13)

[表１] 明代前期福建の魚課米額（単位：石）

府州県	魚課額	府州県	魚課額	府州県	魚課額
福州府	7314.0	漳州府	989.8	邵武府	1433.8
①閩県	971.9	①龍渓	527.7	①邵武	951.4
②侯官	584.7	②漳浦	457.9	②泰寧	145.8
③懐安	316.6	③龍巖	——	③建寧	81.9
④長楽	671.1	④長泰	——	④光沢	254.7
⑤連江	888.2	⑤南靖	4.2	汀州府	67.8
⑥福清	3298.1	⑥漳平	——	①長汀	——
⑦古田	——	延平府	10154.8	②寧化	——
⑧永福	——	①南平	2328.2	③上杭	——
⑨閩清	——	②将楽	707.9	④武平	——
⑩羅源	583.4	③尤渓	488.3	⑤清流	——
興化府	2697.9	④沙県	4262.1	⑥連城	——
①莆田	2580.6	⑤順昌	832.7	⑦帰化	67.8
②仙遊	117.3	⑥永安	1535.6	⑧永定	——
泉州府	4172.8	建寧府	4042.3	福寧州	978.0
①晋江	2248.1	①建安	926.3	①福寧	595.9
②南安	297.7	②甌寧	929.3	②寧徳	298.6
③同安	700.0	③浦城	772.4	③福安	83.5
④徳化	——	④建陽	821.9		
⑤永春	——	⑤松渓	108.5		
⑥安渓	——	⑥崇安	438.6		
⑦恵安	927.0	⑦政和	45.0		
		⑧寿寧	——		

典拠：弘治『八閩通志』巻20、食貨、財賦。なお、魚課米額の「升」以下については四捨五入し、また「閏月加米」は省略した。各府の数値は所轄の各県の魚課額数の和である。

［表1］によれば、沿海地域の福州・興化・泉州・漳州・福寧の四府一州と内陸地域の延平・建寧・邵武・汀州の四府との魚課額数の比率は、福建の全魚課額数に対して前者が五〇・七％、後者が四九・三％となり、ほぼ同率ということになる。また、沿海地域の四府一州の場合、魚課額の設定された県が、ごく少数を除いて、府・州内の沿海に位置する県に集中している点には注目したい。福建の魚課徴収においては、沿岸漁業に対して一定の比重がかけられていたことを明示しているといえよう。

(ii) 河泊所の設置

福建に設置された河泊所の総数は二十九ヵ所であった⒁。［表2］は、中村治兵衛氏の研究を参照しつつ、二十九の河泊所について、その名称および設置・廃止の年代を表示したものである⒂。中心的に依拠した史料は、二十六の河泊所についての記述が見られる弘治『八閩通志』であるが、ほかに府・州・県の地方志および実録・会典の記載によって補足を行った。この表によれば、史料上に設置年代の明記された河泊所は二十二ヵ所であるが、但し、閩県江南河泊所（福州府）・光沢県河泊所（邵武府）については史料間に異同が見られ、設置年代を特定することはできない。残りの二十ヵ所のうち、洪武十四年（一三八一）に福建の広汎な地域で実施された「閘辧魚課」よりも以前の段階に設置された河泊所は、僅かに二ヵ所のみであり、十六の河泊所が洪武十四年（一三八一）から同二十年（一三八七）までの間に設置されている。こうした事実からも、洪武十四年（一三八一）の「閘辧魚課」が福建における魚課徴収体制の確立の上で重要な画期となっており、それ以後、各地において河泊所が陸続と設置されたことが窺えるのである。

福建に設置された二十九の河泊所のうち、順昌県仁寿河泊所（延平府）と寧徳県河泊所（福寧州）とはきわめて特異な存在であった。なぜならば、前者については、前掲の弘治『八閩通志』巻四三、公署、郡県の③に明記されている

［表２］明代福建の河泊所の設置と廃止

府　名	河泊所名	設置年代	廃止年代(A)	廃止年代(B)
福州府	閩県江南河泊所	洪武16年（10年)①	——	万暦９年
	長楽県河泊所	洪武17年②	——	万暦９年
	連江県蛤沙河泊所③	洪武16年	——	万暦９年
	福清県河泊所	洪武20年	——	「見設」
	羅源県河泊所	洪武11年	万暦9年④	万暦９年
興化府	興化府河泊所	洪武16年	嘉靖36年⑤	嘉靖10年
	莆田県黄石河泊所	洪武18年	嘉靖36年⑤	嘉靖42年
	莆田県莆田河泊所	——	嘉靖36年⑤	嘉靖42年
	莆田県莆禧河泊所	——	嘉靖36年⑤	嘉靖42年
泉州府	晋江県河泊所	洪武14年	——	「見設」
	同安県河泊所	洪武16年	万暦18年⑥	万暦９年
	恵安県河泊所	洪武16年	万暦間⑦	万暦９年
延平府	延平府河泊所	洪武16年	——	嘉靖45年
	南平県西芹河泊所⑧	——	正統７年⑧	——
	将楽県河泊所	洪武17年	嘉靖２年⑨	嘉靖２年
	尤渓県河泊所	——	正統10年⑩	——
	沙県河泊所	洪武15年	正徳14年⑨	正徳14年
	順昌県河泊所	——	「今革」⑪	——
	順昌県仁寿河泊所	「県兼領」	——	——
建寧県	甌寧県河泊所	洪武14年	嘉靖間⑫	嘉靖10年
	建陽県后山河泊所⑬	洪武16年⑬	正統６年⑬	——
	崇安県河泊所	洪武14年	嘉靖間⑫	嘉靖10年
	浦城県河泊所⑭	洪武14年⑭	天順元年⑮	——
邵武府	邵武県河泊所	洪武９年	正徳11年⑯	「久革」
	泰寧県河泊所	洪武19年	正統元年⑯	——
	建寧県河泊所	——	正統８年⑰	——
	光沢県河泊所	洪武８年（20年)⑱	正徳10年⑯	「久革」
福寧州	福寧州松山河泊所	洪武26年	嘉靖36年⑲	——
	寧徳県河泊所	景泰３年⑳	嘉靖10年㉑	嘉靖10年

表註１：各項目に註番号が附けられていないものは、弘治『八閩通志』巻40-43、公署、郡県の記載に拠る。但し、廃止年代（B）の項目は、万暦『大明会典』巻36、戸部23、課程５、魚課、河泊所、「見設衙門」および「裁革河泊衙門」の記載に拠る。

表註２：註番号の附けられた項目は、それぞれ次の史料に拠る。①（ ）内は万暦24『福州府志』巻12、官政志４、公署。②弘治『長楽県志』巻１、公署。③ 蛤沙河泊所という名称は万暦24『福州府志』巻12、官政志、公署。④万暦『羅源県志』巻２、建置志、公署。⑤万暦『興化府志』巻４、田賦志、魚課。⑥康熙『同安県志』巻２、官守志。⑦万暦『恵安県続志』巻１、魚課。⑧『明英宗実録』巻95、正統７年８月癸卯。⑨嘉靖『延平府志』公署志、巻１、魚課。⑩『明英宗実録』巻126、正統10年２月己酉。⑪崇禎『閩書』巻54、文涖志。⑫嘉靖『建寧府志』巻８、公署。

⑬嘉靖『建陽県志』巻4、治署志。⑭弘治『建寧府志』巻11、公署志、文署。⑮順治『浦城県志』巻3、建置攷、官廨。⑯嘉靖『邵武府志』巻3、王制、制宇。⑰『明英宗実録』巻108、正統8年9月壬申。⑱（ ）内は嘉靖『邵武府志』巻3、王制、制宇。⑲万暦21『福寧州志』巻4、食貨志、課程。⑳万暦『寧徳県志』巻8、旧蹟。㉑嘉靖『寧徳県志』巻2、古蹟。
表註3：設置年代については史料に「建」「創」「設」「置」と記されているものに、廃止については同じく「裁」「革」「廃」「省裁」「裁省」と記されているものに拠った。

ように、魚課の「開辦」は行われたものの、当該河泊所は官制組織として実質的には機能しなかったのであり、魚課徴収自体も当初から順昌県によって行われていたからである。他方、後者については、確かに景泰三年（一四五二）という明の中期に開設されているが、それまでの間、魚課の徴収が「税課務」によって代行されていたことを見出すことができるからである。(16)

ところで、【表2】によって明らかなように、明代福建の行政区画である八府一州のうち、漳州府と汀州府とには河泊所は全く設置されていない。特に汀州府については魚課自体もほとんど設定されなかったことは、【表1】からも明白である。但し、漳州府については、魚課は沿海の県に設定されており、明初以来、それぞれの県の「帯管」とされていたのである。(17)ほかの六府一州に設置された河泊所については、明の中期から後期にかけて、河泊所そのものの廃止という趨勢にあったことが窺えるが、正徳以前における河泊所の廃止について見るとき、それがほぼ延平・建寧・邵武という内陸の三府に集中している点には注目しておきたい。

二　弘治年間における魚課改革

既述のように、明初における福建の魚課は米穀の形態で徴収されていたが、明代中期にかけて魚課の徴収に関する制度的改革の存在を見出すことができる。福建の数多くの地方志にその事実が記されているが、ここでは(e)弘治『興化府志』巻一一、戸紀五、財政考下、魚課米、および(f)嘉靖『恵安県志』巻七、課程、魚課の記事を提示することにしたい。

(e)聞、魚課初立時、京都差有職役人員、前来閘辦、遂拠所及、以為定額。後辦納不敷、乃有折徴事例。毎米一石、五斗本色、五斗折銀二銭五分。後民又告艱。弘治七年、奉戸部福字五百十八号勘合、該巡按福建御史呉一貫題准事例、毎石不分本色・折色、通徴銀三銭五分。

聞くところでは、魚課が初めて立てられた時、京都から職役の人員が派遣され、［当地に］来て閘辦を行い、遂に可能なところに依拠し、それによって［魚課の］定額とした。後に［魚課の］納入が不足し、乃ち折徴事例が行われた。［魚課］米一石ごとに、五斗は本色で、五斗は銀二銭五分に換算［して納入］された。後に民はまた困難を訴えた。弘治七年、戸部の福字五百十八号勘合を奉じ、巡按福建御史呉一貫の題准事例によって、［魚課米］一石ごとに本色・折色に分けず、すべて銀三銭五分を徴収した。

(f)洪武中、遣校尉点視、遂以所点為額。其後漁戸逃絶者多、額設課米、皆責見存人戸、辦納不敷。乃有折徴之令。毎米一石、半納本色、而折其半、為銀二銭五分。人尚以為病。弘治七年、御史呉一貫奏准、不分本折色、通徴銀三銭五分。漁民乃得蘇息。

洪武中に、校尉を派遣して調査・視察を行い、遂に査察したところによって［魚課の］原額とした。その後、漁戸の逃絶する者が多く、額設の［魚］課米は、すべて現存する人戸に［納入の］責任を負わせたが、［魚課の］納入は不足した。そこで折徴の令が出された。［魚課］米一石ごとに、半分は本色で納め、その半分を折［色として換算］し、銀二銭五分とした。人々はなお困難であった。弘治七年、御史呉一貫の奏議が裁可され、本色・折色を分けず、すべて銀三銭五分を徴収した。漁民は息を吹き返すことができた。

両者ともにほぼ同様の内容となっているが、魚課徴収制度の改革は二度にわたって実施されている。すなわち、第一の改革は「折徴事例」或いは「折徴之令」といわれるものであり、当初の魚課米という形態を、魚課米一石当たり

「本色」として米穀五斗、および「折色」として銀二銭五分の納入という形態へ変更したものである。第二の改革は、福建巡按御史呉一貫によって実施された、魚課の全面的な銀納化であった。第一の改革については、如上の記載のほかにその具体的な内容が不詳であり、ここでは呉一貫の改革について若干の分析を行うことにしたい。

呉一貫が福建巡按御史に就任したのは、弘治四年（一四九一）頃のことだと思われる。[18]前掲の(e)に「題准」とあり、(f)に「奏准」とあるように、呉一貫の改革は弘治帝の裁可を得て実施されたものであった。『明孝宗実録』巻七五、弘治六年（一四九三）五月癸酉（十日）条には、当時の戸部尚書葉淇による「応詔陳五事」が記載されており、そのなかの第四項で、呉一貫の上奏のことが触れられている。

一、折魚課、以蘇民困。福建歳徴魚課米三万餘石。近巡按官奏、魚戸艱困、乞毎石折銀三銭五分、為彼処官軍俸糧之用。今査、福建歳入田租、存留者歳支之外、尚餘七万有奇。宜従其魚課折銀之奏、而以田税所餘、歳折五万石、進之内庫、以為常、庶魚戸可蘇、而内庫亦充。

一、魚課を折［銀納］化し、それによって民を困窮から甦生する。福建の歳徴の魚課米は三万餘石である。近ごろ巡按官が［次のように］上奏してきた。魚戸は困窮しており、どうか［魚課米］一石ごとに銀三銭五分に換算し、彼の地域の官軍の俸糧用として頂きたい、と。今、査べたところ、福建の歳入の田租は、存留する者で歳支の外に、なお餘剰が七万［石］有餘ほどある。宜しく魚課折銀の上奏に従い、田税の餘剰分をもって、歳ごとに五万石を［銀に］換算し、これを内庫に上納することを、常態とすべきであり、［そうすれば］魚戸は甦生することができ、内庫も充実することになるに違いない。

漁戸の「艱困」を原因として魚課の折銀納化を目指す呉一貫の上奏に対し、「今査」以下が戸部尚書葉淇による答申の内容である。これらの提議は、弘治帝により「所言有理」として実施に附されたのであった。なお、当該実録の記事からも明らかなように、呉一貫の改革は弘治六年（一四九三）に行われたのであり、前掲の(e)・(f)に見える弘治七年（一四九四）は、銀納化された魚課の徴収が実際に開始された年次を表示したものと思われる。

さて、呉一貫の改革について叙述する最も詳細な史料は、同時代を生きた泉州府晋江県の郷紳、蔡清の『虚斎蔡先生文集』巻四、記、所収の「御史呉公利民一事記」である。

①御史呉公利民一事云者、呉公之巡按吾福建、其利民之事、固多也。利民之事多、而此独記其一事者、吾漁民也。自記其所利於吾漁民者之一事耳。他非所能悉也。

御史呉公の民に利益をもたらす一事とは、呉公が吾が福建の巡按御史となり、その民に利益をもたらす事が、もとより多かったからである。民に利益をもたらす事は多かったが、ここにただ一つの事を記すのみなのは、吾が漁民［について］である。自らその吾が漁民に利益をもたらした一事を記すのみである。他のことはよく知るところではない。

②蓋自弘治五年以前、漁民課米、毎石本色五斗、撥本府所属入倉所費用銀五銭、折色五斗、則徴銀三銭五分、類解本布政司入庫、歳有定額也。然江海之利無常、而人事之変不一。間有死絶者、有逃者、有孤寡而貧難者、有業去而産存者。而故額之徴於官者、固不容有毫厘之殺也、不免以敷派同甲之人、分償之。而漁民之贍足者、正無幾。既竭其脂膏、以輸己之課矣。乃復令代償他人之課。甚者称貸於人、至尽貸所有、或棄妻鬻子、以求免於箠楚囚禁之害。亦可哀矣哉。

蓋し弘治五年より以前、漁民の［魚］課米は、一石ごとに本色は五斗、本府所属の倉に納入する費用として銀五銭で、折色は五斗であり、則ち［魚課として］銀三銭五分を徴収し、おおむね本布政司庫に解送すれば、歳ごとに定額があることになる。然れども江海の利益は常なく、人事の変化も一定ではない。間々、死絶する者がおり、逃亡する者がおり、独り身で貧窮する者がおり、仕事はないのに資産が存在している者がいる。［それなのに］原額の官に徴収されるものは、もとより僅かばかりの減少も許されないのであり、同甲の人に広く科派して、それぞれ辦償させることを免れない。漁民の充足している者など、正にほとんどいないのである。既にその脂膏を出し尽くして、己の［魚］課を納めているのに、ところがまた他人の［魚］課を代償させている。甚だしい場合は人から借金し、あらゆる財貨を売り尽くすに至りては、或いは妻を棄て子を鬻ぎ、それによって笞杖・囚禁の害を免れようとするのである。また哀れむべきことではないか。

③呉公深悉其病也、乃因省災陳言、以請於上、乞更其制。凡漁民課米、毎石通徴折色銀三銭五分解庫、更不復徴本色。又乞令通省、十年一次、攅造漁課冊、如庶民黄冊例。其死絶逃移等無徴者、得以開除、新造船網之未及報、与夫旧有漏報者、皆得以公道挙収而補之、通融消息、務使上不虧国課、而下不虧民力焉。上以其言下戸部、戸部行布按二司、覈得其実、遂請旨、悉依行之於今、永為定制矣。計、吾澳中請申所免陪貱之数、已若干、則挙吾同安一県若干澳中所免者、能幾何、挙吾泉一府七県所免、又当幾何、以至福建一省八府一州五十三県所免、又何知其幾何矣。吾漁民之受恵、可勝計哉。此寔呉公利民一事也。

呉公は深くその弊害を知悉するや、すなわち災厄を除くために陳言して、上に奏請し、その制度の変革を求めた。凡そ漁民の［魚］課米は、一石ごとにすべて折色銀三銭五分を徴収して倉庫に解送し、更にもう本色は徴収しない。また省全域に命じて、十年に一度、庶民の黄冊の事例の如く、魚課冊を攅造させる。その死絶・逃移等で［漁課を］徴収できない者は、［漁課冊から］除くことができ、新たに建造した船隻・漁網で未だ登記していないものと、もともと登記漏れしていたものとは、すべて公正に挙報によって補塡し、柔軟に増減することができ、務めて上は国課を不足させず、しかも下は民力を損なわないようにすることを求めた。上はその奏言を戸部に下し、戸部は布・按二司に命じたところ、調査によって実情を得たので、遂に上諭を奏請し、悉くそのまま現在に行い、永遠に定制としたのである。算えたところ、吾が澳中で辦償の免除を申請した数は、已に若干であれば、則ち吾が同安一県の若干の澳中で免除される数を挙げると、幾らになり、吾が泉州一府七県で免除される数を挙げるならば、また幾らになり、そうして福建一省八府一州五十三県の免除される数に至っては、また幾らになるかは分からない。吾が漁民が受ける恩恵は、［大きすぎて］計ることなどできようか。此れは実に呉公が民に利益をもたらした一事である。

内容的には①が前文で、②③が本文というべきものである。[19]②では、呉一貫の改革以前の状況として、本色・折色による魚課の納入と本色五斗に対して銀五銭が附加費として科せられていたことが述べられている。[20]それと同時に、この制度のもとで漁戸の死絶・逃亡等によって生じた魚課の滞納額を「同甲の人」に強制的に科派していた状況を窺うことができる。

それに対して、③によれば、呉一貫の改革は二つの内容からなっていた。第一に、既述のように、魚課自体を完全に銀納化することであり、当初の魚課米一石を銀三銭五分に換算して徴収するというものであった。そして第二に、以後、賦役黄冊の例にならって十年ごとに「漁課冊」を攢造し、毎回、逃亡等の漁戸を「漁課冊」から削除するとともに、船隻・魚網を新造した戸およびこれまで冊籍から遺漏していた戸を新たに登記することによって、魚課の原額を恒常的に維持することを企図したのであった。

呉一貫の改革の第一の点、すなわち魚課の銀納化については、少なくとも建前的には明末の段階まで堅持されたのである。例えば、福州府の崇禎『長楽県志』巻四、食貨誌、貢賦、「崇禎十三年田米・丁銀・雑項総数」の「雑項」に、

魚課米、原額六百五十八石六斗五升六合。……毎石徴銀三銭五分算、共該銀二百三十七両七銭七分二厘五毫。

魚課米、原額は六百五十八石六斗五升六合。……一石ごとに銀三銭五分を徴収することで計算すると、共に銀二百三十七両七銭七分二厘五毫に該当する。

とあることからも、その点は明らかであろう。[21]

次に、第二の点、すなわち「漁課冊」の攢造については、明朝国家による漁戸の把握および魚課徴収の具体的な有りようという側面からも注目すべきものと思われる。しかしながら、呉一貫の改革以後、福建各地において「漁課冊」が現実に攢造されたのかどうか、については、いまひとつ明らかではない。ただ、隆慶四年（一五七〇）―万暦二年（一五七四）の恵安県知県、葉春及の『恵安政書』三、版籍考には、[22]次のような記事が存在する。

閩漁産、自五代時課之矣。……国朝置所専榷之、志亦詳矣。蓋魚課網罟、与海扈等地、本不相侵、制具存也。為扈者曰所、其米重。為蕩者曰畝、其米次之。他為罟網諸業。同安志、取之於潮、既泛、其得之有数、利必薄。故米尤軽、是也。今之扈・蕩、在課冊者少、而多入于黄冊。豈制哉。非有力不能蓄。小民安知制之不相侵。……余乃考洪武・永楽旧籍而酌之、再造為万暦元年課、而列其新旧于表、米皆帰之于県徴焉。

閩の漁産は、五代の時からこれに［税を］課してきた。……国朝は［河泊］所を置いて専門にこれを徴収したことは、［県］志にも詳しい。蓋し魚課を漁網に科すことは、海扈等の地とは、本より関係がないが、［そのことには］制度が存在している。扈であるところは所と言い、その［税］米は重い。蕩であるところは畝と言い、その［税］米はこれに次ぐ。他に漁網などの業産がある。同安志では、これを潮から取っているが、既に茫漠としており、これを得るにしても限りがあり、利は必ずや薄いものとなる。故に［魚課］米が尤も軽いのは、このためである。今の扈・蕩で、課冊に載っているものは少く、その多くは黄冊に入っている。どうして統制することができようか。力がなければ蓄えることもできない。小民はどうして制度の関わりがないことを知りえようか。……余はすなわち洪武・永楽の旧籍を考察してこれを斟酌し、再度、万暦元年の課［冊］を攢造して、その新・旧［の魚課額］を表に列挙し、［魚課］米はすべて県の徴収に帰すことにした。

この時期、恵安県では「扈」「蕩」がほぼ「黄冊」に登録されていたのに対して、「魚課網罟」は「課冊」に登録されていた。まさしく、賦役黄冊のほかに漁戸に関する「課冊」が存在していたのである。また、万暦『恵安県続志』

では、葉春及による「漁冊」編造のことが記されているが（巻一、漁冊）、この「課冊」すなわち「漁冊」こそ、呉一貫の改革以来の「漁課冊」と看做して間違いないであろう。

ところで、万暦『漳州府志』によれば、明初以来、河泊所が全く設置されなかった漳州府では、魚課額数が「賦役冊」に記載されていたことを見出しえるが（巻五、漳州府、賦役志、財賦、魚課）、同書、巻一九、漳浦県、賦役志、財賦、魚課には、嘉靖七年（一五二八）の魚課額数が提示され、その割註で、

隆慶五年賦役冊同。但賦役冊、作無閏年米二百七十九石二斗六升七合七勺五抄四撮、該銀九十七両七銭四分三厘七毫一糸三忽九微。与此大同小異。

隆慶五年の賦役冊も同じ。但し賦役冊では、閏月のない年の［魚課］米を二百七十九石二斗六升七合七勺五抄四撮としており、［それは］銀九十七両七銭四分三厘七毫一糸三忽九微に該当する。此と大同小異である。

と記されている。隆慶五年（一五七一）がまさに賦役黄冊攢造の年次に当たることから、ここに見える「賦役冊」が賦役黄冊であることは明らかであろう。すなわち、呉一貫の改革にも拘わらず、漳州府では漁戸が賦役黄冊に登録され、それによって魚課の徴収は行われていたのである。こうした状況は、漳州府では明初以来のことだったと思われる。

三　魚課の徴収をめぐって

(i)　魚課と澳甲制

以上のように、弘治六年（一四九三）の呉一貫の改革によって、魚課の全面的な銀納化および十年ごとの「漁課冊」

攢造という新たに魚課徴収体制が再編されたのであったが、そもそも魚課はどのような在地の組織を媒介として徴収されたのであろうか。

蔡清「御史県公利民一事記」③の後半部分では「吾澳中、免ずる所の陪貺の数を請申すること、已に若干」とあり、さらに澳→同安県→泉州府→福建省という叙述がなされているが、康煕『同安県志』巻二、官守志、河泊所に、

弘治七年奏准、毎石徴銀三銭五分。同安三十六澳漁課米、亦時消長不一。

弘治七年の奏准で、［魚課米は］一石ごとに銀三銭五分を徴収した。同安の三十六澳の漁課米は、また時々でその増減はまちまちであった。

とあることからも、同安県では澳（入江、或いは湾）を単位として魚課の徴収が行われていたことを推定することができよう。

同じ泉州府の恵安県についても、すでに提示した嘉靖『恵安県志』巻七、課程、魚課には、

吾邑東南海地、分為八澳、澳有総甲一人、催督課米。

吾が県の東南沿海の地は、八澳に分かれており、澳には総甲一人が居て、［魚］課米を催督していた。

と記されていた。恵安県の沿海地域には八つの澳が存在し、それぞれの澳には総甲が置かれており、魚課の徴収は総甲を媒介として行われていたのである。また、万暦『恵安県続志』にも「澳甲」という名辞が見られるが（巻一、魚課）、その点に関連して、葉春及は『恵安政書』一、図籍問の中に、次のような記述を残している。

魚課雖有専司、邇之訟者実繁、由版籍久闕、易以誣誑故耳。原額八澳、澳有甲、当書某澳・某甲・某戸、有某処・某業・米若干。隠者予覈登答簿而罪焉。有業而未籍者、及原無籍而業者、可告。余酌之以抵一二無徴者。

魚課には専司が置かれていたが、以前、訴訟を行う者が実に多かったのは、版籍が久しく闕けており、欺瞞し易かったからだ

けであった。原額は八澳で、澳には甲が置かれており、まさに某澳・某甲・某戸で、某処・某業・[魚課]米若干有りと書くべきである。隠蔽する者は、調べて答簿に登記して罪を与えるのを許す。[某]業を有しながら未だ登記されていない者、およびもともと登記されていないのに[某]業を行っている者については、告訴することができる。余はこれを斟酌して一二の[魚課を]徴収していないところに充当する。

まさしく澳を単位とした組織、澳甲の存在を看取することができよう。万暦元年(一五七三)の「漁冊」編造に当たって、葉春及は澳—甲—戸という系列による漁民と魚課との把握を目指したのであった。先の嘉靖『恵安県志』に見える総甲は、澳甲組織のリーダーを表したものと考えて大過あるまい。

以上、泉州府の事例によって、魚課徴収のための在地組織として澳甲制とでも称すべきものの存在を推定したが、但し当該組織が明初の段階から設定されていたか否かについては甚だ疑問である。なぜならば、総甲という名辞自体がすぐれて明代中期的なものだからである。(23)

こうした魚課徴収のための組織は、他の地域にも見出すことができる。崇禎『長楽県志』巻四、食貨誌、雑征には、

一、魚課米、六百五十八石六斗五升六合、有閏年加米二十石六斗九升四合、毎石徴銀三銭五分、此定額也。向派之各魚舟、毎年点澳甲徴催、額本易完。若長吏不慎令、衙官以点舟為名、借題至澳、差役乾没中飽、則各舟騒擾、而糧額多逋矣。

一、魚課米は、六百五十八石六斗五升六合で、閏年には米二十石六斗九升四合を加え、一石ごとに銀三銭五分を徴収する。此れが定額である。以前はこれを各魚舟に科派し、毎年、澳甲を点検して徴催させていたが、額本は完納し易かった。もし長吏が命令を慎まず、衙官が舟の点検を名目とし、それに託けて澳に至り、差役が乾没・中飽を行ったならば、則ち各舟は騒擾を起こして、糧額は滞納が多くなるであろう。

と記されている。福州府の長楽県でも澳甲による魚課の催徴は行われていたのである。
次に、弘治『興化府志』巻一一、戸紀五、財政考下、魚課米の中に、
然而本府五河泊所、歳課屢虧、民以告困。其故何哉。豈昔人所謂山海之利非耶、抑処置夫法之未善耶。近者当道君子〈巡按御史呉一貫、及本府推官翁理〉、憂心及民、乃通括各干業戸、責令有無相済。其得通融之政哉。（〈 〉内は割註の記載）
しかしながら本府の五河泊所は、歳課が屢々不足しており、民は困窮を告げている。その理由は何であろうか。昔の人の所謂、山海の利がないのであろうか、それとも処置する方策が良くないのであろうか。近ごろ当道の君子〈巡按御史呉一貫、および本府推官翁理〉は、憂いの心が民に及び、乃ち各々の干の業戸を一括し、命じて有る者と無い者とが相助けるようにさせた。それは［まさに］融通させるという政事ではないか。
という記述を見出すことができる。呉一貫の改革に関連して、興化府では推官翁理によって当地の実情に即した改革が実施されていた[24]。ここではその内容として、魚課徴収のために各漁戸（「業戸」）が「干」という組織に統轄されていたことが述べられている。この干については、同じく「魚課米」の後半部分で、より具体的な記述が存在する。
一、興化府河泊所管下地方、蘆浦・塘東・渓東・東門・新渡・園頭・下浦。業戸分作六干、海船干・渓船干・溝船干・網船干・罾干・挑販干。各色業戸、計三百六十五戸。
一、興化府河泊所の管轄地域は、蘆浦・塘東・渓東・東門・新渡・園頭・下浦である。業戸は六干に分かれているが、海船干・渓船干・溝船干・網船干・罾干・挑販干である。各種の業戸は総計、三百六十五戸である。
興化府河泊所の管轄内では、船隻・魚網等の生産手段の所有者（「業戸」）を対象として、戸数原則ではなく、生産手段の種目別に干が組織されていた。しかも魚商（「挑販」）までもが含まれている点は注目されよう。また、莆田県

河泊所について、

一、莆田県河泊所管下、延寿・望江・待賢・孝義・仁徳・尊賢六里、新橋・江口・浯塘三澳。魚扈、小山・東宗共一十四所。網門、下黄・竿山一十所。業戸分干不等、計九百八十戸、船丁三百名。

一、莆田県河泊所の管轄は、延寿・望江・待賢・孝義・仁徳・尊賢の六里、新橋・江口・浯塘の三澳である。魚扈は、小山・東宗の共に一十四所である。網門は、下黄・竿山の一十所である。業戸は干に分かれているがまちまちであり、総計、九百八十戸で、船丁は三百名である。

と書かれている。中村治兵衛氏は、興化府の四河泊所管轄内において「業戸」と漁場（「魚扈」「石扈」および「網門」）との密接な関係が存在し、かつ「漁場の権利関係」が成立していたことを看取されているが(25)、それと同時に漁戸（「業戸」）を構成員とする干が組織されており、かつ干の組織化において漁場の所在する澳が一定の単位となっていたことも指摘することができよう(26)。

興化府の干について、万暦『興化府志』巻四、田賦志、魚課は、さらに、

右録弘治年間旧誌、歳辦課米価銀、与今之派徴則数、大同小異。先是本府・莆田所属河泊所四所、各設官吏一員、就該管去処、建立衙門徴納。自嘉靖三十六年以後、奉文裁革、逓年魚課、并莆田県帯辦課銀、倶係本県管糧官帯徴。仍照原設各所干下、編排総甲、輪当催辦。近本県知県孫謀、於各戸課銀、只令当堂秤収投櫃、正課完納、即得寧家。往時額外等費、一切停罷。二県額派銀両、倶解司庫。

右は弘治年間の旧誌を記録したものであり、歳辦の［魚］課米の価銀は、今の科派徴収する則数と、大同小異である。以前、本府・莆田［県］所属の河泊所は四ヵ所であり、各々、官吏一員を設け、当該の管轄する地域に就いて、衙門を建てて徴収していた。嘉靖三十六年以後は、命令を奉じて［河泊所は］廃止され、毎年の魚課は、莆田県を併せて課銀を帯辦したが、倶に

本県の管糧官の帯徴となった。やはり原設の［河泊］所の干下に照らして、総甲を編排し、輪番で［魚課を］催徴させた。近年、本県の知県孫謀は、各戸において［魚］課銀は、ただ当堂で秤によって徴収して投櫃させたところ、正課は完納され、すなわち家を安んじることができた。往時の額外等の費目は、すべて廃止された。二県の額派された銀両は、倶に［布政］司庫に解送された。

と述べている。この記事は嘉靖三十六年（一五五七）の河泊所廃止以後のこととして書かれたものであるが、特に傍点部分に注目したい。すなわち、嘉靖三十六年（一五五七）以後も、それ以前と同様に、干のもとに総甲が置かれ、魚課の催徴が行われていたのである。但し、当該史料が書かれた段階では、すでに隆慶五年（一五七一）就任の莆田県知県孫謀によって、各漁戸による魚課の「秤収投櫃」（自封投櫃のことか）が実施されていた。[27]万暦『興化府志』の記事によって少しく明らかになった事実は、興化府においても恵安県と同様に魚課徴収のための総甲が置かれていたことであり、従って、当該地域ではまさに澳―干―総甲という系列のもとに漁戸は組織されていたのである。

以上のように、呉一貫の改革以後、特に福建の沿海地域では、基本的には澳を単位とする澳甲・干という組織を媒介として魚課は徴収されていた。こうした制度はまさに澳甲制とでも総称し得るのではなかろうか。

(ii)　魚課と里甲制

前節において検討した魚課徴収組織としての澳甲・干の事例は、いずれも福建の沿海地域に関するものであったが、他方、内陸地域における魚課の徴収はどのような組織を媒介として行われていたのであろうか。さらには、呉一貫の改革以前における同様の問題についても究明しなければならないであろう。

この問題の手掛かりとなるのは、前掲の蔡清「御史呉公利公一事記」②において、弘治五年（一四九二）以前は漁戸の死絶・逃亡等によって生じた魚課の滞納額が「同甲の人に敷派」されていたと書かれている点である。沿海地域の地方志では、蔡清の記述とは聊か異なって、魚課米から本色・折色へという過程における問題とされており、前掲の嘉靖『恵安県志』巻七、課程、魚課では「額設の課米、見存の人戸に責して辦納せしむ」と記されていた。また『崇武所城志』漁課では、

崇武一澳、大小船網、籍報恵安県征米。其後民窮力尽、船網破壊、逃絶者多、而額課米、皆齎報冊人戸辦納、不敷。乃有折征之令、毎米一石、半納本色米、折価二銭五分、人尚以為病。

崇武一澳では、大小の船・網は、恵安県に籍報されて〔魚課〕米が徴収されていた。その後、民は窮乏して財力も尽き、船・網は破壊され、逃亡・死絶する者も多く、原額の〔魚〕課米は、すべて報冊の人戸に辦納させたが、不足していた。そこで折徴の令が出され、〔魚課〕米一石ごとに、半分は本色米を納め、折価〔銀〕は二銭五分であったが、人々はなお困難であると思った。

とあって、嘉靖『恵安県志』の「見存人戸」が「報冊人戸」という表現になっている。

この点に関して、万暦24『福州府志』巻七、輿地志七、食貨、魚課では、より明確に、次のように書かれている。

洪武中、遣校尉点視、遂以所点為額、納課米。其後漁戸逃絶、米責里戸辦納、不敷。乃有折徴之令、毎米一石、半納本色五斗、折色五斗、輸銀二銭五分。編戸猶称重困。

洪武中に、校尉を派遣して調査・視察を行い、遂に査察したところによって原額とし、〔魚〕課米を納入させた。その後、漁戸が逃亡・死絶し、〔魚課〕米は里戸の責任で辦納させたが、不足していた。そこで折徴の令が出され、〔魚課〕米一石ごとに、半分は本色五斗を納め、折色五斗は、銀二銭五分を納めさせた。編戸はなお重困と称した。

当該地域では、漁戸の逃亡・死絶等による魚課の不足分を補塡する責務が「里戸」に科せられており、さらに、呉一貫の改革の前段階で「編戸」の「重困」が問題となっていた。「里戸」或いは「編戸」とは、まさに里甲制のもとに編成された里長戸・甲首戸を指したものと思われる。(28) 同府志、魚課の後半部分に記載された「按語」では、さらに、次のように述べられている。

按籍、諸県課多失額、独福清増其旧三之二。隆慶間、知県葉夢熊所稽覈也、江海漁舟、多為豪門私役、歳暮時往往剽掠、風晨雨夕、為行旅之害。有司追捕、又依勢家以免。郡人患之謂、宜皆籍于官、以補諸県失額。非惟里長得免賠累、而此輩不役豪門、輸官之外、得以自食其力。無良者亦不敢肆。誠弭盗安民之一大機也。

冊籍に拠れば、諸県の［魚］課には原額の不足分が多いが、ただ福清県だけが旧額の三分の二を増加させている。隆慶の間に、知県葉夢熊が調査したところでは、江海の漁舟は、多くが豪門に私役され、歳暮の時には往々にして劫奪を行い、日々、旅人の害となっている。有司が追捕しても、また勢家に頼って［捕縛を］免れている。［福州］府の人々はこれを禍として［次のように］謂っている。宜しく皆を官に登記して、諸県の原額不足分を補うべきである、と。［そうすれば］ただ里長が賠累を免れることができるだけでなく、しかも此の輩も豪門に私役されることがなく、［魚課が］官に納められる外に、自分の力で食べていくことができる。悪人もまた敢えて勝手なことはしないであろう。誠に盗賊をなくして民を安んずるための一大機会である。

内容的には、嘉靖年間の海寇の問題と関連するようにも思われるが、沿海地域の郷紳（「豪門」「勢家」）による漁民支配の状況を看取することができよう。但し、ここで特に注目したいのは、漁民が「勢家」に身を投ずることによって生じた魚課の「失額」が里長の「賠累」となっているという点である。この史料が当面問題とする時期と直接的には合致しないものの、しかし、里長による魚課不足額の補塡という事態は、明代の初期から中期にかけて現実に存在

三　魚課の徴収をめぐって

していたといえよう。

次に、福建の内陸地域については、延平府の万暦『将楽県志』巻六、田賦志、魚課の「按語」に、

国朝置所専権之。嘉靖間所革、而所原徴之課、隷県徴焉。嘉靖三十一年以前、靠損無徴米四百六十六石三斗七升八合七勺、該銀一百六十三両二銭三分二厘五毫四糸五忽、向派通県里甲均賠、民不堪命。

国朝は［河泊］所を置いて専門にこれを徴収した。嘉靖の間に廃止され、もとから徴収していた［魚］課は、県が徴収することになった。嘉靖三十一年以前は、損失によって徴収できなかった［魚課］米の四百六十六石三斗七升八合七勺、銀一百六十三両二銭五分二厘五毫四糸五忽に該当するものは、以前、県中の里甲に科派して均等に辦償させたが、民は暮らして行けなかった。

という記述が存在する。嘉靖三十一年（一五五二）以前のこととして記されている末尾の部分に注目したい。魚課の「靠損無徴」額——将楽県の魚課原額のおよそ六六・九％を占める(29)——が当該地域の里甲に対して均等に科派されていたのである。こうした状況を踏まえて、嘉靖三十二年（一五五三）に将楽県知県として就任した唐自化は、新たに開墾された官田および没官された廃寺田の租を魚課の不足分に充当するという改革を断行したのであった(30)。

邵武府についても、嘉靖『邵武府志』巻五、王制、版籍、所収の「守丘民範議免魚課疏略」は、次のように書かれている。

切縁、四県僻居山谷、渓浅水峻、朝溢夕涸、並無蛋戸、亦無魚船。間有小民逐日捕討魚鮮、大不満尺、重不及斤。尽一日之力、僅足以供一日之需而已。自先年額定捕魚人戸、毎戸納糧一石二斗、名謂魚課。利入於小民者、無繊毫、糧収於官家者、有十倍。迨今年遠累甚、或流離奔竄、而魚戸之名尚在、或丁尽戸絶、而魚課之米猶存、致累同班甲首。鬻男売女、貽苦何伸。急則本管里長代納、又急則催科排年出賍。額循旧而不缺、累及衆以無窮。此小

民飲痛悲号、無所空訴、臣等久繫於心、未知所以為処也。近為処置駅伝事、本府所属五駅、一年餘剰銀、不下一千餘両、其餘原係四県田糧均派。既有餘剰、相応補用。上既不失公家旧額、下亦少舒細民重覆倍苦之累。制曰可。民甚徳之。

そもそも四県は山谷中に僻居し、渓水は浅く急峻で、朝には溢れても夕には涸れており、全く蛋戸はおらず、また魚船も存在しない。間々、小民で毎日、鮮魚を捕獲するものがいるが、大きさは一尺にも満たず、重さは一斤にも及ばない。一日の力を使い果たして、僅かに一日の需要を供給するだけである。先年、漁撈の人戸に［税の］原額が定まってから、一戸ごとに税糧一石二斗を納めることになり、名付けて魚課と謂った。小民に入る利益は繊毫もないのに、官府に収められる税糧は十倍にもなっていた。今年に及ぶまで昔からの累は甚しく、或いは離散・逃亡しても、魚戸の名目はなお存在しており、或いは人丁は尽きて戸が絶えても、魚課の米はなお残っており、同班の甲首に累を及ぼしていた。男を鬻ぎ女を売り、残された労苦をどうして除くことができようか。急［な督促］には則ち本管の里長が代納し、さらに急［な督促］には則ち催科の排年が補塡した。原額は元どおりに欠損を出すことはできず、累の衆人に及ぶことは窮まることがなかった。このことは小民が悲痛な叫びをあげても、訴えるところがなく、臣等が久しく心に留めても、未だ対処する術を知らなかったことによる。近ごろ駅伝を処置する件について、本府所属の五駅は、一年の餘剰銀が、一千餘両を下らず、その他のものも元から四県の田糧に均派されていた。既に餘剰があるのであれば、相応に補用すべきである。［そうすれば］上は既に国家の旧額を失わず、下もまた細民が重ねて被っていた倍苦の累を少しはなくすことができよう。上諭には可とあった。民は甚だこれを徳としたのである。

当該史料は、嘉靖八年（一五二九）に邵武府知府に就任した丘民範による魚課改革の内容を記したものである[31]。邵武府所属の四県――邵武・泰寧・建寧・光沢――では、本来、漁業自体が「小民」にとっての自給自足的なものでしかなく、魚課は漁戸にとって相対的に過重な負担となっていた。結果として、漁戸の「流離奔竄」と魚課の滞納という事態がもたらされていたのである。こうした状況に対して、当該地域では魚課の滞納額の負担が「同班甲首」「本管里長」および「催科排年」に転嫁されていた。「同班甲首」「本管里長」とは当該漁戸が所属する里甲の甲首および里長を、「催科排年」とは現年里長を表したものであろう。まさしく、漁戸自体が里甲制の中に包摂されていたのであり、里甲制的徴税体系のもとで魚課の徴収は行われ、かつ滞納額の補塡が強制されていたのである。丘民範の改革は、こうした弊害を解消すべく、駅伝銀の餘剰分によって魚課不足額の恒常的な補塡を目指したものであった[32]。

以上のように、弘治年間の呉一貫による魚課改革以前において、漁戸はまさに里甲制的徴税体系の中に包摂されていたのであり、魚課もまた里甲組織を通じて徴収されていた。従って、漁戸の死絶・逃亡等による魚課不足額の補塡という責務が現年里長をはじめ該当里甲の里長戸・甲首戸に転嫁されるのは必然的なことであった。また、里甲制を通じた魚課の徴収という体制は、呉一貫の改革にも拘わらず、福建沿海の一部の地域および内陸の各地域では残存していたのである。それと同時に、内陸地域では、かなり早い段階から魚課が漁戸からの徴税という本来の意味を漸次喪失していたのであり[33]、明代後期にかけて、名目的な魚課原額を維持するために漁業とは全く関係のない「碓戸」或いは漁業に全く従事しない「船戸」からの徴税をはじめ様々な措置が採られていたのである。

おわりに

以上、本章では、明代の初期から中後期にかけての福建における魚課の問題について、若干の考察を行ってきた。以下、所論を要約してむすびにかえたい。

(1)　明初の福建では、洪武十四年（一三八一）という時期に広汎な地域で「閘辧魚課」が実施され、それを嚆矢として魚課徴収の体制が確立された。「閘辦魚課」とは漁業・漁民の実態を調査し、その結果に依拠してはじめて魚課を徴収したことを表したものであろう。この「閘辦魚課」は、戸部の管轄のもとで全国各地に武官を派遣して行われたものであったが、福建においてもまさにその一環として実施されたのである。

(2) 福建の魚課は、基本的には船隻・魚網という生産手段を所有する漁戸に対して科派されたが、明初の段階では魚課米という形態で徴収されていた。福建に設定された魚課の原額数は、沿海地域の四府一州と内陸地域の四府とではほぼ同じ割合であったが、特に沿海地域の場合、沿岸漁業に対してかなりの比重がかけられていたと思われる。他方、内陸部については、かなり早い段階から魚課が漁戸からの徴収という本来的意味を漸次喪失していたのであり、明の中期から後期にかけて名目的な魚課原額だけが残存するという状況になっていた。そうした点は、内陸地域のほとんどの河泊所が正徳以前に廃止されていることとも関連しているといえよう。

(3) 明代中期にかけて、福建では魚課徴収制度の改革が実施された。特に、弘治六年（一四九三）における福建巡按御史呉一貫の改革は、魚課の全面的な銀納化と十年ごとの「漁課冊」攢造による魚課徴収体制の整備とを志向したものであった。この改革によって実現した魚課の銀納化は、明末の段階まで維持されたが、他方、漁戸・魚課を把握するための「漁課冊」の攢造は、特に沿海の一部の地域にその実施を見出し得るものの、呉一貫の改革（当為）が福建全域に浸透したか否かについては甚だ疑問である。

(4) 魚課徴収のための在地組織として、沿海地域では澳甲制とでも称すべき存在を見出すことができる。当該制度は、基本的には澳（入江・湾）を単位として漁戸を組織するものであったが、地域によって澳甲・干という名称が見られ、当該組織のリーダーとして総甲が置かれていた。

(5) 澳甲制がおそらくは呉一貫の改革以後、沿海地域に実施されたのに対して、呉一貫の改革以前に、或いは内陸地域では改革以後も、魚課の徴収は里甲制的徴税体系の中に包摂されていた。従って、漁戸の死絶・逃亡等による魚課不足額の補塡は現年里長をはじめ当該里甲の里長戸・甲首戸に強制されていたのであり、このこと自体が明代中期における魚課徴収体制の改革を必然的に招来したものと思われる。しかしながら、呉一貫の改革にも拘わらず、特に内陸地域では里甲制を通じて魚課を徴収する体制は依然として存続していったのである。

なお、明朝国家による魚課徴収との関連において、福建漁業の社会経済的構造の分析は不可欠の作業であろう。今後の課題である。また、私見によれば、福建における明朝の漁民支配は〈嘉靖大倭寇〉を契機として大きな転換を遂げるように思われる。特に沿海地域における保甲制の導入をはじめ、〈嘉靖大倭寇〉後の漁民支配の再編についても検討しなければならないであろう。(34)

註

（1）呉智和「明代漁戸与養殖事業」『明史研究専刊』二輯、一九七九年、および中村治兵衛「明代の河泊所と漁民」同『中国漁業史の研究』〈中村治兵衛著作集二〉、刀水書房、一九九六年、所収（原載『中央大学文学部紀要』〈史学科〉二九号、一九八四年）、同「明初の魚課と河泊所官の地域廻避」同、前掲『中国漁業史の研究』所収（原載『中央大学文学部紀要』〈史学科〉三一号、一九八六年）。

（2）嘉靖年間における倭寇・海寇に関する代表的な研究としては、片山誠二郎「嘉靖海寇反乱の一考察――王直一党の反抗を中心に――」山崎宏編『東洋史学論集』第四、不昧堂書店、一九五六年、所収、佐久間重男「嘉靖海寇史考」同『日明関係史の研究』吉川弘文館、一九九二年、所収（原載は『星博士退官記念中国史論集』同記念事業会、一九七八年、所収）、伊藤公夫「嘉靖海寇反乱の再検討――王直と嘉靖三〇年代前半の海寇反乱をめぐって――」『明代史研究』八号、一九八〇年、戴裔煊『明代嘉隆間的倭寇海盗与中国資本主義的萌芽』中国社会科学出版社（北京）、一九八二年、林仁川『明末清初私人海上

貿易』華東師範大学出版社（上海）、一九八七年、等、参照。

（3）片山誠二郎、前掲「嘉靖海寇反乱の一考察」四一六―四一九頁。

（4）提示した史料は、順番に、嘉靖『恵安県志』巻四、風俗、本業、嘉靖『龍渓県志』巻一、地理、風俗、崇禎『長楽県志』巻一一、叢談志、および乾隆『泉州府志』巻二〇、風俗、「温陵旧事」の記載である。

（5）『明太祖実録』巻一五〇、洪武十五年（一三八二）十二月戊戌（二十五日）条。

（6）中村治兵衛、前掲「明代の河泊所と漁民」一四四―一四八頁。

（7）万暦『大明会典』巻一二、戸部八、倉庾一、「在倉官役」の景泰三年（一四五二）の項には、

又令各倉斗級・庫子、開写年甲・郷貫・住址、編造文冊、候巡視官員点閘。

とある（正徳『大明会典』巻三九、戸部二四、倉庾二、内外倉廒一、事例にも同じ記事が存在）。当該記事を典拠として引く『辞源』（修訂本）四、商務印書館（北京）、一九八三年、三二四四頁は「閘」に「査核」という意味を与えている。

（8）中村治兵衛氏は、前掲「明初の魚課と河泊所官の地域廻避」一三三―一三四頁、註（8）のなかで「明初魚課を総旗・老軍が閘のところで徴収（弁）したことは種々の地誌にみえる」と述べておられるが、おそらくは「閘辦魚課」について解釈したものと思われる。しかし、この解釈には同意し難い。「閘辦」の用例として、『永楽大典』巻二二七七、湖、湖州府三、田賦、烏程県、所収の『呉興県志』に、

商税課程官沢局、洪武五年、閘辦。歳計三千四百五十万九千五百七十六文。

とあり、また嘉靖『寧徳県志』巻四、名宦、県丞、本朝、顧清には、

字汝陽、広東人。由吏員、正統中、任。……時銀場閘辦、察院・中官・藩臬・府属、倶蒞監課、軍戍往来、文書絡繹、清応接如流。

と見える。これらの「閘」が水利施設としての閘を指したものでないことは明らかであろう。

（9）延平府の万暦『将楽県志』巻二、建置志、公署、建寧府の順治『浦城県志』巻三、建置志、官廨、および邵武府の康熙『光沢県志』巻三、賦役志、魚課にも「閘辦魚課」関係の記事を見出すことができる。

(10) 浙江温州府の永楽『楽清県志』巻四、廨舎には、
河泊所、在本県永康郷一都石馬印嶼山北。前代無考。国朝、洪武八年為始、差旗軍開辦。十四年、総旗王移住、創建公署。洪武十六年、始設官署事。

とある。「開辦魚課」は全国的には洪武八年（一三七五）頃に開始されたのではなかろうか。
(11) 『崇武所城志』は、福建省地方志編纂委員会主編〈福建地方志叢刊〉の一冊として刊行された葉春及『恵安政書』福建人民出版社（福州）、一九八七年に附載されたものに拠った。なお、中国科学院北京天文台編『中国地方志聯合目録』中華書局（北京）、一九八五年、五三五頁では、『崇武所城志』は「明嘉靖二十一年（一五四二）修、崇禎七年（一六三四）補修」とされているが、福建人民出版社版の巻頭には康熙三十二年（一六九三）五月付の「崇武所城志序」が収録されており、さらに「整理説明」によれば内容的には明・清から民国に至る間に不断に増補され、もとの明抄本の面影はないという。
(12) こうした船隻・魚網による漁戸の把握については、正徳『大明会典』巻三二、戸部一七、金科、庫蔵一、課程、魚課の天順元年（一四五七）の項に、
令各処河泊所、業戸逃亡事故者、有司査勘、以新増続置船隻・罾網、照名補替。
と見える。また、中村治兵衛、前掲「明代の河泊所と漁民」一六二―一六三頁、参照。
(13) 例えば、福州府の崇禎『長楽県志』巻四、食貨誌、貢賦、国初賦額には「魚課米、六百七十四石一斗、閏年加米二十一石有奇」とあり、同じく巻四、食貨誌、貢賦、「崇禎十三年田米丁銀雑項総数」には「魚課米、原額六百五十八石六斗五升六合、毎石加閏米三升一合三勺、共加米二十石□□一升五合九勺三抄」とある。二つの記載には数字の面で若干の異同が見られるが、魚課の原額が米建てとなっていることが窺えよう。
(14) 中村治兵衛、前掲「明代の河泊所と漁民」一五五―一五九頁、参照。
(15) 中村治兵衛、前掲「明代の河泊所と漁民」。
(16) 嘉靖『寧徳県志』巻二、古蹟、県務、および万暦『寧徳県志』巻八、旧蹟、河泊所。
(17) 正徳『大明漳州府志』巻一〇、戸紀、諸課雑志、魚課米には、

今漳州府、不設河泊所、而魚課米之征、各県帯管。

とある。

（18）『明孝宗実録』巻六〇、弘治五年（一四九二）二月癸丑（十二日）条には「巡按福建監察御史呉一貫等、擬上龍渓県賊温文進等罪状」とあるが、当該実録ではこれ以前に呉一貫の福建巡按御史としての記事を見出すことはできない。その一方で、同、巻四四、弘治三年（一四九〇）一〇月丙寅（十八日）条には、前任の福建巡按御史向栄の上奏が収められている。

（19）当該史料の②③については、すでに呉智和、前掲「明代漁戸与養殖事業」一一九―一二〇頁において紹介されている。なお崇禎『閩書』巻四五、文莅志、国朝、巡撫監察御史、所収の呉一貫の伝には、蔡清の記事をコンパクトにまとめた、

海濱漁戸、故有折色・本色、歳額一定、間有死絶逃亡、官輒敷派同甲、責令分償。一貫因災陳言、通徴折色。又乞令通省、十年一次、攢造漁課冊、如庶民黄冊例。死絶逃亡無徴者、得以開除、新造漏船之未及報、与旧有漏報者、皆得挙収而補之。国課民力、通徴無虧。

という記述が見られる。

（20）ここで一石ごとに本色五斗のほかに折色として銀三銭五分とあるのは、銀二銭五分の誤りであろう。前掲、弘治『興化府志』等、参照。

（21）万暦『大明会典』巻三六、戸部二三、課程五、魚課、所載の万暦六年（一五七八）の「魚課数」でも、福建は「銀」で表示されている。

（22）葉春及の恵安県知県就任については、万暦『泉州府志』巻九、官守志上、古今県令、国朝、恵安県知県による。

（23）酒井忠夫「明代前中期の保甲制について」『清水博士追悼記念明代史論叢』大安、一九六二年、所収、参照。

（24）翁理が興化府推官に在任していた時期は、弘治三年（一四九〇）―同九年（一四九六）である。弘治『興化府志』巻二、吏紀、各官年表、明興化府による。

（25）中村治兵衛、前掲「明代の河泊所と漁民」一六七―一六八頁。

（26）中村治兵衛氏は「干」について「恐らくはこれは干いくばくという意味で、若干ということであろう」といわれるが（中

村治兵衛、前掲「明代の河泊所と漁民」一八〇頁、註（11））、この解釈には同意し難い。

(27) 孫謀の莆田県知県就任については、万暦『興化府志』巻五、官師志、本朝、莆田県知県による。

(28) 万暦41『福州府志』巻三三、食貨志八、魚課の「論」では、

国初始命点視捕魚者、定其課。其後漁戸逃絶、課額具存。於是賠累及於里甲。

と書かれている。

(29) 万暦『将楽県志』巻六、田賦志、鈔課、魚課によれば、折銀による魚課額は二四七・七五一両である。

(30) 本文引用部分のすぐ後に記されている。なお唐自化の知県就任については、同県志、巻七、官師志、歴官、知県、国朝による。

(31) 嘉靖『邵武府志』巻一二、人物、宦蹟、丘民範では、

字汝中、貴渓人。以癸未進士、歴南京兵部正郎、嘉靖八年、来任。……先是河泊所魚粮、皆計里均陪、為民所苦。乃奏請以所羨餘補之。駅伝・魚粮、両得其所。

と書かれている。

(32) 山根幸夫『明代徭役制度の展開』東京女子大学学会、一九六六年、一六八―一六九頁、参照。

(33) すでに触れたように、正徳以前の河泊所廃止が内陸の三府に集中していることも関連しているのではなかろうか。例えば『明英宗実録』巻一〇八、正統八年（一四四三）九月壬申（二十一日）条には、

福建布政司奏、邵武府建寧県魚課、旧于本県秋粮内徴納、河泊所衙門官吏、徒為冗設。請革去。従之。

と見える。

(34) 保甲制については、三木聰「明代の福建における保甲制の展開」同『明清福建農村社会の研究』北海道大学図書刊行会、二〇〇二年、所収（原載『東洋学報』六一巻一・二号、一九七九年）参照。

【補記】

補　　記

原載は、明代史研究会・明代史論叢編集委員会編『山根幸夫教授退休記念明代史論叢』上巻、汲古書院、一九九〇年、所収である。わが国における明代の魚課・河泊所、或いは漁民・漁業等の研究は、その後もさほど進展しているとはいえないが、近年、川勝守「明代前半における河泊所と魚課――江南河川資源の流通構造について――」同『明清貢納制と巨大都市連鎖――長江と大運河――』汲古書院、二〇〇九年、所収が発表されている。

第二章　福建巡撫許孚遠の謀略
――豊臣秀吉の「征明」をめぐって――

はじめに

豊臣秀吉の朝鮮侵略軍は、万暦二十一年（文禄二・一五九三）正月における平壌および碧蹄館の戦いの後、同年四月、明軍との間で事実上の停戦協定を結んだ。日本側の第一軍を率いた小西行長と明朝側の朝鮮経略宋応昌・游撃沈惟敬との間で和議が模索されたからである。[1]こうした状況は、万暦二十一年（一五九三）から同二十二年（一五九四）にかけて、明朝中央政府における一大論争を惹起した。それは秀吉を日本の国王として冊封し、その朝貢を認めるか否かという、いわゆる封貢をめぐる論争であった。[2]最終的には、万暦二十二年（一五九四）十月、兵部尚書石星による「封倭」の「疏請」が万暦帝によって裁可され、秀吉を日本国王に冊封することが決定する。[3]しかし、明朝の冊封使節が来日した後、万暦二十四年（文禄五・一五九六）九月、大坂城において日明間の交渉が決裂したことは周知のとおりである。[4]

ところで、〈封貢論争〉の最中に当たる万暦二十二年（一五九四）五月、時の福建巡撫許孚遠は万暦帝に対して、約四千七百字からなる長大な「請計処倭酋疏」（『敬和堂集』撫閩疏、所収）と題する上奏を行った。この上奏文は、当時の日本に関する情報、封貢に対する孚遠自身の見解、さらには対日軍事方略をも網羅した、きわめて注目すべき内容であった。

当該上奏については、一九三九年に刊行された『鹿児島県史』が一部の内容を紹介したのを嚆矢とし(5)、その後、一九六三年の石原道博氏の研究において若干の言及がなされているが(6)、これに対して本格的な分析を加えられたのは、一九八五年に発表された松浦章氏の論考であった(7)。松浦氏は、許孚遠が派遣した福建の「海商」によって将来された日本情報の内容、および許孚遠と島津義久との交渉――義久の「文書」と孚遠の「回文」「檄文」――に関する史実を、主に「請計処倭酋疏」の前半部分を通じて明らかにされたのである。しかしながら、松浦氏の論考では、当該上奏文の後半部分、すなわち封貢についての見解および日本に対する軍事的方略に関する分析は行われておらず、当時の明朝の対日政策全体の中で、或いは〈封貢論争〉との関連において、許孚遠の上奏が如何なる位置を占めていたのか、という点については未だ解明されていないといえよう。

本章は、主に松浦氏が検討の対象とされなかった「請計処倭酋疏」の後半部分の解析を通じて、福建巡撫許孚遠が建議した対日方略の問題にアプローチすることで、所謂〈朝鮮の役〉の一側面について若干の考察を加えようとするものである。

一　許孚遠の「請計処倭酋疏」

(i)　史世用・許豫の派遣と日本情報

許孚遠「請計処倭酋疏」は、内容的にも形式的にも、大きく二つの部分から構成されている。すでに松浦章氏が分析された前半部分は日本での諜報活動とそれによって将来された日本情報に関するものであるが、後半部分は万暦二十二年（一五九四）二月に福建巡按御史として着任した劉芳誉と協同で反封貢論を開示し、さらには対日軍事に関する具体的な方略を提言するという内容であった(8)。ここでは行論の必要上から、はじめに松浦氏の研究を参照しつつ、当該上奏の前半部分の内容について触れておくことにしたい(9)。

「請計処倭酋疏」は、万暦二十年（一五九二）十二月に福建巡撫に就任した許孚遠が、当地に着任した後、兵部尚書石星によって秘密裡に「外国へ前往し、倭情を打探する」目的で派遣された沈秉懿・史世用という二人のスパイと会見する場面から始まっている。許孚遠は二人のなかから史世用を商人に扮装させ、泉州府同安県の貿易商許豫の船隻で日本の薩摩へと送り出すことにしたのである。

万暦二十一年（一五九三）六月に出帆した許豫の船隻は、同年七月四日、大隅の内之浦（「日本荘内国内浦港」）に入港した。史世用は、まず「征明」のための〈大本営〉が置かれた肥前名護屋へ赴き、薩摩の島津義久の〈薬師〉であり、最初に秀吉の「征明」情報を明朝側にもたらした許儀後を捜し求めた後(10)、九月三日には許儀後・許豫とともに島津氏の老中伊集院忠棟（「幸侃」）に会見した。その折、史世用が「恐らくは商販の人に非ず」と幸侃によって看破される。さらに十九日には、大隅正興寺の僧侶玄龍によって許豫が「我が国の動静を密探するの官」ではないかと疑われるが、許豫は巡撫許孚遠が貿易を目的として派遣した者であると言い逃れたのであった。その後、史世用は薩摩から朝鮮へと向かった(11)。同年十一月、島津義久の使者「黒田」と通事の玄龍とによる審問の結果、「信ずるに足る」と看做された許豫は、許孚遠に宛てた義久の書簡（「倭酋義久の上す所の文書壹封」）を託されたのである。そこには「後日の貿易通利を図るの意」が込められていたという。この義久の書簡に対する許孚遠の返書が、後述する義久宛の

「回文」である。

一方、許豫の船隻で同道した貿易商の張一学・張一治等も、京都・大坂方面に出向いて商業貿易を行うとともに諜報活動を行っていた[12]。

万暦二十二年（一五九四）一月二十四日に帰国した許豫は、三月一日に許孚遠に対する復命を行い、三月十五日には張一学・張一治が同様に復命を行った。その折に、許豫の場合は七項目に、張一学等の場合は十一項目にまとめられた日本情報が伝えられたのである[13]。許豫・張一学等による日本情報が「かなり正確度の高いもの」であることはすでに松浦章氏によって指摘されているが[14]、ここでは許豫がもたらした情報の中から、二つの項目に注目したい。

一つは、第三項の内容についてである。そこでは豊臣秀吉（「関白」）が各地で兵船一千餘隻を建造させていることを伝えると同時に、

豫訪諸倭、皆云、候遊撃将軍、和婚不成、欲乱入大明等処。

［許］豫が諸倭を訪ねたところ、皆が云っていた。遊撃将軍［の訪日］を待って、和婚が成らなければ、大明等の処へ乱入しようと欲している、と。

と記されている[15]。万暦二十一年（文禄二年・一五九三）六月二十八日、経略宋応昌が仕立てた〈偽りの明使節〉、徐一貫・謝用梓は肥前の名護屋において、秀吉から全七条からなる所謂〈大明日本和平条件〉を提示された。「和婚」とは、その第一条に見える「大明皇帝の賢女を迎え、日本の后妃に備うべき事」である[16]。

秀吉に封貢を許すことで日明間の講和を取り結ぼうとしていた経略宋応昌・游撃沈惟敬等にとって、「和婚」或いは「和親」といわれる明の皇女の降嫁という秀吉側の要求が明朝中央において表面化することは、きわめて不都合なことであり、従って「和親」問題はひた隠しにされたのである。しかしながら、万暦二十二年（一五九四）二月、反

封貢派の礼部郎中何喬遠は、沈惟敬主導の講和交渉で「和親」が取り沙汰されていることを暴露し、さらに四月から五月にかけて御史唐一鵬・給事中喬胤は、日本に対して「和親」を認めたことで宋応昌・沈惟敬および禦倭総兵官李如松等の弾劾を行った(17)。ところが、時を同じくして、李如松の「和親」への関与を唐一鵬に密告した諸龍光が獄に下され、その後、刑死するという事件が起こったのである。封貢派の兵部尚書石星が李如松を辯護した結果であった(18)。

当該の「和親」問題は、さらに同年八月、福建巡按御史劉芳誉による上奏へと展開した。劉芳誉の上奏は、その梗概が銭一本『万暦邸鈔』に収録されているが(19)、より詳細な内容を『朝鮮王朝宣祖実録』巻五五、宣祖二十七年（万暦二十二・一五九四）九月丙戌（十一日）条に見出すことができる。そこではまず「請計処倭酋疏」にはない、許豫（「許預」）・史世用等の日本行に関する新たな史実が記述されている。許豫の船隻には黄加・黄枝・姚明・姚治衢の四名の「海商」等も搭乗しており、彼らは京都・大坂方面で俘虜として日本に連行されていた朝鮮の廉思謹に遭遇し、史世用宛の書簡を託されて持ち帰ったのであった。その書簡が泉州府を通じて劉芳誉のもとに届けられたのである(20)。劉芳誉はそれについて、次のように述べている(21)。

謹按、原書灑灑数百言、臣無容具述其言、和親一段云、往年游撃将軍沈惟敬、進兵朝鮮之時、与倭連和、而送倭之時、約送徐一貫・謝用梓《ママ》於倭王。倭王与沈惟敬約曰、可送大明王女於日本也。若然、則大明王女為倭王妃、而明年不往征、永永天地相好、云云。

謹んで案ずるに、原書は長々として数百言にもなり、臣が具さにその言を述べることは許されないが、和親の一段は［次のように］云っている。往年、游撃将軍沈惟敬は、兵を朝鮮へ進めた時に、倭と講和を行い、倭へ送る時には、徐一貫・謝用梓を倭王に送ることを取り決めた。倭王は沈惟敬と［次のように］取り決めた。大明の王女を日本に送るべきである。もしそうしたならば、大明の王女は倭の王妃となり、明年に［明を］征服することはせず、永久に天・地（明・日）は友好になるであろう、云々、と。

廉思謹の書簡には、まさしく「大明王女を日本に送るべき」という日本側の講和条件が明記されていた。この内容が何喬遠・唐一鵬等の上奏と合致しており、諸龍光の処断が冤罪（「誣」）であることを確信した劉芳誉は、当該の書簡を中央の都察院へ送り、和議の首謀者である沈惟敬の断罪を要求したのである。(22)

しかしながら、おそらくは兵部尚書石星の容喙のもとに、この上奏は「不報」とされ、劉芳誉は浙江の温州府知府として左遷されたのであった。(23) 許豫が将来した「和婚成らざれば、大明等の処へ乱入せんと欲す」という情報は、皮肉なことに、巡撫許孚遠と協同で反封貢の論陣を張った巡按御史劉芳誉の左遷という結果に終わったのである。(24)

さて、許豫の七項目にわたる情報のうち、次に注目したいのは第六項の内容である。(25)

関白姦奪陸拾陸州、所奪之州、必拘留子弟為質、令酋長出師、以侵高麗、実乃寘之死地。各国暫屈、讐恨不忘。及察倭僧玄龍、与豫対答語気、義久等甚有悪成楽敗之意。豫於写答間、亦微有囮誘之機。

関白は［日本の］陸拾陸州を奪い取ったが、奪った州では、必ず子弟を拘留して人質とし、酋長に兵を出させて、高麗へ侵攻したが、実際には彼らを死地に置いたのである。［日本の］各国は暫く屈服しているが、［関白に対する］讐恨を忘れてはいない。倭僧玄龍の［許］豫との応答の語気を察するに及び、［島津］義久等には甚だ［秀吉の］成功を憎み、失敗を楽しむという思いがある。豫には応答を写す間に、また微かに囮誘の機会があった。

ここではまず、関白秀吉による日本の統一と朝鮮への出兵とによって、日本各地に秀吉に対する「讐恨」が満ち溢れていることが述べられている。さらに許豫は僧玄龍との対話のなかで、島津義久には秀吉の事業の失敗を待望する気持ち（「悪成楽敗の意」）があり、そこに付け入ることで、義久を反秀吉の行動へと誘い込む可能性を嗅ぎ取ったのであった（「微かに囮誘の機有り」）。

許豫のこうした考えは、彼の単なる思い込みではなかったと思われる。イエズス会のルイス・フロイスは、その著作『日本史』のなかで、当時の日本の雰囲気を次のように伝えている。[26]

このような仕事が進み、すべての人がこの征服事業の準備に忙殺されていた間に、次のような噂が広くひろまった。すなわち、(老) 関白はこの事業を結局は成就し得ないであろう、そして朝鮮へ出陣するに先立って、日本中いたるところで大規模な叛乱が惹起されるだろう、というのである。実は人々はひどくこの (征服) 事業に加わることを嫌悪しており、まるで死に赴くことを保障されているように考えていた。それがために、婦女子たちは孤独の境地に追いやられたことを泣き悲しみ、もはやふたたび自分たちの父や夫に相見えることはできまいと思っていた。その多くは後には現実のこととなり、事実、日本中に不安と慨嘆が充満し、そのために誰か強力な武将が (かならずや老) 関白に向かって叛起するに違いないと感じられていた。

フロイスによって指摘された「日本中に不安と慨嘆が充満」し、誰かが秀吉に対して反旗を翻すであろうという噂の存在は、許豫の情報があながち見当違いではないこと、むしろ許豫は日本の雰囲気をかなり的確に把握していたことを示しているといえよう。

また、日暦で天正二十年 (万暦二十・一五九二) 六月には、朝鮮へ向かう途中の島津氏の家臣、梅北国兼が肥後の佐敷において、いわゆる〈梅北一揆〉を起こしたが、[27]その時のことをフロイスは、

この謀叛の当初、栖本殿と称する天草島のキリシタンの殿が、その謀叛は薩摩の国主によるものと思い、容易にそれを信じてしまった。彼は、(薩摩国主が) 他の諸侯と共謀しないでは動かなかったろうと考え、薩摩が近いことと、その地を熟知していたところから、自らもまた、なさずもがなの勇気を示そうとした。

と記している。[28] 許豫が「囮誘の機」を感じ取った島津義久が秀吉に対して反旗を翻すかも知れないという認識は、当

時の日本のなかにも存在していたのである。こうした日本情報を前提として、後述するように、許孚遠の島津義久に対する工作が行われていくのである。

(ii) 許孚遠の反封貢論と対日方略

許孚遠「請計処倭酋疏」の後半部分では、まず当時の中央政府において侃々諤々たる論争の展開していた封貢に対する考えが開示されている。

万暦二十二年（一五九四）四月頃までには科道官を中心に反封貢の上奏が陸続と行われていたにも拘わらず、明朝中央政府の見解は経略宋応昌・游撃沈惟敬および兵部尚書石星の主導のもとに、秀吉には「許封不許貢」——冊封は許すが、朝貢は許可しない——で対応することにほぼ決定していた[29]。そうした状況に対して許孚遠は、冊封の対象である秀吉についての認識とそれを前提とした反封貢論とを、次のように展開していくのである。

秀吉には「国柄を簒奪し、諸島を詐降」するという日本統一の過程で発揮した「姦雄の智」があり、また「兵を朝鮮に興し、数道を席巻」するという「攻伐の謀」がある。さらには「戦艦を整造」したり「兵を諸州に徴」したりしており、まさしく「中国を窺う心」がある。今回の「乞封」は秀吉の「本謀」ではなく、単に冊封を利用して「諸夷」を服従させ、自らの「狂逞の志」をほしいままにしようとしているのだ。秀吉の「豺狼の暴」「狐兎の狡」に「信義」で応対することは不可能であり、たとい冊封（「封」）したとしても、秀吉はそれで満足するはずもなく、次には朝貢（「貢」）を要求し、さらには互市（「市」）をも求めてくるであろう、と[30]。

そして最後に、封貢を容認することが日本軍の朝鮮からの撤兵という結果をもたらすか否かについて、次のように述べている[31]。

議者多謂、封貢不成、倭必大挙入寇。不知、秀吉妄図情形久著、封貢亦来、不封貢亦来、特遅速之間耳。陸拾陸州、与朝鮮壹国、先和後取。此其狡謀明甚、奈何堂堂天朝、而可下同于夷邦小国之愚耶。

議者は多く思っている。封貢が成らなければ、倭は必ずや大挙して［明へ］入寇するであろう、と。知らないのか、秀吉が妄りに［劫奪を］図るという状況は久しく明らかであり、封貢しても［侵攻して］来るし、封貢しなくても来るのであり、ただ遅・速の違いだけであることを。［日本の］六十六州と、朝鮮一国とは、先に和議を行い、後に奪い取ったのである。その狡猾な謀はきわめて明確であり、どうして堂々たる天朝が、夷狄や小国の愚かさと同じようにしてよいであろうか。

明朝が封貢を許すか否かに拘わらず、秀吉は中国へ「入寇」すると、許孚遠は確信していたのである。従って、孚遠の対日方略は、必然的に秀吉そのものを排除するという、聊か過激なものにならざるをえなかったといえよう。そもそも、許孚遠の上奏「請計処倭酋疏」の、正式な標題ともいうべき劈頭の部分は「為偵探倭情有拠、兼覩廷議紛紜、懇乞聖明審定大計、詔令中外、殄滅倭酋、以快宇内人心、以図万世治安事」となっており、まさしく秀吉（「倭酋」）の「殄滅」が謳われているのである。さらに、前述の反封貢論を展開した後、許孚遠は次のように記している[32]。

臣等伏乞、皇上大震天威、罷議封貢、明詔天下、以倭酋平秀吉干犯、天誅必不可赦之罪、兼勅文武将吏、及詔諭日本諸酋長、以擒斬秀吉、則有非常之賞、破格之封、朝廷不封凶逆之夫、而封其能除凶逆者。

臣等は伏して［次のように］お願いしたい。皇上は大いに天威を震わし、封貢の議論を止め、天下に詔を出し、倭酋平秀吉が［天朝を］干犯したことで、天は必ずや赦すことのできない罪を誅するということを。兼ねて文武の将吏に勅命を出し、及び日本の諸酋長に詔諭して、秀吉を擒斬すれば、則ち非常の報奨と、破格の冊封があり、朝廷は凶暴な逆賊を冊封せず、凶暴な逆賊を除くことのできた者を冊封するということを。

日本の諸大名（「諸酋長」）に対しても秀吉「擒斬」の詔勅を出すように提案しているのであるが、この場合、許孚遠の頭のなかにイメージされた大名は島津義久であったと思われる。先に触れたように、許豫の情報では義久に「囮誘の機」のあることが指摘されていたが、それをうけて許孚遠自身も次のように述べているからである。(33)

然臣等窃料、平秀吉一狡詐残暴之夫耳。本以人奴簒窃至此、彼国諸酋、欲為秀吉之為、而思攘奪之者甚衆。陰謀伐国、構怨亦深。如結薩摩州将幸侃、逼令州官義久、殺其弟中書以自明、義久不得已、而佯為降順。其心未嘗一日忘秀吉也。

然れども臣等が窃かに考えるに、平秀吉は狡猾で残虐な男なだけである。もともと卑しい身分から「権力を」簒奪してここまで至ったのであり、彼の国の酋長たちは、秀吉の為したことを為そうとしており、「その地位を」奪い取ろうと思っている者は甚だ多い。「秀吉は」陰謀によって国を征服したことで、その怨みもまた深いのである。例えば、薩摩州の武将幸侃と結び、州官義久に逼って、その弟の中書を殺して自ら「身の潔白を」明らかにさせようとしたが、義久は已むを得ず、偽って恭順を示した。その心は未だ嘗て一日も秀吉「への怨み」を忘れてはいない。

ここでは、秀吉に対して怨みをもつ大名（「州官」）の一人として島津義久の名が挙げられており、義久が「弟の中書」の殺害を秀吉に強制されたというエピソードが紹介されている。「弟の中書」とは義久の末弟で中務大輔と称した島津家久を指しており、家久は日暦で天正十五年（万暦十五・一五八七）六月、秀吉による〈九州征伐〉の過程で、豊臣秀長の「陣所で毒殺された」といわれている。(34)

以上のように、福建巡撫許孚遠にとって、薩摩の島津義久こそ「征明」を実行しようとする秀吉を「擒斬」するために利用しえる、最も適した人物であった。

さて、長大な「請計処倭酋疏」の最後の部分で、許孚遠は「用間」「備禦」「征剿」という三点にわたる具体的な対日方略を提議している。まず「用間」から見ていくことにしよう[35]。

倭酋倡乱、惟在平秀吉壹人。諸州酋長、多面降而心異、中間有可以義感者、有可以利誘者。秀吉原無親戚子弟、股肱心膂之人。儻得非常奇士、密往図之、五間倶起、神秘莫測、則不煩兵伐、而元凶可擒。一獲元凶、倭乱頓弭。故曰、莫妙于用間。

倭酋は［朝鮮で］反乱を首唱しているが、［それは］ただ平秀吉一人だけである。諸州の酋長は、その多くが表面では［秀吉に］降っているが、内心では異なっており、中間には義に感じさせることのできる者がおり、利で誘うことのできる者がいる。秀吉にはもとより親戚・子弟や、股肱・腹心の者がいない。もし非常の奇士を得て、密かに［日本へ］往って図り、［孫子の言う］五間が倶に発揮されれば、［起こりえる］神秘は測り知れず、［そうすれば］則ち兵による討伐を煩わすことなく、元凶は捕らえることができる。一たび元凶を捕獲すれば、倭乱はすぐに止むであろう。故に用間より巧妙なものはないと言うのである。

朝鮮侵略（「倭乱」）の元凶は秀吉であり、秀吉一人を取り除くことで事態は収拾するという認識のもとに、日本に派遣したスパイ（「非常奇士」）によって策動・工作を行い、秀吉を「擒斬」にしようというのが「用間」策である。

次に「備禦」については、まず北京の防衛を第一義的な課題として設定し、それを前提として、朝鮮に駐留する日本軍が「入寇」する場合の二つのルートを想定している。第一に、鴨緑江を渡河し、遼東を経由して北京へ攻め上る道であり、第二に、朝鮮半島から渡海して山東に上陸し、北京へ到る道である。従って、両ルートの要に位置する遼陽と天津とに駐屯する軍隊を増強することで「不測」の事態に対処しようというのが、許孚遠の「備禦」策である[36]。

そして、第三の方略が「征剿」であった[37]。

臣等以為彼不内犯、則已果其内犯、大肆倡狂。乞我皇上、与弐参大臣、定議征討。特発内帑百万、分助諸省、打造戦艦弐千餘隻、選練精兵弐拾万人、乗其空虚、出其不意、会師上游、直擣倭国、順命者宥、逆命者誅。彼秀吉壹酋、何能逃遯。此所謂堂堂之陣、正正之旗、名其為賊、敵乃可服者也。故曰、莫重於征勦。

臣等が彼は内犯しないと考えていた場合、則ち已にそれが内犯したときには、大いに肆に猛り狂うことになる。どうか我が皇上には、二・三の大臣と、征討の議を定めて頂きたい。特に百万の内帑を出して、諸省に分配し、二千餘隻の戦艦を建造し、二拾万人の精兵を選抜・教練し、その空虚に乗じて、その不意を突き、［大河の］上流に軍を集め、直ぐに倭国を攻撃し、命に順う者は赦し、命に逆らう者は誅殺する。彼の秀吉一酋が、何《どう》して遁走することなどできようか。これが所謂「堂堂の陣、正正の旗」であり、その者を賊と名付ければ、敵を服従させることのできるものである。故に征勦より重いものはないと言うのである。

まさしく日本討伐論だといえよう。二十万の明軍をもって、朝鮮に出兵している日本の不意を突けば、秀吉さえも服従させることができるというのである(38)。許孚遠の「征勦」論は、さらに当時、明らかになっていた財政破綻という明朝の現実問題を十分にクリアしえる点や、元の世祖クビライ時代における元寇の失敗という〈前車の覆轍〉が「今日」には該当しない点を指摘した後(39)、次のように結んでいる(40)。

夫人情畏倭、而慮其来、又惟議株守、而憚於往。是以倭酋得恐嚇、要求於我。誠知所以備禦之策、与夫攻伐之謀、不患其来、復制其往、則彼雖狡詐百出、無所用之。兵志所謂先声後実、又謂未戦而廟算勝者、此挙是也。

そもそも人情は倭を畏れて、それが［侵攻して］来ることを心配し、ただ［従来の策を］墨守することを議論するだけで、［攻撃して］往くことを憚っている。こうして倭酋は威嚇して、我々に要求することができるのである。誠に備禦の策と討伐の謀とが、来ることを患わず、また往くことを制するものであることを知れば、則ち彼が邪悪な策を百出したとしても、それを用いるところは無いであろう。兵志の所謂「先声後実（声威が先にあり、武力は後から）」であり、また未だ戦わずして方略で勝利するというのは、この挙のことである。

許孚遠の「征勦」という方略は、実際に日本の討伐を意図したものというよりは、むしろ「征勦」という切札を相手に対する威嚇の手段として用いる意味合い（「先声後実」）が強かったのである。まさに、秀吉の「征明」という意図を抑止するための方策であった。

以上、冗長をも顧みず、許孚遠の「請計処倭酋疏」の内容について見てきたが、次に検討すべきことは、当該の上奏が中央政府においてどのように取り扱われたのか、という点である。

二　明朝中央政府の反応

(i)　封貢中止と「請計処倭酋疏」

福建巡撫許孚遠の「請計処倭酋疏」について、『明神宗実録』は万暦二十二年（一五九四）五月六日の条で、次のように伝えている。[41]

先是尚書石星、遣指揮史世用等、往日本偵探倭情。世用与同安海商許豫偕往、逾年豫始帰、報福建巡撫許孚遠。豫之夥商張一学・張一治、亦随続報、互有異同。孚遠備述以聞、因請勅諭日本諸酋長、擒斬秀吉、朝廷不封凶逆、而封能除凶逆者。又云、莫妙於用間、莫急於備禦、莫重於征勦。疏下兵部。

これより先、尚書石星は、指揮史世用等を遣わし、日本へ往って倭情を偵探させた。世用は同安［県］の海商許豫と共に往ったが、年を越えて豫は始めて帰国し、福建巡撫許孚遠に報告した。豫の仲間の商人張一学・張一治も、また次いで続報したが、［その内容には］互いに異同が有った。孚遠は備さに述べて以聞し、［次のように］上請した。日本の諸酋長に勅諭を出して、秀吉を擒斬するようにさせ、朝廷は凶逆を封ぜず、よく凶逆を除いた者を封ずることを。また［次のように］云った。用間より妙案はなく、備禦より緊急なものはなく、征勦より重大なものはない、と。疏は兵部に下された。

当該記事は反封貢論を除いて、日本での諜報活動および対日方略に関する、許孚遠の上奏の摘要という内容であるが、特に注目したいのは、この上奏が議覆のために兵部に下されたと末尾に記されている点である。ただし、その後の取り扱いについて、実録のなかに関連記事を見出すことはできない。

従って、ここでは取りあえず、後世に編纂された二種類の史書のなかから関連する記事を探り出すことにしたい。一つは『明史』の許孚遠伝であり、

二十年、擢右僉都御史、巡撫福建。倭陥朝鮮、議封貢。孚遠請勅諭日本、擒斬平秀吉。不従。

［万暦］二十年、右僉都御史・巡撫福建に抜擢された。倭が朝鮮を陥れると、封貢が議論された。孚遠は日本に勅諭して、秀吉を擒斬させるように上請した。［上諭は］従わずであった。

と書かれている。(42) いま一つは、談遷『国榷』の万暦二十二年（一五九四）五月六日の条で、

初巡撫福建右僉都御史許孚遠、遣海商偵探、云、平秀吉拘諸将妻子、遣攻朝鮮、益淫虐、衆心不附。于是孚遠及巡按御史劉芳誉以聞、且曰、得智勇奇士、密往図之、王開俱起、元凶可擒。又遼陽・天津、不可不慮。上是之。

初め巡撫福建右僉都御史許孚遠は、海商を［日本に］派遣して偵探を行ったところ、平秀吉は諸将の妻子を拘禁し、［諸将を］派遣して朝鮮に侵攻し、益々淫虐を尽くしており、衆心は［秀吉に］服していない、とのことであった。そこで孚遠および巡按御史劉芳誉は上聞し、且つ［次のように］言っている。智勇の奇士を得て、密かに往かせて図ったならば、［諸］王は受け入れて俱に起ち、元凶は捕らえることができよう。また遼陽・天津は、考慮しないわけにはいかない、と。上はこれを是とした。

と記されている。(43)許孚遠の上奏は、前者によれば万暦帝によって却下（「不従」）されたことになり、後者によれば裁可（「是之」）されたことになる。実録からは窺い知ることのできない許孚遠「請計処倭酋疏」の中央政府における取り扱いについて、『明史』と『国榷』とでは全く正反対の理解となっているのである。

この問題にさらに接近するために、同時代人によって書かれた、許孚遠に関する二種類の伝記を取りあげることにしたい。まず、万暦二十二年（一五九四）九月に顧養謙の後を継いで、兵部左侍郎から総督薊遼経略に就任する孫鑛『月峰先生居業次編』所収の「明故兵部左侍郎贈南京工部尚書許公神道碑」では、(44)福建巡撫時代の許孚遠について、次のように叙述されている。(45)

晋右僉都御史、巡撫福建。時倭擾朝鮮、浪伝乞封、本兵議許之、衆論不然。方紛紜未定、然其端原自閩発之。公至福建、密募死士、往彼国偵焉。……已而偵者来、悉得彼詭謀、幷諸島酋相讐状。疏聞於朝、謂発兵撃之為上策、禦之中策、不可軽与封。本兵至膠執、見之亦悚然、至親見司礼、道其実謂、即切責某数語、罷封貢最善。後奸人惑之、乃復揺動卒之。倭患得息者、用公中策也。

右僉都御史・巡撫福建に晋《すす》んだ。時に倭は朝鮮で擾乱を起こし、封を乞うていると流伝され、本兵はそれを許すように提議したが、衆論はそうではなかった。［議論は］紛々として未だ定まらなかったが、しかしながらその端緒は閩（福建）から発したのである。公が福建に至ると、密かに死士を募り、彼の国に往かせて偵察を行った。……已に偵察した者が戻ると、彼（秀吉）の巧妙な謀、並びに諸島酋の［秀吉に対する］怨恨の状を知り得たのである。疏は朝廷に伝えられ、［次のように］謂った。兵を発してこれを撃つのは上策であり、これを防禦するのは中策であるが、軽々しく封を与えるべきではない、と。本兵は至って固執していたが、これを見て慄然とし、親しく司礼［太監］に会見するに至り、その実情について［次のように］謂った。たとい私の数語を責めたとしても、封貢を罷めるのが最善である、と。後に奸人に惑わされ、すなわちまた動揺して止めることになった。倭患を終息することができたのは、公の中策を用いたからである。

スパイの派遣による諜報活動、征討（「撃」）を「上策」とし、戦守（「禦」）を「中策」とする対日方略、および反封貢論を含む、かの上奏のことが述べられているが、封貢に固執していた兵部尚書石星（「本兵」）が、許孚遠の上奏に接した後、司礼監を通じて封貢の中止が「最善」である旨、答申したと書かれている点には注目したい。

次に、福建の福州府福清県の出身で万暦三十六年（一六〇八）に内閣大学士となり、同四十年（一六一二）には首輔となる葉向高『蒼霞草』所収の「嘉議大夫兵部左侍郎贈南京工部尚書許敬菴先生墓誌銘」には(46)、同様に、

> 晋僉都御史、出撫閩。時平秀吉猖狂島中、濱海岌岌、朝議主封貢。先生偵得其情形、具言、其廃主僭位、六十六州、劫于威、上下怨毒、勢必敗。堂堂天朝、奈何假之名器、而与之市。疏上、議乃格。
>
> 僉都御史に晋み、福建巡撫となった。時に平秀吉は島中で猛り狂い、［中国の］濱海は危うくなり、朝議は封貢を主張した。先生はその情形を偵察し、具さに言上した。［秀吉は］主を廃して位を盗み、六十六州は、威勢によって奪われ、上・下ともに怨んでおり、勢として必ずや敗れるであろう。堂堂たる天朝は、どうしてこれに王号を与え、互市を許してよいであろうか、と。疏は上されて、［封貢の］議論は止められた。

と記されている(47)。ここでも、許孚遠の上奏によって封貢の「議」が中止されたことが指摘されている。

以上、中央の要職を歴任した孫鑛・葉向高という二人の記述によれば、許孚遠「請計処倭酋疏」の上奏が行われた結果、明朝中央政府において侃々諤々たる論争が展開し、秀吉に「許封不許貢」で対処することがほぼ決定していた〈封貢問題〉は、一転して「封貢並罷」という内容でひとまず決着したのである。許孚遠の上奏と封貢の中止とがまさに関連していたことになろう。しかも、封貢を積極的に推進していた兵部尚書石星が、許孚遠の上奏をうけて封貢中止へ動いたという。

取りあえず、許孚遠の上奏が行われた万暦二十二年（一五九四）五月を中心とした封貢論議の行方を、『明神宗実録』等の記事によって改めて確認しておきたい。

四月六日　総督兼朝鮮経略顧養謙の上奏。封貢問題の解決には「封」「貢」の両方を「竝許」するか、或いは「竝絶」するかしかないが、「竝許」すべしというのが顧養謙の主張。万暦帝の上諭は、兵部を通じて九卿・科道会議を開いて論議させるというもの(48)。

五月一日　九卿・科道会議開催の上奏。議論で多数派を占めたのは「款を罷めて守を議す」という意見、すなわち日本との講和を中止して辺境の防備を強化するというもの。石星の総括・上聞をうけた万暦帝の上諭は、事態の重大性によって軽々には決定できないというもの(49)。

五月六日　許孚遠「請計処倭酋疏」の上奏が行われ、兵部に下される。

五月七日　遼東巡撫韓取善の上奏。顧養謙と同様に、封貢問題への対処は「竝許」か「竝絶」かであるが、「竝絶」して鴨緑江以西の防備を固めることを主張(50)。

同　日　兵部尚書石星の上奏。顧養謙および韓取善が封貢に対して「竝許」か「竝絶」かの二者択一をいい、科道官を中心に封貢中止の議論が多数派を占めるなかで、封貢の「罷絶」は「応に亟かに行うべきに似たり」と述べる(51)。万暦帝の上諭は「封貢はすべて罷めさせる」というもの(52)。

最終的には、万暦二十二年（一五九四）十月に秀吉の冊封が決定するが、同年五月の段階において、明朝中央の対応は封貢の中止という局面を迎えたのであった(53)。当該時期の中央における政治過程に眼を向けたとき、許孚遠の上奏と封貢中止の決定との間に時間的整合性のあることは確認しえたといえよう。一時的であれ、封貢中止というきわめて重要な政策決定に、許孚遠の上奏は一定の影響を与えていたと看做すことができるのである。

(ii)　首輔王錫爵・兵部尚書石星の反応

ここでは、許孚遠の「請計処倭酋疏」に対する、当時の内閣の首輔王錫爵および〈朝鮮の役〉の事実上の最高責任者であった兵部尚書石星の反応を探ることにしたい。

万暦十二年（一五八四）から内閣大学士となり、その後、約一年半の帰省を挟んで、同二十一年（一五九三）一月に復帰して首輔となった王錫爵は、許孚遠の上奏に接した直後の万暦二十二年（一五九四）五月下旬に辞職するが[54]、錫爵と孚遠との間にはそれぞれ数通の書簡が残されている。両者の遣り取りを検討する前に、まず〈封貢論争〉に対する王錫爵の政治的立場を確認しておきたい。

『明神宗実録』を繙く限りでは、王錫爵が当該論争にどのように関与していたのかはあまり鮮明ではない。例えば、先に触れた万暦二十二年（一五九四）四月六日の「封貢竝許」を主張した総督顧養謙の上奏では、

輔臣王錫爵、遺書於臣、欲臣尽言、彼且力為担当。石星亦誓以死報国矣。

輔臣王錫爵は、書を臣に送って、臣が言辞を尽くすように望んでおり、彼は努めて引き受けるとあった。石星もまた死を以て国に報いると誓っている。

と述べられており[55]、王錫爵は顧養謙への書簡のなかで封貢の採否に拘わらず、政権担当者として尽力することを表明していたという。さらに、実録の同年四月二十八日の条には、王錫爵の「病中上言」が記載されているが[56]、その全文は彼の『文粛王公疏草』に収録されている。そのなかで、王錫爵は次のように述べているのである[57]。

則非臣之所解。目前国事、莫急於倭虜、而臣与同官、平日計議、亦自有定着。倭非我叛臣、若真心嚮化、決無絶理。又非我孝子、若分外要求、決無許理。羈縻駕馭、即此両端而決。若其他盈廷之議、勇至欲歳糜百万之財、而怯不敢通一介之使、

目前の国事では、倭・虜より重要なものはないが、臣と同僚とは、平日協議して、また自ずから定着をみたのである。倭は我が叛臣ではないのだから、もし真心から帰順するのであれば、決して［冊封を］絶つという道理はない。また我が孝子でもないのだから、もし分外に要求するのであれば、決して許すという道理もない。羈縻するか駕馭するかは、この両端に即して決めるものである。他の朝廷に溢れる議論のごときもので、勇敢にも歳々に百万の財源を費消しようとするものや、卑怯にも敢えて一介の使節を通じようとしないものは、臣の理解するところではない。

ここでは、朝鮮に侵略した日本に対して封貢を許可して「羈縻」するか、或いは封貢を絶って「駕馭」するか、という二者択一の議論に与することなく、むしろ時々の状況に応じて柔軟に対処しようとする、王錫爵の立場が明示されているといえよう。そのことは「百万の財」を費消して対日強硬策を主張する「勇」をも、さらには対日交渉のための使節派遣を非難する「怯」をも、ともに否定している点からも窺うことができる。しかしながら、同年五月二十九日、中央政界を去るに当たって行われた上奏では一歩踏み込んで、日本への対応は講和（「款」）でも討伐（「戦」）でもなく、戦守（「備」）であることを主張しているのである。[58] そうした点で王錫爵は、後に朝鮮経略に就任する孫鑛の考えに近かったといえよう。[59]

さて、許孚遠の『敬和堂集』には「啓王荊石閣老」と題された王錫爵宛の書簡が八通ほど収録されているが、その第六書簡は次のような記述となっている。[60]

近報為倭夷擬封一事、言者紛紛。夫関白之桀驁、当不藉此虚名。一假虚名、有所要挟而来、益恐難禦。幸慎図之。……嘗遣人往彼偵探、今猶未回。若得其情形肯綮、有先発制人之謀、庶幾可一褫其魄。看冬春消息、何如也。

近ごろ倭夷の封貢を許そうとする一事について、議論は紛紛であると報じられています。そもそも関白の凶悪・傲慢は、当にこの虚名を与えないようにすべきです。一たび虚名を与えたならば、強要することが有って侵攻し、益々恐らくは防禦し難くなるでしょう。慎重に対処することを願います。……嘗て人を遣わして彼のところへ往かせ偵探を行いましたが、今はまだ戻っていません。もしその情形の関鍵を得て、先手を取って相手を制する謀が有れば、その魄を奪うことができるに違いありません。冬春の消息は、どうなるでしょうか。

この書簡は、文面を見る限り、日本で諜報活動を行った許豫等の帰国前、おそらくは万暦二十一年（一五九三）秋頃に認められたものだと想われるが、封貢には反対の立場から、当該問題には慎重に対処するように要請するとともに、日本の情報が収集された暁には「先発制人の謀」によって相手を驚愕させるべきことが述べられている。

許孚遠の当該書簡に対する返信に相当すると思われるものが、王錫爵『王文粛公文集』のなかに見出すことができる。その文面は、次のように記されている[61]。

東師撤兵一著、断不可緩。目今内帑枵然、寧夏費百万矣、朝鮮費百万矣。国家更有幾万万、而尽耗之外国。猝有他変、将何為計耶。孫司寇在山東、久習倭事、謂必当早撤兵。老兄儻続有所聞、探得先発制人之計、幸不惜飛信告我。

東師の撤兵という一手は、断じて緩めることはできない。目下、内帑は空であり、寧夏では百万［両］を費やし、朝鮮では百万を費やした。国家には更にどれほど多くの資金があって、尽くこれを外国に消耗できようか。急に他の変乱が有ったならば、どのようにして計略を行うことができようか。孫司寇は山東に在任し、久しく倭事に習熟しており、必ずや早く撤兵すべきであると言っている。老兄がもし続けて上聞することが有り、先手を取って相手を制する計略を探し得たならば、飛信（特急便）を惜しまず私に告げることを願っている。

万暦二十一年（一五九三）四月の停戦協定締結の後、八月には経略宋応昌・総兵官李如松によって、明軍の朝鮮からの事実上の撤兵が進行し、十月には朝鮮駐留軍の備倭副総兵署都督僉事として劉綎が任命される[62]。この返書はまさにその時期のものだと思われるが、[63] 王錫爵が許孚遠の「先発制人の計」に注目していたことは看取することができよう。

次に提示するのは、許孚遠の王錫爵宛の第八書簡である。その文面から見て「請計処倭酋疏」の上奏の直後に書かれたものと思われる。[64]

倭酋請封、廷論不決。適此中、偵探倭情還報。因以転聞闕下、具論事理、詳在疏中。孚遠本属疆吏、非不欲藉権変羈縻之説、稍緩兵防、偸安於此。顧念国家事体、関係甚重、不容規避而無言。且此事行之、脱有後患、悔之無及。

倭酋は封貢を請い、廷論は決していません。ちょうどこの折に、倭情を偵探して復命・報告がありました。因って闕下に転聞し、具に事理を論じましたが、詳細は疏中に書いてあります。孚遠は本より疆吏（地方長官）に属しており、臨機応変に羈縻するという説に借りて、少しく防禦を緩め、ここに安逸を貪りたいと思わない訳ではありません。国家の事柄に、関係することが甚だ重いことを考慮すれば、避けて言わないことは許されないでしょう。かつこの事を行って、もし後の禍が有ったならば、後悔しても及びません。

ここでも「羈縻」政策（封貢）に対する許孚遠の危惧の念が表明されているが、ただ残念なことに許孚遠の上奏に対する王錫爵の反応を彼の書簡群のなかから見出すことはできない。

さて、次に許孚遠による兵部尚書石星宛の書簡について検討することにしよう。『敬和堂集』には「簡石東泉司馬」として二通の書簡が収められているが、ここで注目すべきは第二書簡である。[65]

辱教謂、因小疏罷封貢之議、敢謂其然。老先生忠誠謀国、原無成心。偵探倭情、本係台下所遣、孚遠特奉行之耳。来論、用間・備禦・征剿三者、将為議覆、而以用間為急務。誠然誠然。備禦不必言、征剿之説、所謂先声也。彼能来、我亦能往。存此一議、可破姦邪之胆。然而未可遽見諸行事也。六月半後、復遣人往日本矣。偵探之中、兼図間諜。顧未知機会何如。我翁以病乞休、知非得已。然聖明方切倚眷、南倭北虜、正藉折衝、而可言去乎。願惟寛紓以慰、答上下之望。

忝くも御指教では［次のように］謂っています。小疏に因って封貢を罷めるという議は、敢てその通りだと思う。老先生の忠誠［の心］で国を謀ることに、もとより成心など無い、と。倭情を偵探することは、本より台下の派遣したものであり、孚遠はただ奉行しただけです。来諭によれば、用間・備禦・征剿の三者は、将に議覆しようとしているが、用間こそが急務である、とあります。誠にそうです、誠にそうです。備禦は［改めて］言う必要はなく、征剿の説は、所謂「先声（先手を取る）」です。彼らが来ることができるのであれば、我々もまた往くことができます。この議論を残しておくことで、姦邪の魂胆を破ることができます。然しながら未だ遽にこれを行動に移すことはできません。六月半ばの後に、また人を派遣して日本に往かせます。偵探の中に、兼ねて間諜を図るつもりです。顧みるに未だどのような機会があるかは知れません。我が翁が病によって退休を乞うことは、已むを得ないことだとは分かっています。然しながら聖明（陛下）は切に信任し、南倭・北虜は、正に折衝に依っており、去ることを言うことができましょうか。ただ［現状を］寛和して慰め、上下の望みに答えることだけを願っています。

一見して明らかなように、「請計処倭酋疏」の上奏の後、許孚遠は石星からの書簡を受領していた。それをうけて、この書簡が執筆されたのである。また末尾では、辞職を願い出た王錫爵（「我翁」）の慰留について述べられているが、この石星宛の返書は、万暦二十二年（一五九四）の五月中旬から下旬にかけて書かれたものと思われる。

当該書簡からは、次の四点を抽出することができよう。第一に、許孚遠の上奏に接した後の石星の書簡では、封貢の中止という孚遠の主張に対して、むしろそれを首肯する見解が記されていたこと、第二に、許孚遠の「用間」「備禦」「征勦」という対日方略について、石星は「用間」こそが「急務」であるとの意見を述べて来ており、それは孚遠の考えとも一致していたこと、第三に、許孚遠にとって「征勦」はあくまでも示威（「先声」）を目的としたものであって、事実上、その実行は不可能であると考えていたこと、そして第四に、許孚遠は六月半ば以降、再び日本にスパイを派遣して「偵探」を行うとともに「間諜」を企図していたこと、以上である。

まず注目しなければならないのは、第一の点である。すなわち、許孚遠の封貢中止の主張に石星が賛同していることは、まさに孫鑛が書いた孚遠の神道碑の内容と一致するものである。万暦二十二年（一五九四）五月上旬の段階で石星が上奏し、万暦帝が裁可した封貢の中止という、きわめて重要な政策決定が、中央政府の論議において科道官を中心とした反封貢派の意見が多数を占めるという客観的な状況の帰結であったとしても、それまで封貢推進に尽力してきた石星が一時的とはいえ封貢中止もやむなしとの考えに与した背景には、明らかに許孚遠「請計処倭酋疏」の上奏が存在していたのである。従って、直接的な因果連関は別として、葉向高が許孚遠の墓誌銘に「疏上り、議乃ち格む」と記したことは、まさしく確かな事実を伝えたものであった。

次に注目したいのは、第二・第四の点、すなわち、許孚遠・石星ともに対日方略において「用間」が最も有効であると認識しており、かつ六月中旬以降、改めてスパイを日本に派遣すると許孚遠が言明していることである。この「六月半後」に関連するのが、次節で検討する許孚遠から島津義久への「回文」である。なお「偵探の中、兼ねて間諜を図る」という文言のうち「偵探」は明らかに情報収集の謂であるが、「間諜」はむしろ離間・破壊の工作・策動を表したものだと思われる。こうして見ると、王錫爵宛の書簡のなかで「先発制人の謀」として許孚遠が構想していたものは、まさに「用間」策にほかならなかったといえよう。

以上のように、「請計処倭酋疏」のなかで秀吉（「倭酋」）の「殄滅」「擒斬」を提起した許孚遠が、最も現実的かつ効果的な方策として選択したものは「用間」策であり、その場合の「用間」とは、秀吉に「讐恨」を懐く日本の大名と結んで、秀吉の「擒斬」を含む諸々の離間・破壊活動を実行することだったのである。

三　許孚遠の「回文」と「檄文」

万暦二十二年（一五九四）五月六日における上奏「請計処倭酋疏」のなかで、対秀吉の最も有効な方策として許孚遠が提起したものは、スパイを日本に派遣して破壊・離間工作を行うという「用間」策であった。その場合、許孚遠が連携の対象と看做していたのは、まさしく薩摩の島津氏であった。

ところで、許孚遠が福建巡撫の任を去って約三年半が経過した万暦二十六年（一五九八）四月、当時の福建巡撫金学曾が島津氏に対し、明軍との連合のもとに反秀吉の軍事行動を起こすよう、かの許儀後を通じて工作していたことが、長節子氏によって明らかにされている[66]。また、そうした行動の背景に「福建地方と薩摩間の商業的な結びつきがあった」ことを長氏は読み取られたのである[67]。しかし、福建—薩摩間の商業貿易を媒介とした「結びつき」とは別に、この時期の明朝側には薩摩＝反秀吉という、ある種の固定化したイメージが成立していたように思われる。

時間的に前後するが、万暦二十年（一五九二）二月になってはじめて当時の福建巡撫張汝済のもとに到来した、秀吉の「征明」を伝える許儀後の情報のなかに、前年九月二十五日の事柄として、

因列国有不欲行之意、薩摩国君臣黙議、串通東海道同反、未知成否。若一国謀叛、則関白入寇之兵、不得行矣。

列国には「朝鮮に」行きたくないという意が有ることに因って、薩摩国の君臣は黙議し、東海道と串通して共に謀反を起こそうとしたが、未だ成否はわからない。もし一国が謀叛したならば、則ち関白の「朝鮮に」入寇する兵は、行けないであろう。

という内容が含まれていた[68]。薩摩の秀吉に対する「謀叛」の可能性が示唆されているのである。また、すでに述べたように、貿易商許豫の日本情報でも、島津義久を反秀吉へ「陥誘」する可能性のあることが指摘されていた。

さらに、朝鮮方面からも薩摩については同様の情報が流れていた。万暦二十年（一五九二）十二月、朝鮮経略の宋応昌は『経略復国要編』所収の兵部尚書宛書簡において、次のような情報を伝えている[69]。

又拠通事朴仁倹報称、関白領兵、屯対馬島、被深国人乗虚、尽数殺死。又謂、深国即薩摩州也。

また通事朴仁倹の報告に拠れば、関白は兵を率いて、対馬島に駐屯したが、深国人に虚に乗じて、尽く殺害されたとのこと。また［次のように］謂っている。深国とは薩摩州のことである、と。

明らかに虚偽の情報ではあるが、秀吉が対馬において殺害され、しかもそれが薩摩によって行われたというのである。

以上のように、当該時期の明朝にとって、日本における薩摩島津氏のイメージは反秀吉勢力の突出した存在というものであった。従って、そうしたイメージの呪縛から許孚遠自身も逃れることはできなかったといえよう。

さて、許孚遠は万暦二十二年（一五九四）六月、島津義久からの「後日の貿易通利を図るの意」が込められていた「文書一封」に対する「回文」と秀吉宛の「檄文」とを薩摩へ向けて送り出したのである。松浦章氏は、この「回文」および「檄文」が六月十二日に許孚遠から出され、七月八日頃には島津氏のもとに到来していたことを推定されるとともに、併せて次のように指摘されている。「島津家に残された許孚遠の二件の文書を見るかぎり、積極的に島津氏と手を結び、秀吉の出兵を何らかの方法で停止、もしくは撤兵にもって行くといったことはなかったのである」と[70]。

後述するように、松浦氏のこの見解は、筆者の首肯するところとはなっていない。ここでは当該の「回文」および「檄文」の内容について、いま一度、検討することにしたい。

三　許孚遠の「回文」と「檄文」

許孚遠の「回文」と「檄文」とはともに『大日本古文書』の「島津家文書」に収録されているが、まず前者について、その全文を呈示することにしよう(71)。

武生許豫還、接得日本薩摩州修理大夫藤原義久来文、文中意趣甚好、有愛厚我。且見、爾国君臣、思与我天朝款好情通、良是美意。但聞、関白平秀吉、屢声言内犯、動衆興師。此豈成款好之道。要得款好、必須休兵息民、輸誠効順、表請納款、方是華夷正理。若只造船徴兵、東侵西削、耗財残命、有挟而求、必神怒人怨、如之何能成款好也。不思、我堂堂天朝、主聖臣良、如日中天正、当全盛世界、国富兵強、軍雄馬壮、安若盤石。爾国君臣、豈不聞知乎。吾知、爾義久及幸侃、并左右用事諸臣、倶有英烈正気、忠愛関白。又知、崇重我中国。且各有智謀、諳暁時勢、可以忠言婉勸関白、享福伝位、世守陸拾陸州、養賢安国、揚名万世。最是長策、而関白亦素是剛直之主、必将爾聴、爾又得真心報主之道也。茲因爾有文来、我当有文答。乃彼此講好之礼、不敢疎失。為此、不憚万里跋渉積誠、特遣巡海守備劉可賢、軍門賛画姚士栄、名色把総許豫・伍応廉等、及原在薩摩州差使人張昂、同往敬復。幸祈体亮。毋忽。

武生の許豫が戻り、日本の薩摩州修理大夫藤原義久の来文に接したが、文中の意趣は甚だ好く、我々を厚く思う心が見られる。且つ見たところ、爾の国の君臣は、我が天朝と友好を結び、誼を通じることを思っており、誠に美意である。但し聞くところでは、関白平秀吉は、屢々内犯を言明し、多くの兵を動員しているとのこと。此れは豈《どう》して友好を結ぼうという道であろうか。友好を結ぼうとするならば、必ずや須く兵や民を休息させ、誠意を見せて恭順を示し、表文によって降服を請うべきであり、［そうすることで］はじめて華夷の正理ということになる。もしただ造船・徴兵を行い、東に侵攻して西を奪い取り、財を消耗して命を損ない、強要して求めるだけであれば、必ずや神は怒って人は怨み、どうして友好を結ぶことなどできようか。思いもしないのか、我が堂堂たる天朝は、君主は聖人で臣下は良民であり、天中の太陽の如く、世界を全盛にし、国は富んで兵は強く、軍・馬は雄壮で、安泰であること盤石のようなものであることを。爾の国の君臣は、豈して聞いていないことがあろうか。吾は知っている、爾義久および幸侃、並びに左右の執政の諸臣は、倶に英烈な正気をもち、関白を忠愛していることを。また知っている、我が中国を尊重していることを。且つ各々には智謀が有って、時勢に通暁しており、忠言によって穏やかに関白に勧め、福を享受して位を［子孫に］伝え、世々陸拾陸州を守り、賢者を養成して国を安泰に保ち、名を万世に残すようにさせることができるであろう。［これは］最高の良策であり、関白も素より剛直の君主であれば、必ずや爾［の言うこと］を聴き、爾もまた誠意をもって君主に報いる道を得ることになろう。茲に爾の来文に因って、我も回文を出すべきである。すなわち相互の友好の礼に、敢えて粗忽のないようにする。この為に、万里を跋渉して誠意を示すことを憚らず、特に巡海守備劉可賢、軍門賛画姚士栄、名色把総の許豫・伍応廉等、およびもともと薩摩州在住の差遣人張昂を派遣して、共に往かせ、謹んで返答を行う。明察されることを祈念する。忽かにするなかれ。

この「回文」の前半では、秀吉の侵略行為を非難するとともに、華夷秩序（「華夷正理」）に基づいた中国に対する「款好の道」が述べられているが、特に注目すべきは、後半の文言のなかで「忠言を以て関白に婉勧し」と記されている点である。許孚遠はこの「回文」を通じて、まさに秀吉への和平工作――当然、朝鮮からの撤兵を含むであろう――を島津義久に依頼しているのである(72)。

次に後者、すなわち秀吉宛の「檄文」は、次のような記述となっている(73)。

欽差提督軍務兼福建地方都察院右僉都御史許、檄告大閤先生関白知道。我久聞、先生掌握兵柄、大名若雷、大福若山、儘海外無双之品也。統率陸拾陸州山河赤子、豈非英雄豪傑者所為。我天朝自洪武皇帝開国以来、計弐百餘年。雖主聖臣良、無異唐・虞・三代世界、而一念懐柔遠人之道、実惓惓慇慇、無一日息也。茲者旧年有爾薩摩州修理大夫藤原義久、将文書壹通、付我武生許豫、同本州通事張昂、齎到福建、交送与我。我誦其文中、意趣甚好。

且称、爾国君臣、思与我天朝款好。我思、此様文意、必出于先生高妙。則知、平昔謡伝、爾国屢欲興兵内犯、率皆奸徒勾誘邀利者、倡為此説、以汚先生美名、遺累盛徳。今当不辯而破矣。似此安享天年、静回造化、而天地神明、必保祐先生積善之報。理当天賜貴子貴孫、世済大位、而揚名万禩也。吾今特遣守備劉可賢、軍門賛画姚士栄、名色把総許豫・伍応廉、同原在薩摩州差使人張昂、同齎文前来、回答義久。因思先生在主日本、且久瞻仰風采、乃謹具檄文壹通、附候鈞座。幸惟照諒。是禱。

欽差提督軍務兼福建地方都察院右僉都御史許［孚遠］は、檄文によって大閤先生関白に申し渡して知らしめる。我々は久しく聞いている、先生は兵権を掌握し、大いなる名は雷の如く、大いなる福は山の如く、海外に無双の品格を尽くしていると。陸拾陸州の山河の赤子を統率しており、［それは］豈して英雄・豪傑の行うことでないであろうか。我が天朝は洪武皇帝の開国以来、二百餘年を数える。君主は聖人で臣下は良民であり、唐・虞・三代の世界と異なるところはないとはいえ、一たび遠国の人々を懐柔する道を慮れば、実に倦まず弛まず、一日も休むことは無い。茲に旧年、爾の薩摩州修理大夫藤原義久が、文書一通を、我が武生許豫に与えたところ、本州の通事張昂と共に、福建まで持参し、我のところに送ってきた。我がその文を読むと、意趣は甚だ好いものであった。且つ［次のように］述べている。爾の国の君臣は、我が天朝と友好を結ぶことを思っていると。我が思うに、このような文意は、必ずや先生の高明［な考え］から出たものであろうと。則ちもともとの風説で、爾の国が屢々兵を挙げて内犯しようとしているというのは、おおむね皆、奸徒の結託して利を求める者が、この説を唱えて、先生の美名を汚し、累を盛徳に遺そうとしたものであることも知っている。今、まさに言わずとも看破すべきものである。これは天年を享受し、造化を静寧にして、天地・神明が、必ずや先生の積善への報酬を保祐するに違いない。理として当に貴子・貴孫は、世々大いなる位を受け、名を万世に遺すべきである。吾は今、特に守備劉可賢、軍門賛画姚士栄、名色把総の許豫・伍応廉を派遣し、もともと薩摩州在住の差遣人張昂と共に、［回］文を持参して往かせ、義久に回答する。先生が日本の君主に在り、且つ久しく風采を仰ぎ見ることを思うに因り、謹んで檄文一通を具し、鈞座に伺候する。ただ照諒されることを祈念する。ここに禱る。

すでに松浦氏が指摘されるように、内容的には「積極的に秀吉を非難した」ものではなく[74]、むしろ秀吉に対する表敬の意味合いの強いものだといえよう。そのことは、原文書で「大閤」「先生」「鈞座」という語彙に擡頭がなされていることからも窺えるのではなかろうか。これも松浦氏が述べられる点と関連するが、「興兵内犯」は実は「奸徒」が首唱し、秀吉に汚名を着せようとしたものであると記すことで、速やかな撤兵という秀吉の「積善」を暗々裡に期待したものかと思われる[75]。ただし、この「檄文」が何故、許孚遠によって書かれねばならなかったのかは、現在のところ判然としない。或いは、兵部尚書石星からの指令が出ていたのであろうか。

以上の許孚遠による「回文」「檄文」の記述のなかで、特に注目しておきたいことは、末尾に書かれているように、許豫・伍応廉・張昂とともに巡海守備劉可賢と軍門賛画姚士栄とが薩摩へ派遣されたことである[76]。単に許孚遠の返書を島津義久のところまで携行するだけであれば、福建—薩摩間の往来に慣れている許豫等で十分に間に合うはずである。何故、武官の劉可賢や許孚遠のブレイン（「賛画」）ともいうべき姚士栄がわざわざ薩摩まで派遣されたのであろうか[77]。彼らの派遣にはそれなりの特別な理由があったと考えるのが、ごく自然な解釈ではなかろうか。

前章で提示した、許孚遠から石星へ宛てた書簡では、万暦二十二年（一五九四）六月中旬以降、スパイを再度、日本へ派遣して「偵探の中、兼ねて間諜を図る」という孚遠の思惑が明記されていた。すなわち、劉可賢・姚士栄は「偵探」「間諜」を目的として派遣されたのではなかろうか。このことは『明神宗実録』の万暦二十三年（一五九五）六月二十六日の条の、次の記事からも窺うことができよう[78]。

初福建所遣偵探日本劉可賢、受関白財物、又私帯夷僧入境。按臣周維翰、以可賢既邀重貨、必有軽諾、日本既揖大利、必有厚望、恐因而啓釁。因請申飭沿海一帯、練兵厲械、以防未然。兵部覆奏。詔、今後沿海地方、只宜修整防禦、毋得擅遣偵探、以生事端。

初め福建から派遣されて日本の偵探を行った劉可賢は、関白の財物を受け取り、また私かに夷僧を帯同して［中国に］入境した。按臣の周維翰は［次のように］言っている。可賢は既に重貨を求めたのであるから、必ずや軽諾が有るはずで、日本は既に大利を棄てたのであるから、必ずや大望が有るはずであり、恐らくはそれに因って大事が起こるであろう。因って沿海一帯に命じ、兵を訓練して兵器を整備し、以て未然に防ぐようにして頂きたい、と。兵部は覆奏した。詔には［次のように］あった。今後、沿海地方は、ただ宜しく防禦を整えるべきであり、擅に偵探を派遣し、それによって事端を生じさせてはならない、と。

許孚遠による薩摩への派遣から約一年後の万暦二十三年（一五九五）六月、福建巡按御史周維翰の上奏のなかで、劉可賢が「夷僧」を帯同して帰国していたことが述べられているが、この記事でも可賢の目的が「偵探」であることが明示されている。

さらに、先に部分的に提示した、葉向高による許孚遠の墓誌銘でも、

乃遣間使至島中、檄原義久、使内応。亡何倭僧元龍来報命、事且有端。而先生擢南廷尉去。

乃ち間使を派遣して島中に往かせ、［藤］原義久に命じて、［明朝に］内応させようとした。程なく倭僧の元龍が来て復命し、事には糸口が見られた。だが先生は南廷尉に抜擢されて［福建を］去った。

という、注目すべき事柄が記載されている。(79) 劉可賢はまさしくスパイ（「間使」）として、島津義久に対して反秀吉の工作を行い、明朝に「内応」することを説得するために派遣されたのであった。それと同時に、劉可賢等は日本の僧「元龍」とともに復命を行ったが、島津氏への工作には成功の糸口が見られた（「事且有端」）という。(80) しかしながら、当該墓誌銘のコンテクストは、島津氏に対する工作が許孚遠の福建巡撫から南京大理寺卿への転任によって頓挫した

というニュアンスで語られているのである。

以上のように、許孚遠の島津義久への「回文」と豊臣秀吉への「檄文」との末尾に記載された巡海守備劉可賢・軍門賛画姚士栄の両名は、当該「回文」「檄文」を薩摩まで携行すると同時に、義久に対して反秀吉の工作を行うという許孚遠の密命を帯びていたのであり、渡日後の彼らの行動こそ、まさに「偵探の中、兼ねて間諜を図る」というものだったのである。(81)

ところで、前掲の実録の記事によれば、劉可賢等が秀吉の「財物」を受領し、かつ勝手に「夷僧」を帯同して帰国したことが、明朝の対日政策に悪影響を与えるとの理由から、周維翰は彼らの行動を暗に非難しているのであるが、劉可賢等が如何なる状況のもとで秀吉の「財物」を受領したのか、或いはそのことと島津氏への工作とがどのように関連していたのかは全く不詳である。なお『国榷』の万暦二十三年（一五九五）六月二十六日の条では、

福建偵倭把総劉可賢・賛画姚士栄、下台訊。以携夷僧入、且受貨也。

福建偵倭把総劉可賢・賛画姚士栄は、台訊に下された。夷僧を携えて入［朝］し、且つ［日本から］財貨を受け取ったからである。

と、実録にはない事柄が記されている。(82) すなわち、劉可賢・姚士栄はその後、中央の審問に掛けられたという。(83)

おわりに

以上、本章は、万暦二十二年（一五九四）五月の福建巡撫許孚遠の上奏「請計処倭酋疏」を手掛かりに、所謂〈朝鮮の役〉の一側面を、福建―薩摩関係という〈南からの視点〉によって考察しようとしたものである。

許孚遠は「請計処倭酋疏」のなかで、福建の貿易商人許豫等がもたらした日本情報を前提に、秀吉の「征明」に対抗するための方略として「用間」「備禦」「征勦」を提起しているが、最も現実的・効果的なものとして孚遠によって選択されたのは「用間」策であった。諸々の日本情報によって形成された薩摩の島津義久＝反秀吉的存在というイメージは、許孚遠に島津氏と結ぶことで秀吉の「殄滅」「擒斬」を図るという、ある種の謀略を構想させたのである。許孚遠の命を受けたスパイ、劉可賢・姚士栄は島津義久に対する反秀吉工作を行うべく、万暦二十二年（一五九四）六月、福建から薩摩へ向けて出航した。しかしながら、許孚遠の謀略が不首尾に終わったことは歴史そのものが物語っているのである。

他方、許孚遠の上奏は、当時の明朝中央政府における封貢論議に対して一定の影響を与えたものと思われる。最終的には、万暦二十二年（一五九四）十月に秀吉の冊封が決定するが、同年五月の段階では一時的に封貢中止の上諭が出される。封貢の可否というきわめて重要な政策決定に大きな影響力を有していた封貢派の兵部尚書石星は、許孚遠の上奏に接した後、一転して封貢中止へと動いたのである。万暦二十二年（一五九四）五月における許孚遠の「請計処倭酋疏」と封貢中止の決定とはまさしく関連していたといえよう。

ところで、許孚遠による日本情報の収集および島津義久を媒介とした謀略の構想は、明朝の対日貿易の禁止にも拘わらず、当時の福建—薩摩間に厳然と存在していた商業貿易のネットワークによってはじめて可能だったのである。それと同時に、当時の日本（特に九州）が荒野泰典氏の所謂〈諸民族雑居〉という対外的に開放された社会であったことも、明朝側のスパイ活動を容易にしていたといえるであろう。(84)

最後に、以上の行論の過程で検討することのできなかった問題について附言しておきたい。それは「請計処倭酋疏」のなかで「後日の貿易通利を図るの意」が込められていたと記述されている、許豫が将来した島津義久の書簡（「倭

〈酋義久所上文書壹封〉についてである。この書簡については、きわめて注目される史料が、薩摩側に残されている。すなわち、日暦で寛文十一年（康熙十・一六七一）に成立した『征韓録』には、次のように記されているのである。[85]

去程ニ文禄三年ノ春、殿下如何思召ケルニヤ。頃日大明ノ信音断絶スルノ間、島津義久方ヨリ一通ノ書簡ヲ大明国へ遣シ、其返簡ヲ可見ノ旨御下知ニ依、義久主一簡ヲ相認、大明国へ被遣之処ニ、同年ノ夏返簡有。時ニ大明国ヨリ殿下エ所奉献ノ書簡一通、同ク薩摩ニ到テ来著ス。其比義久主在伏見ノ故、則献上ス。然レバ殿下台覧ノ後、二通共ニ義久主拝領。

島津義久から許孚遠に宛てられた書簡は、秀吉の命によって執筆されたものであった。義久の書簡が秀吉の命によるのであれば、そこに込められた「後日の貿易通利を図るの意」も秀吉の考えということになろう。「征明」を目的として朝鮮へ出兵する一方で、もう一つの選択肢として、秀吉はまさに〈南〉の福建―薩摩関係を通じて明との貿易再開を模索していたのである。[86] また当該史料によれば、許孚遠の「回文」と「檄文」とは伏見において義久から秀吉に献上され、秀吉が閲読した後、義久に下し渡されたという。義久宛の「回文」とともに秀吉宛の「檄文」までもが「島津家文書」のなかに現存する所以は、まさにここに在ったのである。

註

（1）中村栄孝「豊臣秀吉の外征――文禄・慶長の役――」同『日鮮関係史の研究』中、吉川弘文館、一九六九年、所収。特に、一六六―一六七頁、参照。

（2）明朝政府による〈封貢論争〉については、石原道博『文禄・慶長の役』塙書房、一九六三年、岡野昌子「秀吉の朝鮮侵略と中国」『中山八郎教授頌寿記念明清史論叢』燎原書店、一九七七年、所収、および小野和子「明日和平交渉をめぐる政争」

同『明季党社考――東林党と復社――』同朋舎出版、一九九六年、所収（原載は『山根幸夫教授退休記念明代史論叢』上巻、汲古書院、一九九〇年、所収）参照。また、本書附篇、参照。

（3）中村栄孝、前掲「豊臣秀吉の外征」一九七頁、参照。

（4）なお、秀吉の朝鮮侵略に関する概説としては、北島万次『豊臣秀吉の朝鮮侵略』吉川弘文館、一九九五年がある。

（5）鹿児島県『鹿児島県史』一巻、鹿児島県、一九三九年、五九一―五九三頁、および六二三―六二四頁、等。

（6）石原道博、前掲『文禄・慶長の役』一〇七―一〇八頁、等。

（7）松浦章「明代海商と秀吉「入寇大明」の情報」同『海外情報からみる東アジア――唐船風説書の世界――』清文堂出版、二〇〇九年、所収（原載は『末永先生米寿記念献呈論文集』坤、末永先生米寿記念会、一九八五年、所収）。

（8）王圻『続文献通考』巻二三四、四裔考、東夷、日本の万暦二十二年（一五九四）五月の項にも若干の字句の異同を含みつつ、「請計処倭酋疏」の大部分が収録されているが、ただし、その書き出しは、

五月、福建巡按劉芳誉奏、臣奉命巡按福建、遵限于万暦二十二年二月二十日、入境受事。

と記されており、ここでは劉芳誉の上奏とされている。同様に、銭一本『万暦邸鈔』万暦二十二年（一五九四）四月条でも「福建巡按劉芳誉、題偵探倭情有拠等事」として当該上奏文の一部が引かれている。さらに、註（43）所引の談遷『国榷』万暦二十二年（一五九四）五月癸未（六日）条でも「于是孚遠及巡按御史劉芳誉以聞」と書かれている。以上から見ても、当該上奏は許孚遠・劉芳誉の連名で行われたものと思われる。

（9）松浦章、前掲「明代海商と秀吉「入寇大明」の情報」六二―七〇頁、参照。

（10）許儀後については、松浦章、前掲「明代海商と秀吉「入寇大明」の情報」および管寧「秀吉の朝鮮侵略と許儀後」『日本史研究』二九八号、一九八七年、参照。

（11）その後の史世用については、松浦章、前掲「明代海商と秀吉「入寇大明」の情報」六六頁および七七頁、註（31）参照。

（12）以上の叙述は、許孚遠『敬和堂集』撫閩疏、「請計処倭酋疏」の次の記載による。

臣於万暦弐拾年拾弐月内、欽奉簡命、巡撫福建地方。入境之初、拠名色指揮沈秉懿・史世用、先後見臣倶称、奉兵部石

尚書、密遣前往外国、打探倭情。臣看得、沈秉懿老而黠、不可使。随令還報石尚書。其史世用、貌頗魁梧、才亦倜儻、遂於弐拾壹年肆月内、密行泉州府同安県、選取海商許豫船隻、令世用扮作商人、同往日本薩摩州。陸月内、開洋去後、今弐拾弐年参月初壹日、拠許豫回報、旧年柒月初肆日、船収日本荘内国内浦港、距薩摩州尚遠。探得、州酋滕義久、同許儀後、随関白去名護屋地方。名護屋乃関白侵高麗、屯兵発船出入之所。史指揮就於内浦分別、潜去名護屋、尋覓儀後。又有同伴張一学等、密往関白居住城郭、観其山川形勢、探其動静起居。捌月拾参日、関白同義久・幸侃・儀後等回家。儀後随史指揮、於捌月弐拾柒日、来内浦会豫。玖月初参日、豫備段疋礼物、以指揮作客商、儀後権重訳、進見幸侃。幸侃曰、此恐非商販之人。儀後答曰、亦是大明一武士也。侃将伊自穿盔甲送豫。玖月拾玖日、被姦人洩機、有大隅州正興寺倭僧玄龍、来内浦、就豫問曰、船主得非大明国福建州差来、密探我国動静之官耶。豫権答曰、是因爾国侵伐高麗、殺害人民、我皇帝不忍、発兵救援。近聞差遊撃将軍、来講和好、我福建許軍門聴知、欲発商船前来貿易、未審虚実。先差我壹船人貨来此、原無他意。倭僧将信将疑。拾月内、倭酋義久、差儀後復往高麗。史指揮於是駕海澄県呉左沂鳥船先行、不意中途遇風打転。拾壹月内、義久会幸侃等、又差倭使名黒田、喚豫覆試前情。通事就倭僧玄龍、与豫面写対答、喜為足信。将豫原買硫黄弐百餘擔、准載帯回。仍奉文書壹封・旗刀二事、付豫進送軍門、以図後日貿易通利之意。

(13) 松浦章、前掲「明代海商と秀吉「入寇大明」の情報」六七—七〇頁、参照。

(14) 松浦章、前掲「明代海商と秀吉「入寇大明」の情報」七〇頁。

(15) 許孚遠『敬和堂集』撫閩疏、「請計処倭酋疏」。

(16) 秀吉側の講和条件については、中村栄孝「対外戦争における豊臣秀吉の目的」同、前掲『日鮮関係史の研究』中、所収(原載『名古屋大学文学部十周年記念論集』一九五九年)一七五—一七六頁、小野和子、前掲「明日和平交渉をめぐる政争」一二〇—一二一頁、および北島万次、前掲『豊臣秀吉の朝鮮侵略』一四八—一五一頁、参照。

(17) 『明神宗実録』巻二七〇、万暦二十二年(一五九四)二月戊寅(二十九日)条に、

礼部郎中何喬遠奏、朝鮮陪臣金睟等涕言、……沈惟敬与倭講和、皆云和親、輒曰乞降悔罪。

とあり、同、巻二七二、同年四月丙子(二十八日)条には、

広東道御史唐一鵬、以李如松家塾諸龍光、叩為投首和親之説、因該如松、及宋応昌・石星・顧養謙・劉黄裳、争相欺罔。乞下法司会速鞫、分別典刑。

とある。また、同、巻二七三、同年五月己卯（二日）条には、

都給事中喬胤劾奏、沈惟敬陰許和親、請亟捕逮、併収李如松、降旨切責。

と見える。

(18)『明神宗実録』巻二七三、万暦二十二年（一五九四）五月戊寅朔（一日）条には、

兵部尚書石星、疏辯御史唐一鵬参論李如松等和親事。上令不必会議、第究問諸龍光、主使何人。

とある。また、談遷『国榷』巻七六、万暦二十二年（一五九四）四月丙子（二十八日）条には、

廷議関白封貢。時伝沈惟敬許和親。餘姚人諸龍光、前客李如松所被慢、遂上急変、列如松罪状、幷各私札、投御史唐一鵬。内有征倭戚金上如松帖、陳和親甚詳。一鵬以聞。□《ママ》科給事中喬胤亦言之。故有是命、訊諸龍光誰使之、不能得。法司擬杖、上怒、械市死。

と記されている。本書附篇、参照。

(19) 銭一本『万暦邸鈔』万暦二十二年（一五九四）八月条に、

補福建巡按御史劉芳誉年例。芳誉題賊臣和親有拠、辱国難容等事。略言、巡歴漳泉、拠新回海商黄加等、投送朝鮮人廉思謹書、内開和親一段云、往年遊撃将軍沈惟敬、進兵朝鮮時、与倭連和、約送大明王女于日本。拠此以質于礼部郎中何喬遠・吏科林材・御史唐一鵬之疏、若合符節。然後知諸龍光之掲、不為誣也。奈何本兵石星、極力詆諸龍光、而必致之死哉。石星述惟敬之言曰、彼国有天王女、欲献当今。今思謹之書、則直指為大明王女矣。星以握枢大臣、辱国至此、尚欲腼顔就列耶。不報。執政悪之、已而假年例、補温州知府。

とある。

(20)『朝鮮王朝宣祖実録』巻五五、宣祖二十七年（一五九四）九月丙戌（十一日）条に、

近該臣巡歴漳泉地方、有献四海商黄加・黄枝・姚明・姚治衢。凡四人内、黄加報称、加等去年搭許預・史世用船至日本、

即往関白住城貿易。迫遇朝鮮人廉思謹、詢知世用同来打探情由、因寄書一封与世用。後各商回至大隅州、世用与許預不睦、已往薩摩州去訖、未得寄書、与加先回。所有原書、不敢私留、投進泉州府、転報到臣。

とある。

(21)『朝鮮王朝宣祖実録』巻五五、宣祖二十七年（一五九四）九月丙戌（十一日）条。

(22)同じく『朝鮮王朝宣祖実録』巻五五、宣祖二十七年（一五九四）九月丙戌（十一日）条に、

夫即此書中語、以質于礼部郎中何喬遠・吏科都給事中林材・広東道御史唐一鵬之疏、若合符節。然後諸龍光之掲、為不誣也。奈何本兵石星、辺信李如松之言、極力以抵諸龍光、致奉厳旨、下諸龍光於獄、而必致之死哉。……時聞封貢已若賊臣惟敬計、必捕之、勿令竄逸為他日患。然以議罪付法司、則必有所拠而後為。臣是以不厭喋喋、為之陳述者。此思謹原書、即封送都察院備照、足以為惟敬之断案乎。

と見える。

(23)註（19）所引の『万暦邸鈔』万暦二十二年（一五九四）九月条。なお、万暦『温州府志』巻七、秩官上、国朝知府の項に万暦「二十三年任」として劉芳誉の名を見出すことができる。

(24)以上の「和親」問題については、本書附篇、参照。

(25)許孚遠『敬和堂集』撫閩疏、「請計処倭酋疏」。

(26)フロイス（松田毅一・川崎桃太訳）『日本史』二〈豊臣秀吉篇Ⅱ〉、中央公論社、一九七七年、一六二―一六三頁。

(27)紙屋敦之「梅北一揆の歴史的意義――朝鮮出兵時における一反乱――」福島金治編『島津氏の研究』〈戦国大名論集一六〉、吉川弘文館、一九八三年、所収（原載『日本史研究』一五七号、一九七五年）参照。

(28)フロイス、前掲『日本史』二、一六五頁。

(29)『朝鮮王朝宣祖実録』巻五六、宣祖二十七年（一五九四）十月甲寅（十日）条には、万暦二十年（一五九二）十二月から同二十二年（一五九四）五月までの封貢問題をめぐる万暦帝の上諭が引かれているが、同二十一年（一五九三）九月の兵部尚書石星の上奏に対する上諭には、

覧卿奏、知道了。中国之馭夷狄、来則不拒、去則不追、服則羈縻、乃千古不易之理。昨有旨、待倭奴尽数帰巣、因取有称臣服罪、永無侵犯表文、許封不許貢。朕自定計、何畏多言。

と見える。本書附篇、参照。

(30) 以上の許孚遠の反封貢論については、『敬和堂集』撫閩疏、「請計処倭酋疏」の次の記載による。

謹会同巡按福建監察御史劉芳誉、看得、平秀吉此酋起于厮役、由丙戌至今、不柒捌年、而簒奪国柄、詐降諸島、縶其子弟、臣其父兄、不可謂無姦雄之智。興兵朝鮮、席巻数道、非我皇上赫焉震怒、命将東征、則朝鮮君臣、幾於尽為俘虜、不可謂無攻伐之謀。整造船艦、以数千計、徴兵諸州、以数拾万計、皆曩時之所未有、日夜図度、思得一逞、不可謂無窺中国之心。……夫乞封固非秀吉本謀、然藉此名号、以讋服諸夷、益以恣其狂逞之志、則秀吉亦姑爾従之。行長・小西飛諸酋、慴於平壌・王京之戦、既未能長駆直入、而又兵入朝鮮者、死亡数多、恐無辞于秀吉喪師之戮、則亦姑假封貢之説、以紿秀吉、而緩其怒。是以沈惟敬輩、僥倖苟且之謀、得行乎其間。若我経略総督諸臣、不過因惟敬輩、而過信行長諸酋、又因行長諸酋、而錯視平秀吉。不知、秀吉豺狼之暴、狐兎之狡、変詐反覆、必不可以信義処者也。茲観総督所呈請封表文末云、世作藩籬之臣、永献海邦之貢。因封及貢、其情已露於此。蓋秀吉狂謀蓄積已久、壹封必不足以厭其意。要而得封、必復要而求貢求市。得隴望蜀、憑陵及我朝廷、又将何以処之。

(31) 許孚遠『敬和堂集』撫閩疏、「請計処倭酋疏」。

(32) 許孚遠『敬和堂集』撫閩疏、「請計処倭酋疏」。

(33) 許孚遠『敬和堂集』撫閩疏、「請計処倭酋疏」。

(34) 福島金治「島津家久（二）」国史大辞典編纂委員会編『国史大辞典』七巻、吉川弘文館、一九八六年、所収、一〇三頁。

(35) 許孚遠『敬和堂集』撫閩疏、「請計処倭酋疏」。

(36) 「備禦」については、許孚遠『敬和堂集』撫閩疏、「請計処倭酋疏」の次の記載による。

備禦之策、頻年屢封明旨、申飭当事諸臣、亦云厳矣。臣等窃惟、遼陽・天津両地、密邇京師、壹由朝鮮、度鴨緑江而上、壹由山東海面、乗風疾趨。設有疎虞、令倭得長駆而入、震驚宸極。此不可以不慮。宜将東征之兵挑選、或増募弐参万人、遣大将弐員、分屯両地、以防不測。其各省直水陸兵防、更於今日厳為整備、俟其入寇吾境、或犄或角、相与戮力殲之。此不可恃其不来、而壹日懈緩者。故云、莫急於備禦。

(37) 許孚遠『敬和堂集』撫閩疏、「請計処倭酋疏」。

(38) こうした日本討伐論は許孚遠に限られたものではなく、この時期、すでにいくつかの議論が提起されていた。例えば、沈惟敬が遊撃として登用された万暦二十年(一五九二)八月には、程鵬起なる者が「暹羅兵」を使って日本を討つという「奇策」を提議していた(中村栄孝、前掲「豊臣秀吉の外征」一六四頁)。また、呉亮『万暦疏鈔』巻四三、東倭類、所収の南京刑科給事中徐桓の「征倭当急搗巣非計、乞詳審以収勝算疏」万暦二十年(一五九二)十二月付によれば、

酒太僕少卿張文熙、調四省兵往日、以搗巣為請。臣三復維之、見其策甚奇而難行。

とあり、太僕寺少卿張文熙による日本討伐論も存在していた。

(39) 許孚遠『敬和堂集』撫閩疏、「請計処倭酋疏」の「征剿」に関する箇所には、次のように記されている。

或者謂、興師遠渉、為費不貲、当国計詘乏之時、何以堪此。臣等計之、山東・浙直・閩広、備倭兵餉、歳不下弐百万両、積之拾年、則弐千万両、又積之参伍拾年、其費不可勝窮。今征剿所費、不過壹歳之需而足。若倭奴蕩平之日、海防又可息肩、各処歳派餉銀、可以坐省其半。一労永逸、事半功倍、未有若斯挙者矣。臣等又聞、元世祖曾以舟師討倭、致溺拾万衆於五龍山下。談者恒以為口実。臣窃料、世祖雖雄、其実虜人、不諳海上形便。当時将帥、必多達官、彼以不習波濤、不識風汛之人、而駆駕海洋、直顚倒沈溺。雖百万何用。今在東南、而用舟師、則大不然。必習波濤、必知風汛、乗時而往、無憂覆溺。試観、沿海商民、興販各国者、百鮮失一。故元事非所論於今日也。

(40) 許孚遠『敬和堂集』撫閩疏、「請計処倭酋疏」。

(41) 『明神宗実録』巻二七三、万暦二十二年(一五九四)五月癸未(六日)条。

(42) 『明史』巻二八三、列伝一七一、儒林二、許孚遠。

(43) 談遷『国榷』巻七六、万暦二十二年(一五九四)五月癸未(六日)条。

(44) 朝鮮経略の宋応昌から顧養謙への交替は、万暦二十一年(一五九三)十二月に行われたが(中村栄孝、前掲「豊臣秀吉の

外征」一八六頁）、顧養謙から孫鑛への交替については、『明神宗実録』巻二七五、万暦二十二年（一五九四）七月庚辰（四日）の条に、

以兵部左侍郎孫鑛、兼右僉都御史、代顧養謙、総督薊遼経略。養謙回部管事。

とある。なお孫鑛は前任の宋応昌・顧養謙とは異なって封貢推進派ではなかった。小野和子、前掲「明日和平交渉をめぐる政争」一二七頁、参照。

(45) 孫鑛『月峰先生居業次編』巻四、神道碑、「明故兵部左侍郎贈南京工部尚書許公神道碑」。

(46) 『明史』巻一一〇、表一一、宰輔年表二。

(47) 葉向高『蒼霞草』巻一六、墓誌銘、「嘉議大夫兵部左侍郎贈南京工部尚書許敬菴先生墓誌銘」。

(48) 『明神宗実録』巻二七二、万暦二十二年（一五九四）四月甲寅（六日）条に、

総督顧養謙総称、許封不許貢之説、発之自内。惟敬之入倭営、始終無此説也。今惟有許則幷許、絶則竝絶而已。輔臣王錫爵、遺書於臣、欲臣尽言、彼且力為担当。石星亦誓以死報国矣。如用臣議、而竝許之、則択才辯武臣為正使、惟敬齎詔冊、随至大丘、令惟敬先諭諸酋、率兵渡海、然後使臣入国。封貢既成、可保十年無事。如用諸臣議、而竝絶之、則棄置朝鮮、自鴨緑江以西為守。儻既絶封貢、而又欲保朝鮮、臣必不能任也。以臣所知、非吏部左侍郎趙参魯・刑部左侍郎孫鑛不可。蓋二臣見信於諸臣、無阻撓之者、事乃易集耳。今宜速遣科道、与使臣偕行。如至大丘、倭果尽去、便如前説。否則令使臣繳還。一切取裁於科道、臣不敢与。不出数月、而事可定矣。勅兵部会九卿・科道議聞。

とある。

(49) 『明神宗実録』巻二七三、万暦二十二年（一五九四）五月戊寅朔（一日）条に、

九卿・科道、奉旨会議倭事。尚書陳有年、侍郎趙参魯、科道林材・甘士价等、則各具疏掲。総之、以罷款議守為主、不得已而与款、猶当遵明旨、守部議。兵部尚書石星、採集以聞、因言、款事之始終、以平壌緩兵而約、以王京願退而許、以晋州之破而再拒、以王子・陪臣之還而再訂。然後有封而不貢之説、有退而後封之説。其成与否、臣又何心。今或降勅一道、付小西飛、帰諭関白、尽撤釜山兵、以観誠偽、則請如羅万化議。或遣使往諭、必如中国約、乃許倭使具表、偕来

請封、及守鴨緑以西、宜尽責督臣、則請如孫鑛議。或封貢竝絶、自修内備、令朝鮮淬礪図存、而我遙為声援、兵餉倶難再助、則請如陳有年・趙参魯議。而衆論之所僉同者、莫不汲汲於選将練兵、儲器待餉、屯田扼険、皆本計也。上以降敕事大、未可軽擬。還令顧養謙、諭衆悉帰。査験表文、如果皆実、即奏請処分。其一応防禦、督撫官加慎整理。若将吏有款後弛辺備者、重処。餘依議。

とある。本書附篇で詳述しているように、当該の九卿・科道会議の開催は四月二十八日である。

(50)『明神宗実録』巻二七三、万暦二十二年(一五九四)五月甲申(七日)条に、

遼東巡撫韓取善上言、倭在王京、彼実有求於我、倭拠釜山、我則有冀於彼。前宋応昌、許於倭、掲於按臣、倶曰封貢。及言於朝、請於皇上、惟曰封。其辯明心迹一疏、亦曰、表文一至、即与之封。則貢之一字、督臣生之乎、経略生之乎。為今日計、許則封貢竝許、聴督臣持議以退倭、此督臣之所能任也。欲絶則封貢幷絶、惟議守鴨緑以示援、此臣所敢任也。……奏入付該部。

とある。

(51)前註と同じく、実録の五月甲申(七日)条に、

先是慶尚防禦使金応瑞、以斬獲倭功、馳報劉綎、綎報顧養謙、転部。尚書石星因言、我不当禁朝鮮不戦、何苦徇倭奴以封。且韓取善及養謙、近亦皆請罷絶封貢、似応亟行。

とある。

(52)『朝鮮王朝宣祖実録』巻五六、宣祖二十七年(万暦二十二・一五九四)十月甲寅(十日)条に、

又査得、五月内、該総督薊遼侍郎顧題、為東事失策、救弊無能事。節奉聖旨、覧奏。這封貢都着罷了。欽此。

とある。小野和子、前掲「明日和平交渉をめぐる政争」一二七頁、参照。

(53)以上の封貢中止に至る状況については、本書附篇、参照。

(54)『明史』巻二一〇、表一一、宰輔年表二。また『明神宗実録』巻二七三、万暦二十二年(一五九四)五月庚子(二十三日)条には、

大学士王錫爵、八疏乞休。上以其必不能留、乃令扶親帰省。

とあり、王錫爵は五月二十三日（庚子）に辞任が認められている。

(55)『明神宗実録』巻二七二、万暦二十二年（一五九四）四月甲寅（六日）条。

(56)『明神宗実録』巻二七二、万暦二十二年（一五九四）四月丙子（二十八日）条に、

大学士王錫爵、病中上言、目前国事、莫急於倭虜。倭若真心向化、法無絶理。若分外要求、決無許理。羈縻駕馭、惟此両端。其他衆論、勇至欲歳糜百万之財、而怯不敢通一介之使、則非臣之所解。

とある。

(57)王錫爵『文粛王公疏草』巻二〇、「謝宣諭疏」万暦二十二年（一五九四）四月二十八日付。

(58)王錫爵『文粛王公疏草』巻二一、「辞朝献忠疏」万暦二十二年（一五九四）五月二十九日付に、

一、今天下争談兵矣。以臣愚見、遼東之患、不必在倭而在虜、倭之患、不必在北而在南。馭之之策、不在款与戦而在備、備之之策、不在添兵而練兵。年来非不屢経申飭、而将吏未見有着実奉行者。

とある。

(59)小野和子、前掲「明日和平交渉をめぐる政争」一二七頁、参照。

(60)許孚遠『敬和堂集』書、「啓王荊石閣老（六）」。

(61)王錫爵『王文粛公文集』巻二五、書〈首相二〉、「許敬菴巡撫」。

(62)中村栄孝、前掲「豊臣秀吉の外征」一八四頁、参照。

(63)当該書簡に見える「孫司寇」とは孫鑛のことであり、彼は万暦二十一年（一五九三）八月に山東巡撫から中央の刑部左侍郎に転じている。呉廷燮『明督撫年表』巻四、山東（同、下、中華書局、一九八二年、三九三頁）。

(64)許孚遠『敬和堂集』書、「啓王荊石閣老（八）」。

(65)許孚遠『敬和堂集』書、「簡石東泉司馬（二）」。

(66)長節子「朝鮮役における明福建軍門の島津氏工作――『錦渓日記』より――」同『中世 国境海域の倭と朝鮮』吉川弘文館、

二〇〇二年、所収（原載『朝鮮学報』四二輯、一九六七年）参照。なお、許孚遠は万暦二十二年（一五九四）十二月に南京大理寺卿に転じている。呉廷燮『明督撫年表』巻四、福建（前掲、下、五一〇頁）。

(67) 長節子、前掲「朝鮮役における明福建軍門の島津氏工作」三九三―三九四頁。

(68) 侯継高『全浙兵制考』巻二、附録、近報倭警、「朱均旺齎到許儀後陳機密事情」万暦十九年（一五九一）九月付。

(69) 宋応昌『経略復国要編』巻四、「報石司馬書」万暦二十年（一五九二）十二月四日付。

(70) 松浦章、前掲「明代海商と秀吉「入寇大明」の情報」七一頁。

(71) 東京大学史料編纂所編『大日本古文書』家わけ一六、「島津家文書」三、一二三六「明国福建巡撫許孚遠回文」万暦二十二年（一五九四）六月付。

(72) この点については、すでに前掲『鹿児島県史』一巻、七六〇頁において指摘されている。

(73) 前掲『大日本古文書』「島津家文書」三、一二三七「明国福建巡撫許孚遠檄文」万暦二十二年（一五九四）六月十二日付。

(74) 松浦章、前掲「明代海商と秀吉「入寇大明」の情報」七一頁。

(75) 前註、参照。

(76) 張昂については、松浦章、前掲「明代海商と秀吉「入寇大明」の情報」六七頁および七七頁、註（33）参照。

(77) 漢語大詞典編輯委員会・漢語大詞典編纂処編『漢語大詞典』一〇巻、漢語大詞典出版社（上海）、一九九二年、二九七頁によれば、「参画」の意味として「①輔佐謀画」および「②明代職官名」が挙げられており、後者については姚雪垠『李自成』第二巻第二章の本文と註とが引かれている。姚雪垠『李自成』第二巻上冊、中国青年出版社（北京）、一九七六年、八頁の註には「参画」について「明代、督撫の幕中に参画という一種の官名があった。企てに協力するという意味で、文職であったが、具体的な職制や品級には定制がなかった」と記されている。

(78) 『明神宗実録』巻二八六、万暦二十三年（一五九五）六月丁卯（二十六日）条。

(79) 葉向高『蒼霞草』巻一六、墓誌銘、「嘉議大夫兵部左侍郎贈南京工部尚書許敬菴先生墓誌銘」。

(80) 「倭僧元龍」は、或いは許孚遠の「請計処倭酋疏」に記されていた「大隅州正興寺倭僧玄龍」であろうか。

（81）なお、許孚遠の「回文」「檄文」に見える伍応廉について、宋応昌『経略復国要編』巻一〇、「与石司馬書」万暦二十一年（一五九三）八月十九日付には、次のような事柄が記されている。

倘得陳申・伍応廉、果往彼処、尋見許儀後、暗行間諜、挑動清正、許以封爵、令其密図関白、最為上策。前遣二人、亦欲行此、未知彼果去否。台下如何行文閩中、令彼急往、根荄永絶、後患不生。妙之妙也。

宋応昌はスパイとして陳申・伍応廉を福建から日本へ送り込もうとしていたようである。この宋応昌の意図と「回文」「檄文」を携行した日本行に伍応廉が加わったこととは、或いは関連するのかも知れない。また、ここに見える陳申が許豫と同様に福建泉州府同安県の「海商」であったことは、管寧、前掲「秀吉の朝鮮侵略と許儀後」四二頁、参照。

（82）談遷『国榷』巻七七、万暦二十三年（一五九五）六月丁卯（二十六日）条。

（83）松浦章、前掲「明代海商と秀吉「入寇大明」の情報」七二頁では、実録の万暦二十三年（一五九五）六月二十六日条＝註（78）の記事から「おそらくは福建巡撫金学曾によって劉可賢が日本に使わされ日本事情を収集したのであろう」と述べられているが、劉可賢が許孚遠によって派遣されたことは、以上の考察から明らかである。

（84）荒野泰典「日本型華夷秩序の形成」『日本の社会史』一巻〈列島内外の交通と国家〉、岩波書店、一九八七年、所収、一九五―二一三頁、参照。

（85）『征韓録』巻三、「依小西飛驒守不帰来、諸将暫陣釜山浦事」。

（86）「豊臣政権の対明外交の機軸をあくまで勘合＝交易再開策にあるとみる」藤木久志氏が「一連の征明の号命を朝鮮侵略という結果と予定調和的に短絡させて、征明の武力行使こそ豊臣政権の成立以来の唯一絶対の基本政策であったとするような見解についても、やはり再検討の余地があると考えざるをえない」と指摘されている点は、きわめて示唆的である。藤木久志『豊臣平和令と戦国社会』東京大学出版会、一九八五年、二四三―二四四頁。

【補記】

原載は『人文科学研究』（高知大学）四号、一九九六年である。原載発表時に所属していた高知大学人文学部において、日本中

補　記

世史家の秋澤繁先生から関連する多くの御教示を頂いた。改めて謝意を申し上げる次第である。本章の内容は、その後、本書に附篇として収録した論文「万暦封倭考」へと展開することができた。なお、本章で中心的史料となっている許孚遠『敬和堂集』撫閩疏、所収の「請計処倭酋疏」については、米谷均氏による邦訳（「訳注『敬和堂集』「請計処倭酋疏」」村井章介編『八―一七世紀の東アジアにおける人・物・情報の交流――海域と港市の形成、民族・地域間の相互認識を中心に――』〈平成十二年度～平成十五年度科学研究費補助金（基盤研究（A）（1））研究成果報告書〉、東京大学人文社会系研究科、二〇〇四年、所収）が発表されている。

第三章　裁かれた海賊たち
――祁彪佳・倭寇・澳例――

はじめに

本章は、明末における〈地方統治官〉の海域世界への対応について考察しようとするものである。ここで具体的に取り扱う事柄は、明朝による倭寇・海賊の取締の結果としての海賊案件の処理についてである。また、対象とする地域は福建の沿海部であり、明末の行政区画でいえば興化府および漳州府が中心となる。

はじめに、倭寇をめぐるわが国の研究史について一瞥しておきたい。一九五〇年代に発表された佐久間重男・片山誠二郎両氏の研究は、いわゆる〈後期倭寇〉および「海外私貿易」「海上密貿易」に関する特筆すべき成果であった[1]。佐久間氏が福建の社会経済的状況との関連で倭寇・私貿易の問題を究明される一方で[2]、片山氏は〈後期倭寇〉を明朝の海禁政策強化にともなう王直等〈自立的中小貿易商人層〉によって惹起された民衆反乱であると看做し、それを〈嘉靖海寇反乱〉と呼ばれたのである[3]。特に片山氏の研究は、現時点からみれば、同時代の中国史研究に特徴的な民衆反乱史・農民戦争史という大きな枠組のなかに位置づけられるものであった。その後、明清史の分野では倭寇研究がいわば停滞期に入ることで、八〇年代に至るまで、佐久間・片山両氏の研究内容が大きく発展させられることはあまりなかったといえよう。

わが国の倭寇研究が再び活況を呈するようになるのは、一九八〇年代後半に入ってからである[4]。その牽引役を果たされたのは、日本史研究者の荒野泰典・村井章介両氏であった[5]。荒野氏は、十六世紀の東シナ海域に現出した倭寇・密貿易によるカオス的状況を〈倭寇的状況〉と呼び、当該海域に国家・国境を相対化する〈諸民族雑居〉状態の存在を読み解かれたのであった[6]。他方、村井氏は、主に朝鮮半島周辺で活動する倭寇・海賊集団を国籍・民族を離脱した〈周縁に生きる人々〉、すなわち〈マージナル・マン〉と規定されたのである[7]。荒野・村井両氏の研究は、その後の海域史研究の進展にきわめて大きな寄与をなしたと評価することができる。

次に、本章が問題とする明代後期の福建海域をめぐる歴史的状況について簡単に触れておきたい。嘉靖三十年代を中心に吹き荒れた〈嘉靖大倭寇〉――現在ではこの呼称が一般的に用いられている――が沈静化した後、「隆慶初年」において明朝の海域政策は大きく転換することとなった[8]。明初以来、〈祖宗の法〉として遵守してきた海禁政策が解除され、「東西二洋」への私貿易が公認されたからである。また、漳州府の月港を中心に海澄県が新たに設置され、該県を開港場として中国から出航する海外貿易を管理するための餉税制が実施されたのであった[9]。その一方で、〈嘉靖大倭寇〉は嘉靖末年の段階で一応の沈静化をみたとはいえ、倭寇・海賊、或いは密貿易の活動は持続的に行われていたのである[10]。

ここで本章の基本的スタンスについて明示しておきたい。本章が中心的に扱う時期は、十六世紀の末から十七世紀の初めにかけて、すなわち万暦後半から崇禎初年にかけてである。こうした時期的限定を設ける所以は、本章が依拠する史料の存在に大きく規定されているからである。主に取り上げる史料は判牘といわれる裁判史料であるが[11]、明清時代の法制史研究ばかりでなく、社会経済史、或いは社会史研究における判牘の有用性については、濱島敦俊氏をはじめ、すでにいくつかの論考で指摘されているとおりである。[12] 従来、倭寇・海賊、或いは海域史の分野において、こうした裁判史料が利用されることは皆無であったといえよう。

本章が分析を加える判牘は、次の二種である。一つは汪康謡『閩讞』であり、いま一つは祁彪佳『莆陽讞牘』である。両者ともに、十七世紀の初頭に福建沿海地域の〈地方統治官〉として在任した時期の判牘を収録しており、そこには倭寇・海賊関係の数多くの事案を見出すことができる。すなわち、倭寇・海賊史研究において、判牘史料が有する可能性は意外に大きいものだといえよう。従って、本章では、当該分野において従来、顧みられることのなかった新たな史料を利用することで、福建の海域をめぐってどのような歴史的世界が拓けてくるのかを考察することにしたい。

一　イメージ／トラウマとしての倭寇

わが国では東京大学史料編纂所に所蔵されている、いわゆる『倭寇図巻』については倭寇に関する貴重な絵画史料として、これまで田中健夫氏をはじめ、多くの研究者に注目されてきた。[13] 当該図巻が題簽に「明仇十洲台湾奏凱図」と記されているものの、嘉靖年間を中心とする〈後期倭寇〉の襲撃と明軍による鎮圧との状況を活写したものであることは周知のとおりである。そこに描かれた倭寇一人ひとりの頭には月代《さかやき》があり、彼らは倭服を着て日本刀・長槍を持っており、さらには日本風の兜や甲冑を身に着けた者さえ見られる。まさしく当時の日本人のイメージが図巻の絵として焼き付けられているといえよう。これに代表される倭寇＝日本人というイメージは、中国では当該時期ばかりでなく、後代においても払拭されることなく持続していたように思われる(14)。
しかしながら、〈後期倭寇〉の集団を構成する者たちの多数が日本人でなかったことは、夙に多くの論者によって繰り返し指摘されており、さらに、近年では華人・華僑を中心に様々な国や地域の人々によって構成される倭寇・密貿易集団を一括して〈倭寇的勢力〉と呼ぶことが一般化しつつある(15)。
さて、ここではまず、些か手垢のついた問題ではあるが、倭寇の出自について書かれた史料を提示することにしたい。それは『明世宗実録』の嘉靖三十四年（一五五五）五月の有名周知の記事である(16)。

南京湖広道御史屠仲律、条上御倭五事。一、絶乱源。夫海賊称乱、起於負海姦民、通番互市。夷人十一、流人十二、寧・紹十五、漳・泉・福人十九、雖概称倭夷、其実多編戸之斉民也。臣聞、海上豪勢、為賊腹心、標立旗幟、勾引深入、陰相窩蔵、輾転貿易。此所謂乱源也。

南京湖広道御史屠仲律は、「御倭五事」を上奏した。一、乱源を絶つこと。そもそも海賊が横行しているのは、沿海の奸民が通番互市することに起因している。［海賊の内訳は］夷人が十の一、流人が十の二、寧・紹が十の五、漳・泉・福人が十の九であり、概して倭夷と称しているが、実際にはその多くが編戸の斉民である。臣が聞くところでは、沿海の勢豪が、［海］賊の腹心となっており、目印の旗竿を立て、［倭夷を］深く［陸地に］引き入れて、陰ながら［密輸品を］窩蔵し、それを転がして貿易を行っている。これがいわゆる乱源である。

この史料において屠仲律は、倭寇（「海賊称乱」）と密貿易（「通番互市」）とが分かち難く結び付いていることを的確に指摘しているが、ここで注目すべき内容は次の二点である。第一に、倭寇（「倭夷」）の構成員として夷狄（「夷人」）が十分の一、流氓が十分の二、浙江の寧波・紹興の出身者が十分の五、そして福建の漳州・泉州・福州の出身者が十分の九と書かれていることである。これらの比率を合計すると、何故か十割をはるかに超えることになる。しかしながら、倭寇の中でも福建沿海三府の出身者が圧倒的多数を占め、それに次いで浙江の寧・紹両府の人間が多くを占めていたと指摘されているのである。第二に、これら福建・浙江の出身者について、その多くが「編戸の斉民」であったという点である。すなわち、倭寇・海賊と呼ばれた者たちの多くが明朝の戸籍に登録された一般の人々であった。こうした点を踏まえるならば、倭寇・海賊問題について検討するとき、改めて福建・浙江沿海の基層社会・地域社会との関連に着目する必要があることになろう。八〇年代後半以降、〈倭寇的勢力〉或いは〈マージナル・マン〉という範疇において、むしろ国や地域から離脱した存在として倭寇・海賊を捉えようとする傾向が強く見られる一方で、橋本雄・米谷均両氏による〈倭寇論〉に関する研究動向では、上記議論の有効性を確認しながらも「国内史的視点から分析を進め」、「複眼的視野」によって倭寇の「実態／実体」に迫る必要性が主張されている[17]。両氏のいう「国内史的視点」は日本の場合を想定していると思われるが、同様に、明代の中国についても該当する、きわめて重要な問題提起だといえよう。

ところで、すでに述べたように、隆慶年間の海禁解除後も、倭寇・海賊の活動が下火になったわけではなかった。また、万暦二十年（一五九二）に始まる豊臣秀吉の朝鮮侵略が明朝側に「倭寇朝鮮（倭、朝鮮を寇す）」としてイメージされたように、秀吉の出兵はまさに倭寇の大規模な再来そのものであった[18]。万暦二十七年（一五九九）の秀吉の死によって日軍の朝鮮半島からの撤退が行われたとはいえ、〈嘉靖大倭寇〉に引き続く秀吉の〈倭寇朝鮮〉は明朝側に強烈な倭寇イメージ、或いは倭寇トラウマとして刻印されることになったと思われる。

『明神宗実録』によれば、万暦三十年代・四十年代においても依然として「倭夷」「倭奴」に対する危機意識は持続的に存在していた。例えば、万暦三十年（一六〇二）十二月には、

兵部題、倭奴狡詐異常、情形叵測、則自内及外、先事設防、皆今日所当亟講者。況閩・広・浙・直沿海地方、無

処不可通倭、則随処皆当戒厳。

兵部は［次のように］題奏した。倭奴は異常なほど狡猾であり、その状況は予測不能であれば、則ち内から外まで、予め防備を固めることは、今日、まさに急ぎ講ずべきところのものである。ましてや、閩・広・浙・直の沿海地方は、倭と通じることのできない処は無く、則ち何処でもすべて厳戒すべきである。

と書かれており[19]、万暦三十八年（一六一〇）七月の福建巡撫陳子貞による「防海要務数款」の上奏に対する万暦帝の上諭にも、

倭夷変詐、這防海事、宜依議通行、中飭遵守、不得疎虞取罪。

倭夷［の本質］は欺瞞的であり、この防海の事は、宜しく提議［内容］に即して通行し、厳しく遵守させるべきであり、誤りを犯して罰せられるようなことをしてはならない。

と見える[20]。「倭奴」「倭夷」は「狡詐」「変詐」であるという、なかば固定化したイメージの存在を窺うことができよう。また、万暦四十三年（一六一五）九月の礼科給事中余思孳の上奏でも「今日の事勢」の「危ぶむ可き者六」のなかに「倭夷の交通」が依然として挙げられているのである[21]。

その間、万暦三十七年（一六〇九）には日本の薩摩による琉球への侵攻が行われた[22]。福建の福州府閩県出身で万暦四十年（一六一二）十月当時、中央の吏部文選司員外郎に就任していた董応挙は、題奏した「厳海禁疏」のなかで琉球のことにも触れつつ、次のように述べている[23]。

臣閩人也。閩在嘉靖之季、受倭毒至惨矣。大城破、小城陥、覆軍殺将、膏万姓于鋒刃者、十年而未厭、倭之視閩、如薙草焉。……推其禍始、乃繇閩浙沿海奸民、与倭為市、而閩浙大姓、没其利、陰為主持、牽連以成俗。当時撫臣朱紈、欲絶禍本、厳海禁、大家不利、連為蜚語中之、而紈驚死矣。紈死而海禁益弛。于是宋素卿・王直・陳東・

徐海・曾一本・許恩之流、争挟倭為難。自淮揚以南、至于広海万餘里、無地不被其残滅、而閩禍始惨矣。当時徴継光、無論東南、閩非国家有也。臣聞、劫数将至、民生外心、昔日東南之乱、天地一大劫也。去今未五十年、民又生心、相率与倭為市。福州首郡也、処八閩之脊、而綰其会。福州有事、則八閩中断、而不相属。……今之与倭為市者、是禍閩之本也。而省城通倭、其禍将益烈于前。臣聞諸郷人、向時福郡無敢通倭者、即有之、陰従漳泉附船、不敢使人知。今乃従福海中開洋、不十日直抵倭之支島、如履平地。一人得利、踵者相属、歳以夏出、以冬帰。倭浮其直、以售吾貨、且留吾船、倍售之、其意不可測也。昔斉桓欲取衡山、而貴買其械、欲収軍実、而貴糴趙粟。即倭未必然、然他日駕吾船、以入吾地、海之防汛者、民之漁者、将何識別、不為所併乎。万一有如許恩・曾一本者、乗之不賈白衣揺櫓之禍乎。又況琉球已為倭属、熟我内地、不難反戈。又有内地通倭者、為之勾引、此非独閩憂、天下国家之憂也。

臣は閩人である。閩は嘉靖の末に在って、倭毒を受けることが至って凄惨であった。大城は破れ、小城は落とされ、軍は覆り将は殺され、万民が［倭寇の］鋒刃の膏となることは、十年［を経て］も終わらず、倭が閩を視ること、草を薙ぎ払うが如きであった。……その禍の始まりを推測するならば、閩・浙沿海の奸民が、倭と市を為し、閩・浙の大姓が、その利を独占して、陰でその主宰となり、［そのことが］連動して習俗となったことに由る。当時、撫臣の朱紈は、禍の本を絶とうとして、海禁を厳しくしたが、大家は［それを］利とせず、デマを連ねてこれを陥れ、［結果として］紈は驚死したのである。紈が死んで海禁は益々弛むことになった。そこで宋素卿・王直・陳東・徐海・曾一本・許恩の輩が、争って倭を引き入れ、災厄を招いたのである。淮・揚より以南、広の海に至るまで一万餘里、その残滅を被らなかった土地はなく、閩の禍はこうして凄惨になった。当時、［戚］継光を徴用したが、東南は論ずるまでもなく、閩は国家のものではなかったのである。臣が聞くところでは、劫数が将に至ろうとするとき、民は外心（ふたごころ）を生ずるが、昔日の東南の乱は、天地の大劫であった。今を去ること五十年にもならないのに、民は［今］また異心を生じ、相率いて倭と市を為している。福州は首郡であり、八閩の背骨に位置し、［人々の］集まりを束ねている。福州が有事になれば、則ち八閩は分断されて、相属さないことになる。……今の倭と市を為す者は、閩に禍をもたらす大本である。そして省城が倭に通じたならば、その禍は前よりもっと烈しくなるであろう。臣がこのことを郷里の人に聞いたところ、かつて福州府で敢えて倭に通じた者はいなかったとのこと。よしんばいたとしても、陰で漳・泉［人］に従って船を附け、敢えて人に知らしめないようにしたのであろう。今、福海中より出航すれば、十日も経ずに倭の一部の島に到るが、［それは］平地を踏むが如きである。一人が利を得れば、跡を追う者が続き、［毎］歳、夏に出て冬に帰ることになる。倭はその値を浮かせて、吾が物資を買い、かつ吾が船を留めて倍［の値］でこれを買う。その意味を推し測ることはできない。昔、斉の桓公は衡山を取ろうとして、その武器を貴く買い、軍糧を集めようとして、趙の粟を貴く買った。よしんば倭は必ずしもそうではないとしても、しかし他日、吾が船に乗って、吾が地に入ったならば、海で防汛する者や、民の漁をする者は、どうして［それを］識別し、［倭に］取り込まれないことがあろうか。万が一にも、許恩・曾一本の如き者がいたならば、これに乗じて船を操る白衣（平民）の禍を招かないことがあろうか。また、ましてや琉球はすでに倭属となって、我が内地を熟知しており、反攻することも難しくないであろう。また内地の倭に通ずる者がいて、これを引き入れたならば、これはただ閩の憂いとなるだけでなく、天下・国家の憂いとなるのである。

まず、福建が嘉靖の末年に「倭毒」の惨害を被ったことから説き起こし、その原因が「閩・浙の沿海奸民」による「倭」との密貿易（「市」）にあり、「閩・浙の大姓」がその裏で利益を壟断していたことに触れている。また、嘉靖二十年代に浙江巡撫（福建沿海地方をも兼轄）を務め、〈沿海地方郷紳層〉の政治的圧力によって失脚・自死した朱紈の厳格な海禁政策の実行を、董応挙は改めて高く評価し直したのであった。[24]同時に、〈嘉靖大倭寇〉（「東南之乱」）を「天下の一大劫」であったという応挙は、それから五十年も経ていない「今」また「民」が「異心」を起こして「倭」

と密貿易を行っている現状に対し、「禍閩之本」として強い危機感を持つに至っていたのである。さらに、それは薩摩の琉球侵攻によって益々拍車を掛けられていたのであった[25]。

万暦三十五年（一六〇七）から同四十二年（一六一四）まで内閣大学士として在任し、後半の三年間は首輔を務めた葉向高は、福建の福州府福清県の出身であった。彼の文集『蒼霞餘草』には、万暦三十九年（一六一一）から同四十二年（一六一四）まで福建巡撫の任に在った丁継嗣に宛てた四通の書簡が残されている[26]。薩摩の琉球侵攻後、最初に来閩した琉球使節に厳しく応対したのは丁継嗣であったが、当時、継嗣は地方官として官界で高く評価されていたようである[27]。ここでは、葉向高の丁継嗣宛書簡の中から二通を取り上げて分析を加えることにしたい。

当該書簡の一つは、次のように書かれている[28]。

興販為害、在此日。当道或以愛民心勝、不欲痛縄。乃敝郷士紳、隠憂甚切。昨見舎親林客部請、近日有人捜出所販之物、至有紀効新書・籌海重編、各千餘部。不知曾報官否。如此則是明導倭、以入寇也。安得縦容。弟非敢嘵嘵多言。但恐他日有事、未亮者或反謂、郷官勢豪阻撓、難於禁治。不得不豫白耳。敝郡同年、如林楚石・佘石竹、皆屢書来言此事。台下試一詢之何如。

興販が害をなすのは、今日のことである。当道は或いは民を愛する心が勝っており、厳しく取り締まることを望んでいない。ところが、わが郷里の士紳たちの、隠憂は甚だ切実である。先頃、舎親の林客部に会ったところ、［次のように］請うていた。近日、ある人が販売する物資を捜し出したところ、紀効新書・籌海重編が、各々千餘部もあった。［このことを］すでに官に報告したか否かはわからない、と。このようなことは則ち明らかに倭を導いて、入寇させようとするものであろう。どうして容認することができようか。弟は敢えて嘵嘵と［口うるさく］多言を要しているのではない。ただ他日、有事のときに、不明の者が或いは却って、郷官・勢豪が邪魔をして、禁圧することができなかったと謂うことを恐れるだけである。予め申し上げておかねばならないだけである。わが郡の同年の、林楚石・佘石竹などは皆、屢々書簡でこのことを言って来ている。台下に試しに一度、どうするのかを詢ねたい。

「興販為害」というように海上の密貿易が倭寇の来襲（「入寇」）を誘引することに対する、葉向高の大きな不安を読み取ることができる。同郷の林茂槐（「林客部」）との会見で知らされたこと、すなわち戚継光『紀効新書』や鄧鍾『籌海重編』などの軍事書・海防書が大量に海外へ持ち出されることで、地理的状況を含めた福建沿海地域の情報が「倭」に筒抜けになることへの警戒感も窺うことができよう[29]。さらには、葉向高自身も福州の郷紳の一人として、密貿易・倭寇の取締に「郷官勢豪、阻撓す」と餘計な中傷を加えられかねないことも心配の種だったのである。

他方、いま一つの書簡は、次のような内容となっている[30]。

販倭事、一時或以為、小民射利、未必有勾引之謀。不知、射利不止、必至于勾引、失今不図、後且悔之。琉球既折、而入于倭。倭之借寇以通貢、亦必然之勢。如此則濱海之禍、将不可言。来教所云、厳査而拒絶之、其策亦無以易此也。第嘗妄謂、治乱相乗、乃一定之数。今南倭北虜、安静已四五十年、自古所未有。玆亦其蠢動之時也。而蔽郷習俗、日就奢華、当嘉靖倭乱時、亦是如此。懲前慮後、可為戒心。惟恃台下在事、綱紀綢繆、銷萌建威、庶幾無恐耳。

販倭の事は、一時、ある者が［次のように］言っていた。小民が利を得ようとするもので、未だ必ずしも［倭を］勾引する謀はないであろう、と。［その者は］利を得るに止まらず、必ずや勾引にまで至り、今を失って対処しなければ、後にこれを悔やむことになるのを分かっていないのだ。琉球は既に屈して、倭［の版図］に入った。倭が寇に借りて通貢しようとすることは、また必然の勢いである。そうであるならば、則ち濱海の禍は、将に言うことのできない［ほど悲惨な］ことになるであろう。来教の云うように、厳査してこれを拒絶することであり、その策もまた変えなくてもよいのである。ただ嘗て妄りに思ったところでは、治・乱が相継ぐことは、一定の命数による。今、南倭北虜が、沈静化して已に四五十年になるが、［このことは］古より未曾有のことである。ここにまた蠢動の時となった。それなのにわが郷里の習俗は、日々奢華に流れており、嘉靖倭乱の時もまたそうであった。前［の失敗］を懲らしめて後［の成功］を慮れば、心に戒めとすることができよう。ただ台下が任に在って、綱紀綢繆につとめ、［倭乱の］萌しを消して［官の］威を建て、［そうすることで］心配が無くなるであろうことに恃むだけである。

最初の書簡に比べて当該時期の倭寇に対する危機意識をより明確に窺うことができるように思われる。この記述からは、葉向高の認識として、次の四点を抽出することができよう。第一に、「販倭」と「勾引之謀」とが密接に連関していること、すなわち海禁解除後も依然として続いていた日本との密貿易が倭寇の襲撃を呼び寄せること、第二に、薩摩による琉球侵攻の結果、「倭」は琉球を通じて朝貢を要求し、それによって福建に「濱海之禍」がもたらされるであろうこと、第三に、「治」「乱」が繰り返されるという命数からすれば、隆慶以降の「安静なること、已に四五十年」という年月は未曾有のことであり、現時点こそまさに「蠢動の時」に当たること、そして第四に、「奢華」に流れる昨今の社会風潮が「嘉靖倭乱時」に酷似していることである。

嘉靖三十八年（一五五九）七月に福清県という福建の沿海地域に生まれた葉向高にとって[31]、自らの記憶と伝聞とによって形作られた〈嘉靖大倭寇〉のイメージはきわめて鮮烈なものだったに違いない[32]。〈嘉靖大倭寇〉から万暦二十年代の〈倭寇朝鮮〉を経て、万暦三十七年（一六〇九）における琉球の「倭属」化という事態の推移は、〈倭寇トラウマ〉とでもいうべきものを葉向高の頭の中で交錯させていたのであり、それが倭寇に対する危機意識を増大させていたといえよう[33]。この時期、まさに倭寇の再来、「嘉靖倭乱」の再現が強く意識されていたのではなかろうか[34]。

二　汪康謡の裁きと海賊たち

(i)　汪康謡と海賊案件

本節で検討する史料は、汪康謡の判牘集『閩讞』である。『閩讞』は不分巻で、崇禎五年（一六三二）序刊本であり、わが国の国立公文書館（旧内閣文庫）に所蔵されている。[35] 撰者の汪康謡の伝記については、出身地である南直隷徽州府休寧県の康熙『休寧県志』、或いは清の陳鼎が編纂し、康熙年間の初めに刊行された『東林列伝』を除いて、さほど多くの史料を見出すことはできない。ここではまず、上記二史料に依拠して、汪康謡の官歴と治績とについて少しく述べることにしたい。[36]

汪康謡は、字は淡衷で、号は鶴嶼である。若くして挙人となり、万暦四十一年（一六一三）に進士及第となった。浙江の台州府諸暨県の知県を皮切りに中央の戸部郎中等を経て、福建の漳州府知府に就任した。当該知府としての治績は「実心を以て実政を行い、州大いに治まる」と評価されており、「卓異第一」として分巡漳南道に推挙された。だが、折しも天啓帝の厚い信任によって中央の実権を掌握した宦官魏忠賢や、閹党で「五虎」の一人といわれた崔呈秀の意に逆らい、身分剝奪の処分を受けたのであった。[37] まさしく〈東林派〉に数えられる所以である。[38] その後、「崇禎改元」によって名誉を回復した汪康謡は、福建按察司副使として福寧兵備道（「福寧兵憲」）に就いたのであった。

ところで、『閩讞』は汪康謡が漳州府知府および福寧兵備道――『閩讞』では「分巡福寧道」とされている――として在任した時期の判牘を収録したものであるが、[39] 後者が崇禎元年（一六二八）の就任であると思われる一方で、前者の在任期間がいまひとつ明確ではない。先の康熙『休寧県志』および『東林列伝』では、ともに「出守漳州」の時期が明記されておらず、ただ「守漳三載」と見えるのみであった。他方、任地の地方志である康熙『漳州府志』の「秩官」によれば、漳州府知府としては万暦四十年（一六一二）に就任した「袁業泗」の次に「汪康謡」の名が記されているものの、その割註には「進士、見名宦祠」とあるのみで、その次の知府「施邦曜」についても「天啓間任、有伝」としか書かれていない。[40] この記載では、汪康謡の在任時期が万暦年間の末なのか、或いは天啓年間に入ってからなのかさえ判然としないのである。しかしながら、『閩讞』所収の判牘それ自体の中に、

天啓五年五月内、蒙巡按福建監察御史姚会審、蒙道行理刑館、該本府兼管理刑知府汪、審得、……

天啓五年五月内に、巡按福建監察御史姚の会審を蒙り、［その後］道台による理刑館への行文を受け、該本府兼管理刑知府汪［康謡］が審理したところ、……。

という記載を見出すことができる。[41] 従って、汪康謡が漳州府知府として在任した期間は、天啓五年（一六二五）を含む前後三年間ということになろう。

汪康謡『閩讞』には、併せて五十六件の判牘が収録されている。その内訳は、康謡が漳州府知府として在任した時期の判が三十四件、および福寧兵備道（分巡福寧道）としての判が二十二件である。[42] 因みに、知府在任時における三十四件のうち、三四・二％に当たる十三件の判が海賊関係の事案である。なお、これらすべての判牘は一度、福建巡按御史の段階まで上がり、「会審」を経た後に差し戻された再審案件であった。[43]

(ii)　海賊の再生産と汪康謡の裁きかた

では、『閩讞』所収の判牘の分析に移ることにしたい。はじめに提示する史料は「一起、擒獲劫賊劫贓事」と題された判であり、最初に「原問依強盗已行得財、不分首従律、斬罪、一名呉秀」と書かれているものである。[44]

蒙巡按福建監察御史姚会審、蒙道行府、該本府知府汪、審得、呉秀始以被擄、而甘心従賊、継以乗間、而負贓私逃。坐以強盗得財擬辟、秀将奚辞。然終未可以協秀之罪也、何也。拠賊首黄色彩口供、秀不過随船役使、非同夥行劫也。即哨兵捉獲秀時、亦不過捜銀四両三銭、無多資也。夫海洋大盗、槖貨若山。若使其同行劫、而平分贓、則豈有従事数月、而僅得如許之金乎。則同行得財之律、于秀有未協也。而讞者曰、強盗之贓、不論多寡。不知、以贓而証盗、則多寡皆贓也。以贓而証同盗、則贓太少、正見其非平分之真贓也。而讞者又曰、陳却従盗久、故贓多、呉秀従盗暫、故贓少。窃恐大盗劫財、一挙手而横呑無算。豈有共事数月、而僅得数金為傭奴、販豎之為乎。則此数金之捜獲、決不従同夥行劫而得。而呉秀与陳却同招謂、乗大盗之沈酣、而因以窃取者。此語実為近之。蓋秀之始而従賊也、如鳥斯弋、冀緩須臾之死。継而私逃也、如兎斯脱、実出恐怖之心。観其後之楽帰、則知前之強従。此実秀当日之光景、而亦実秀之定案也。応照知強盗、後分贓例遣戍。合候詳奪。

巡按福建監察御史姚の会審を蒙り、〔その後〕道台による府への行文を受け、該本府知府汪〔康謡〕が審理したところ、呉秀は始めは被擄となり、甘んじて従賊となったが、継いで間に乗じ、贓物を持って私かに逃亡した。「強盗で財を得た」という律によって死罪に擬せられたのであり、秀はどうして〔刑罰を〕逃れることができようか。然れども、結局は〔刑罰を〕秀の罪に合わせることができなかったのは、何故であろうか。賊首の黄色彩の供述によれば、秀は船で役使されていたに過ぎず、〔賊の〕一味として劫奪を行ったことはない、とのこと。即ち哨兵が秀を捕縛した時も、四両三銭を捜し出したに過ぎず、多くの資金など無かったのである。そもそも海洋の大盗は、貨財を奪うことが山のよう〔に大量〕である。もし共に行動し、贓物を平分したのであれば、則ち豈《どう》して数ヵ月も附き従っていたのに、僅かにこのような銀両を得ただけということがあろうか。則ち「同行して財を得た」という律は、秀には決して該当しないのである。それなのに讞者は〔次のように〕言う。強盗の贓物は、多寡を問題にしない、と。贓によって盗を証明するのであれば、則ち多も寡も皆、贓である。しかし、贓によって盗の一味であることを証明するのであれば、則ち贓が甚だ少なければ、それが平分した真の贓物ではないと看做すべきことが分かっていないのだ。それなのに讞者はまた〔次のように〕言う。陳却は従盜となってから久しいので、故に贓物が多いが、呉秀は従盜となってから暫しの間であるから、故に贓物が少ないのだ、と。窃か思うに、大盜が財を劫奪するときは、一たび手を下せば数えられないほど奪い取るのである。豈して事を共にして数ヵ月も経つのに、僅かに〔銀〕数両を得て傭奴となるなど、販夫の為すことであろうか。則ちこの〔銀〕数両という捜索物は、決して〔海賊の〕一味として劫奪によって得たものではない。そして呉秀と陳却とは共に供述書で〔次のように〕謂っている。〔贓物は〕大盜の泥酔に乗じて、窃取したものである、と。この言葉は実に〔真実に〕近いものであろう。蓋し秀が初めに従賊となったのは、鳥が射獲されるが如く、僅かの間だけ死を逃れようと願ったのであり、継いで私かに逃亡したのは、兎が脱走するが如く、実に恐怖の心から出たものであったに違いない。その後、喜んで帰〔郷〕したのを観れば、則ち前に〔海賊によって〕無理に従わされたことが分かるであろう。これが実に秀の当時の状況であって、また実に秀の確定すべき案件なのである。応に「強盜と知りながら、後に贓物を分けた」という例に照らして遣戍とすべきである。まさに〔憲台の〕詳奪を待つべきである。

巡按御史等による会審の段階から差し戻された海賊案件の再審において、汪康謡が出した判は、きわめて論理明晰な内容であった。被告人の呉秀は、海賊に拉致（「被擄」）された後、その配下（「従賊」）となったが、機を見て僅かばかりの銀両を奪って逃走した。帰郷した折に逮捕され、裁かれることになったものと思われる。初審では明律の刑律、「強盜」条の「財を得た者」の規定によって「斬」に擬せられたが、[45] 再審の判において汪康謡は初審の擬罪を破棄し、「斬」から「遣戍」＝充軍への減刑措置を採ったのである。[46] 康謡の判断の基準は、呉秀の「従賊」が海賊の強制（「強従」）によるものか否かという一点に絞られていたのであり、あまりに些少な「贓」の額によって「強従」という結論が導き出されたのであった。

但し、ここで筆者がまず確認しておきたい点は、いたって単純な事柄である。それは、次から次へと新たな海賊が生まれてくること、すなわち海賊の再生産が「被擄」から「従賊」へという形態で行われていたことである。沿海地域で漁業等に従事しながらごく普通に暮らしていた人々が、生活のために出海した後、海賊に遭遇して拉致された場合、そのまま海賊化することが多かったことを当該史料は示唆しているといえよう。

次に、汪康謡の判牘を通じて、捕縛された海賊がどのように裁かれていたのかを見ていくことにしたい。汪康謡が分巡福寧道（福寧兵備道）を務めた時期の判牘に、次のような記述が残されている。[47]

凡論海賊、必人徒衆多、刃人傷人。不則亦須帯有刀鎗・番衣・牌銃之類、方為殺人。真海賊、自応論斬、不待言矣。若只以漁船、于海洋中、機乗人寡、而摽掠之、此与陸路之白昼搶奪、何異。必一一論辟、則沿海一帯生霊、無噍類矣。

凡そ海賊を論ずるならば、［それは］必ずや仲間が多数で、人を殺傷するものである。そうでないとしても、則ち須らく刀鎗・番衣・牌銃の類を帯びることで、はじめて殺人を行うのである。真の海賊であれば、自ずから応に斬に処すべきことは、言を待たないであろう。もしただ漁船によって、海洋中で［相手の］人寡という機に乗じて、掠奪を行ったならば、これは陸路の「白昼搶奪」と何の違いがあろうか。必ずや一つ一つを死罪に処していたならば、則ち沿海一帯の生霊《じゅうみん》に、生きている者など居なくなるであろう。

基本的に、海賊は明律の「強盗」条によって「斬」に処せられるのであり、ここでも「真の海賊は、自ずから応に斬に論ずべきこと、言を待たず」と明記されている。[48]しかしながら、汪康謡は、すべての海賊行為を働いた者に死刑を宣告したならば「沿海一帯の生霊、噍類も無し」とまで言い切っているのである。それほど海賊行為はきわめて頻繁に、日常的に行われていたのであった。従って、「真の海賊」ではない者たちによる掠奪行為の場合は、「強盗」としてではなく「白昼搶奪」として処罰すべきことを汪康謡は主張しているのである。[49] 当該史料からはもう一点、「海賊」は「刀鎗・番衣・牌銃」を身に着ける存在であると書かれているが、特に「番衣」を着るという指摘にも注目しておきたい。

　同じく分巡福寧道時代の判牘には、拉致された後に海賊となる事例として、

　該本道参看得、楊妹弟・游揚仔・王三仔、此三犯者、初係被擄、其従賊也。拠其始従後獲之時、僅数月耳。……此三犯者、宜寛一面。擬以已行未得財之律、似非為縦也。

該本道が再審理したところ、楊妹弟・游揚仔・王三仔、この三犯は、初めは被擄であったが、［その後］従賊となったものである。始めに［賊に］従って後に捕縛されるまでの時間は、僅か数ヵ月のみである。……この三犯は、宜しく少し寛大にすべきである。「已に行うも未だ財を得ていない」という律に擬したとしても、［殊更に］縦《ゆる》したということにはならないであろう。

という記述を見出すことができる。[50] 当該の判において汪康謡は、「被擄」後に「従賊」となった楊妹弟等三名に対し、「従賊」の期間が「僅か数月のみ」ということもあって寛大な処分に止めたのであった。[51] 拉致（「被擄」）によるとはいえ、海賊の一味として居た期間の長短が、裁判による処罰内容に影響していたといえよう。

　海賊を裁くに当たって、汪康謡の基本的な考えかたを窺うことのできる事例を、漳州府知府時代の判に見出すことができる。[52]

　該本府兼管理刑知府汪、審得、王迪卿等、背華通倭、横行洋海。中間抵傷官兵、屠戮商民、不可枚挙。従来大盗之凶横、無有踰此者。分別梟斬、夫豈待時。独陳楙宰一犯、既称奉文往諭矣。意此時為楙宰者、力能招則招之、不能招則逃之、又不能逃、則当時既挟寸舌、以触賊鋒、必当斃于賊刃之下矣。未有招既不従、逃又莫可、而猶能与賊、懽然相聚于一船者、則楙宰之甘心従賊無疑矣。夫既従賊、則豈但入鮑而倶化、更且助桀而為虐。安見其不

刃人、不分贓、為林宰解也。第微有可原者、処林宰之地、諒林宰之心。始焉奉差往撫、実猶欲藉此以徼功、継焉計窮力詘、乃未免違心以降虜。蓋中道逼従、与立意行盗者、不無有可原者也。陳林宰応照前案改戍。合候詳奪。

該本府兼管理刑知府汪［康謡］が審理したところ、王迪卿等は、中華に背いて倭に通じ、洋海に横行していた。その間に官兵を傷つけ、商民を殺戮することは、枚挙できないほどである。従来、大盗の凶横で、これを超える者はいない。それぞれを梟斬に処すことに、豈《どう》して時を待つ必要があろうか。ただ陳林宰という一犯だけが、「命を奉じて説諭に往った」と称している。思うに、この時、林宰なる者は、招撫することができたならば則ち招撫し、招撫することができなければ則ち逃亡し、また逃亡もできなければ、則ちその時は寸舌を使うことで、賊の怒りに触れ、必ずや賊刃の下に殺されたであろう。招撫しても従わず、逃亡さえできないという状況でもないのに、なお賊と一緒に、欣然と一隻の船に集って居たのであれば、則ち林宰が甘んじて従賊となったことは疑いない。そもそも既に従賊となったのであれば、則ち豈してただ鮑《くさや》［の仲間］に入れば共に［鮑と］なるだけであろうか。［そればかりか］更に桀（凶暴な者）に助力して残虐［な行為］をなすであろう。どうして人を殺さず、贓物も分配されなかったからといって、林宰［の罪］を解くことなどできようか。ただ微かに許すべきものがあるとすれば、林宰が居た処に立って、林宰の心を理解することである。始めは差遣を奉じて招撫に往き、実にこれに借りて功を挙げようとしたが、継いで計は窮まり力も及ばず、［結局は］心に違って賊に降らざるをえなかったのである。蓋し途中で無理に従わされた場合、決意して盗を行った者よりは、許すことができないわけではない。陳林宰は応に前案に照らして遣戍に改めるべきである。まさに［憲台の］詳奪を待つべきである。

「背華通倭」の「大盗」であった王迪卿の一味が拿捕されたとき、本来は官の側から海賊招撫のために派遣されていた陳林宰も同様に捕縛されたのであった。ここで問題とされたのは、陳林宰が果たして海賊化していたのか否かである。判者汪康謡は、拉致も含むと思われるが、元来は普通の民であった者が海賊の仲間に加わった場合の裁きかたとして、「中道逼従」（賊の強制による場合）と「立意行盗」（自ら進んでなった場合）との違いを明言しているのである。すなわち、前者には情状酌量の餘地が残されていたのであり、陳楙宰の場合も「中道逼従」と認定することで「斬」から「戍」への減刑措置が採られたのであった。

以上のように、「被擄」から「従賊」へという形態で海賊の再生産が行われる状況のもとで、天啓・崇禎期に漳州府知府および福寧兵備道（分巡福寧道）として在任した汪康謡による海賊案件の裁きかたの特徴は、「被擄」と「従賊」とを厳密に区別することであり、その場合、「中道逼従」と「立意行盗」との違い、或いは「被擄」後の時間の長短に配慮するということであった。

さて、隆慶年間に海禁が解除され、「東西二洋」への私貿易が公認されたにも拘わらず、日本との間の私貿易は依然として禁止されたままであった。しかしながら、実態として日明間の密貿易は半ば公然と行われており、中国の福建と日本の薩摩との間には恒常的な通商貿易関係が存在していたのである。万暦二十年（一五九二）から同二十二年（一五九四）まで福建巡撫を務めた許孚遠は、中国人で「私販によって現に倭国に住む者」が多数であると伝えている。[53]また、九州志布志湾の内之浦では当時、頻繁に「唐船」が来航していたことが、日本の儒者藤原惺窩の日記にも書き残されている。[54]

上述の判牘では、海賊の頭目王迪卿について「華に背いて倭に通じ、洋海に横行す」と記されていたが、当該案件の「犯人」として捕縛された海賊の中には「真倭一市濤門」が存在していた。[55]おそらくは「市濤門」という名前の日本人であったと思われる。さらに、別の一件として日本との密貿易に関連する事案が存在する。[56]

該本府兼管理刑知府汪、審得、楊一孟之一犯也、称係陳次渓夥盗。然次渓殊未捉獲也。既非盗党之供扳、又無失主之識認。只憑林良之一言、遂成莫逭之辟案。拠林良称、一孟面有刀痕、過日本老船上飲酒。夫林良一被擄之人、当日自慴于賊威、俛首舟中、救死不暇。復何暇磨察諸賊、而記其面有刀痕者。又何暇察其過船、而幷察其所過之船、為日本老者。及捜身有番銭・綢衣、並無文引可拠。夫使一孟為盗夥供扳、則銭衣俱為贓物。今一孟依然一行旅之人、安知銀銭非随身路費、而綢衣非常穿通用之物乎。且無引而走四方者、八閩比比皆然。何独于一孟而疑之、且遽加之以盗也。明係林良途遇行旅携貲、乃同哨兵挟詐。故文致其事、而成此羅織之獄耳。不然、何次渓夥党多人、並無一人敗露、独一孟就縛也。又被擄一十四名、何更無一人生還、而偏林良能識認也。総之、一人之口供、難定辟案。随身之銀衣、安辯盗贓。然拠本犯訴詞、自供前往日本経紀、則只当定一走番之巨猾、不当坐以禦人之大憝。応依越販律改配。合候詳奪。

該本府兼管理刑知府汪［康謡］が審理したところ、楊一孟という一犯は、［海賊］陳次渓の一味だと言われている。だが次渓は殊に未だ捕獲されていない。既に賊党の供述で［仲間と］看做されたのでもなく、また劫奪された者が見知っていたわけでもない。ただ林良の一言によって、遂に逃れられない死刑案件と成ったのである。林良［の供述］に拠れば、［次のように］称している。一孟の顔には刀傷が有り、通過した日本の老船上で酒を飲んでいた、と。そもそも林良は被擄となった者であり、当日は賊の威勢に怯え、舟の中で首を垂れ、死から逃れるために暇がなかったはずである。また何《どう》して賊たちを観察して、その顔に刀傷が有ることを記憶する暇があろうか。また何してその通過する船を見て、併せてその通過した船が日本の古いものであることを察知する暇があろうか。捜索するに及んで［楊一孟は］身には番銭・綢衣を着けていたが、全く拠るべき文引を持ってはいなかった。そもそも、もし一孟が賊党に引き入れられていたのなら、則ち銭・衣は共に贓物ということになる。今、一孟が依然として行旅の人であれば、どうして銀銭が身に着けた路費ではなく、綢衣が普通に着ている物でないことを知りえようか。かつ文引を持たずに四方へ出かける者は、八閩ではどこでも皆、そうなのである。何して独り一孟だけを疑い、かつ遽かに賊盗［という罪］を加えることができようか。明らかに林良が途中で行旅の資金を携帯した者に遭遇し、すなわち哨兵と共に［その者を］騙そうとしたのである。故にその事を飾り立て、このでっち上げの事案を成立させようとしただけである。そうでなければ、何して次渓の一味には多くのものがいるのに、全く一人も暴かれず、ただ一孟だけが捕縛されたのであろうか。また被擄の十四名のうち、何してほかに一人の生還したものもおらず、偏に林良だけが認識できたのであろうか。これを要するに、一人の供述では死刑案件と定めることは難しいのである。身に着けていた銀・衣が、どうして海賊の贓物だと辯ずることができようか。然れども本犯の訴詞に拠れば、日本へ出向いた経紀だと自供している。則ちただ当に番国へ［密貿易のために］赴く巨猾《わるもの》と看做すべきのみであり、当に禦人の大悪として問罪すべきではない。応に「越販」の律に依って、配に改めるべきである。まさに［憲台の］詳奪を待つべきである。

初審（「原擬」）では林良の偽りの証言で海賊陳次渓の一味として「斬」に擬せられた楊一孟が、再審では「配」に減刑されたのであった。但し、海賊の一味という冤罪は晴れたものの、一孟自身が「文引」も携帯せず、日本に赴いて密貿易を行う海商（「経紀」）であったために、[57]「越販律」が適用されたのである。[58]ここでは「日本の老船」や「日本へ前往する経紀」が登場している。前者については、当該海域にごく普通に日本の船隻が航行していたことが窺える一方で、後者に関連して「八閩、比比に皆、然り」とあるように、この時期の福建ではまさに「文引」を持たずに海外へ出航することがいわば常態化していたのである。

三　祁彪佳の裁きと海賊たち

（i）祁彪佳と『莆陽讞牘』

次に取り上げるのは、祁彪佳の『莆陽讞牘』である。祁彪佳は、天啓四年（一六二四）から崇禎元年（一六二八）まで福建の興化府推官として在任した。着任時の年齢は僅か二十三歳であった。その後、江南の蘇松巡按御史や福王政権下の江南巡撫を歴任し、清朝の順治二年（一六四五）、四十四歳という若さで明朝に殉じたことは周知のとおりである。祁彪佳の興化府推官時代の判牘である『莆陽讞牘』については、すでに濱島敦俊氏による詳細な解題が存在しており、ここでは行論に関連する事項について簡単に触れるだけにしておきたい[59]。

『莆陽讞牘』は不分巻の抄本で、これまで唯一、北京の国家図書館（旧北京図書館）に収蔵されていたが、近年、中国社会科学院法学研究所の楊一凡氏等によって刊行された『歴代判例判牘』に、その排印本が収録されている[60]。但し、後者では何故か二巻本とされている。『莆陽讞牘』所収の判牘には、自らが推官の任に在った興化府以外に、泉州府・福州府・漳州府・延平府・邵武府および福寧州関連のものも存在しているが、全体で一千五百十四件にも及ぶ膨大な判牘群の中に一百十七件の海賊関係事案が含まれている。

さて、祁彪佳と同郷の浙江紹興府山陰県出身の王思任は[61]、興化府推官時代の祁彪佳の治績にかかわる記述を、彪佳の年譜の天啓七年（一六二七）の項に残している[62]。

先生二十有六歳。……先生官莆、多善政。海寇数窺辺壖、撫軍授之符曰、獲寇即斬以徇。先生獲数十人、令獄善視之。逾日復陳酒食、令酔飽、温加慰諭、令輸海上情形、寇感悉吐其実。於是決其重者、察可原者、責釈之。莆民好訟。先生閲旧牒、以刁訟者半、厳法禁之、訟遂簡。

先生は二十六歳である。……先生は莆陽（興化府）に官となって、多くの善政を残した。海寇が屢々海辺を窺っていたが、撫軍が授けた符（軍令書）には［次のように］書かれていた。海寇を捕縛したならば即ちに斬首して晒すように、と。先生は数十人［の海寇］を捕縛し、獄吏によく監視させた。日を逾えて、また酒食を提供し、［彼らを］酔飽させ、温かく慰撫を加え、海上の情形を話させたところ、海寇たちは感激してその実情を尽く白状した。そこで［罪状の］重い者は処刑し、赦すことのできる者を調べ出し、［軽く］責めて釈放した。莆陽の民は訴訟を好んだ。先生は古い案牘を閲したところ、悪辣な訴訟が半ばを占めていたので、法を厳しくして禁じたところ、訴訟沙汰は遂に少なくなった。

ここではまず、捕縛した海賊（「海寇」）について書かれている。祁彪佳は獄中の海賊を酒食によってうまく手懐け、「海上の情形」を吐かせたという。さらに「莆民は好訟」で、かつ旧時の案牘の半ばは「刁訟」によるものであった。そうした結果が、まさに『莆陽讞牘』の膨大な数の判牘に繋がっていくのだと思われる。

(ii)　海賊の再生産――「被擄」から「従賊」へ――

すでに汪康謡の裁きのところで述べたように、海賊が次々と再生産される背景には「被擄」から「従賊」への転身という事態が存在していた。祁彪佳の『莆陽讞牘』にも、次のような典型的な事例が存在する[63]。

審得、(a)張七・荘糞仔・孫可奇・蔡四仔、与已故之甘居仔、皆始被擄、継従賊者也。(b)游元振・游申仔・謝治・陳老・林時老・劉檜、与已故之郭昆・謝三治、或以被擄、或以糾合、而作賊者也。(c)曾顕居・劉進居、従賊原非甘心、生死出入之関、尚煩議者也。(d)陳春・劉二奇・劉二・高録・黄英仔・郭茂・呉木養・鄭福仔・王良仔九人、皆八月初十後、相継被擄者也。(e)黄世耀・唐瑤・蔣樑・李寵墀・翁端三・林珍琦・唐志究・呉鸞・高暘・李耀・謝雷・黄選・謝奇仔・李咬十四人、皆於九月十七日、一併被擄者也。(f)作賊者、一則虎視於波濤、一則鼠竄於閭里。被擄者、一則飲泣於巨海、一則反戈於同舟。職請条分盗犯之情形、而合按其罪状、可乎。

審理したところ、(a)張七・荘糞仔・孫可奇・蔡四仔とすでに死亡した甘居仔とは、皆、始めは被擄となり、継いで従賊となった者である。(b)游元振・游申仔・謝治・陳老・林時老・劉檜とすでに死亡した郭昆・謝三治とは、或いは被擄によって、或いは糾合されたことで、賊と成った者である。(c)曾顕居・劉進居は、従賊となったのは原より甘んじてではないが、生・死の

［大きな］違いに関わることであり、なお審議を煩わすものである。(d)陳春・劉二奇・劉二・高録・黄英仔・郭茂・呉木養・鄭福仔・王良仔の九人は、皆、八月十日の後に、相継いで被擄となった者である。(e)黄世耀・唐瑤・蔣樑・李寵墀・翁端三・林珍琦・唐志兗・呉鸞・高賜・李耀・謝雷・黄選・謝奇仔・李咬の十四人は、皆、九月十七日に、一斉に被擄となった者である。(f)賊となった者は、一つは則ち波濤［の間］に虎視し、一つは則ち村里［の間］を鼠竄《こそこそ》する。被擄となった者は、一つは則ち巨海に涙を飲み、一つは則ち同船［の賊］に反旗を翻す。［当］職が願うのは盗犯の情形を分析して、まさにその罪状を究明すべきことであり、［そうすれば］可《よ》ではないか。

おそらくは時期を同じくして一斉に検挙された海賊集団の裁判において、末尾に見られるように、祁彪佳はそれぞれの「盗犯の情形」を細やかに分析して罪状の確定を目指していたといえよう。当該史料に(a)〜(f)の符号を付けてあるが、(f)以外は海賊か否かを認定する段階において、それぞれが同じ範疇に属すると看做された者たちである。(a)は「被擄」の後に「従賊」となった者であり、(b)は「従賊」ではあるが、「被擄」からなのか、或いは「糾合」によるものか、不分明のもの、(c)も一応は「従賊」とするものの、自ら進んで海賊になったとは考えられず、「従賊」と断定することに躊躇を覚えるものである。ここまでが取り敢えず「従賊」の範疇に入れられた者たちであった。一方、(d)と(e)とは「被擄」段階に在ると認定された者たちであり、拉致された時期の違いによって分けられただけである。海賊の処罰において、「被擄」と「従賊」とはまさしく「生死出入」にかかわるほど大きく懸隔したものであった。(a)・(b)に名前の挙げられた者たちは、すべて「従賊」すなわち海賊の一味と認定されたのであったが、当該判牘ではより詳細な分析が加えられている。ここでは張七・荘糞仔・孫可奇の三名に関する記述を提示することにしたい。(64)

張七者、於八月初九日出海、十一日被擄。在賊既已月餘、已受阿班老之号矣。不特此也。被擄呉木養、確認其同賊起居、為賊捉刀矣。不特此也。若糖船・杉船・商船之劫、鑿鑿供吐於寨中。被擄倶受其荼毒矣。蓋入夥最早、而流毒最深者也。職不能為七解也。荘糞仔者、於八月十七日出海、二十日被擄、在賊已及一月、且儼然以尚猛老自命矣。且黄英仔認其曾執刀矣。且郭茂受其一木棍矣。而況本犯有曲従賊旨之供。夫賊旨而可曲従乎。而況原供有曾殺啞爹老之語。夫啞爹非郭昆手刃之朱恭厳乎。其偕昆殺賊者、其偕昆作賊者也。職不能為糞仔解也。孫可奇者、於八月初十日出海、十八日被擄。受総管老之号、是蓋一鉄証矣。劉二哥・郭茂、有従賊已久之認、是又一鉄証矣。黄英仔確指其在舟管押諸被擄、是又一鉄証矣。即本犯有詭応以従之供、既従矣、尚為詭応乎。是欲蓋之而彌彰也。……職不能為可奇解也。

張七なる者は、八月九日に出海し、十一日に被擄となった。賊のところに居て既に一月餘になり、已に阿班老という称号を受けている。ただこれだけではない。被擄の呉木養は、賊と共に起居し、賊の［頭目の］代理となっていることも確認している。被擄となった者は共にその被害を受けている。蓋し［賊の］仲間に入ったのが最も早くて、流した害毒が最も深刻な者である。［当］職は［張］七のために［罪を］赦すことはできないのである。荘糞仔なる者は、八月十七日に出海し、二十日に被擄となり、賊のところに居てすでに一月になる。且つ儼然と尚猛老として自任している。かつ黄英仔は彼がかつて刀を執ったことを認めている。且つ郭茂は彼の棍棒で叩かれてもいる。ましてや本犯には曲げて賊の意に従ったという供述があるが、そもそも曲げて賊の意に従うことができるであろうか。ましてや元の供述には、かつて啞爹老を殺したという語が有るが、そもそも啞爹は郭昆が手ずから殺した朱恭厳ではないか。［荘糞仔は］昆と共に賊を殺した者であり、昆と共に賊となった者である。［当］職は糞仔のために［罪を］赦すことはできないのである。孫可奇なる者は、八月十日に出海し、十八日に被擄となった。総管老の称号を貰っていることは、蓋し［賊であることの］一つの鉄証である。劉二哥・郭茂は、従賊となってすでに久しいと認めており、これもまた一つの鉄証である。黄英仔は彼が船の中で被擄たちを監禁していたことを確かに指摘しており、これもまた一つの鉄証である。

たとい本犯が［賊に］欺応して従ったという供述を行ったとしても、既に［賊に］従っているのに、なお欺応したというのであろうか。これは隠そうとしたのにいよいよ明らかになったものである。……［当］職は可奇のために［罪を］赦すことはできないのである。

張七は八月九日に出航し、二日後に拉致されてそのまま海賊の一味となり、「阿班老」という称号を得るまでになっていた。荘糞仔は八月十七日に出航し、三日後に拉致され、自らを「尚猛老」と称したのであった。また、孫可奇も同様に八月十日に出航して十八日に拉致され、その後、おそらくは海賊の頭目から「総管老」という称号を授けられていた。一端の海賊になるための途は、まさしく「被擄」から「従賊」への転身であった。三人ともに、もともとは海を活計の手段としていたと思われるが、船隻で出航すると程なく海賊の襲撃をうけて「被擄」となり、そのまま海賊化していったのである。張七に関する別の判では「閩粤海上、幾んど赤犢・緑林の藪と成る」と書かれているように、この時期、福建・広東の海域は相変わらず海賊の淵藪であった。[65]また、三人それぞれが「阿班老」「尚猛老」「総管老」という称号（或いは渾名）を有していたように、この時期「〇〇老」という名前は、海賊の頭目か、或いはそれに準じる存在を表すものだったと思われる。[66]

いまひとつ、類似した事例を提示してみよう。「斬罪」という判が出された周四老等に関するものであり、

審得、周四老・楊標・劉三英・梁晩成・劉二仔・楊八、皆陣擒之虜也。周四老、於五月初十日、以捕魚為張第所擄、禁之於草寮、十七始下賊船、十八日開駕。楊標、五月初十日、於此港山、為張第等所擄、禁之於草寮、十六日始下賊船。同舟被擄者三人、其二逸去。劉三英・梁晩成・劉二仔三人、同舟捕魚、於五月初四日出海、初六日為賊首所擄。舟係小艓、祇此三人、俱下賊船。楊八、於十四日為賊所擄、同舟有六十人、而賊祇携八過船。此各犯入夥之崖略也。始未嘗不為漁為販、而継且肆劫肆強。

審理したところ、周四老・楊標・劉三英・梁晩成・劉二仔・楊八は、皆、［明軍との］戦いで捕獲された者である。周四老は、五月十日に、漁撈中に張第に拉致され、草寮に監禁されていたが、十七日に始めて賊船に降り、十八日に［船を］操縦した。楊標は、五月十日に、この港山で張第等に拉致され、草寮に監禁されたが、十六日に始めて賊船に降った。同船で被擄となっていた者は三人で、そのうちの二人は逃走した。劉三英・梁晩成・劉二仔の三人は、同じ船で漁撈を行っていたが、五月四日に出海し、六日に賊首に拉致された。船が小舟であり、この三人しかいなかったので、共に賊船に降った。楊八は、十四日に賊に拉致され、同船の者は六十人もいたが、賊はただ八だけを連れて行った。これが各犯が［賊の］仲間に入った概略である。始めは漁撈や商販を行っていたが、継いで［賊となって］肆に劫奪を行ったのである。

と記されている。[67]「周四老」という名前からして、すでに海賊の中の大立者の一人になっていたと思われるが、この周四老をはじめ、楊標・劉三英・梁晩成・劉二仔の五名は、もともとは漁業（「為漁」）や商業貿易（「為販」）に従事していた者たちであった。しかし、彼らは生業中に海賊の襲撃を受けて「被擄」となり、そのまま「賊船に下って」海賊と化したのである。

ところで、同じく『莆陽讞牘』所収の閩県に関する判では、「被擄」後に「従賊」とならざるをえない悲哀について記述されている。[68]

前件、該本館看得、海上被擄而作賊者、十之五六。彼従渤澥滄溟之中、進則懼死於法也、退則懼死於賊也。賊勢迫而法網寛、則不得不従賊、以存餘息耳。是被擄之誠可哀矜哉。

前件について、該本館が取り調べたところ、海上で被擄となり、賊となった者は、十の五・六である。彼らは渤澥滄溟（東海）の中より、進めば則ち法によって死ぬのを懼れ、退けば則ち賊に殺されるのを懼れる。賊勢が迫って法網が弛めば、則ち賊に従って、餘命を残さざるを得ないだけである。このように被擄とは誠に哀れむべきものではないか。

ここで特に注目したいのは、拉致（「被擄」）された者のうち、後に「賊」となった者が五・六割を占めるという、祁彪佳の見解が示されている点である。上述の諸史料の用語によって海賊の再生産の途を描くならば、「出海」↓「被擄」↓「従賊」↓「作賊」という構図になるであろう。そうした事例は祁彪佳の判牘の中に多数、存在しているのである。

(iii) 海賊の裁きかた――「被擄」と「従賊」との差異――

裁きの場に引きずり出された海賊に対して、興化府推官としての祁彪佳はどのような判決を下していたのであろうか。焦点は「被擄」であるか、「従賊」であるか、という一点にあったといっても過言ではない。祁彪佳の判を具体的に検討することにしたい。

最初に取り上げるのは、先に提示した海賊周四老の裁きに関する事例である。周四老は、海賊張第によって「被擄」となった後、海賊の一味に加わったのであるが、祁彪佳はここで次のような興味深い言説を残している。(69)

被擄・作賊之分、当分於時日之久近。蓋日久則賊已威脅於前、以利誘於後。其不革良民之面、成凶寇之心者、有幾。

被擄と作賊との違いは、当に時日の久・近によって分けるべきである。蓋し日が久しければ、則ち賊は已に初めに威力で脅し、後に利によって誘い込もうとする。良民の顔を変えないで、凶寇の心を持つ者など、どれほどいようか。

祁彪佳によれば、単に拉致された者（「被擄」）か、真の海賊（「作賊」）であるかを判断する基準は「時日の久・近」にあるという。

次に、海賊郭喜の裁きについて見てみよう。祁彪佳は、まず郭喜自身について、

審得、郭喜於元年・二年、屢次出海、踪迹倶不可知。而三年十月内、遂岸然与衆軍老、称雄海上矣。時有同里林湖、与二十一人、出海捕魚。於本月初四日、陡遭喜衆、拘船勒贖、湖等以二十二金買命。而喜之面目、固湖之熟識、假鬚倭衣、叱咤惟命之状、此湖当官鑿鑿供吐者。

審理したところ、郭喜は［天啓］元年・二年に、しばしば出海したが、その足跡はすべて知ることができない。だが三年十月に、遂に際立つように多くの軍老とともに、海上に覇を称えたのであった。時に同郷の林湖が、二十一人［の仲間］と、海に出て漁撈を行っていた。本月初四日、忽ち喜の集団に遭遇し、船は拿捕されて身代金を強要され、湖等は銀二十二両で命を贖った。だが喜の顔立ちを、固より湖は熟知しており、假鬚や倭衣で、叱咤命令していた様は、湖が官において明確に供述したものである。

と述べている。[70] ここでも漁撈活動を行っていた林湖等二十二名が「被擄」となり、海賊の頭目であった郭喜に身代金を要求されている（「勒贖」）。また、郭喜が「假鬚」とともに「倭衣」を着ていたことにも注目しておきたい。この記述の後で、郭喜が自らも「被擄」であると主張するのに対して、祁彪佳は次のように指摘している。[71]

乃喜嘵嘵、以被擄為解乎。夫被擄与従賊、判在毫厘。使不従賊、則敵起舟中、何以相安於七閲月。

ところが［郭］喜は嘵嘵と［不平を］言い立てているが、被擄ということで辯解ができようか。そもそも被擄と従賊とは、その判断は毫厘［の間］に在る。もし従賊でないのであれば、則ち敵は船中に居り、どうして七ヵ月も相安んじていることができようか。

「被擄」か「従賊」かの判断の難しさを、祁彪佳はその違いがほんの「毫厘」の差にあるためだとしている。この点に関して、海賊陳英等の裁判ではより詳しく述べられている。ここでは、頭目陳英のところにいた蔡元攀の裁きを取り上げることにしたい。[72]

被擄蔡元攀等、初為王申老所擒、而分隷於英船者。柳宗著又確認、英攘臂拘繫之状。其嘯聚縦横、即彼若呑若吐、而已定不易之辟矣。若蔡元攀、同郭七上山取水、既不乗間逸去、復不喊救於官兵、甘心従賊之疑、其何以解。然海波中、被擄・作賊相近、原不径庭。当以時日之久近為奸良、又当以賊夥之拘放為順逆。元攀被擄日浅、取水之際、既有郭七威押於前、又有林日選留質於後。欲逸去、則恐同夥之被戮也、欲喊救、則恐賊首之掣刃也。俯首用命、夫豈得已。且孱弱孺子、其不能岸然自雄、与賊為伍者、又可於面質之時卜之也。杖釈非縦。

被擄の蔡元攀等は、初めは王申老に拉致され、［他の者たちと］分かれて［陳］英の船に繋がれていた者である。柳宗著もまた、英が積極的に拘禁していた状況を確認している。［仲間を］呼び集めて縦横に［海賊活動を］行ったことで、たとい彼［の供述］がしどろもどろであったとしても、すでに確かな死刑案件と定まっている。蔡元攀の如きは、郭七と共に山に登って水を汲んだとき、既に隙に乗じて逃走しなかったばかりか、また官兵に救いを求めることもしなかったのであり、甘んじて従賊となったという疑いを、何《どう》して解くことができようか。然れども、海波の中では、被擄と作賊とは相近いものであり、原よりさほど隔たりはない。当に時日の久・近によって奸・良を分けるべきであり、また当に賊党の拘・放によって順・逆を分けるべきである。元攀は被擄となって日が浅く、水を汲む際に、既に郭七が前で威嚇されていたばかりか、また林日選が後で人質として残されていたのである。逃げ去ろうとすれば、則ち仲間が殺されるのを恐れ、救いを求めようとすれば、則ち賊首の刃を恐れるのである。頭を垂れて命令を聞くのも、已むを得ないことであろう。且つ弱々しい子供のように、厳めしく覇を称えて賊と伍すことができない者であることも、また訊問の時に推し量ることができたのである。杖［による懲戒］を与えて釈放したとしても［勝手に］放免したことにはならないであろう。

海賊王申老に拉致された後、陳英の船に繋がれていたという蔡元攀が、果たして「被擄」なのか「従賊」なのか、というのが当該史料における裁きの焦点であった。最終的に「従賊」ではないという判断のもとに、祁彪佳は「杖釈」

処分に止めたのである。その判断の基準について、祁彪佳は先の周四老の裁きのところに見える指摘よりも詳しい見解を述べている。それは、第一に、「被擄・作賊は相近く、原より徑庭あらず」とあるように、「被擄」と「作賊」との違いは僅かであったこと、第二に、「当に時日の久・近を以て奸・良と為すべし」とあって、両者を分ける基準は拉致された後の時間の長短にあったこと、そして第三に、「当に賊夥の拘・放を以て順・逆と為すべし」というように、海賊による拘束という状態も「作賊」と看做すか否かの分かれ目であったことの三点である。

以上のように、捕縛した海賊をどのように裁くのか、という問題に対して、興化府推官としての祁彪佳は明確な判断基準を個々の判牘の中で提示していたのである。海賊を裁くに当たって、最大の難問は当該の被告が「被擄」であるか「従賊」であるかの判断であったが、それは両者の違いが僅かの微妙な差にあったからである。すなわち、祁彪佳の裁きにおいては、拉致された後の時間の長短こそ「被擄」と「従賊」とを分ける根本的な判断基準だったのである。

四　祁彪佳の裁きと沿海地域社会

(i)　海賊と地域性——族的戦略としての海賊——

祁彪佳『莆陽讞牘』には、汪康謡の場合と同様に、海賊と〈倭〉との関係を窺わせる史料も数多く見出すことができる。まず、海賊の頭目林六老に関する判を提示することにしたい(73)。

審得、林六老、夥陳四老、嘯聚総管老舟中。其時賊夥、如頭椗老等十餘人、而被擄者、亦以十五六人計。六老因商帰賊、已半月餘。後同六人駕小舟、出劫魚鮮以佐餐、乃為邏卒所偵、併力追捕。……夫陣擒之虜、可不論贓、而破浪之時、已俱漂没、不必究其烏坵・東甲両劫之果否。而倭装利刃、足成鉄案矣。参看得、林六老、家蜃海而藪鯨波、走険如鶩、手彫戈而身卉服、詭漢作倭。

審理したところ、林六老と仲間の陳四老は、総管老の舟中に［一味を］糾合した。その時、賊の一味としては、頭椗老等の如き十餘人がおり、被擄となっていた者も、十五六人を数えた。六老は商人から賊となって、已に半月餘であった。後に六人と共に小舟を操り、［漁船から］鮮魚を劫奪して食料としたが、邏卒の偵察に掛かり、力を併せて追捕された。……そもそも戦いの場で捕獲された者は、贓物を論じなくてもよく、波濤において已に漂没しているからには、必ずしも烏坵・東甲という二つの襲撃の結果を究明しなくてもよい。そして倭装・利刃は、鉄案とするに十分である。取り調べたところ、林六老は蜃海を家とし、鯨波を住まいとしており、［一味と］一緒に危険も顧みず、彫戈を手にして卉服を身に着け、漢を欺いて倭となったのである。

ここには既出の総管老をはじめ、林六老・陳四老・頭椗老という海賊の頭目らしき者たちが出てくるが、林六老については「倭装」或いは「詭漢作倭」と書かれている。六老に関する別の判では「詭夏従夷」とあり、さらに捕縛されたとき、官軍側は「番服・倭刀の種種、これを臨敵に獲る」という。(74)また、上述の海賊郭喜も「倭衣」を身に纏っていたのであった。さらに、黄十二に対する裁判では、

看得、黄十二誘結真倭、反戈内地、以久逋之乱民、為門庭之大寇。劫掠陸船、或駕於潮州、或泊於比港、或至東番、或至甘吉、流移行劫。劉瑞春等、首被其毒者也。及虎井嶼之役、把総奮力長呼、兵士争先用命、至死傷相継、而師無退心、擒斬十人、餘賊驚遁。被擒黄十二・倭如完、皆渠魁也。

調べたところ、黄十二は真倭を糾合し、反って内地を襲撃したのであり、逃亡中の乱民が、門庭の大賊となったものである。六隻の船を劫掠し、或いは潮州に航海し、或いは比港に停泊し、或いは東番に至り、或いは甘吉に至り、移動して劫奪を行っ

ていた。劉瑞春等は、初めにその毒を被った者である。虎井嶼の役では、把総が奮闘して叫び続け、兵士は先を争って命令を果たそうとし、死傷者が相継ぐに至っても、兵に退却の考えは無く、［賊の］十人を擒斬したところ、餘賊は驚いて遁走した。捕縛された黄十二と倭の如完は、皆、渠魁であった。

と述べられている[75]。海賊黄十二は「真倭」を糾合して「内地」を襲撃したのであった。ここではまた、如完という〈倭〉も頭目の一人として裁かれている。

以上の諸史料の記載によれば、祁彪佳が裁いた海賊の中には「倭衣」や「倭刀」を身に着けることで〈倭〉を偽装する者たちが含まれていた。いま一度、村井章介氏の議論に立ち戻るならば、彼らを「帰属する国家や民族集団からドロップ・アウト」した〈マージナル・マン〉に親和的な集団と看做すことも可能なように思われる[76]。しかしながら、その一方で、〈マージナル・マン〉と呼ぶには些か違和感を覚える海賊も存在していたのである。

ここではまず、嘉靖二十年代のかの朱紈の『甓餘雑集』に見える記載を取り上げることにしたい。すでに片山誠二郎氏によって紹介されたものであるが、福建の漳州府詔安県について次のように記されていた[77]。

夫詔安八閩之窮、而梅嶺又詔安之窮。其地濱海、切隣走馬渓・下湾二澳、由走馬渓而南、則潮州之南澳山矣。蓋閩広噤喉之衝、賊夷出没之所、視龍渓県之海滄、均為要害。而其民頑梗不法、則或過之。蓋詔安去漳郡三日之程、而梅嶺去県治四十餘里。地僻則化益阻、化阻則俗益悪。賊船集泊、毎于走馬渓・下湾者、則以此地両山壁立、風濤不驚、若天成一賊藪。然又有梅嶺群悪、以済之耳。如田如林如何如傅如蘇等姓、延聚数里許、人戸不下千餘、凶頑積習、険狠成風。或出本販番、或造船下海、或勾引賊党、或接済夷船。先年引賊肆劫、合県生霊、受其荼毒、惨不可言。

そもそも詔安は八閩の窮まったところであり、梅嶺はまた詔安の窮まったところである。その地は濱海にあり、走馬渓・下湾の二澳に近接しており、走馬渓から南は、則ち潮州の南澳山である。蓋し閩・広の咽喉の地であり、賊夷の出没する所であって、龍渓県の海滄に比べても、均しく要害となっている。その民は頑迷不法であり、則ち或いはそれ以上である。蓋し詔安は漳郡を去ること三日の行程であり、梅嶺は県治から四十餘里である。地は僻遠にあるので則ち教化は益々阻まれれば則ち習俗は益々悪化する。賊船が集泊するとき、常に走馬渓・下湾にあるのは、則ちこの地が両山壁立し、風濤に邪魔されず、天然の賊藪となっているからである。そうであるから、また梅嶺の悪人どもは、これを助けるだけなのである。田・林・何・傅・蘇等の姓の如きは、数里ばかりに延聚し、人戸は千餘を下らず、凶頑は積習となり、険狠は風俗となっている。或いは資本を出して番国に貿易し、或いは造船して海に下り、或いは賊党を引き入れ、或いは夷船に接済する。先年には賊を引き入れて劫奪を行い、全県の生霊は、その害毒を被ったが、その惨さは口に出すことができないほどであった。

詔安県の沿海地域に位置する梅嶺には、田・林・何・傅・蘇等の一族が聚居していたが、彼らは密貿易経営を行うとともに、かつ海賊勢力とも密接に結びついていた。朱紈は、さらに泉州府同安県の郷紳林希元が自らを「林府」と称し、「違式の大船」を建造して密貿易経営を行い、「郷曲に武断」していた状況を詳細に書き残している。[78]かつて、重田徳氏は「林府」の例を〈郷紳支配〉の典型と看做されたのであったが、むしろ宗族的結合を媒介とした地域支配と看做すこともできるのではなかろうか。[79]

祁彪佳の『莆陽讞牘』にも、そうした族的な結合を前提として密貿易・海賊経営を行う、次のような注目すべき事例が存在する。[80]

審得、劉選儒、巨賊也。其縦横海上久矣。漁民畏其威、而莫敢指告。游鳳賓、即其妻父也。選儒之妻、現在賓家、其衣食皆賊之資、亦非一日矣。黄成・黄章、亦皆慣賊、現招安在厦門。游祖選、其妹夫也。其保匿成・章、人皆知之也。辛純秀之子大鳳、林永坤・永賢之侄林懐、朱廷委之子朱平、皆海上作賊、未得正法者也。或親或子或侄作賊、明明寄銀養家、為之親及父及叔、亦明明言贓従海上来、反揚揚誇耀郷里。郷里有指告者、出海即受其荼毒、以故莫敢首発。

審理したところ、劉選儒は巨賊である。海上で縦横に活動して久しい。漁民はその威力を畏れて、敢えて告発しようとはしない。游鳳賓は、その妻の父である。選儒の妻は、現在［鳳］賓の家に居り、その衣食［の費用］は皆、賊の資金によっているが、［それは］一日［という短い期間］のことではない。黄成・黄章も皆、慣賊であり、現在は［官の］招撫を受けて厦門に居る。游祖選は、その妹の夫である。その成・章を保匿していることを、人は皆、知っている。辛純秀の子大鳳、林永坤・永賢の侄林懐、朱廷委の子朱平は、皆、海上で賊となっているが、未だ［捕縛］処刑されていない者たちである。或いは親が、或いは子が、或いは侄が賊となり、明らかに銀を送って家族を養っているが、この為に親や父や叔父は、はっきりと贓（資金）は海上から来ると言い、反って揚揚として郷里にひけらかしている。郷里で告発する者がいたならば、［その者は］出海したときにその害毒を受けることになり、故に敢えて告発するものはいないのである。

ここには「巨賊」の劉選儒が登場しているが、祁彪佳による裁きの直接的な対象は選儒の岳父に当たる游鳳賓である。海賊劉選儒の妻は実家である游鳳賓の家で暮らしていたが、「其の衣食は皆、賊の資」に頼っていた。こうした状況を踏まえて「或いは親、或いは子、或いは侄、賊を作し、明明として銀を寄せて家を養い、これが為に親、及び父、及び叔も、また明明として贓は海上より来たると言い、反って揚揚として郷里に誇燿す」と書かれている点に注目したい。一族の中から親や子や甥が海賊となって劫奪を働き、それによって一族が郷里で生活する資金がもたらされていたのであった。また、郷里で暮らす者たちは、海賊となった親族を恥じることもなく、資金が送られてくることを地域社会の中で得意気に自慢していたという。

当該史料は、族的な結合に媒介された、いわば海賊経営の実態と、それが沿海の地域社会と不可分に結びついていたことを如実に物語っている[81]。まさしく沿海地域密着型の海賊ということになるのではなかろうか。そうした意味で、〈マージナル・マン〉とは明らかに性質の異なるものだといえよう。

(ii)　澳例と沿海地域社会

祁彪佳『莆陽讞牘』には、いまひとつ注目すべき判を見出すことができる。それは福建の沿海地域社会の特質解明に向けて、きわめて興味深い内容の判牘である[82]。

審得、張崇熙販米、自沙埕載帰。劉漢斗係船戸、曾元及・劉茂英係水艄也。去歳八月初十日開駕、二十日於沙澳中洋、遇賊劫掠。漢斗等跳小舸以遁、元及・漢斗之胞侄茂英、為賊所擄、併其米劫去。崇熙・漢斗、幸得回澳、元及二人、竟邈不知其生死也。此時賊已得米、故未打票。且元及二人、慣海長年、賊或欲用之、亦未可知。故与質贖不同也。無打票、無質贖、故劫後之情形、与游移之海所、崇熙等倶不能知也。拠漢斗称、曾載酒及猪、出海尋覓、而賊杳無蹤、此亦情之可信者。蓋漢斗即漠置元及、必不肯軽棄茂英、非有心致元及於死也可知。況元及固未必死乎。独是崇熙・漢斗、於紛攘之中、絶無顧恤同舟之誼。且澳例、漁民被擄、過三月不帰、同事者醵銀付家属、作祭奠之需。今廖氏呼天搶地、而二人漠不憐之、遅其澳例、致氏控之上台。崇熙・漢斗是当罪耳、姑薄罰之、澳例十二両、一併追給。倘遅此而元及生還、仍以原銀付還両人、可也。

審理したところ、張崇熙は米を販売するために、沙埕から積載して帰るところであった。劉漢斗は船戸であり、曾元及・劉茂英は水艄（船頭）であった。去年の八月初十日に出航し、二十日に沙澳中の海洋で、賊に遭遇して襲撃された。漢斗等は小船に跳び移って遁走したが、元及と漢斗の侄茂英は、賊に拉致され、併せて米も劫奪された。崇熙・漢斗は、幸いにも［現住の］澳に戻ることができたが、元及等二人は、遂にその生死さえも分からなくなった。この時、賊は已に米を獲得したので、故に未だ［身代金の］票を出してはいない。且つ元及等二人は、海に慣れた長年（舵手）であり、賊が或いは彼らを使おうとしたのかは、未だ知るすべもない。故に質贖（身代金の略取）とは違うのである。打票もなく、質贖もなく、故に劫奪後の状況や、移動した海域を、崇熙等は共に知りようがないのである。漢斗［の供述で］は［次のように］言っている。曾て酒と豚を積み、出海して捜索したが、しかし賊の足取りは杳として摑めなかった、と。これもまた事情として信用できるものであろう。蓋し漢斗がたとい元及を放置したとしても、きっと茂英を軽々しく棄てるとは思われず、心から元及を死に追いやろうと考えたものでないことも分かるからである。ましてや元及は固より未だ必ずしも死ぬとは限らないのであるから。ただ崇熙・漢斗は、混乱の中で、絶えて同舟を顧恤するという誼に缺けただけである。且つ澳例では、漁民が拉致され、三ヵ月を過ぎても帰らなければ、同舟の者は銀を醵出して家族に与え、祭祀の費用に当てる、とある。今、廖氏は天に叫び地を叩いて［悲嘆に暮れて］いるが、二人は漠としてこれを憐れむこともなく、澳例［の規定］に遅れたのであり、［結果として廖］氏はこれを上台に訴えることになったのである。崇熙・漢斗は当に断罪すべきであるが、姑らく軽く罰を与え、澳例の十二両を、併せて追徴して［廖氏に］支給する。もしこれ以後、元及が生還したならば、やはり原銀を両人に償還させれば、良いであろう。

ここに沿海の地域社会に特有の「澳例」の存在を見出すことができた。「販米」を目的とした航行中に海賊の襲撃を受け、船頭（「水艄」）の曾元及と劉茂英が海賊に拉致され、その後、杳として行方が分からなくなったという案件であるが、襲撃から逃れて郷里へ戻ることのできた船戸の劉漢斗および米商の張崇熙の二人がどのような責務を果たさねばならないかが、この裁判では問題とされている。当該の拉致被害者の母親か妻である廖氏が、上記の二人を訴えたのであるが、その理由は〈澳例〉が存在するにも拘わらず、決められた額の銀両を二人は廖氏に支払わなかったからであった。

ここに見える〈澳例〉の内容は、当該地域社会の住民が船隻で航行中に海賊によって拉致された場合、三ヵ月を経過しても行方が分からず、郷里に戻らなかったときは、同船の者がその家族に対して一定の銀両を支払わねばならないというものであった。また、その金額は「祭奠」、すなわち葬儀の費用に相当するものだったのである。〈澳例〉は拉致家族に対するある種の保障システムであると同時に、「澳」という入江・海湾を中心とした地域社会特有の共同体的な慣習と看做すこともできるのではなかろうか。さらに、当該史料からは、祁彪佳による裁きが〈澳例〉という地域社会の慣習に基づいて処理されているようにも思われる。換言すれば、祁彪佳の判では〈澳例〉の存在自体が判断の拠りどころになっていたといえよう。[83]

ところで、明末の福建沿海地域には〈澳甲制〉とでも称する制度の存在を確認することができる。万暦六年（一五七八）に福建巡撫となった耿定向は、福建地域に郷約・保甲制を実施したのであるが、この時期、沿海地域には「澳甲」が存在していたのである。耿定向『耿天台先生文集』所収の保甲規定には、

一、訪得、沿海各澳居民、戸籍多隠漏、不報在官。奸弊之叢、正由於此。近会題准海禁事宜内開、稽覈保甲、防緝接済、事体更為重大。澳甲尤宜慎選、応将各澳甲、倶編入里甲図内、択里長有身家者、即為澳甲、併各澳船戸姓名、与腹裏居民一例、倶編入冊。

一、調査したところ、沿海の各澳の居民は、戸籍が多く隠漏しており、官に報告されていない。奸弊が叢生するのは、正にこれに由るのである。近ごろ会題して准された海禁事宜内に［次のように］書かれている。保甲を稽察し、接済を防緝することは、事がらとして更に重大である、と。澳甲は尤も宜しく慎重に選ぶべきであり、応に各々の澳甲を、共に里甲図内に編入し、里長のうちで身家（資産）の有る者を選んで、即ち澳甲と為し、併せて各澳の船戸の姓名を、腹裏の居民と一体で、共に簿冊に編入すべきである。

と記されている。[84]この段階には、すでに沿海の各澳に澳甲制が実施されていたことが窺えるが、海賊や密貿易業者に

対する「接済」等を防止するために「里甲」と「澳甲」との一体化が図られたのであった。同様に、万暦四十三年（一六一五）から同四十五年（一六一七）まで福建巡撫として在任した黄承玄の郷約・保甲に関する「約保事宜」にも、次のように規定されている。(85)

一、沿海澳港、各立総甲一人、将本澳船隻、不論大小、尽数報官、編定字号。毎船尾大書刊刻某州県・某澳・某字号、船戸某人・澳甲某人、以便稽査。如新造船隻、必先告明、編刻字号、方許下水。毎十船為一甲、責令互相保結。仍置総冊二本、一存該県、一付澳甲収貯。如有私販通倭者、澳甲及同甲船戸、即時挙首、定行重賞。若本澳不挙、而他処擒獲者、澳甲一体連坐。

一、沿海の澳港では、各々総甲一人を立て、本澳の船隻を、大小を論ぜず、数を尽して官に報告し、字号を編定する。各船尾に某州県・某澳・某字号、船戸某人・澳甲某人と大書刊刻し、以て稽査の便に資す。もし新たに船隻を建造したならば、必ずや先ず［官に］報告し、字号を編刻して、はじめて進水させることを許可する。十船ごとに一甲とし、責務として相互に保結させる。そうして総冊二本を作成し、一つは該県に保存し、一つは澳甲に与えて保存させる。もし私販によって倭に通じる者が居て、澳甲および同甲の船戸が、ただちに告発したならば、必ず重く褒美を与える。もし本澳で告発せず、他の処で拿捕された場合は、澳甲も一体で連坐とする。

黄承玄は「沿海の澳港」に「総甲一人」を置くとともに、当該の澳港に停泊する船隻に字号を刻印し、かつ船隻を保甲的システムに編成したのであった。当該記事の後半に「澳甲」が出ており、ここでは澳甲と総甲とは同一の存在であったと思われる。また「如し私販して倭に通ずる者有り、澳甲及び同甲の船戸、即時挙首せば」と書かれているように、それは当該澳港の船隻が倭寇・海賊と通じることを防ぐ狙いもあったといえよう。澳甲制は一方では、まさしく沿海地域の治安を維持するための制度であった。

他方、澳甲制は漁民層に科せられた賦税、すなわち魚課の徴収単位としても機能していたと思われる。[86] 嘉靖末年に泉州府恵安県の知県を務めた葉春及は、自らの著作『恵安政書』において、次のような記述を残している。[87]

魚課、雖有専司、邇之訟者実繁、由版籍久闕、易以誣誑故耳。原額八澳、澳有甲、当書某澳・某甲・某戸、有某処・某業・米若干。隠者予覈登答簿而罪焉。有業而未籍者、及原無籍而業者可告。余酌之以抵一二無徴者。

魚課は、専門の役所が有るとはいえ、以前の訴訟が実に多かったのは、版籍が久しく缺けていたことに由って、ただ誣告し易かったからである。［恵安の］原額は八澳で、澳には甲が有り、当に某澳・某甲・某戸で、某処・某業・米若干であると書くべきである。隠蔽した者は予め調べて答簿に登載して処罰する。［漁］業をしているのに未だ登記していない者、および原もと簿籍が無いのに［漁］業に従事している者については告訴せよ。余はこれを斟酌して以て一二の徴収の無いところに充当する。

当該地域では、八ヵ所の「澳」が「原額」として存在しており、澳―甲―戸という組織を通じて魚課の徴収が行われていた。[88] 同様に、明末の福州府長楽県の地方志、崇禎『長楽県志』にも、

一、魚課米、六百五十八石六斗五升六合、……毎石、徴銀三銭五分。此定額也。向派之各魚舟、毎年点澳甲催徴、額本易完。

一、魚課米、六百五十八石六斗五升六合、……毎石、銀三銭五分を徴収する。これが定額である。かつてはこれを各々の漁船に科派したが、毎年、澳甲に割り当てて催徴させ、額本は容易に完納された。

という記載を見出すことができる。[89] 長楽県では、澳甲が毎年の魚課米――実際は銀納化されていた――の催徴を行っていたのであり、おそらくは「澳」が魚課徴収の単位になっていたと思われる。

以上のように、明代の後半から明末にかけて、福建の沿海地域には「澳」を単位とする地域社会が形成されていた

といえよう。地形的に入江や海湾に当たる「澳」に施行されていた澳甲制は、一方で保甲に類した治安維持の組織として機能すると同時に、他方では魚課徴収の役割を担っていたのである。私見によれば、こうした澳甲制は、特に〈嘉靖大倭寇〉以降、福建沿海地域に広汎に展開していたと思われる。従って、澳甲制の浸透・展開とも相俟って、「澳」という地域社会に暮らす人々を規制する〈澳例〉は出現してきたのではなかろうか。

おわりに

以上、本章は、明末の福建沿海における〈地方統治官〉と海域世界との関連を、主に倭寇・海賊の取締と裁判という視角から考察してきた。〈嘉靖大倭寇〉以降、明末にかけて、福建の海域では依然として倭寇・海賊の跳梁跋扈が続いていたが、官側の取締によって裁きの場に引きずり出され、白日のもとに曝け出された海賊の実態や海賊をめぐる状況を通じて、当該期の海域世界の新たな一面を描き出すことができたのではなかろうか。そうした意味で、今回、主に利用した判牘の史料としての有用性は明らかであると思われる。

本章が取り上げた汪康謡および祁彪佳の判牘では、倭寇・海賊（容疑者）が果たして「被擄」なのか、それとも「従賊」なのか、ということが判断を迫られるきわめて難しい問題として現れていた。しかしながら、祁彪佳が明確に述べるように、判断の基準を突き詰めるならば、それは「被擄」となった後の「時日の久・近」にあったのである。その一方で、祁彪佳が「被擄」から「作賊」への移行は「十の五・六」であると指摘しているように、海賊が次から次へと再生産される過程には膨大な数の「被擄」、すなわち拉致された人々（被虜人）が存在していたのである。こうした被虜人たちはまさしく「編戸の斉民」であり、沿海地域に暮らす漁民層や沿岸貿易に従事する商人層がその多くを占めていたに違いない。海上での拉致が頻繁に行われる背景に「打票」や「勒贖」という海賊による身代金の略取という事態が見られたことも事実である。だが、ここでは東アジアの海域世界の各地域に荒野泰典氏の所謂〈諸民族雑居〉状態を将来した要因の一つとして、海賊による拉致問題が厳然たる史実として存在していたことに改めて注目する必要があろう。(90)

ところで、明末においても〈倭〉を偽装する海賊たちが数多く登場してくるが、村井章介氏が言われるように彼らを〈マージナル・マン〉に類するものと看做すことができるのかも知れない。しかしながら、その一方で、〈マージナル・マン〉とは全く異質な沿海地域密着型の海賊も存在していたのであり、彼らは族的戦略として海賊経営を活計の手段としていたのであった。本章ではまた〈澳〉を中心とする沿海地域社会のなかに、〈澳例〉といわれる共同体的な慣習を祁彪佳の判牘を通じて発見することができた。海賊による拉致が頻繁に行われるという現実のなかから派生してきたものと思われるが、〈澳例〉は拉致家族に対するある種の保障システムとして機能していたのであり、そこからは〈澳〉社会のもつ独自性と〈澳〉社会に暮らす人々の生存のための智恵を看取することができるのではなかろうか。

註

（1）　佐久間重男「明代海外私貿易の歴史的背景――福建省を中心として――」同『日明関係史の研究』吉川弘文館、一九九二年、所収（原載『史学雑誌』六二編一号、一九五三年）および片山誠二郎「明代海上密貿易と沿海地方郷紳層――朱紈の海禁政策強行とその挫折の過程を通しての一考察――」『歴史学研究』一六四号、一九五三年、同「嘉靖海寇反乱の一考察――王直一党の反抗を中心に――」山崎宏編『東洋史学論集』第四、不昧堂書店、一九五六年。

(2) 佐久間重男、前掲「明代海外私貿易の歴史的背景」参照。

(3) 特に、片山誠二郎、前掲「嘉靖海寇反乱の一考察」参照。

(4) それ以前の倭寇研究において、田中健夫『倭寇——海の歴史——』教育社（新書）、一九八二年（後に、講談社学術文庫、二〇一二年）はきわめて優れた概説書だといえよう。また、鄭樑生『明・日関係史の研究』雄山閣、一九八五年も貴重な成果である。

(5) 特に、荒野泰典「日本型華夷的秩序の形成」『日本の社会史』一巻〈列島内外の交通と国家〉、岩波書店、一九八七年、所収、および村井章介『中世倭人伝』岩波書店（新書）、一九九三年。

(6) 荒野泰典、前掲「日本型華夷秩序の形成」参照。また、荒野泰典・石井正敏・村井章介「時代区分論」荒野泰典・石井正敏・村井章介編『アジアのなかの日本史』I〈アジアと日本〉、東京大学出版会、一九九二年、三七—四四頁、参照。

(7) 村井章介、前掲『中世倭人伝』参照。

(8) 従来の研究では、その多くが「隆慶初年」を隆慶元年（一五六七）と理解しているように思われる。他方、佐久間重男「明代後期における漳州の海外貿易——蕭基の恤商策について——」同、前掲『日明関係史の研究』所収（原載『三上次男博士喜寿記念論文集』〈歴史編〉、平凡社、一九八五年、所収）三三七頁では「隆慶初年」を「隆慶元年も含めてその頃と解すべきもの」と指摘されている。

(9) 小葉田淳「明代漳泉人の海外通商発展——特に海澄の餉税制と日明貿易に就いて——」同『金銀貿易史の研究』法政大学出版局、一九七六年、所収（原載『東亜論叢』四輯、一九四一年）および佐久間重男、前掲「明代後期における漳州の海外貿易」参照。なお、海禁の解除・撤廃というよりは「海禁の再確立」であるという見解については、檀上寛「明代海禁概念の成立とその背景——違禁下海から下海通番へ——」同『明代海禁＝朝貢システムと華夷秩序』京都大学学術出版会、二〇一三年、所収（原載『東洋史研究』六三巻三号、二〇〇四年）、二〇二—二〇三頁、および同「明代「海禁」の実像——海禁＝朝貢システムの創設とその展開——」同、前掲『明代海禁＝朝貢システムと華夷秩序』所収（原載は、歴史学研究会編『港町と海域世界』〈シリーズ港町の世界史①〉、青木書店、二〇〇五年、所収）、一六〇頁、参照。また、岩井茂樹「帝国と互市

――一六―一八世紀東アジアの通交――」籠谷直人・脇村孝平編『帝国とアジア・ネットワーク――長期の一九世紀――』世界思想社、二〇〇九年、所収、参照。

(10) 日本史研究の視座から〈後期倭寇〉の終焉を「豊臣政権の誕生」期に見る点については、橋本雄・米谷均「倭寇論のゆくえ」桃木至朗編『海域アジア史研究入門』岩波書店、二〇〇八年、所収、八九頁、参照。〈嘉靖大倭寇〉以降、明末の倭寇・海賊については、松浦章『中国の海賊』東方書店、一九九五年、七一―九五頁、参照。

(11) 「判牘」の定義については、滋賀秀三『清代中国の法と裁判』創文社、一九八四年、九五・一四五・一五〇頁、参照。

(12) 濱島敦俊「明代の判牘」滋賀秀三編『中国法制史――基本資料の研究――』東京大学出版会、一九九三年、所収、参照。また、三木聰「清代順治・康熙年間の判牘史料四種について」『北大史学』四五号、二〇〇五年、八五頁、参照。

(13) 田中健夫「『倭寇図巻』について」同『中世海外関係史』東京大学出版会、一九七五年、所収（原載は東京大学史料編纂所蔵『倭寇図巻』〈複製版〉、近藤出版社、一九七四年、所収）。また、多くの概説書でも『倭寇図巻』は取り上げられている。例えば、山根幸夫『図説中国の歴史』七〈明帝国と日本〉、講談社、一九七七年、六三―七五頁には六枚の図版が挙げられており、上田信『中国の歴史』九〈海と帝国――明清時代――〉、講談社、二〇〇五年、二〇八―二〇九頁の間の挿図には「倭寇の上陸」と題してその一部が提示されている。

(14) 二〇〇八年三月に訪れた寧波市鎮海口海防歴史紀念館の「鎮海軍民抗倭闘争」と題する展示パネルには「十四世紀以来、日本の内戦で敗れた武士が東南沿海の武装密貿易集団と結合し、わが国の沿海に逃亡して意のままに劫奪を加え、騒擾を起こしたが、これが二百餘年の長きに及ぶ倭寇の害であった」と記されている。

(15) 荒野泰典・石井正敏・村井章介、前掲「時代区分論」三八頁、参照。

(16) 『明世宗実録』巻四二一、嘉靖三十四年（一五五五）五月壬寅（九日）条。

(17) 橋本雄・米谷均、前掲「倭寇論のゆくえ」八七―八八頁。

(18) 『明神宗実録』巻二四九、万暦二十年（一五九二）六月丙午（十八日）条、および同、巻二八一、万暦二十三年（一五九五）正月丙戌（十三日）条、等には「倭寇朝鮮」という表現が見られる。また、村井章介氏は、前掲『中世倭人伝』二二〇頁において、秀吉を「かの倭寇王王直の血を引く〈倭寇的勢力〉の統括者である」と指摘されている。なお、秀吉の朝鮮侵略については、中村栄孝「豊臣秀吉の外征――文禄・慶長の役――」同『日鮮関係史の研究』中、吉川弘文館、一九六九年、所収、参照。明朝側の対応については、小野和子「明日和平交渉をめぐる政争」同『明季党社考――東林党と復社――』同朋舎出版、一九九六年、所収（原載『山根幸夫教授退休記念明代史論叢』上巻、汲古書院、一九九〇年、所収）および本書附篇、参照。

(19)『明神宗実録』巻三七九、万暦三十年（一六〇二）十二月戊子朔（一日）条。

(20)『明神宗実録』巻四七三、万暦三十八年（一六一〇）七月癸亥（二十日）条。

(21)『明神宗実録』巻五三七、万暦四十三年（一六一五）九月庚辰（七日）条には、

礼科給事中余思孳言、今日事勢、可憂者四、可危者六、而可修者亦有六。……所謂六危者、一曰閹人之得志、二曰妖人之蝿集、三曰門庭之寇盗、四曰都城之無備、五曰辺塞之空虚、六曰倭夷之交通。

とある。

(22)薩摩の琉球侵攻については、小葉田淳「近世初期の琉明関係――征縄役後に於ける――」同『中世南島通交貿易史の研究』刀江書院、一九六八年、所収（原載『史学科研究年報』〈台北帝国大学文政学部〉七輯、一九四二年）、紙屋敦之『幕藩制国家の琉球支配』校倉書房、一九九〇年、および上原兼善『島津氏の琉球侵略――もう一つの慶長の役――』榕樹書林、二〇〇九年、等、参照。また、明朝側の対応については、夫馬進「一六〇九年、日本の琉球併合以降における中国・朝鮮の対琉球外交――東アジア四国における冊封、通信そして杜絶――」『朝鮮史研究会論文集』四六号、二〇〇八年、および渡辺美季「琉球侵攻と日明関係」同『近世琉球と中日関係』吉川弘文館、二〇一二年、所収（原載『東洋史研究』六八巻三号、二〇〇九年）参照。

(23)董応挙『崇相集』疏一、「厳海禁疏〈万暦四十年十月、吏部文選司員外董応挙題〉」。

(24)朱紈の海禁強行策については、片山誠二郎、前掲「明代海上密貿易と沿海地方郷紳層」および山崎岳「巡撫朱紈が見た海――明代嘉靖年間の沿海衛所と「大倭寇」前夜の人々――」『東洋史研究』六二巻一号、二〇〇三年、参照。

(25) 董応挙の当該上奏については、夫馬進、前掲「一六〇九年、日本の琉球併合以降における中国・朝鮮の対琉球外交」一九頁、参照。

(26) 丁継嗣の福建巡撫在任期間については、呉廷燮『明督撫年表』巻四、福建（中華書局（北京）、一九八二年、五一二―五一三頁）参照。また、葉向高の丁継嗣宛書簡については、崔来廷『海国孤生――明代首輔葉向高与海洋社会――』江西高校出版社（南昌）、二〇〇六年、一五四―一五九頁、参照。

(27) 葉向高『蒼霞餘草』巻一二、墓誌銘には、彼が書いた丁継嗣の墓誌銘「嘉議大夫巡撫福建都察院右副都御史禹門丁公墓誌銘」が残されている。この中で葉向高は、万暦三十九年（一六一一）に丁継嗣が福建巡撫に就任する前に江西右布政使から福建左布政使へ異動した時のエピソードとして、

　公之宦轍、多在三楚・江右、自江右移為閩左轄。余在宦途、逢江右士大夫、未嘗不言閩人奪我丁公、意殊恨恨。

と記している。

(28) 葉向高『蒼霞続草』巻一九、尺牘、「答丁撫台」。

(29) 戚継光『紀効新書』は著名な軍事書であり、贅言を要しないであろう。一方、鄧鍾『籌海重編』は万暦二十年（一五九二）序刊本であり、総督蕭彦の依頼を受けた福建泉州府晋江県の鄧鍾が、鄭若曾『籌海図編』の「繁冗を删って」重輯したものである（永瑢等『四庫全書総目』巻七五、史部、地理類存目四、「籌海重編」）。中砂明徳『江南――中国文雅の源流――』講談社、二〇〇二年、一六四頁・一七〇―一七一頁、参照。なお、林茂槐は葉向高と同じく福清県の出身で、万暦二十三年（一五九五）の進士である。また、当該書簡の末尾に見える「林楚石」は林材（同府閩県出身）であり、「余石竹」は余夢鯉（同府福清県出身）だと思われるが、「同年」とあるように、両者ともに葉向高と同じく万暦十一年（一五八三）の進士であった。万暦41『福州府志』巻四七、選挙志三、国朝進士、「万暦十一年癸未朱国祚榜」、参照。

(30) 葉向高『蒼霞続草』巻二〇、尺牘、「答丁撫台」。

(31) 葉向高の自訂年譜ともいうべき『籧編』巻一の劈頭には、

　嘉靖三十八年己未七月三十日亥時、余生。

とある。

(32) 崔来廷、前掲『海国孤生』二三頁、参照。

(33) 薩摩による琉球侵攻（事実上、日本の琉球併合）後、最初の琉球の朝貢使節に対し、明朝中央として「見事な外交的政策を立案した」のは福建福州府出身の大学士葉向高および礼部左侍郎翁正春（侯官県）等であったという。夫馬進、前掲「一六〇九年、日本の琉球併合以降における中国・朝鮮の対琉球外交」二一一頁、参照。

(34) 葉向高は丁継嗣宛の別の書簡で次のように記している。

敝郷人憂販倭、如剝膚、無日不以書来聞。在事者、或以董銓部之疏為過計。然乎否乎。

ここに見える「董銓部之疏」とは上述の題奏を指すと思われるが、葉向高は董応挙の「疏」を好意的に受け止めていたといえよう。

(35) なお、内閣文庫本の景照版が京都大学人文科学研究所に所蔵されている。三木聰・山本英史・高橋芳郎編『伝統中国判牘資料目録』汲古書院、二〇一〇年、三四—三五頁、参照。

(36) 康熙『休寧県志』巻六、人物、儒碩、汪康謡、および陳鼎『東林列伝』巻二二、「汪康謡伝」。

(37) 崔呈秀は汪康謡と「同年」の万暦四十一年（一六一三）の進士であった。前註の『東林列伝』に、

崔為同門友、嘗授意招致、乃峻詞拒絶。守漳三載、迄不通一字、崔銜之。

とあるように、康謡は呈秀の恨みを買っていたのである。崔呈秀については、『明史』巻三〇六、列伝一九四、閹党、参照。また、張顕清・林金樹『明代政治史』下冊、広西師範大学出版社（桂林）、二〇〇三年、八一五—八一六頁、参照。

(38) 小野和子、前掲『明季党社考』所載の「東林党関係者一覧」参照。

(39) 福寧兵備道は分巡福寧道との兼轄であった。万暦『大明会典』巻一二八、兵部一一、鎮戍三、「督撫兵備」に、

福寧兵備一員、駐箚福寧州、分巡福寧、分理軍務、管理該州、幷福州地方。

とある。

(40) なお、本文に提示したように、施邦曜は康熙『漳州府志』巻一九、宦蹟上、明宦蹟、知府に立伝されているが、そこには、

天啓初為工部主事。時魏璫擅權、諸曹郎皆奔走門下。邦曜独不往、忠賢銜之。乃亟請補外、出知漳州府。

と記されており、施邦曜の漳州府知府在任時期が「天啓初」でないことは明らかであろう。

(41)　汪康謡『閩讞』「一起、哨獲海洋異船事」。

(42)　三木聰・山本英史・高橋芳郎編、前掲『伝統中国判牘資料目録』三四―三五頁、参照。

(43)　「会審」については、谷井陽子「明代裁判機構の内部統制」梅原郁編『前近代中国の刑罰』京都大学人文科学研究所、一九九六年、所収、四一五頁以下、参照。

(44)　汪康謡『閩讞』「一起、擒獲劫賊劫贓事」。

(45)　明律、刑律、賊盗、「強盗」条では、
凡強盗已行、而不得財者、皆杖一百・流三千里。但得財者、不分主従、皆斬。

と規定されている。黄彰健編『明代律例彙編』〈中央研究院歴史語言研究所専刊七五〉下冊、中央研究院歴史語言研究所（台北）、一九七九年、七五五頁。

(46)　「遣戍」とは「充軍」のことである。明代の刑罰としての「充軍」については、滋賀秀三「刑罰の歴史」同『中国法制史論集――法典と刑罰――』創文社、二〇〇三年、所収（原載は、荘子邦雄編『刑罰の理論と現実』岩波書店、一九七二年、所収）三二五―三二六頁、参照。また、呉艶紅『明代充軍研究』社会科学出版社（北京）、二〇〇三年、参照。

(47)　汪康謡『閩讞』「一起、為緝獲海洋強劫事」。

(48)　註(45)参照。

(49)　明律、刑律、賊盗、「白昼搶奪」条は、
凡白昼搶奪人財物者、杖一百・徒三年。

と規定されており（黄彰健編、前掲『明代律例彙編』下冊、七六一頁）、基本的に「強盗」条とは刑罰の面で格段の差があった。

(50)　汪康謡『閩讞』「一起、為飛報擒獲海洋賊船事」。

（51）ここに見える「已行未得財之律」については、註（45）の「強盗」条、参照。
（52）汪康謡『閩讞』「一起、哨獲海洋異船事」。
（53）許孚遠『敬和堂集』公移〈撫閩稿〉、「禁止私販倭船、行各道」に、
近拠差回船戸許豫報称、探得、私販見住倭国者、実繁有徒。
とある。ここに見える許豫については、本書第二章、参照。
（54）三木聰「十六世紀末における明朝の「封倭」政策と日本情報」大櫛敦弘編『前近代の環シナ海世界における交流とネットワークに関する史的研究』〈高知大学二十一世紀地域振興学術プロジェクト研究成果報告書〉、高知大学、二〇〇三年、所収、一五頁、および中島楽章「十六世紀末の福建—フィリピン—九州貿易」『史淵』一四四輯、二〇〇六年、八一—八二頁、参照。
（55）註（52）の「一起、哨獲海洋異船事」の最初の部分に、
依強盗已行得財、不分首従律、斬罪、照例奏請梟示、転詳未示。犯人王迪卿・真倭一市濤門・王用・王応元・陳川・李少逸・陳楙宰。

と見える。
（56）汪康謡『閩讞』「一起、地方事」。
（57）「文引」については、佐久間重男、前掲「明代後期における漳州の海外貿易」三二八頁、参照。
（58）ここに見える「越販律」とは、明律、兵律、関津、「私出外境、及違禁下海」条を指していると思われるが、但し、律本文ではなく、「万暦四十年浙江巡撫高挙題准新例」の、
一、凡奸民希図重利、夥同私造海船、将紬絹等項貨物、擅自下海、船頭上假冒勢官牌額、前往倭国貿易者、哨守巡獲、船貨尽行入官。為首者用一百斤枷、枷号二個月、発煙瘴地面、永遠充軍。為従者、枷号一個月、倶発辺衛充軍。
という条例が該当するといえよう。黄彰健編、前掲『明代律例彙編』下冊、六九七頁、参照。
（59）祁彪佳の履歴も含めて、濱島敦俊、前掲「明代の判牘」五二〇—五二五頁、参照。また、濱島敦俊「北京図書館蔵『莆陽讞牘』簡紹——租佃関係を中心に——」『北海道大学文学部紀要』三二巻一号、一九八三年、六七—七〇頁、参照。

（60）楊一凡・徐立志編『歴代判例判牘』第五冊、中国社会科学出版社（北京）、二〇〇五年、所収。三木聰・山本英史・高橋芳郎編、前掲『伝統中国判牘資料目録』三八―四四頁、参照。以下、『莆陽讞牘』を引用する場合は、『歴代判例判牘』第五冊（以下『判例判牘』と略記）の頁数を併せて表示する。

（61）王思任は、字は季重で、万暦二十三年（一五九五）の進士である。国立中央図書館編『明人伝記資料索引』上、国立中央図書館（台北）、一九六四年、四三頁、参照。

（62）祁彪佳『祁忠敏公日記』所収、王思任「祁忠敏公年譜」天啓七年（一六二七）の項。

（63）祁彪佳『莆陽讞牘』「院道一件、擒獲海洋強賊事〈斬罪張七等〉」（『判例判牘』四〇二―四〇三頁）。

（64）前註、参照。

（65）祁彪佳『莆陽讞牘』「一起、擒獲海洋強寇事〈依強盗已行、得財不分首従律、皆斬決不待時、駁問未結。犯人張七等。依不応事重律、減等杖七十的決。犯人曾顕居等〉」（『判例判牘』二四八頁）には、

前件看得、張七等、皆故賊郭昆之羽翼也。或以原糾烏合、或以被擄従凶、各立偽号、分駕堅舟。閩粤海上、幾成赤犢緑林之藪。幸而官兵用命、殲茲小醜、賊夥供報、併獲群凶。庭訊時、被擄者一一指認、某也執刀、某也操舟、某也書票、某也殺人。是情形之甚真、証佐之極確者也。

と記されている。

（66）松浦章、前掲『中国の海賊』七七―七八頁には、万暦二十年代から天啓年間にかけて暗躍した海賊として、無歯老・周四老・袁八老・林辛老の名が挙げられている。

（67）祁彪佳『莆陽讞牘』「分守道一件、攻獲海洋強賊事〈斬罪周四老等〉」（『判例判牘』一一四―一一五頁）。

（68）祁彪佳『莆陽讞牘』閩県、「一起、速勦海賊、以杜乱萌事〈依強盗得財律、斬・監候。会審犯人十一名内、見在送審四名、黄新・邵光仔・洪超・呉振宗、議獄緩死。七名、鄭来進・荘李仔・鄭媽四・蕭二仔・陳三娘・王表・陳進、倶押漳防館監候。再審未到〉」（『判例判牘』四八九頁）。

（69）註（67）参照。

(70) 祁彪佳『莆陽讞牘』「巡海道一件、劫殺大変事〈斬罪郭喜〉」(『判例判牘』一三六頁)。

(71) 前註、参照。

(72) 祁彪佳『莆陽讞牘』本府、「司道一件、巡獲船隻事〈斬罪陳英等〉」(『判例判牘』四三九―四四〇頁)。

(73) 祁彪佳『莆陽讞牘』「分守道一件、攻獲海洋強賊事〈斬罪林六老〉」(『判例判牘』一一四頁)。

(74) 祁彪佳『莆陽讞牘』「一起、攻獲海洋強賊事〈依強盗已行得財律、皆斬決不待時、続奉批允監候会審。重犯林六老〉」(『判例判牘』二四九頁)に、

前件看得、林六老詭夏従夷、鶩鯨波以為壟断、殺人越貨、傅虎翼而肆梟張。漁商久被虜、劉海嶼幾成敵塁。一旦官兵追捕、輒揮戈逆我顔行。維時賊艇犂沈、猶躍岸恣渠凶状。雖羽徒門物累累、多溺洪濤、而番服倭刀種種、獲之臨敵。似此窮凶之劇寇、焉逃罔赦之常刑。

とある。

(75) 祁彪佳『莆陽讞牘』泉州府、「一起、血戦擒獲大夥倭賊事〈依奸民潜通海賊、同謀結衆、及為嚮導劫掠良民、比照謀叛已行、斬罪黄十二〉」(『判例判牘』四四二―四四三頁)。

(76) 村井章介、前掲『中世倭人伝』三九頁、参照。

(77) 朱紈『甓餘雑集』巻五、章疏四、「一設専職、以控要害事」嘉靖二十八年(一五四九)正月初八日。片山誠二郎、前掲「明代海上密貿易と沿海地方郷紳層」二七頁、参照。

(78) 朱紈『甓餘雑集』巻二、章疏一、「閲視海防事」嘉靖二十六年(一五四七)十二月二十六日。片山誠二郎、前掲「明代海上密貿易と沿海地方郷紳層」二七―二八頁、参照。

(79) 重田徳「郷紳支配の成立と構造」同『清代社会経済史研究』岩波書店、一九七五年、所収(原載は、岩波講座『世界歴史』一二、中世六〈東アジア世界の展開Ⅱ〉、岩波書店、一九七一年、所収)参照。

(80) 祁彪佳『莆陽讞牘』「本府一件、海劫惨害事〈杖罪游鳳賓〉」(『判例判牘』二一六頁)。

(81) 陳支平氏は、新たに発掘された崇禎年間編纂の『鄭氏族譜』(鄭芝龍・鄭成功の一族)の分析を中心とする研究において、

福建沿海地域における「郷族勢力」の存在が「当時の海商集団や族商・族盗という現象」の普遍性に影響したことを指摘されている。陳支平「明代民間文献中的福建族商史料」同『民間文書与明清東南族商研究』中華書局（北京）、二〇〇九年、所収、参照。

(82) 祁彪佳『莆陽讞牘』「分守道一件、夫命事〈杖罪、張崇熙等〉」（『判例判牘』九三頁）。

(83) 周知のように、滋賀秀三氏のいわゆる〈情理裁判論〉によれば、慣習は「情理」とは区別されない非実定的なものであり、従って、法源とはなりえないものであった。ただ、当該の判において祁彪佳は明らかに〈澳例〉の存在に依拠して銀十二両の追徴を命じているのである。滋賀秀三「伝統中国における法源としての慣習――ジャン・ボダン協会への報告――」同『続・清代中国の法と裁判』創文社、二〇〇九年、所収（原載は、国家学会編『国家学会百年記念国家と市民』三巻〈民事法・法一般・刑事法〉、有斐閣、一九八九年、所収）参照。

(84) 耿定向『耿天台先生文集』巻一八、雑著二、牧事末議、「保甲」。

(85) 黄承玄『盟鷗堂集』巻二九、公移一、「約保事宜」第十二条。

(86) 福建の魚課については、本書第一章、参照。

(87) 葉春及『恵安政書』一、図籍問。

(88) 嘉靖『恵安県志』巻七、課程、魚課には「吾邑東南海地、分為八澳、澳有総甲一人、催督課米」とある。本書第一章、二一頁、参照。

(89) 崇禎『長楽県志』巻四、食貨誌、雑征。

(90) 米谷均「後期倭寇から朝鮮侵略へ」池亨編『天下統一と朝鮮侵略』〈日本の時代史一三〉、吉川弘文館、二〇〇三年、所収、一四六―一四七頁、参照。米谷氏はここで鄭舜功『日本一鑑』に描かれた、九州大隅の「被虜中国男女二三百人」という記事を紹介し、「倭寇がもたらした負の側面」としての被虜人に注目されている。また、秀吉の朝鮮出兵情報を明朝に伝えた許儀後も倭寇による「被擄」であった。松浦章「明代海商と秀吉「入寇大明」の情報」同『海外情報からみる東アジア――唐船風説書の世界――』清文堂出版、二〇〇九年、所収（原載は『末永先生米寿記念献呈論文集』坤、末永先生米寿記念会、一九八五年、所収）参照。

【補記】

原載は、山本英史編『近世の海域世界と地方統治』〈東アジア海域叢書一〉、汲古書院、二〇一〇年、所収である。直接的には、二〇〇五年から始まった、いわゆる〈にんぷろ〉のなかの一研究プロジェクト「東アジアの地域形成と地方統治官――規範の普及と現実――」に二年目から研究分担者として加わり、その成果の一部としてまとめたものである。また、ほぼ同時期の科研プロジェクト「伝統中国の訴訟・裁判史料に関する調査研究」で日本・中国・台湾における明清判牘の調査を行ったことも本章作成の契機となっている。特に、前者において力強いリーダーシップを発揮して如上の成果へと導いて頂いた研究代表者の山本英史氏に、改めて感謝の意を表したい。なお、本章では原載に対して若干の補訂が加えられている。

第四章　清代前期の福建汀州府社会と図頼事件

――王廷掄『臨汀考言』の世界――

はじめに

清代の各地に赴任した官僚が直面した地方社会は、どのような面貌を呈していたのであろうか。また、当地の〈風俗〉、特に容認すべからざる「悪俗」「俗弊」に対して、彼らはどのような措置を取っていたのであろうか。本章は、清代前期の福建汀州府を素材として地方社会の実情の一端について考察を加えようとするものである。

筆者はすでに、明清時代の福建において図頼という行為が〈負〉のイメージをもつ〈風俗〉として定着していたことを、地方志の分析を通じて指摘したことがある[1]。ここでいう図頼とは、家族や親族の死や死骸を利用して憤懣・怨恨を抱いた相手から金銭を奪取したり、相手を罪に陥れたりする行為を指している。

また、明末以降、福建の省レヴェルの長官である総督・巡撫等の通達や告示の中にも、しばしば〈風俗〉と図頼との関連についての言説を見出すことができる。例えば、明末の万暦二十年（一五九二）から同二十二年（一五九四）まで福建巡撫を務めた許孚遠は、全四十五条に及ぶ「郷保条規」の中で「賭博」「訟師」「図頼」「錮婢」「停棺」「火葬」

「溺女」「売妻」等を「刁風」「風俗之陋」、或いは習俗としての「不仁」「薄悪」に該当するものとして挙げている。[2]同じく万暦四十三年（一六一五）―同四十五年（一六一七）の福建巡撫黄承玄は、「禁図頼」という通達において図頼を「閩俗険健」のものと看做していたのである。[3]

清代に入ると、康熙八年（一六六九）―同九年（一六七〇）の閩浙総督劉兆麒には「禁假命抄搶、服毒図頼」、同十七年（一六七八）―同二十年（一六八一）の福建巡撫呉興祚には「申厳假命之禁示」という図頼の禁止を謳った通達・告示が残されているが、前者では図頼を「刁風」と捉えており、後者では図頼に関連して「閩俗軽生」という記述を見出すことができる。[4]同様に、康熙三十八年（一六九九）の福建巡撫張志棟による通達「禁小民軽生、假命図頼」のなかでも「閩省慣習假命」と指摘されており、[5]さらには康熙四十四年（一七〇五）―同四十五年（一七〇六）の福建巡塩御史朱満も「按閩二十四約」所収の「懲図頼」において「閩俗健訟」との関連で、特に「假命之図頼」を問題視していたのである。[6]

このように、明末から清代前期にかけて図頼という凄惨かつ不法な行為は福建の〈風俗〉として持続的に存在しており、在任した地方官にとって的確な対応を餘儀なくされた緊要な課題の一つとなっていたのである。[7]

ところで、乾隆二十年代から三十年代にかけて在任した二人の福建布政使、徳福と顔希深とは、福建の〈山区〉に所在し、江西・広東両省と隣接していた汀州府について、漳州・泉州および龍巖の二府一州とともに福建のなかでも「俗之最下」の地域と看做していたが、その理由は「紛争健訟、好勇闘狠（紛争を起こしてよく訴訟を行い、勇猛を好んで争闘を行う）」という事情によるものであった。[8]この点に関して、乾隆『汀州府志』の「風俗」でも、寧化県が「喜闘健訟（争闘を喜びよく訴訟を起こす）」とされ、永定県が「藐法而好訐訟（法を軽んじて訐訟を好む）」と記されている。[9]

このように〈健訟〉の地と目されていた汀州府に、康熙年間の後半、すなわち〈耿精忠の乱〉等の政治的・社会的混乱が終焉を迎え、清朝の基層支配がほぼ確立したと思われる時期に[10]、知府として着任したのが王廷掄であった。本章では、王廷掄が書き残した『臨汀考言』所収の判牘を主たる分析の材料として、当該の地方官が〈負〉のイメージをもつ社会的状況、特に〈健訟〉とも密接に関連する図頼の詞訟化という現実に、どのように対応していたのか、という問題について初歩的な考察を行うことにしたい[11]。

一　王廷掄『臨汀考言』と「澆漓之習俗」

王廷掄は、字は簡庵で、本貫は山西省の沢州である。出身地の地方志、雍正『沢州府志』巻三六、人物志、節行、鳳台県、国朝、王廷掄には、次のような伝が載せられている[12]。

廷掄、字簡庵、号起巌、璇長子。詩文清簡、如張伯雨・孫太初。由太学生、除山東青州通判七年、弭盗安民、著有労勣。擢戸部員外郎、転本部河南司郎中、農部推重。授福建汀州府知府、遵父訓、粒粟寸帛、悉取給於家。値歳歉、設粥食民、全活甚衆。修文廟、置学田、濬城河、贍孤独。以薦去、民絵像祀之。晋山東塩法道、大蘇商困。三摂臬篆、昭雪沈冤。丙戌、丁父艱回籍。遇戊子旱荒、復煮賑賙、卹済流民者五閲月。以疾終於家、年五十二。

廷掄、字は簡庵、号は起巌で、璇の長子である。詩文は清簡で、張伯雨・孫太初の如きであった。太学生から、山東の青州通判に除せられて七年、盗賊を取り締まって民を安んじ、著しく功績が有った。戸部員外郎に抜擢され、本部河南司郎中に転じ、農部で高く評価された。福建の汀州府知府を授けられると、父訓に遵い、一粒の粟、一寸の帛も、悉く実家に供給を仰いだ。歉歳に際して、粥廠を設けて民を食わせ、救済された者は甚だ多かった。文廟を修築し、学田を設置し、護城河を浚渫し、独り身の者を扶養した。推挙によって［知府の職を］去ったが、民は図像を描いて彼を祀った。山東塩法道に晋み、大いに商人の困窮を蘇らせた。三度にわたって署按察使を務め、冤罪を雪いだ。丙戌（康熙四十五年）、父の喪に服して帰郷した。戊子（同四十七年）の旱害に際会し、また炊き出しによって賑救を行い、流民を救済することは五ヵ月に及んだ。病によって家で臨終を迎え、享年は五十二であった。

監生の身分を得て山東省の青州府通判、中央の戸部員外郎および戸部郎中を歴任した後、王廷掄は福建の汀州府知府として就任した。官としてはきわめて清廉であったという。任地でも出身地でも飢饉の賑救に尽力したことが、ここでは特記されている。また、汀州府知府時代の治績としては、他に文廟の修築、学田の設置、および護城河の浚渫、等の、いわば公共事業についても列挙されている。汀州府から転出した後、「民は像を絵にして之を祀った」と記されており、乾隆『汀州府志』でも「名宦」として顕彰されている。(13) なお、廷掄は康熙三十四年（一六九五）に汀州府知府に就任しているが、実際に着任したのは翌年の康熙三十五年（一六九六）であり、その後、同四十一年（一七〇二）まで在任した。(14)

王廷掄の著作『臨汀考言』は、康熙三十八年（一六九九）序刊本が中国科学院図書館（現中国科学院文献情報中心）に収蔵され、集部、別集類、清に分類されている（集二六〇—五六四）。(15) 一方、わが国では京都大学人文科学研究所に景照本が所蔵されており、未入目カードによれば、同様に集部、別集類、清初に類別されている（集—Ⅱ—一〇—二〇）。また、近年、北京出版社から刊行された『四庫未収書輯刊』の第八輯・第二十一冊には、中国科学院図書館蔵原本の景印が収録されている。

さて、『臨汀考言』全十八巻は、次のような構成となっている。すなわち、巻一は「碑記」、巻二は「雑文」、巻三—五は「詩」、巻六・七は「詳議」、巻八〜一五は「審讞」、巻一六・一七は「檄示」、そして巻一八は「批答」である。巻六以下が、まさに汀州府知府としての公牘に該当するものであり、それぞれ詳議には二十一件の、審讞には九十三件の、檄示には三十六件の、批答には三十件の、いわば公文書が収められている。

特に、量的に最大の審讞に所収の九十三件の判牘は、明清時代の裁判史料がさほど多くは現存していない福建地方にとって、きわめて貴重なものだといえよう。[16] この九十三件について、汀州府所属八県の県別内訳を見ると、附郭の長汀県が十二件、寧化県が十六件、清流県が十三件、帰化県が六件、武平県が十九件、上杭県が十八件、永定県が八件で、その他が一件である。[17] なお、連城県関係の判牘は収録されていない。

また、九十三件の判牘のうち、その書き出しがほぼ「審看得」に始まり、「憲台」や「学憲」に対して「憲裁」「憲核」「親審」「憲鑑」「批示」「憲恩」を求めた上行文書は五十一件で、「審得」に始まり、府段階で完結した判牘は三十七件である。[18] 同様に、刑罰や懲戒の内容では、人命案件に対する「陵遅」「斬梟」「斬抵」「繯首」から〈細事〉に対する「薄懲」「懲創以儆」「従寛免究」まで様々であるが、巻八から巻十五まで、ほぼ刑罰等の重い順に九十三件が配列されている。

判牘の内容にはある程度の偏りが見られ、巻八および巻九、所収の二十五件はすべて殺人・事故死・自殺を含む人命案件である。同じく、巻一二（十二件）および巻一三（十五件）は、そのすべてが標題に「誣告」「妄告」「捏報」の附された誣告案件であり、巻一一の一部を含めるとその数は三十二件に上る。すなわち『臨汀考言』所収の判牘において誣告案件の占める割合は三四・四％にもなる。特に誣告案件の多さは、後掲の史料で王廷掄自身が指摘し、先の徳福・顔希深が述べるように、汀州府がまさに〈健訟〉の地であったことを如実に物語るものだといえよう。こうした人命・誣告の両案件とも重なるが、図頼に関連した判牘も、巻八から巻一二にかけて、併せて二十一件という多数にのぼっている。その割合は全体の二二・六％にもなるのである。

ところで、『臨汀考言』巻六、詳議、所収の「諮訪利弊八条議」は、汀州府の「利弊」に関する〈憲台〉の諮問

（「諮訪之文」）に対して、王廷掄が行った答申の内容であるが、そこでは「澆漓之習俗」（軽薄な習俗）として八ヵ条が提示されている。[19] 以下、この八ヵ条の内容について見ていくことにしたい。

汀州府知府として直面した「澆漓之習俗」について、王廷掄は八ヵ条の冒頭を、それぞれ次のように記述している。すなわち、(Ⅰ)「假命之刁風甚熾、抄搶之懲創宜厳也（假命の刁風は甚だ盛んで、劫奪の懲罰は厳しくすべきである）」、(Ⅱ)「越控之訟棍実繁、原告之保歇宜厳也（越訴する訟棍は実に多く、原告の保歇は厳しくすべきである）」、(Ⅲ)「佃戸以根租構衅、租穀之折価宜禁也（佃戸は根租によってもめ事を起こすが、租穀の折価は禁止すべきである）」、(Ⅳ)「民命以米穀資生、種煙之妨稼宜禁也（民の生活は米穀に頼っており、煙草栽培が稲作を妨げることは禁止すべきである）」、(Ⅴ)「営員之冒濫貽害、劄委之名目宜裁也（営員の濫増は害をもたらすが、劄委の名目は除くべきである）」、(Ⅵ)「致治以倫紀為先、転親之頽風宜振也（統治の安定には倫紀を重視し、転親の頽風は刷新すべきである）」、(Ⅶ)「官常以実政為憑、虚誉之歌謡宜飭也（官の職責は実政に拠り、虚偽の名声をたたえる歌謡は取り締まるべきである）」、および(Ⅷ)「士習以潜修為事、公門之出入宜稽也（士習は専心修養に努め、公門の出入は検査すべきである）」である。

まず、(Ⅰ)は、まさしく図頼の「刁風」に対して厳罰で臨むべきことを主張した内容である。特に上杭・武平・永定の三県では断腸草による〈軽生図頼〉が頻発していたが、王廷掄によれば、当地に赴任後、一年有餘の間に審理した「藉命抄搶」の案件数は「指で屈するに勝えない」ほど多かったという。[20] また、ここでは具体的な図頼事件として「寧化県民曾士才身死一案」「武平県民婦修氏身死一案」「永定県民廖景林身死一案」「上杭県民傅氏身死一案」「寧化県民王徳身死一案」および「武平県民藍生現身死一案」の五件が挙げられているが、これらは修氏の案件を除いて、すべて『臨汀考言』巻八以下の審讞に判牘として収録されている。[21]

(Ⅱ)は、〈健訟〉にかかわる内容であり、「越控」という府域を超えた訴訟の拡がり、すなわち福州の巡撫衙門（「憲轅」）への提訴等に対して具体的な方策を講じたものである。ここでは当該史料に見える次の記載に注目したい。

閩省風俗澆漓、小民好争健訟、而汀属之劣衿勢悪、皆藉刀筆以謀生、恃此護符、専以唆訟而網利。更有寧化・清流両邑之流棍、半皆駕舟於南台、上杭・永定両県之奸徒、又多貿易於省会。此輩熟識衙門、慣能頂名包告、与訟師串通一線、指臂相連、輒敢遇事生風、便得於中詐騙。……一遇若輩扛幇、無不堕其奸術。内有訟師之簸弄、外有包棍之引援、遂飾小忿為大冤、或翻旧案為新題。

閩省の風俗は軽薄で、小民は諍いを好んでよく訴訟を起こしており、汀州府の劣衿・勢悪は、皆、刀筆（訴状の作成）に借りて生計を謀り、この護符に恃んで、専ら訴訟教唆によって利益を貪っている。更に寧化・清流両県の流棍は、半ばが舟で［福州郊外の］南台まで下り、上杭・永定両県の奸徒も、また多くが省会で貿易している。この輩は衙門を熟知し、名を騙った訴訟請負に慣れており、訟師とぐるになって、指・臂が連動するように、敢えて［何か］もめ事が有れば波風を起こし、その中で詐騙をはたらいている。……一たびこのような輩が徒党を組むと、その奸術に陥ることになる。内には訟師が愚弄し、外では包棍が援助し、遂には小さな諍いを大きな怨みに飾りたて、或いは古い案件を新しい問題として蒸し返すのである。

第一に、「刀筆」を生業とする「劣衿・勢悪」の存在である。「劣衿」といわれる下層紳士、すなわち生監層が〈訟師〉として日常的に訴訟沙汰に暗躍していた。[22] 第二に、省会福州と汀州府とを結ぶ「流棍」「奸徒」および「訟師」のネットワークの存在である。寧化・清流両県の「流棍」が福州府城南郊の商業区南台まで船隻を乗りつけ、また上杭・永定両県の「奸徒」が省会で「貿易」しているとあるように、商業・流通ルートを媒介して、いわば〈訟師ネットワーク〉が形成されていたといえよう。[23]

次に、(Ⅲ)によれば、当地では「根租」といわれる押租（小作保証金）と「田皮」といわれる事実上の田面権との普及によって地主―佃戸関係の矛盾、すなわち抗租状況（「短少額租」「短租抛荒」）や訴訟沙汰（「主佃互訐」）が派生していた。また、その一方で、米価の変動にともなって「穀賤」時には佃租の銀納（「折価輸銀」）を、「米貴」時には現物での納入（「交納本色」）を強要する「豪強業主」が存在していた。[24]特に後者については、汀州府における糧食としての米穀事情の恒常的な緊張という事態が関係していたのである。[25]

(IV)は、かつて筆者自身が紹介・分析した史料であり、(III)とも関連するものであるが、次のような内容となっている。すなわち、従来から糧食の自給自足が不可能であった当地では、この時期、急速に進展した葉煙草栽培が「膏腴田土」の三・四割にまで浸透し、結果として糧食不足は益々緊張の度合いを強めていた。[26]従って、王廷掄は水稲の作付に影響する場合は、葉煙草の栽培を禁止するという措置を講じているのである。

(V)は、地域社会で悪事を働く緑営の兵員に関する内容であるが、ここで特に問題とされているのは「額設」の兵員ではなく、「随征」「効用」「功加」という〈耿精忠の乱〉に際して臨時に志願して兵となった者たちである。[27]乱後、「四海昇平」の時代が到来しても、彼らはその「名色」を笠に着て様々な悪行に従事していた。当該史料では、次のように記述されている。

若輩掛名行伍、並無額設銭糧、甘心游手好閒。毎日戎装逐隊、遇晩手提協鎮都督府灯籠、酗酒撒潑、恐嚇郷愚。不過藉此名色、希図冒免丁差、甚至容留匪類、開場賭博、起滅詞訟、包攬行市。一経発覚、動輒自恃標員、有司不敢過問。

このような輩は名を軍隊に登記すると、全く額設の銭糧が課せられず、游手好閑［の徒］に甘んじている。毎日、軍装して隊列を組み、夜になると手に「協鎮都督府」の提灯をさげ、大酒を喰らって狼藉をはたらき、郷民を恐喝している。この名色に借りて、妄りに丁差の免除を願っているに過ぎず、甚だしい場合には匪類を匿い、賭場を開き、詞訟を左右し、商売の請負を行っている。一たび発覚しても、動もすれば自ら標兵だと言えば、有司は敢えて口を出すこともしない。

飲酒による暴行や郷民に対する恐喝、さらには盗賊の庇護、賭場の開設、詞訟への介入、および市場の壟断、等が彼らによって行われていたが、地方官は取り締まることさえできなかったという。

(VI)は、人倫（「倫常」）にかかわるものであり、清律でも規定されていた兄弟の間で互いの寡婦を娶るという風習、当地では「転親」といわれる「頽風」の禁止を主張した内容である。(28)

(VII)は、知府・同知や知州・知県等の地方官の功徳を称揚する「虚誉之歌謡」の流行を嘆いた内容である。その実情を王廷掄は次のように述べている。

乃邇来各属士民、輒将本管府庁州県、印刷歌謡、遍貼通衢、僉逓公呈、称功頌徳。究竟実政可紀者、十無二三、而干誉沽名者、恒居八九。

ところが近ごろでは各地の士民が、本管の府・庁・州・県官について、歌謡を印刷して、遍く通衢に貼り出し、協同で［有司に］請願して、功徳を称揚している。結局のところ実政の特記できるものは、十に二・三も無く、名誉を求めて売名するものが、恒に八・九にも上る。

実際のところ「実政」を称賛されるべき者は十人に二・三人も存在しなかったにも拘わらず、こうした「歌謡」は地方官にとって上級機関の行政監査（「上台之冰鑑」）を乗り切るための〈世論操作〉（「輿口之称揚」）として必要なものだったのである。また、

況粘貼歌謡、与投逓公呈之人、皆属劣衿訟棍、藉此以結歓心、欲作把持張本。

ましてや歌謡を貼り出すものと、［有司に］請願を提出する人とは、皆、劣衿・訟棍に属するものであり、これに借りて［地方官の］歓心を買い、［官府を］把持するための素地にしようと思っているのだから。

とあるように、その一方で、主体となっていたのは「劣衿・訟棍」であった。彼らは「歌謡」を利用することで地方

行政に食い込み、〈官府の把持〉を目論んでいたという。

最後に、(Ⅷ)では、「糧差」「詞訟」のために常日頃から官衙に出入する生員の規制を目指すという内容になっているが、ここでも次のように書かれている。

汀民僻処山陬、頗知読書為本業。無如一経入泮、専工刀筆以謀生。是以棘院掄材、不少懐瑾握瑜之士、而公門渉訟、実多趨羶逐臭之徒。

汀州府の民は山区の僻地に暮らし、頗る読書が本業であることを知っている。ところが一たび学校に入る（生員になる）と、専ら訴状を巧みに操って生計を謀っている。こうして棘院（科挙試験場）で人材を選抜するときは、品徳・才能を備えた士が少なくないのに、公門（官府）での訴訟沙汰には、実に［揉め事の］臭いに群がる徒が多いのである。

ひとたび童試に合格すると、専ら訟師（「刀筆」）を活計の手段とし、衙門に出入して揉め事に群がる輩（「趨羶逐臭之徒」）に成り下がる生員の実態を窺うことができよう。

以上、汀州府知府王廷掄が「澆漓之習俗」として認識していた、八ヵ条の内容について提示してきたが、真先に(Ⅰ)で取り上げられていたのが図頼の問題であった。特に図頼の詞訟化は、(Ⅱ)・(Ⅴ)・(Ⅶ)・(Ⅷ)で触れられていた〈健訟〉や〈訟師〉の問題とも密接に関連するものであり、地方官にとってきわめて煩雑な事態をもたらしていたのである。次節では、汀州府社会において詞訟化する図頼の展開について見ていくことにしたい。

二　「藉命居奇」「図頼之計」——汀州府の図頼事件——

王廷掄の知府在任中の汀州府各県において、図頼事件が頻繁に発生していたことは上述の「諮訪利弊八条議」でも指摘されており、特に上杭・武平・永定の三県が突出した地域とされていた。『臨汀考言』巻一六、檄示には、「申禁軽生図頼」と題する告示が含まれているが、それは次のような内容となっていた。

照得、人命大獄也。真則擬抵、假則反坐、律載甚明。無如蚩蚩愚民、罔識憲典、毎以一朝之忿、遽爾軽生、非係服毒懸梁、即致投河自尽。随有一種刁棍訟師、視同奇貨、唆令屍親、先即統衆抄掠、継而捏詞控告。而所在印官、不加詳察、概行准理、徒為胥吏作生涯、為刁棍開利藪。縦令審出真情、従未聞按原告以反坐之律、治訟師以唆誣之罪。瞞上欺下、冒昧銷案。自是民不知法、而相沿積習、究成牢不可破之風。本府自下車以来、深悉此弊、雖所属各邑在在倶有、惟杭・武両邑、刁風為尤甚。久経頒示禁飭、又於去年条議案内、復将假命一項、詳奉両院厳行申飭在案。近訪得、杭・武両属愚民、尚敢怙終不悛、仍多藉命図頼。似此陋習不除、刁風日熾。若不厳加懲創、無以禁遏将来。

調べたところ、人命は重大案件である。真であれば［死罪に］擬抵するが、嘘であれば反坐になり、律の記載は甚だ明白である。ところが、無知な愚民は、法典［の内容］も知らず、常に一時の忿懣によって、遽に軽生（自殺）を行い、服毒・首吊りでなければ、即ち身投げして自尽する。その後、ある種の刁棍・訟師が登場し、［自殺を］奇貨と見なして、屍親に教唆し、先ず衆人を率いて掠奪を行い、継いで詞状を捏造して告訴させる。所在の正印官は、詳しい調査を行わず、概ね［詞状を］受理し、徒に胥吏の為に生計を準備し、刁棍の為に金蔓を用意している。たとい審理によって真情を暴き出したとしても、従来、未だ原告に反坐の律を適用し、訟師を誣告教唆の罪で処罰したとは聞いたことがない。上を瞞して下を欺き、いい加減に案件を抹消する。こうして民は法を知らずに、そのまま久しく慣習となり、結局、牢として破ることのできない刁風と成るのである。本府は下車（着任）して以来、この弊害を知悉しているが、所属の各県ではどこでも倶に［図頼事件が］有るとはいえ、惟だ［上］杭・武［平］の両県は、刁風が尤も甚だしいのである。久しく禁令を頒布し、また去年の条議した案内で、假命の一項については、両院の「厳しく申飭を行え」［という命令］を奉じたことは案牘に残されている。近ごろ調査したところ、［上］杭・武［平］両県の愚民は、なお敢て固執して改悛せず、やはり藉命図頼［の事件］は多い。この陋習を除かなければ、刁風は日々に激しくなるに違いない。もし厳しく懲罰を加えなければ、将来にわたって［図頼を］禁圧することはできないであろう。

ここに見える「去年条議」は「諮訪利弊八条議」を指すと思われ、従って、当該告示はその翌年に出されたことになる(29)。先の「八条議」と同様に、ここでも上杭・武平の両県が汀州府のなかで図頼の「刁風」が「尤も甚だしい」と指摘されている。また、ひとたび服毒・自縊・投身による自殺（「軽生」）が発生すると、棍徒や訟師が介在し、親族を教唆して怨みのある家や人を標的に劫奪（「統衆抄掠」）から誣告（「捏詞控告」）まで行わせているという。さらに、図頼が官による審問の場に持ち込まれると、たとい「真情」が明らかにされても、原告側の誣告に「反坐之律」が適用されることはなく、介在した訟師の「唆誣之罪」も糾弾されず、有耶無耶のうちに「銷案」に至るという現実が述べられている。まさに、図頼が裁かれないという構図を見出すことができよう(30)。こうした実情こそが図頼の風潮化をもたらしていたのであり、知府王廷掄はその対応に腐心していたのである。

さて、既述のように、『臨汀考言』の巻八から巻一二までの審讞には二十一件の図頼に関連する判牘が収録されている。なかでも、巻一二、所収の全十二件の判牘のうち、十一件が「図頼之計」「藉命居奇」「藉命誣告」等にかかわるものであった。当該地域で、図頼がどれほど頻繁に行われていたか、またそれが詞訟として各衙門にどれほど持ち込まれていたか、を窺うことができよう。ここでは図頼関係の判牘の中から十九の案件について、事件の概要と審問の結果とを簡単に紹介することにしたい。

まず、『臨汀考言』巻八、審讞には、図頼にかかわる事案として三件の判牘が収められている。

①「寧化県民王発、弑父図頼鄒敬建、暨王寧都等、殺死李応用・曾万二命」

隣同士であった王発と鄒敬建との間の些細な諍いは、両家の争闘から王発の敬建に対する誣告へと進展した。さらに王発は一族郎党を率いて自分の父親を殺害し、死骸を敬建の田土に埋めた後、またそれを家堂に移して「藉命居奇」を図り、結果として鄒家の資財は一空と化したのであった。

この事案は、怨みのある隣人を誣告するとともに、殺害した父親の死骸を使って強奪を行う（「恣其擄掠」）という、典型的な図頼事件である。また父親の殺害のほかに、ほぼ無関係な二人の命を奪うという凄惨な内容（「惨毒已極」）を伴っており、王廷掄の擬罪は主犯の王発を「凌遅」に、従犯に当たる一族の者を「斬・絞・遣戍」に処すというものであった。

②「武平県民藍時昌等、謀略小功叔生現、図頼饒九弘」

武平県一図七甲の里長戸（「里戸」）であった藍時昌・藍生茂は甲首戸の饒姓を欺凌・誅求していた。康熙三十五年（一六九六）の「許民出戸之例」によって饒姓が三図七甲に立戸すると、藍生茂等は一族の藍生現を、断腸草を混ぜた米飯で毒殺した後、石塊・棍棒で殴って致命傷を装い、饒姓を殴殺の罪に陥れようとした。死骸を饒姓の祖堂に担ぎ入れ、さらに「抗公殺里」という訴状を捏造して藍朋其に誣告させたのである。

毒殺後の殴打という事実関係を解明した後、王廷掄は殺害された藍生現との間の服制を勘案して、主犯格の藍時昌を「斬」に、生茂を「絞」に擬するとともに、誣告を行った藍朋其は「誣告」条に、また図頼に荷担した族人等は「図頼」条に擬律したのであった。[31]

③「寧化県民温賢、殴殺緦麻叔平」

同族内の温武・温賢父子と温平との諍いが、結局は前者による後者の殺害へと進展した。諍いの最中に、平の妻丘氏が病死し、温平は「藉命」して温武の家から掠奪を行い、一方、武は汀州府に「假命抄家」で告訴するという事態に至っていたのである。

当該案件の中心的な内容は、温武・温賢が道で遭遇した温平を木棍で撲殺したというものであるが、その前段階で図頼が行われていた。王廷掄の判は、致命傷を負わせた温賢を「服制殺人」で「斬」に、温武は「家長」ということで「元謀之罪」を問い、杖一百・流三千里に擬すというものであった[32]。

次に、巻九、審讞では、図頼関係の判牘五件を取り上げることにしたい。

④「寧化県民朱取、盗砍柴山、拒捕殺死曾士才」

曾士才所有の山から柴薪を盗伐していた朱取は、通りかかった士才に見咎められると、逆に斧で士才の頸部や頭部を殴りつけて殺害した。兄の曾坤は朱取を「活殺弟命」で寧化県に告発したが、その一方で、同族の曾提は多くの者を率い、士才の死骸を担いで朱取の門口まで運び、「藉命居奇」して財物を強奪した。その禍は朱取の同族にまで及んだのである。

殺害された側が図頼によって復讐したという事件である。王廷掄は朱取を「罪人拒捕殺人」で「斬」に、「移屍搶奪」した曾提等を徒罪（「城旦」）に擬した[33]。また死骸を担いだ者たちは「不合」として「一杖」に処し、搶奪した財物は原主に返還させたのである。

なお、当該案件には附随して、訟師（「刀筆」）をしていた生員の伊奎が奸計を弄し、朱家から併せて二百九十両もの大金を詐取するという事態も起こっていた[34]。

⑤「寧化県民盧堅穏、過失殺張賤」

傀儡戯を見ていた張賤が盧堅穏の不可抗力で重傷を負い、その後、死亡するという一件で、張賤の兄瑞麟と祖母周氏とは盧家から「棺葬超薦之費」を受け取って和解した。一ヵ月後、張瑞麟は知県の不在に乗じて「藉命居奇」を企て、「賄真命確等事」で汀州府に告訴したのである。

王廷掄の判は、周氏が受領した「棺葬超薦之費」については没官を免除したが、それは「実に情を法外に原《たず》ねる」というものであった。その一方で、張瑞麟は「刁詞健訟」として「懲創」処分を受けたのであった。

⑥「武平県民丘開秀、殺女告姦」

丘開秀の娘細妹は上杭県の周啓元と婚約していたが、ある夜、隣居の鍾丙老による強姦未遂にあった。丘開秀は丙老から銀十二両を恐喝して和解する一方で、周啓元に上杭県へ、さらには汀州府へと告訴させた。しかし、強姦には証拠がなく、金銭を恐喝した罪は逃れ難いと考えた丘開秀は、細妹を棍棒で撲殺して屍体を丙老の家に移し、鍾家に殴殺されたと誣告したのである。

これは殺害した娘の死骸を使って図頼を行ったという事件である。全容を解明した王廷掄は、「各憲」に上申して「按律反坐」とすべきとしながらも、主犯の丘開秀に対して「重責四十板・枷号両箇月」という懲戒レヴェルの処分を科したのであった。

⑦「武平県鍾律音、殺媳図頼鍾龍光」

無頼の鍾律音は、同族の鍾龍光・鍾韶の佃戸馮乃養・練秋満等が耕作していた田圃へ仲間を引き連れて出かけ、勝手に早稲の刈り取りを行った。すぐに佃戸たちに訴えられ、更には地主の鍾龍光にも告訴された。罪は逃れられないと考えた鍾律音は、精神障害（「瘋疾」）を患う嫁の李氏を棍棒・石塊で撲殺し、「藉屍図頼」を企てたのである。

王廷掄の判は、本来は擬律すべきであるとしながらも、「解審」等で原告側に累が及ぶこと、或いは族内で怨恨が深まり、将来、報復が行われることを憂慮し、鍾律音を「寛典」によって「薄責枷号」に処すというものであった。

⑧「上杭県民鄧公瑾、威逼傅氏服毒身死」

当該判牘については、すでに「康熙三十六年福建汀州府上杭県の傅氏自殺事件」として紹介・分析を行っているので、ここで再び詳述することはしない(35)。佃戸の妻傅氏が地主鄧公麟・公瑾兄弟から侮辱・殴打を加えられて服毒自殺した当該案件を、王廷掄は図頼と認定する一方で、鄧公麟を「威逼人致死」条に、公瑾を「不応」条に擬律して処罰するという判を下したのであった。

さて、巻一〇には図頼関係の判を見出すことはできないが、巻一一、審讞には、図頼そのものが主題ではないものの、図頼に関連する二つの案件が収録されている。そのうちの一つは②に関連して言及したので(36)、ここでは次の一件のみを取り上げることにしたい。

⑨「上杭県訟師丘妻上等、贓罪」

丘妻上等は当地で〈訟師集団〉を形成し、詞訟を壟断していた。丘妻上がリーダーで「保歇」、丘品上が「刀筆」、王章が「臂指」、そして丘赵如が「爪牙」の役割を担っていた。彼らは皆、武生身分を有していた。彼らの毒牙に掛かったのが、木匠曾栄蘭の妻陳氏の図頼未遂事件であった。林宗玉の土楼を建造した後、不在の夫に替わって工賃を請求したが、支払われなかった陳氏は毒草持参で林家に赴いて図頼を企てた。それが未遂に終わった後、林宗玉は単なる脅しだと考え、奪い取った草を食べて中毒死した。この事件に介入し、双方を教唆して互いに訴訟沙汰に持ち込むことで、丘妻上等は銀五十両を詐取したのである。

この判では、丘妻上集団の他の事件への介入にも触れられているが、当該案件について王廷掄は「原被の両造は皆、妻上の家に主られ、彼此の告詞は皆、妻上の主裁に出でて、品上の刀筆に成る」と述べている。但し、ここでは図頼未遂事件そのものについての処分は行われていない。

巻一二、審讞、所収の判牘では、次の九件の図頼関係事案について見ていくことにしよう。

⑩「永定県民廖友孟等、誣告人命」

廖景林・友孟父子は道で遭遇した巫兆碩を殴打して重傷を負わせた。両者は姻戚の間柄にも拘わらず、仇をなす関係にあったからである。廖景林は凶行を覆い隠すことはできず、先に死のうと考え、毒を口に含んで巫兆碩の楼上に登り、それを飲み下した後に墜落・死亡した。廖友孟・友達兄弟は「藉命居奇」を企て、巫兆碩を「打死之罪」に陥れようと、汀州府に告訴したのである。

父親の服毒自殺を利用して、息子が怨みに思う相手を罪に陥れようとした図頼である。王廷掄はこの事実を的確に把握し、廖友孟・友達兄弟を「誣告」条によって「流」および「徒」に擬罪したのであった。

⑪「永定県民黄正中、誣告人命、解審中途病故」

地主張上振の田圃の小作をめぐって張思貴と黄正中との間で諍いが起きた。黄正中は息子の君亮が病気に罹ると永定県に訴えて「図頼之計」を謀り、君亮が重篤になると妻や娘を帯同し、黄金色と共に君亮を担いで張思貴の家へ向かった。しかし、張家に拒絶されて図頼が不首尾に終わり、その後、君亮が病死すると、黄正中は再度、訴状を捏造して県に告訴したのである。

永定県の詳文は、黄正中を誣告として「反坐」に処すという内容であり、王廷掄もこれを妥当なものと支持したのであった。ただ主犯黄正中の処罰は、解審途中の病死によって沙汰止みとなったのである。

⑫「武平県民廖可先、誣告人命」

林上清の家で傭工をしていた廖万郎は、廖三哥等と一味五人で隣居の鍾附龍の家へ押し入って窃盗を働いた。

後に、林上清・廖万郎等は逮捕されたが、万郎の老母陳氏が自宅で首を吊って自殺した。万郎の父親の廖可先は「藉命居奇」を狙い、訴状を捏造して汀州府に告訴したのである。事実を解明した王廷掄は、窃盗犯の廖万郎等を「重責」に処す一方で、「藉命越告」を謀った廖可先については、本来「按律反坐」とすべきところを、老耄を酌量して「寛典」としたのであった(37)。

⑬「武平県民朱成文、誣告人命、逃脱案結」

同宗内の朱則先と朱四満・朱勝若との間には嫌隙があった。林上挙が朱四満等を雇って道路工事をしていたとき、偶然遭遇した両者は口論となったが、上挙が間に入って仲裁した。その後、七十四日を経て朱則先が死亡すると、息子の朱成文は林上挙が凶殴を教唆したと武平県に告訴した。林上挙の家が殷実と考えて「藉命居奇」を謀ったのである。県の判は上挙に命じて銀十両を「焼埋之費」として朱成文に支払わせるというものであったが、朱成文はさらに「真殺父命」で汀州府に告訴したのである。その後、朱四満等は出頭命令に従わず、原告の朱成文も「反坐」を恐れて逃亡したために、林上挙は釈放された。しかしながら、王廷掄は朱成文の行為を「藉命刁告」と認定している。

⑭「武平県民舒辛生等、藉命詐財」

舒辛生の族兄舒行九が服毒自殺したが、それは貧しさがそうさせたのであった。田土を売却した後、過割も終えていた買主周士英に対して、舒行九が找価を要求して得られなかったこともあって、舒辛生は行九の子舒福生を教唆して「課累父命」で周士英を武平県に告訴させた。他方、周士英は舒福生の図頼を恐れて、銀五両を「埋葬之需」として支払い、福生は即日、父の死骸を埋葬して、一件は落着したかに見えた。ところが、舒辛生は自ら「殺兄埋葬等事」で再度、武平県に告訴したのである。

武平県の詳文を受けた王廷掄は、審問によって事件の全貌を解明すると同時に、舒辛生を「刁健之戒」として「責懲枷示」に処す一方で、舒福生に対しては「年幼無知」を理由に情状酌量し、周士英から受領した「原銀」を「免追」としたのである。

⑮「上杭県民羅乙郎、藉命妄告」

乞丐をしていた羅水生が、豆腐屋の頼岸奎から豆腐二塊を盗んだ後、しばらくして飢えと寒さで死亡した。無頼の羅毓寿等は頼岸奎に難癖をつけて「買棺擠埋」を理由に銀二両を強取したものの、それを浪費しただけであった。羅水生の弟乙郎は兄の死を聞いて「藉命居奇」を企て、羅毓寿等のほかに全く関係のない頼習裕までも巻き込んで告訴したのである。

王廷掄は頼岸奎を「索詐之端」を開いたことで、羅毓寿等を「指騙分賍」で、また羅乙郎を「藉命妄告」で「責儆」に処すとともに、毓寿等から銀二両を追徴し、乙郎に支給して羅水生の屍棺を埋葬させたのであった。

⑯「上杭県民李景先、藉命誣告」

僧侶の奮若は丘井生から負債を取り立てられ、服毒自殺した。李景先は、族嫂の鄭氏が丘家に再嫁した後に生んだ子が奮若であったにも拘わらず、丘井生の継弟藍佩琚に対して屍親と偽って「藉命居奇」を企て、佩琚に「出棺殯殮」させるとともに銀三両二銭を要求した。藍佩琚がそれを受け入れると、今度は「殺命」で上杭県に告訴し、更なる詐取を謀ったのである。

王廷掄の判は、「熱審寛宥」を理由に李景先は「杖儆」、「贓銀」は没官という処分内容であった。

⑰「清流県民許清泰、藉命妄告」

許清泰は抗糧を行い、図差頼標の督促にも応じなかった。頼標は偶々遭遇した清泰の子許昌任を拘引して、父親に完糧させようとした。ところが、頼標の留守中に昌任は逃亡し、渡河中に溺死した。許清泰は「藉命居奇」を謀って、汀州府に告訴したのである。

事実関係を明らかにした後、王廷掄は許清泰の行為を「藉命妄告」と認定する一方で、息子の溺死という情状を酌量して「従寛責釈」処分としたのであった。

⑱「武平県民李献生、誣首人命」

林文蕃は同族の林日旺との間で、佃租という些細な事柄で諍いとなり、憤慨した文蕃の妻饒氏が服毒自殺した。李文蕃と饒氏の兄饒嵩生とは約地に報告して死骸を埋葬した。ところが、李献生はそれに乗じて詐騙を謀った後、「箍和人命」で武平県に告訴したのである[38]。

武平県知県の不手際もあって饒嵩生が拘禁されるという事態に至ったが、事実関係を解明した王廷掄は、李献生を「重責」に処したのであった。

⑲「武平県民陳象坤、捏報人命、希図詐財」

劉恩宇が老病で死去した後、李済東等が醵金して「備棺収殮」を行った。ところが、全くの他人である陳象坤は学劣の藍長春等を糾合し、知県の不在に乗じて劉恩宇の弟献卿の名で李済東等を誣告し、詐財を謀ったのである。

王廷掄は、陳象坤等の行為を「他人の命に藉りて、諸人の腹を図飽せんと欲した」ものと断定した。詐財が未遂に終わったこともあり、藍長春は府学の教官に「責戒」させ、陳象坤等は「痛懲」処分としたのである。

以上、『臨汀考言』審讞、所収の判牘の中から十九の事例について、事件の概要を紹介すると共に、王廷掄による処分内容を提示してきた。これらはそれぞれの判牘で「藉命居奇」（①④⑤⑩⑫⑬⑭⑮⑯⑰）、「假命抄家」（③）、或いは

「図頼」（②⑦⑧⑨⑪）等と明記されているように、まさしく図頼関係の事案であった。次節では、これらの図頼案件が知府王廷掄によってどのように裁かれたのか、という点について、より詳しく検討することにしたい。

三　図頼はどのように裁かれたのか

先に「澆漓之習俗」として紹介した「諮訪利弊八条議」の(I)において、王廷掄は図頼の案件では法が十分に罪を罰するに至っていない（「律法未足蔽辜」）との認識を示すとともに、

所当仰籲憲威、特賜厳禁。仍飭承審府州県、凡遇抄搶之案、無論人命之真假、先究抄搶之贓私、究其何人起意、何人擡屍、何人搶奪、逐名厳拿、務尽根株。

まさに憲威に願って、特に厳禁［の命令］を賜るべきである。やはり審理を行う府・州・県に命じて、凡そ掠奪の案件であれば、人命の真・偽を問わず、先ず掠奪した贓品を調べ、何人が発意し、何人が屍体を担ぎ、何人が搶奪を行ったかを究明して、一人一人を逮捕し、務めて根絶させる。

と述べて、上級官庁（「憲威」）の命令によって図頼の首謀者、「擡屍」した者、および「搶奪」の実行犯を一網打尽にして処罰すべきことを主張している。それと同時に、自殺をともなう場合には、

其自尽図頼之案、屍親律応反坐。

自尽図頼の案は、屍親を律によって反坐にすべきである。

とあって、図頼を謀って誣告を行った親族（「屍親」）を「反坐」にすべきであると述べているのである。

また、誣告については、前節で提示した「申禁軽生図頼」の中でも、

凡係藉命居奇、赴県揑控者、一概不許准理。仍将抄搶凶徒、唆誣訟棍、逐一厳拏根究、取具確供、鎖解赴府、以憑按法究擬、断不姑容。庶軽生之悪習可除、而誣告之刁風可杜。

凡そ人命に借りて利を貪ろうとし、県に赴いて誣告する者は、一概に［訴状の］受理を許さない。やはり掠奪した凶徒、誣告を教唆した訟棍を、逐一、厳しく逮捕して追及し、確実な供述を取って、府に移送し、そうして法に照らして究明・擬罪し、断じて姑息にも寛大にしてはならない。［そうすれば］軽生の悪習は除かれ、誣告の刁風も絶つことができるに違いない。

と記されている。王廷掄は汀州府所属の各県に対して、「藉命居奇」を狙った訴えを受理してはならないと命ずる一方で、「抄搶の凶徒」および「唆誣の訟棍」は決して容認しないと述べている。ここではさほど具体的かつ明確な方策を提起しているわけではないが、ただ「軽生之悪習」と「誣告之刁風」とを取り除くという意気込みは伝わるものだといえよう。

図頼の詞訟化、しかも頻繁に行われるという現実に直面して、汀州府知府の王廷掄はどのように対応し、どのような裁きを行っていたのであろうか。前節で紹介したいくつかの事例に即して、より詳しく見ていくことにしたい。まず、図頼や誣告という行為自体に、或いは図頼の案件に対して明確に擬律が行われている事例から提示することにしよう。

①では王発が父親を殺害し、②では藍時昌等が同族の藍生現を毒殺しているが、それぞれ主犯格を「陵遅」或いは「斬」「絞」に擬すという判が出ている。①の王発は「図頼之端」とするために父親を殺害し、その殺害自体によって「按律陵遅」とされたのであるが、ここでは清律の「謀殺祖父母父母」条が適用されたものと思われる。[39]但し、従犯に対する「図頼」としての擬律は行われていない。

他方、②では、藍時昌に頼まれて実際に武平県に対する誣告の当事者となった藍朋其について、

其藍朋其一犯、雖審不知情預謀、亦無加功之事、但既知生現係生茂毒殴已斃、反敢頂替鬼名、到官誣指、則誣告之条、百喙難辞。

藍朋其の一犯は、審理したところ事情を知って謀に預かったわけではなく、また犯行に加わった事がないとはいえ、但し既に［藍］生現は生茂が服毒・殴打によって死亡したことを知りながら、反って敢えて鬼名（死者の名）を騙って、官に到って虚偽の訴えを行ったのであり、［そうであれば］則ち誣告の条は、百口（どんな言い訳）でも逃れ難いであろう。

とあり、さらに図頼に荷担した藍姓の族人三名についても、

藍生秀・藍生衛・藍洪九三犯、因挟制而往、審無同謀共搶。但既聞生現為生茂等毒殴斃命、不能首告、仍復前往、応照以他人身屍、図頼人者、各杖不枉。

藍生秀・藍生衛・藍洪九の三犯は、強要されて往ったのであり、審理したところ一緒に謀や搶奪は行っていない。但し既に［藍］生現が生茂等の服毒・殴打によって殺害されたことを聞いていながら、告発することができず、やはりまた出掛けていったのであり、応に「他人の屍体によって人を図頼した者」［という律条］に照らして、各々を杖刑としても［法を］枉げたことにはならないであろう。

と記されている。一般的には、基層レヴェルの裁判においてその適用がきわめて稀であったと思われる「誣告」条と「図頼」条とによる擬律が、ここでは明らかに行われているのである[40]。

次に、③では温賢等が同族の温平を殴殺しているが、それは後者によって前者に対する図頼が行われたからであった。また④では朱取が曾士才を斧で撲殺したのに対して、逆に曾氏一族が「移屍搶奪」を行っている。殺人の主犯であった温賢と朱取とは、それぞれ「斬」に擬せられているが、図頼自体の処罰については、④の場合のみ、次のように記述されている。

但移屍搶奪、已有贓私、出自曾提主使、合与曾盛分別主従、城旦允宜。曾乾・曾勤、審無搶奪、而擡屍亦属不合、一杖難辞。

但し屍体を移して搶奪を行い、已に贓物が有り、曾提の首謀によって行われたのであるから、まさに曾盛とは主・従を分けて［曾提を］城旦とするのは妥当であろう。曾乾・曾勤は、審理したところ搶奪を行っていないが、屍体を担いだことは不届きであり、杖刑は逃れ難い。

曾氏一族の「移屍搶奪」で財物の詐取（「贓私」）が行われたという事実認定のもとに、図頼の主謀者であった曾提を徒刑（「城旦」）に処すという判断が下されている。ここでの擬罪はまさしく「図頼」律によるものであろう。(41)併せて、死骸を担いだ曾乾等には「不合」として「一杖」という懲戒処分が科せられたのであった。

さらに、⑩では父親の服毒・墜落死を利用して、怨みに思っていた巫兆碩を「打死之罪」に陥れようとした廖友孟兄弟に対して、次のような裁きがなされている。

廖友孟・廖友達、始則助父凶毆、継而藉命誣告、刁悪已極。姑念伊父服毒情由、二犯実不知情、律以誣告之条、分別流徒不枉。

廖友孟・廖友達は、始めは則ち父を助けて毆り合い、継いで人命に借りて誣告したのであり、悪辣さは已に極まっている。姑らくは彼らの父が服毒したという内容について、二犯は実に事情を知らなかったことを考慮し、律は誣告の条によって、それぞれ流・徒にすれば［法を］枉げたことにはならないであろう。

王廷掄は、友孟兄弟の行為を「藉命誣告」と断定するとともに、二人に「誣告」条を適用して「流」および「徒」という擬罪を行ったのである。同様に、⑪では図頼を企て「藉命誣告」を行った黄正中に対して、王廷掄は、

県擬反坐、似為允協。

県は反坐に擬罪したが、妥当であると思われる。

という判断を下している。永定県知県の「反坐」という裁定を、王廷掄は妥当と看做したのであった。これらはある意味で〈誣告には反坐を〉、或いは図頼事件をいい加減には終わらせないという王廷掄の意思の表明と看做すこともできるように思われる。なお、⑪では、

其帮擡図頼之黄金色、与捏供袒証之熊伯乾、各予一杖、洵属不枉。

［屍体を］担ぐのを助けて図頼を行った黄金色と、証言を捏造した熊伯乾とは、それぞれ杖刑を与えれば、洵に［法を］枉げてはいないことになろう。

とあるように、黄金色に対して「帮擡図頼」を事由に懲戒の「一杖」が執行されたのであった。

以上、①②③④⑩⑪という六例では、①②③④の四件が親族の殺害をともなう図頼、或いは図頼に関連した殺人の案件であり、それぞれの主犯は死刑を科すべく擬罪されている。これらは当然のように〈題結の案〉として知府から按察使へ、さらには督撫から中央へと上申されるべきものであり、厳密な擬律が求められていた[42]。従って、従犯に当たる者に対しても、②では「誣告」律と「図頼」律とを、④では「図頼」律を適用する必要性が生じたのである。それに対して、⑩の場合のみ、主犯の「藉命誣告」に対して「誣告」律が適用され、また⑪でも「反坐」の妥当性が指摘されているが、これらは〈誣告には反坐を〉という王廷掄の明確な意思を表したものだといえよう。

次に、図頼や誣告に対して明確な擬律が行われなかった事例について検討することにしたい。

⑥では娘を殺害して図頼を行い、更には「殴殺」されたと誣告した丘開秀の処罰に関して、次のように記述されている。

夫以天倫至性、不顧幼女之名節、受賄寝息於前、欲嫁他人之奇禍、立時殴斃於後。其狠毒無恥、雖虎狼不是過矣。

聴断至此、真堪髪豎。本応通詳各憲、按律反坐、姑念案内無辜、拖累日久、従寛重責四十板、枷号両箇月。

そもそも天倫（親子）は至性であるのに、幼女の名節を顧みず、前には財貨を受けて放置して、他人の奇禍を転嫁しようとし、後にはすぐさま殴殺した。その残忍・無恥は、虎や狼であっても及ばないであろう。聴断がここに至れば、真に髪が逆立つものである。本より応に各憲に通詳し、律によって反坐とすべきであるが、姑らくは案件内の無辜のものが、長い間、連累を受けていることを考慮し、寛大にして重責四十板・枷号二ヵ月とする。

王廷掄は、丘開秀の行為を「狠毒無恥」「真堪髪豎」と激しく非難し、「誣告」律によって「反坐」とすべきであるとしている。しかしながら、実際には関係者が裁判の過程で様々な累を被ることを斟酌し、寛大な処置として「重責四十板」に加えて「枷号両箇月」という、いわば〈細事〉の枠内に収まる懲戒的処罰に止めたのであった。[43]

同様に、⑫では妻陳氏の首吊り自殺を利用して「藉命居奇」を謀り、汀州府に訴え出た廖可先に対して、

其廖可先、既不能厳訓其子、又不能慰諭其妻、反敢藉命越告、本応按律反坐、姑念年邁龍鍾、昏憒無知、量従寛典。

廖可先は、既に厳しくその子を訓育できなかったばかりか、またその妻を慰撫することもできず、逆に敢て人命に借りて［上憲に］越訴したのであり、本より応に律によって反坐とすべきであるが、姑らくは年老いてよぼよぼで、耄碌していることを考慮し、寛大な措置に従うことにする。

という判が出されている。ここでも廖可先の行為は誣告と認定され、本来は「反坐」に当たるとしながらも、老耄（「年邁龍鍾」）を理由に寛大な処置が取られたのであった。

⑮では兄の死を利用して「藉命居奇」を企てた羅乙郎を含めて、事件の関係者は、次のような処分を受けている。

頼岸奎見小理論、致開索詐之端。羅毓寿・頼振階指騙分賍、羅乙郎藉命妄告、法均難逭。相応分別責儆。

頼岸奎は少しく文句を言われたことで、恐喝の端を開いたのである。羅毓寿・頼振階は騙して贓財を分け、羅乙郎は人命に借りて妄りに訴えたのであり、法［による処罰］は均しく逃れ難い。相応にそれぞれ懲戒とすべきである。

ここでも「妄告」を行った羅乙郎は「責儆」という懲戒を受けただけであった。これらは、まさしく〈誣告―反坐〉という処罰が実際には行われなかった事例だといえよう。

さて、⑤では諍いを和解した後、「藉命居奇」を謀って汀州府に訴え出たことで、張瑞麟が「刁詞健訟」で懲戒処分（「各予懲創以儆」）を受けているが、和解の過程で瑞麟とともに「棺葬超薦之費」を受領した周氏について、王廷掄は次のように述べている。

研訊毫無実拠、本応按律反坐、追賍入官、倍法究処、姑念周氏老邁龍鍾、入手之時、已経花費、而過失殺之条、原有焼埋一項。若必照数、行追周氏、必致累斃。従寛免追入官。実原情於法外也。

追及・訊問したところ全く実際の根拠は無く、本より応に律によって反坐とし、贓物を追徴・没官して、法を倍にして処罰すべきであるが、姑らくは周氏が年老いてよぼよぼで、入手した時に、已に使い果たしているが、過失殺の条には、もとより焼埋の一項が有る。もし必ずや数どおり、周氏から追徴したならば、必ずや負担によって死亡するであろう。寛大にして追徴・没官を免除する。実に事情を酌んで法外に赦すのである。

「棺葬超薦之費」は「捏詞控県」によって受領したものであり、本来であれば張瑞麟は「反坐」に処せられ、当該費用自体も没官の対象となるべきものであった。しかしながら、王廷掄は周氏の老耄とすでに費消しているという情状を酌量し、かつ清律の「過失殺」条に「焼埋」の規定が存在することを斟酌して没官免除としたのである。(44)王廷掄自身が「実に情を法外に原《たず》ねる」と明記するように、そこでは〈情〉による判断が行われていたのであった。

⑦でも嫁を殴殺して「藉屍図頼」を行った鍾律音に対する処断は、「薄責枷号」というきわめて軽いものであった。

その理由について、王廷掄は当該判牘の中で次のように述べている。

律音雖喙長百尺、終亦不能自解。聴断至此、真足令人髪豎。本応転詳律擬。但査、故殺子孫、図頼人者、罪止二等杖徒。而原報宗房、必致解審拖累。況律音与龍光、原属一本。若必究及田禾、尽法重処、則律音之懐恨愈深、将来之報復愈毒。是以量従寛典、薄責枷号、概予免擬、使其改過自新、以敦倫彝之好。此本府曲全族誼之苦心、実欲平情以釈憤。非枉法以姑容也。

律音は喙を百尺も長くし［て強辯し］たとはいえ、遂に自ら辯解することはできなかった。聴断がここに至れば、真に人の髪を逆立てる［ほど怒らせる］に十分であろう。本より応に詳文を送り、律によって擬罪すべきである。但し調べたところ、子孫を故殺して、人を図頼した者は、罪は二等の杖・徒に止まる。原報の宗族・房族は、必ずや［上憲の］審問に送られて累を被ることになる。ましてや律音と龍光とは、元もと一本［の宗族］に属するのだから。もし必ずや田圃の稲のことまで追及し、法を尽して重く処罰したならば、則ち律音の怨恨は益々深くなり、将来の報復も益々酷くなるであろう。従って寛大に処置して、薄責・枷号とし、概ね擬罪の免除を与え、過ちを改めて［心根を］一新させ、そうして人倫を敦くするようにさせる。これは本府の族誼をまるく修めさせる苦心であり、実に情を平らかにして憤りをなくそうとするものでる。法を枉げて姑息にしようとするものではない。

本来であれば、鍾律音の行為はきわめて悪辣であり、当然、擬律すべきものであった。但し、その場合、擬律には二通りの方法が考えられる。第一に、「殺子孫及奴婢図頼人」律を適用して杖七十・徒一年半とする。[45] 第二に、図頼の前段階に行われた「田禾」の「強割」に対して「白昼搶奪」律を適用し、刑罰は少し重くなるが、杖一百・徒三年とする。[46] だが、前者では刑罰が軽い（「罪止二等杖徒」）割には同族の関係者が「解審」等で累を被る。また後者では、刑罰が重い（「尽法重処」）ことで同族内に怨恨と報復との連鎖が始まる。従って、鍾律音の擬律を免除し、懲戒処分に止めることで「族誼」の「曲全」を図り、「情」のバランスを保つというのが、情状を酌量しようとする王廷掄の論理であった。最後の箇所で「枉法」ではないと些か言い訳めいた表現がなされているが、この判はまさに〈情理裁判〉の典型的な事例と看做すことができよう(47)。

⑭における王廷掄の処断も注目すべきものである。父親の服毒自殺を利用して図頼を行うように同族の舒福生を教唆し、かつ自らも誣告を行った舒辛生に対して、王廷掄は次のような擬罪を行っている。

本応按律反坐、姑念山僻無知、責懲枷示、以為刁健之戒。

本より応に律によって反坐とすべきであるが、姑らく山僻の無知であることを考慮して、責懲・枷示とし、そうして狡猾な者への戒めとする。

それは「誣告」律に依拠した「反坐」ではなく、杖責・枷号（「責懲枷示」）という懲戒処分であった。また、舒福生に対しては、

其舒行九於二十九日身故、伊子舒福生、於是日聴唆具控、即於是日受賄殮埋。雖云安於命数、実以父屍為奇貨、薄責亦所難寛、姑念年幼無知、原銀免其追給。

舒行九は二十九日に身罷り、彼の息子の舒福生は、この日に教唆されて告訴を行い、即ちにこの日、賄賂を受け取って埋葬した。命数に従ったと云っているとはいえ、実に父の屍体を奇貨（金儲けの手段）としたのであり、薄責も寛大にし難いものであるが、姑らく年が若く無知であることを考慮し、もとの銀は追徴を免除する。

と記されている。相手の周士英から銀五両を受領して父の屍体を埋葬したことを、王廷掄は金銭的利益（「奇貨」）のために「父屍」を利用した図頼であると断じたのであった。但し、情状酌量（「年幼無知」）によって「原銀」は追徴免除となり、結果として舒福生は図頼による実利に与ったのである。他方、図頼の被害者であった周士英にも些か厳

しい処分が科せられた。すなわち、

至周士英之不能周給於生前、固已失之残忍。況復賄賂於死後、未免蹟渉行求。薄罰示儆。

周士英が生前に救済しなかったことについては、固より已に残忍にすぎるものである。ましてやまた死後に賄賂を行うとは、その行いは［金銭で］頼み込んだというのを免れない。軽く罰して戒めとする。

とあるように、貧窮にあった舒行九を「生前」に救済しなかったこと――找価の要求を退けたこと――と「死後」に遺族の舒福生に「賄賂」「行求」を行って和解したこと――銀五両の支払い――とが問題視されたのである。後者について、自殺とはいえ人命事件を調停によって和解することは違法行為であった[48]。一方、前者については、土地売買の相手とはいえ、すでに過割による名義変更まで終わっているのであり、找価の要求を拒否したことが咎め立てられる謂れはないようにも思われる[49]。しかしながら、誣告の被害者となった周士英は「薄罰示儆」という処分を受けたのであった。ここでも図頼を行った側が実質的にはあまり処罰されず、図頼された側が割を食うという構図を見出すことができよう。やはり、図頼の加害者側には儼然たる〈死〉が横たわっていたのである。そのことが〈情〉の問題として注目され、王廷掄の裁量という〈秤〉に一定の比重を掛けていたといえるのではなかろうか。

⑰では、息子の溺死を利用して「藉命居奇」を謀り、汀州府へ誣告を行った許清泰に対する処断は、

許清泰藉命妄告、本応按律反坐、但念其子溺死是真、舐犢情迫、従寛責釈。

許清泰は人命に借りて妄りに告訴したのであり、本より応に律によって反坐とすべきであるが、但しその子が溺死したのは真であり、［許清泰の］子を愛する情が迫っていることを考慮し、寛大に扱い責罰して釈放する。

というものであった。「藉命妄告」は「反坐」に当たるとしながらも、実際には軽く敲いて釈放する（「責釈」）という処分内容であった。王廷掄は息子の溺死という「情」を斟酌したのであり、ここでも〈死〉という事実の重さは〈情〉

の面で強く作用していたのである。

以上、⑤⑥⑦⑫⑭⑮⑰の七例では、⑦を除いた六件で図頼の一環としての誣告が行われていたが、王廷掄の判は本来的には反坐とすべきところを情状酌量により、「責懲枷示」「責儆」「責釈」等の懲戒的処分に止めるという内容であった。[50]また、⑦では「図頼」条の適用が模索されながらも、結局は諍いの実質的な終息を目指して〈情理判断〉が行われ、図頼の実行者に対しては「薄責枷号」という処分が執行されただけであった。なぜ図頼は厳しく裁かれないのであろうか。⑤⑭⑰の三件は図頼案件の処理に〈情〉の問題が大きくクローズ・アップされ、図頼の加害者側がさほど処罰されない実情を鮮やかに描き出している。いずれの場合も、そこには自殺・殺害を問わず〈死〉の存在が色濃く投影していたのであり、実際に図頼事件を裁いた王廷掄の〈天秤〉の片方には、この〈死〉という〈法馬〉が確かに載せられていたのである。

おわりに

以上、主に『臨汀考言』審讞、所収の判牘の分析を通じて、清代前期の福建汀州府社会で頻繁に見られた図頼の詞訟化という現実の事態に、知府として在任した王廷掄がどのように対応し、またどのような裁きを行っていたのか、という問題を中心に若干の考察を行ってきた。

知府として着任した後、王廷掄は汀州府特有の「澆漓之習俗」を強く意識するとともに、そのなかに位置づけられる図頼という凄惨な行為に対して厳罰で臨むという方針を明示し、かつ「藉命刁告」等の詞訟化する図頼には〈誣告—反坐〉で取り締まるという決意を述べていた。しかしながら、実際に審問の場に持ち出された個々の図頼関係事案の裁きにおいては、殺人等の明確な人命事件を除くと、それが図頼の一環としてのあからさまな誣告であっても、結局のところは案件の背後に存在する〈死〉という〈情〉の問題が注視されることで、それが図頼・誣告として処断されることはきわめて稀だったのである。伝統中国的法文化に媒介された紛争解決の手法のもとでは、知府としての王廷掄の意気込みも、まさに空回りに終わらざるを得なかったというのが汀州府の現実だったのではなかろうか。[51]従って、〈刁風〉としての図頼は、相変わらず持続的に行われていったのである。

では、図頼を取り締るに当たって、王廷掄にはどのような方策が残されていたのであろうか。『臨汀考言』のなかに、それを探し出すことはできないようである。しかしながら、清末の光緒年間に編纂された楊瀾『臨汀彙考』巻四、物産攷では「断腸草」について、次のような記述を見出すことができる。

閩中亦有之。余過汀州、見郡守王箇庵廷掄、出示禁人服断腸草。有収取送官、毎担給銀三銭。此王太守仁政之一端也。

閩中にはこれが有る。私が汀州を過ぎたとき、知府の王箇庵廷掄が出した、人が断腸草を服するのを禁じる榜示を見た。「断腸草を」刈り取って官に送ったならば、一担ごとに銀三銭を給付すると書かれていた。これは王知府の仁政の一端である。

王廷掄は断腸草の服用を禁止すると共に、その駆除に対しては一担ごとに銀三銭を報奨金として支払ったという。このことは清末に到っても、知府王廷掄の「仁政」の一つに数えられていたのである。断腸草による自殺を利用した図頼、すなわち〈軽生図頼〉の風潮を断つためには、何よりも断腸草そのものの駆除へと向かうところに、王廷掄の図頼禁圧への意気込みが表出しているといえよう。[52]但し、当該地域の山谷中に自生する断腸草を駆除し尽くすことなど、できるはずもないことは言わずもがなのことであった。[53]

註

(1) 三木聰「伝統中国における図頼の構図――明清時代の福建の事例について――」同『明清福建農村社会の研究』北海道大学図書刊行会、二〇〇二年、所収（原載、歴史学研究会編『紛争と訴訟の文化史』〈シリーズ歴史学の現在二〉、青木書店、二〇〇〇年、所収）、四九四―五〇二頁、参照。なお、図頼については、三木聰、前掲『明清福建農村社会の研究』第四部、および上田信「そこにある死体――事件理解の方法――」『東洋文化』七六号、一九九六年、参照。

(2) 許孚遠『敬和堂集』公移〈撫閩稿〉、「頒正俗篇、行各属」所収「郷保条規」（全四十五条）。

(3) 黄承玄『盟鷗堂集』巻三〇、公移、「禁図頼」。

(4) 劉兆麒『総制閩浙文檄』巻二、「禁假命抄搶、服毒図頼」および呉興祚『撫閩文告』巻下、「申厳假命之禁示」。劉兆麒・呉興祚の総督・巡撫在任期間については、銭実甫編『清代職官年表』第二冊、中華書局（北京）、一九八〇年、一三五七―一三五八頁、および一五四六―一五四八頁、参照。

(5) 当該の通達は、康熙『武平県志』巻一〇、藝文志、条約に収録されている。なお、張志棟の福建巡撫としての在任期間は、康熙三十七年（一六九八）から同三十九年（一七〇〇）までである。銭実甫編、前掲『清代職官年表』第二冊、一五六〇―一五六一頁、参照。

(6) 朱満『按閩政略』「按閩二十四約」所収「懲図頼」。なお、朱満の巡塩御史在任期間については、乾隆『福建通志』巻二七、職官八、総部、国朝、巡塩監察御史による。

(7) 図頼は当然のように「不法な行為」であり、明清律の刑律、人命には「殺子孫奴婢図頼人」条が存在していた。この条文内容については、三木聰、前掲「伝統中国における図頼の構図」四八八―四九四頁、参照。

(8) 徳福・顔希深『閩政領要』巻中、「民風好尚」。なお、当該書が徳福・顔希深という二人の手になるものである点については、三木聰「明末以降の福建における抗租の展開」前掲『明清福建農村社会の研究』所収、五二一―五三三頁、註（34）参照。

(9) 乾隆『汀州府志』巻六、風俗。また清末の同治六年（一八六七）―同九年（一八七〇）に福建巡撫を務めた卞宝第の『閩嶠輶軒録』巻一および巻二には、福建の九府二州に属する六十一の庁・州・県について、それぞれの地理的概況や風俗・物産に関する詳細なデータが残されているが、そこでも「健訟」といわれる二十一の州・県の中に、汀州府の寧化・永定の両県が含まれていた。

(10) 汀州府等の福建〈山区〉における清朝支配の確立については、三木聰「長関・斗頭から郷保・約地・約練へ――福建山区における清朝郷村支配の確立過程――」前掲『明清福建農村社会の研究』所収（原載、山本英史編『伝統中国の地域像』慶應義塾大学出版会、二〇〇〇年、所収）、参照。また、汀州府固有の社会的・経済的状況に関する近年の研究として、蔡麟『汀江流域の地域文化と客家――漢族の多様性と一体性に関する一考察――』風響社、二〇〇五年がある。

(11) 明清時代における〈健訟〉の風潮については、夫馬進「明清時代の訟師と訴訟制度」梅原郁編『中国近世の法制と社会』京都大学人文科学研究所、一九九三年、所収、および山本英史「健訟の認識と実態――清初の江西吉安府の場合――」大島立子編『宋―清代の法と地域社会』東洋文庫、二〇〇六年、所収、参照。

(12) 山西省の沢州は、雍正四年（一七二八）に直隷州から府へ昇格し、また附郭として鳳台県が設置された。牛平漢編『清代政区沿革綜表』中国地図出版社（北京）、一九九〇年、四二頁、参照。

(13) 乾隆『汀州府志』巻二〇、名宦、国朝では、王廷掄について、

沢州人。康熙三十四年、由戸部郎中、出知汀州。時郡城遇荒。廷掄開倉賑済、復購米、於東西関、設立粥廠、民頼以活。又興東西両河水道、濬郡河壅塞、創建豊橋。汀州利之。

と記されている。

(14) 王廷掄の汀州府着任については、三木聰「抗租と図頼――『点石斎画報』「刁佃」の世界――」前掲『明清福建農村社会の研究』所収（原載『海南史学』三二号、一九九四年）、四三八頁、註（22）参照。

(15) 中国科学院図書館編『中国科学院図書館蔵中文古籍善本書目』科学出版社（北京）、一九九四年、五五三頁。

(16) 三木聰・山本英史・高橋芳郎編『伝統中国判牘資料目録』汲古書院、二〇一〇年、参照。

(17) 巻八、審讞、所収の最初の判の標題が「寧化県民張篤等、支解張好」となっているように、当該判牘の標題には一例を除いてすべて県名が附されている。ただ唯一の例外が、巻一五、審讞、所収の「江西布客呉六合、告黄天衢移柩奪租」である。

(18) ここでは「審看得」となっているが、判牘の書き出しにおける「審得」と「看得」との違い、すなわち後者が上申するものである点については、森田成満「清代の判語」滋賀秀三編『中国法制史――基本資料の研究――』東京大学出版会、一九九三年、所収、七四五頁、参照。

(19)『臨汀考言』巻六、詳議、「諮訪利弊八条議」の、いわば前文には、

　牧荒僻之疲民、何辞胼胝、諗澆漓之習俗、敢不敷陳。仰遵諮訪之文、敬効蒭蕘之献。謹臚八事、逐一陳之。

と書かれている。

(20) 三木聰、前掲「抗租と図頼」四二三―四二四頁、参照。毒草の「断腸草」については、植松黎『毒草を食べてみた』文藝春秋（新書）、二〇〇〇年、二一四―二二一頁、参照。

(21)『臨汀考言』巻九、審讞、「寧化県民朱取、盗砍柴山、拒捕殺死曾士才」、同、巻一二、審讞、「永定県民廖友孟、誣告人命」、同、巻九、審讞、「上杭県民鄧公瑾、威逼傅氏服毒身死」、同、巻八、審讞、「寧化県民王発、弑父図頼鄒敬建、暨王寧都等、殺死李応用・曾万二命」、および同、巻八、審讞、「武平県民藍時昌等、謀殺小功叔生現、図頼饒九弘」が、各案件に該当する。この四件については、本章第二節で取り上げている。

(22) 訟師と生監層との関連については、夫馬進、前掲「明清時代の訟師と訴訟制度」四六六―四六八頁、参照。

(23) 訟師のネットワークについては、夫馬進、前掲「明清時代の訟師と訴訟制度」四七〇―四七二頁、参照。

(24) 明末段階の福建（特に福州府）における同様の事態が、許孚遠によって報告されている。『敬和堂集』公移〈撫閩稿〉、「照俗収租、行八府一州」。また、三木聰、前掲「明末以降の福建における抗租の展開」一四頁―一七頁、参照。

(25) 三木聰「抗租と阻米――明末清初期の福建を中心として――」前掲『明清福建農村社会の研究』所収（原載『東洋史研究』四五巻四号、一九八七年）、参照。

(26) 三木聰、前掲「抗租と阻米」八五・八八頁、参照。

(27)「随征」「効用」「功加」について、当該史料では、

　惟是額設之外、尚有随征・効用・功加名色、起自耿逆変叛。各標進勦之時、有願在軍前臨敵者、命其名曰随征。各営守

城之日、有願在轅門聴遣者、劄委之曰効用。及援勦得功、議叙陞賞之人、自称之曰功加。凡此三等人員、原非経制額設、不過因時収用。

と記されている。なお、当地の緑営としては、王廷掄着任当時、副将が統轄する協標が置かれていたが、康熙三十七年（一六九八）以降、興化鎮が移設されて汀州鎮となり、総兵官が統轄する鎮標が駐劄することになった。乾隆『汀州府志』巻一四、兵制、国朝。

(28) 沈之奇『大清律輯註』巻六、戸律、婚姻、「娶親属妻妾」には、律本文の規定として、

若兄亡収嫂、弟亡収弟婦者、〈不問被出改嫁、倶坐〉各絞。

とある。なお〈　〉内は小註の記載である。『大清律輯註』は、以下『輯註』と略称する。

(29) なお『臨汀考言』巻一六、檄示には、当該史料の前段に「禁藉命抄搶扛屍図頼」という告示も収録されている。

(30) 「図頼が裁かれないという構図」については、三木聰、前掲「伝統中国における図頼の構図」参照。また、基層の裁判において誣告があまり処罰されなかった点については、中村茂夫「清代の判語に見られる法の適用――特に誣告、威逼人致死をめぐって――」『法政理論』九巻一号、一九七六年、参照。

(31) 当該期の清律における「図頼」および「誣告」の条文については、それぞれ『輯註』巻一九、刑律、人命、「殺子孫及奴婢図頼人」および同、巻二二、刑律、訴訟、「誣告」に規定されている。また該当する条項については、註（40）参照。

(32) 温賢の場合は、清律「謀殺祖父母父母」条、律文の、

謀殺緦麻以上尊長、……已殺者、皆斬〈不問首従〉。（『輯註』巻一九、刑律、人命、「謀殺祖父母父母」）

という条項に、温武の場合は、同じく「闘殴及故殺人」条、律文の、

若同謀共殴人、因而致死者、……原謀者〈不問共殴与否〉、杖一百・流三千里。（同前、「闘殴及故殺人」）

という条項に依拠した刑罰だと思われる。

(33) 王廷掄は、朱取を「罪人拒捕殺人」で擬律する理由について、

朱取盗砍柴薪、被擒凶殺、情似渉於窃盗拒捕。但係山野柴草、与窃盗有間、合依罪人拒捕殺人之律、斬抵不枉。

と述べているが、清律「罪人拒捕」条による限り、些か牽強附会の感を拭い難い。当該律文の関連条項は、

凡犯罪〈事発而〉逃走、〈及犯罪雖不逃走、官司差人追補、有抗〉拒〈不服追〉捕者、……殺〈所捕〉人者、斬〈監候〉。

（『輯註』巻二七、刑律、捕亡、「罪人拒捕」）

というものである。なお、曾提については、註（41）参照。

(34)『臨汀考言』巻一一、審讞、「寧化県民伊奎、詐欺取財」に、その顚末が詳述されている。

(35) 三木聰、前掲「抗租と図頼」四二三―四三六頁、参照。

(36) 註（34）参照。

(37) 当該判牘については、三木聰、前掲「長関・斗頭から郷保・約地・約練へ」三二六―三二七頁、参照。

(38) 当該史料に見える「約地」については、三木聰、前掲「長関・斗頭から郷保・約地・約練へ」三三二―三三〇頁、参照。

(39) 清律「謀殺祖父母父母」条、律文の、次の条項によるものであろう。

凡謀殺祖父母・父母、及期親尊長・外祖父母、夫・夫之祖父母・父母、……已殺者、皆凌遅処死。（『輯註』巻一九、刑律、人命、「謀殺祖父母父母」）

(40) 藍朋其の場合は「抗公殺里」という誣告であり、清律「誣告」条、律文の、

凡誣告人、……至死罪、所誣之人已決者、〈依本絞・斬〉反坐〈誣告人〉以死〈……〉。未決者、杖一百・流三千里、〈就於配所〉加徒役三年。（『輯註』巻二二、刑律、訴訟、「誣告」）

という条項が、また藍生秀等三名の場合は、清律「図頼」条の、

若尊長将已死卑幼、及他人身屍、図頼人者、杖八十〈……〉。（同、巻一九、刑律、人命、「殺子孫及奴婢図頼人」）

という条項が、それぞれ該当するといえよう。

(41) ここに見える「城旦」とは、薛允升『読例存疑』巻六、名例律下三、「徒流遷徙地方」所収の第十条例の按語に、

謹按、此徒罪之通例。……徒犯係在配所拘役、即古城旦・鬼薪之類。

とあるように、徒罪を指すものだといえよう。従って、④における曾提の擬罪は、清律「図頼」条、律文の、

若因〈図頼〉而……搶去財物者、准白昼搶奪論、免刺、各従重科断〈図頼罪重、依図頼論、詐取搶奪罪重、依詐取搶奪論〉。（『輯註』巻一九、刑律、人命、「殺子孫及奴婢図頼人」）

という条項に依拠したものと思われる。なお「白昼搶奪」律における処罰は、一般的に「杖一百・徒三年」である。註（46）参照。

(42) 滋賀秀三『清代中国の法と裁判』創文社、一九八四年、二四頁、参照。また〈重案〉〈重事〉における誣告では「法の適用は峻厳である」と中村茂夫氏は指摘されている。中村茂夫、前掲「清代の判語に見られる法の適用」二〇頁、参照。

(43) 〈細事〉といわれる民事案件、或いは軽微な刑事事件の場合、その処罰が笞・杖・枷号の範囲内に収まる懲戒的なものであった点については、取り敢えず、滋賀秀三、前掲『清代中国の法と裁判』二三頁、および二四六―二四七頁、等、参照。

(44) 「而過失殺之条、原有焼埋一項」とは、清律「戯殺誤殺過失殺傷人」条、律文の、

若過失殺傷人者、〈較戯殺愈軽、〉各准闘殺傷罪、依律収贖、給付其〈被殺傷之〉家。〈過失謂、……。皆准闘殴殺傷人罪、依律収贖、給付被殺被傷之家、以為営葬及医薬之資。〉（『輯註』巻一九、刑律、人命、「戯殺誤殺過失殺傷人」）

という条項を指していると思われる。従って、ここでの「焼埋一項」は「被殺之家」に給付される「営葬之資」を指すといえよう。なお、薛允升は『読例存疑』巻三四、刑律一〇、人命三、「戯殺誤殺過失殺傷人」の第一条例の按語において、

謹按、微焼埋銀、起於元時、蓋明律之所由昉也。例専為微銀給被殺之家而設。

と述べている。過失殺および当該条文については、中村茂夫『清代刑法研究』東京大学出版会、一九七三年、第一章「過失の構造」参照。

(45) 清律「殺子孫及奴婢図頼人」条、律文の、

凡祖父母父母、故殺子孫、……図頼人者、杖七十・徒一年半。（『輯註』巻一九、刑律、人命、「殺子孫及奴婢図頼人」）

という条項が該当するであろう。

(46) 清律「白昼搶奪」条、律文の最初の条項には、

凡白昼搶奪人財物者、〈不計贓〉杖一百・徒三年。計贓〈併贓論〉重者、加竊盗罪二等〈罪止杖一百・流三千里〉。（『輯

註』巻一八、刑律、賊盗、「白昼搶奪」）と見える。なお「強割田禾」と「白昼搶奪」との関連については、三木聰「抗租と法・裁判――雍正五年の〈抗租禁止条例〉をめぐって――」前掲『明清福建農村社会の研究』所収（原載『北海道大学文学部紀要』三七巻一号、一九八八年）、二七一―二七二頁、註（80）参照。

（47）〈情理裁判〉については、滋賀秀三、前掲『清代中国の法と裁判』参照。

（48）『輯註』巻二六、刑律、雑犯、「私和公事」条の律文には、

凡私和公事〈各随所犯事情軽重〉、減犯人罪二等、罪止笞五十。〈若私和人命姦情、各依本律、不在此止笞五十例。〉

とあり、同、巻一九、刑律、人命、「尊長為人殺私和」条の律文には、

凡祖父母父母、及夫若家長、為人所殺、而子孫妻妾奴婢雇工人私和者、杖一百・徒三年。……受財者計贓、准窃盗論、従重科断。

と見える。

（49）但し、地域によっては、絶売後、何度も找価が要求され、かつ支払われるという慣行が存在していた。岸本美緒「明清時代における「找価回贖」問題」『中国――社会と文化――』一二号、一九九七年、参照。

（50）中村茂夫、前掲「清代の判語に見られる法の適用」一五頁では「総じて判語に見られる細故の諸事案においては、誣告条が律の規定通りに適用されることは滅多になかったであろう」と記されている。

（51）寺田浩明氏は「清代的な裁判権力のあり方」について、「この権力は自己の持つ実体的な基準に従って秩序を組み替えて行く様なことをしていた訳ではない。むしろ大局的に言えば、そうした個体間生存競争の外に立つ「公平」な主体という立場を取りつつ、実は社会の現状を大筋追認しているに過ぎない」と指摘されている。寺田浩明「近代法秩序と清代民事法秩序――もう一つの近代法史論――」石井三紀・寺田浩明・西川洋一・水林彪編『近代法の再定位』創文社、二〇〇一年、所収、一〇二頁。

（52）第二節で取り上げた個々の図頼案件のうち、①②⑧⑨⑭⑯⑱の七件では「毒草」による自殺・殺害が図頼に利用されてい

た。

（53）　断腸草は現在でも中国南部から東南アジアにかけて山間部に自生するといわれているが（植松黎、前掲『毒草を食べてみた』二一四頁）、明末の王世懋『閩部疏』には、

断腸草、一枝三葉、葉大如蔓。食之輒死。山谷中在在有之。

とあり、また王廷掄の「諮訪利弊八条議」の(I)でも、

汜上杭・武平・永定三県、深山窮谷之中、又生一種毒草、名曰断腸、毒勝砒霜。

と書かれている。

【補記】

原載は『史朋』四〇号、二〇〇七年である。なお、伝統中国の訴訟社会に関する近年の貴重な成果として、夫馬進編『中国訴訟社会史の研究』京都大学学術出版会、二〇一一年を挙げることができる。当該書所収の論考、夫馬進「中国訴訟社会史概論」では『巴県檔案』の「借貸」に関する一案件の詳細な紹介を通じて「一死をも無駄にしない」訴訟沙汰の実態が描き出されており、また寺田浩明「自理と上申の間――清代州県レベルにおける命案処理の実態――」でも『巴県檔案』のなかの図頼に類する事案の紹介・分析が行われている。

第五章　乾隆年間の福建寧化県における長関抗租について
――新史料二種の紹介を中心に――

はじめに

二〇〇九年九月十八日から同月二十五日まで、森正夫・吉尾寛・稲田清一の三氏および筆者の四名は、中国の厦門大学人文学院歴史学系の支援のもとで、福建省三明市寧化県（明清時代は汀州府寧化県）における史跡・史料調査を行った。また、翌年の全く同じ時期、二〇一〇年九月十八日から同月二十五日まで、吉尾寛氏を除いた残りの三名は、前年と同様に、寧化県での二度目の学術調査を行った。[1] 調査地である寧化県は、明清鼎革期の順治三年（一六四六）に黄通を指導者とする〈抗租反乱〉が勃発したところであり、二回の調査の主たる目的も当該抗租反乱に関連するものであった。なお、この二回にわたる寧化県調査の詳細な記録については、すでに稲田清一氏によって発表されており、[2] また調査の内容を踏まえた寧化県地域社会に関する森正夫氏の論考も公刊されている。[3] 併せて参照されたい。

さて、〈黄通の抗租反乱〉に特徴的な事象の一つは、〈長関〉という組織がきわめて重要な役割を果たしていたことであるが、今回の調査で筆者が最も驚かされたのは、長関に関する新しい史料が現地に存在していたことであった。

本章では、これまでにも知られていた長関関係の諸史料と当該の研究史とを振り返りつつ、われわれが実見することのできた新史料の紹介を兼ねて、長関の理解に関するごく簡単な見通しを述べることにしたい。

一　従来の長関史料と研究史

〈黄通の抗租反乱〉について最も詳細な記録を書き残したのは、寧化県泉上里出身で同時代を生きた李世熊であった。彼の著作である康熙『寧化県志』や『寒支初集』、或いは一九八〇年以降、容易に閲読が可能となった『寇変紀』をはじめとして、[4] ここではまず、従来の研究によって紹介された長関に関連する史料を、特に史料で「長関」という語句が明記されているものを、以下に提示することにしたい。なお「長関」に関連する語句をゴチック体で表記した（以下、同）。

李世熊『寇変紀』（［A］）

［A①］通因連絡為**長関**、部署郷之豪有力者為千総、郷之丁壮、悉聴千総所撥調。通有急、則報千総、千総率各部、不日而千人集矣。通所部詞訟、不復関有司、咸取決於通。

［黄］通はそこで連絡して長関を組織し、郷の豪にして有力な者を配置して千総とし、郷の丁壮は、悉く千総が動員することを許した。通に火急のことが有れば、則ち千総に知らせ、千総は各部を統率したが、［一］日も経たずに千人が集まった。通が管轄するところの詞訟は、また有司に関わらせず、すべて通のところで裁決した。

［A②］二十八早、……賊由城門鐘坑出中沙、殺黄通**長関**兵数十人。已過禾口・石壁、**長関**兵追之。

［八月］二十八日早朝、……賊は城門の鐘坑より中沙に出て、黄通の長関の兵数十人を殺害した。已に禾口・石壁を過ぎて行っ

たが、長関の兵はこれを追跡した。

［A③］然猶遣偏将田国泰、領兵二百来寧、以勦長関為名。

然しながら、なお副将の田国泰を派遣し、二百の兵を率いて寧化に到来させたが、長関の討伐を名目とするものであった。

［A④］至丁亥二月、而通之兄弟、始至吾郷、連長関編牌冊。通弟黄赤、登壇点閲、雖青襟孝廉、俯首壇下伺之。

丁亥（順治四年）二月に至って、［黄］通の兄弟が、始めて吾が郷に至り、長関編牌冊に登記した。通の弟黄赤は、壇に登って点呼を行ったが、青襟（生員）・孝廉（挙人）とはいえ、壇の下に首を垂れて伺っていた。

［A⑤］通乃率長関兵千百人、由吾郷駐画橋・黄坑嶺、声言攻帰化、意欲震怖陸令、釈千総者。

［黄］通は乃ち長関の兵千百人を率いて、吾が郷から［出て］画橋・黄坑嶺に駐箚し、帰化県を攻撃すると揚言したが、陸知県を震え上がらせて、千総を釈放させようとするものであった。

［A⑥］六月、汀州鎮将于永綬来寧、大兵札中沙、招撫長関、誅首悪千総陳亢・張驢・江丹・黄仲等、及謀主黄居正。

六月、汀州鎮将于永綬が寧化に到来し、［清の］大兵は中沙に駐屯して、長関を招撫し、首悪の千総陳亢・張驢・江丹・黄仲等、および参謀の黄居正を誅殺した。

李世熊『寇変後紀』（［B］）

［B①］至五月初六、遂聞四営頭賊、扎巫家蕪。黄允会発長関禦之敗。

五月六日に至って、遂に四営頭の賊が、巫家蕪に駐留したことが伝えられた。黄允会は長関［の兵］を出動し、防禦してこれを敗った。

［B②］甲寅三月十五、耿藩叛于閩、発箚募兵。深山窮谷、各舍耒而操矛。総副・游守、遍地有人。旧時長関、遂

紛然挙戈、而向寧城。城中六坊壮丁出撃之、郷賊毎北。

甲寅（康熙十三年）三月十五日、耿藩（靖南王耿精忠）が福建で叛乱を起こし、劄文を発して兵を募集した。深山・窮谷まで［どこでも］、人々は農具を捨てて武器を取った。総副・游守［を名乗る人］は、至る所で見られた。昔の長関は、遂に雑然と蜂起して、寧化県城に向かった。城中の六坊の壮丁が出撃すると、郷賊は常に敗北した。

李世熊『寒支初集』（［C］）

［C①］垂及明季、値長関之乱、土豪牢絡諸郷、駆如奴隷、嚼若魚蝦。（巻五、序、「筆山伍氏族譜序」）

まさに明の終わりに至ろうとするとき、長関の乱に遭遇したが、土豪は諸郷を束ね、［人々を］奴隷のように駆使し、魚や蝦のように嚙み砕いた（搾取した）。

［C②］留民之子通始倡乱。以較正斗斛、裒益貧富為名、薄民翕肬帰之。乃連絡数十郷為長関、僉其豪者曰千総、総各為部。（巻七、墓誌、「寧化県知県徐公墓誌銘」）

［黄］留民の子通が始めて反乱を起こした。斗斛を較正し、貧富を平らかにすることを名目としたが、貧しい民は多くの者がこれに帰した。乃ち数十郷を連絡して長関を組織し、その豪の者を充てて千総と言い、［千］総は各々が配下を置いた。

［C③］甲申果国変、是夏寧有長関之乱。（巻七、墓誌、「謝盛甫墓誌」）

甲申（崇禎十七年）、果たして国が変わった。この夏、寧化では長関の乱が起こった。

康熙『寧化県志』（［D］）

［D①］丙戌而乱民黄通為長関主。六月間、哨衆而窺邑城、則無人城焉者、遂蹈藉城中、殺所仇、飽所欲而去。（巻一、土地部、城池志）

丙戌（順治三年）に乱民の黄通は長関の主となった。六月の間に、衆人を集めて県城を窺ったところ、則ちここを守る者がいなかったので、遂に城内を蹂躙して、仇を殺し、欲望を満足させて去った。
[D②] 明季寧有長関之乱。邑令于公華玉知昌名、延為爪士、捜治土寇、寇懾息遁。（巻三、人民部上、選挙志、科目題名、材官、謝祥昌）
明の終わりに寧化県では長関の乱が起こった。知県の于華玉公は［謝祥］昌の名を知り、招いて衛兵を組織し、土寇を捜索・鎮圧させたところ、土寇は息を潜めて遁走した。
[D③] 丙戌間、郷人悉聯長関、乗襲城之乱、焚標祠、掠其室如洗。（巻四、人民部下、人物志、先憲一、陰維標）
丙戌の間、郷人は悉く長関に組織されたが、県城襲撃の乱に乗じて、［陰維］標の祠堂を焼き討ちし、その家を根こそぎ掠奪した。
[D④] 丙戌六月、邑有長関襲城之変、士民惶遽膺城守。（巻四、人民部下、人物志、先憲一、雷羽上）
丙戌の六月、［寧化］県では長関が県城を襲撃する変乱が起こり、士・民は恐れ慌てて守城に当たった。
[D⑤] 時奎族黄通、怨族人殺其父、遂聯長関為乱。（巻四、人民部下、人物志、女貞六、王氏）
時に奎の一族の黄通は、族人がその父を殺害したことを怨み、遂に長関を組織して反乱を起こした。
[D⑥] 丙戌六月二十六日、長関黄通、率田兵千数百人、襲入邑城、殺其族衿黄欽鏞、併姪黄招、掠殷戸百数十家。自巳至申、乃撤兵出城。（巻七、政事部下、寇変志、丙戌）
丙戌の六月二十六日、長関の黄通が、田兵千数百人を率いて、［寧化］県城を襲撃し、一族の郷紳黄欽鏞、並びに姪の黄招を殺害し、富裕な家百数十家を掠奪した。巳刻（午前十時頃）から［開始し］申刻（午後四時頃）に至って、乃ち撤兵して県城を出た。
[D⑦] 通因連各里為長関、部署郷豪有力者為千総、郷之丁壮、悉聴其撥調。通有事則報千総、千総率各部、不逾

日而千人集矣。通所連関詞訟、不復関有司、咸取決於通。（巻七、政事部、寇変志、丙戌）

［黄］通はそこで各里を連ねて長関を組織し、郷の豪にして有力な者を配置して千総とし、郷の丁壮は、悉くその動員を許した。通は［何か］事が有れば則ち千総に知らせ、千総は各部を率いたが、［一］日も経たずに千人が集まった。通が管轄するところの詞訟は、また有司に関わらせず、すべて通のところで裁決した。

［D⑧］偏将田国泰、領兵二百来寧、以勦長関為名。（巻七、政事部、寇変志、順治三年十月）

副将の田国泰は、兵二百名を率いて寧化に到来したが、長関の討伐を名目とするものであった。

［D⑨］十七日、知府李友蘭・総鎮于永綬、復提馬歩兵至寧。二十四日、大兵札中沙、招撫長関、誅巨悪千総陳亢・江丹・張驢・黄仲等、及謀主黄居正。（巻七、政事部、寇変志、順治四年六月）

十七日、［汀州府］知府李友蘭・総鎮于永綬は、また騎兵・歩兵を率いて寧化に至った。二十四日、［清の］大兵は中沙に駐屯して、長関を招撫し、巨悪の千総陳亢・江丹・張驢・黄仲等、および参謀の黄居正を誅殺した。

［D⑩］千総白慶祿、破長関呉坊土囲、悉擄其男婦。（巻七、政事部、寇変志、順治六年十一月）

千総白慶祿は、長関の呉坊の土囲を破り、悉くその男女を俘虜にした。

［D⑪］春閩藩叛変、盗賊蜂起。寧邑長関之餘孽、轟然攻邑城。（巻七、政事部、寇変志、甲寅）

春、閩藩（靖南王耿精忠）が叛乱を起こし、盗賊が蜂起した。寧化県の長関の残党は、轟然と県城を攻撃した。

民国『寧化県志』（［E］）

［E①］黄浩、直隷完県人。康熙三十二年、以石牛駅丞、署典史。古田坑羅七禾、連煽郷衆、較斗減租、称長関令。奉県檄往捕、遇賊丁三禾狙撃之、遇害。（巻一七、循吏伝、清、黄浩）

黄浩は、直隷完県の人である。康熙三十二年に、石牛駅丞のまま［寧化県の］署典史となった。古田坑の羅七禾が、郷衆を煽動し、較斗によって減租を行おうとしたが、長関の命令だと称した。［黄浩は］知県の命を奉じて逮捕に赴いたが、賊の丁三禾の狙撃に遇い、殺害された。

『思文大紀』（［F］）

［F①］時二県百姓、烏合糾衆、号為長関、又託名曰田兵、以較斗為由。（巻六）

時に二県の百姓は、烏合して衆人を集め、長関と号し、また田兵と名付け、較斗を理由とした。

［F②］寧化県長関地方、競立社党、横行不法、目無有司。（巻六）

寧化県の長関の地域では、競って社党を作り、横行して不法を行い、目には有司も無い有様であった。

黎士弘『託素斎文集』（［G］）

［G①］至甲寅、閩藩変起。……君連絡各郷、為長関之会。竟三年中、百里内、無一人敢従逆者。（巻四、墓誌銘表、「呉常茂処士誌銘」）

甲寅に至って、閩藩の変が起こった。……君（呉三鳳）は各郷と連絡して、長関の会を作った。遂に三年の間、百里内に一人として敢で逆賊に従う者はいなかった。

乾隆『贛県志』（［H］）

［H①］康熙十四年、春夏之交、呉逆益猖獗、閩藩亦叛。……公乃議設聯絡長関、団練郷勇之法、使人自為戦、家自為守、首尾相応、互為声援。（巻二三、藝文志三、文三、国朝、王郊「守贛実紀」）

康熙十四年、春・夏の境に、呉逆（呉三桂）は益々猖獗し、閩藩もまた叛乱を起こした。……公（王紫綬）は乃ち長関を組織・連絡して、郷勇を団練する方法を講じ、人々が自ら戦い、家々が自ら守り、首尾が呼応して、相互に応援するようにさせた。

以上、八種の文献史料の中で「長関」という語句は二十七ヵ所に登場する。このほかに「長関」に近い表現が『寇変紀』および『寇変後紀』に一ヵ所ずつ見出すことができる。

［A⑦］而是時寧文龍、復与下角里李仁・唐天養・鄧崑等為難。仁等連絡十六郷為上下関、与文龍交鋒於瓦子坪大敗。

この時、寧文龍は、また下角里の李仁・唐天養・鄧崑等と困難な状況にあった。仁等は十六郷を連絡して上・下の関を組織し、文龍と瓦子坪で戦って大いに敗った。

［B③］於是柳楊数十郷、連為一関、合盟禦賊。

そこで柳楊［里］の数十郷は、連合して一関を組織し、盟約を結んで賊を禦いだ。

従来の研究では、上記の諸史料に依拠して長関はどのように理解されてきたのであろうか。次に、傅衣凌・森正夫・劉永華の三氏および筆者自身の研究を取り上げて、簡単に振り返っておくことにしたい。

「ある種の農民政権の基層組織」であり、また「良くできた戦闘様式」であるという、一九六一年の傅衣凌氏の見解を踏まえながら、(5)長関について最も精緻な分析を行われたのは森正夫氏であった。〈黄通の抗租反乱〉に関する森氏の研究は、一九七三年以降、一九九一年に至るまで、四篇の論考によって継続的に発表されてきた。それらの研究のなかで、森氏は長関について次のように指摘されている。

第一に、長関は、父親を同族によって殺害された黄通が報復のために組織したものであり、当初は広い範囲の農村を覆う「統一的な軍事組織」であった（特に［A①］・［D①］・［D⑥］等に拠る。以下、同）。第二に、県城以外の農村地域に展開した長関は、当初から〈都市〉と〈農村〉との対立という構図を内在させていた（［A①］・［C②］・［D⑦］・［F②］等）。第三に、長関は寧化県の範囲を越えて周辺諸県の農村地域にまで浸透するとともに、農村社会を連合する「地域権力」と化していた（［A①］・［A④］・［D⑦］等）。そして第四に、長関という組織の背景には〈土豪〉を中心とする社会関係が存在しており、長関は反乱集団として機能する一方で、反乱を弾圧する側として立ち現れる可能性を秘めていた（［A①］・［A⑦］・［C①］・［C②］・［D⑦］等）と。(6)

その後、一九九八年に劉永華氏は、黄通の反乱時に出現した長関が康熙年間はおろか、清末の汀州府武平県の団練においても、民事や軽微な刑事の案件を受理する民間の組織として存在していたという注目すべき事例を紹介し、併せて「長関」という語句が戦国・前漢期に成立したといわれる兵書『六韜』の「長関遠候」に由来することを指摘されたのであった。(7)

他方、筆者は二〇〇〇年に上述の森正夫氏の見解を敷衍して、明清鼎革による権力の空白期に長関が郷村の基層社会に一定の秩序と統合とをもたらしていたこと、また〈黄通の抗租反乱〉より後の時期に長関が反乱から郷村社会を自衛する組織として現実に機能していたことを指摘した（［G①］・［H①］・［B③］）。さらに、福建山区の郷村社会の時代性について、清朝支配の確立との関連で次のように述べた。「康熙年間の後半における福建山区の郷村社会では、明清の鼎革および〈耿精忠の乱〉にともなうカオス的状況の中から生成し、地域の秩序・統合にかかわる組織として機能した長関・斗頭の消滅と、明末以来の郷約・保甲に制度的淵源をもつ郷約・郷保・地保・約地、或いは混乱期の団練に由来する郷練・約練、等の定着にともなう社会的秩序の再編という事態が展開していた」と。(8)

以上のような従来の長関理解、特に如上の筆者自身の見解に対して、二回の寧化県調査で実見することのできた新史料はまさに再考を迫るものとなっていたのである。

二　謝氏家廟の「寧邑奸佃長関蔽租碑記」

二〇〇九年九月十九日、寧化県に到着した翌日、われわれは同県城関区の翠江鎮で史跡調査を実施したが、旧県城の西郊に位置する上進路の謝氏家廟内で、きわめて注目すべき碑刻を参観することができた（[写真1]・[写真2]参照）。当該碑刻については、すでに当時、厦門大学歴史学系の研究生であった魏徳毓氏（現福州大学教員）がそれを発見し、碑文を抄写されていたが[9]、われわれはその抄写資料を持参して現地で直接、碑文の照合を行った。また、二〇一〇年九月十九日にも謝氏家廟を訪れて再度、照合を行い、抄写された碑文の誤脱の訂正を行った[10]。

以下、当該碑刻の全文を翻刻して紹介することにしたい。なお、石碑上には碑刻名を明示する何らかの指標を見出すことはできなかったが、碑文の内容および文字列を勘案して、ここでは取り敢えず「寧邑奸佃長関蔽租碑記」と呼ぶことにしたい。句読は筆者が切ったものであり、判読不能の文字は□で表示した。

謝氏家廟内「寧邑奸佃長関蔽租碑記」（[碑]）

[碑]　南埠長関蔽租二載。己丑季冬、八房股長、詣討額租、逞凶殴主、控道・府・県憲。蒙道憲楊鈞批、寧邑奸佃長関蔽租、久経厳禁、何得又有黄権等、滋事不法。仰寧化県、立即厳拘之犯、究追夥党。不得聴差役縦延、致干提究。繳。蒙府憲鍔鈞批、長関蔽租為害、大干功令、久経厳禁。何物黄権・黄昌等、胆敢滋事、殊堪痛恨。既拠黄昌収禁、一面差拘歇家・行凶佃種人等、解府厳究。案経四載、費用頗繁。始祖太一脈子孫、不忍銷用嘗産、各即踊躍捐助。越壬辰、佃究租清、祖嘗得全。功不可泯、爰泐石以記之。

回□公文下[11]、延翰参百文、象光壹千文、逢泰伍百文。

二　謝氏家廟の「寧邑奸佃長関蔽租碑記」

［写真１］謝氏家廟＝城関紅軍医院旧址（2010年９月19日稲田清一氏撮影）

［写真２］「寧邑奸佃長関蔽租碑記」（2009年９月19日三木撮影）

文富公支下、世浣伍百文、世安伍百文、世翰伍百文、賢良伍百文、逢高壹千文。

文禄公支下、顕渭伍百文、世会伍百文、芳蘭伍百文、焜伍百文、世崙伍百文、世晁伍百文、廷昌壹千文、賢珍壹千文、賢栄伍百文、賢琳弐千伍百文、賢才捌百文、賢武壹千文、賢閶伍百文、賢詵伍百文、思道壹千文、賢讃弐千文、逢順壹千文、逢茂伍百文、逢徳伍百文。

文聡公支下、世聖伍百文、世琳壹千文、賢蕙伍百文、賢禄伍百文、逢慧伍百文。

文寿公支下、賢倹壹千文、賢繍伍百文、逢寿伍百文、逢応伍百文、逢魁伍百文。

文旻公支下、世裕伍百文、世友伍百文、星壹千文、世儀伍百文、世標伍百文、国恩壹千文、賢掞壹千文。

源卿公支下、顕虬弐千文、顕琓壹千文、顕揺伍百文、顕□壹千文、顕佑伍百文、世□伍百文、賢栄伍百文、賢煊伍百文。

以上、共捐助入銭肆万捌千文。

開銷
一、控道憲・府憲・郡主・洪主、案経四載、用去銭弐万肆千陸百柒拾文。
一、八房伯叔兄弟姪等、公請允元公崇祀紀功堂、制神主袍冠、宴儀祭品□傘拾肆席、唱戯壹本、酒果・飯米・煙茶・油燭・粗工等項、用去銭弐万参千参百参拾文。
乾隆参拾玖年拾月

乾隆三十九年（一七七四）十月に作成された当該碑記の前半では、「南埠」の族田（「嘗産」）において「奸佃長関」による抗租（「蔽租」）に遭遇した地主謝氏一族が、地方官権力（分巡巡海汀漳龍道・汀州府・寧化県）への提訴によって事件解決に至るまでの経緯が叙述されており[12]、後半では裁判闘争を乗り切るために謝氏各房各人から募られた義捐額とその収支報告とがなされている。

次に、前半の抗租と裁判とにかかわる部分の邦訳を提示することにしたい。

南埠の長関による抗租（蔽租）は三年になる。己丑（乾隆三十四年）十二月、八房の股長が額租の徴収に赴いたところ、［奸佃たちは］凶悪にも田主を殴ったので、道台・知府・知県に提訴した。道台楊の批には、寧化県の奸佃の長関による抗租は、久しく厳禁されていたが、どうしてまた黄権等は不法事を起こしたのか。寧化県に命じて、直ちに厳しく犯人を逮捕し、仲間を追及させる。差役が［ことを］放置したり、引き延ばしたりするのを許し、［逆に］追及されることになってはならない。［一件書類は］戻せ、とあった。知府鍔の批には、長関による抗租の弊害は、大いに法令を犯すものである。久しく厳禁されていたのに、何ということか、黄権・黄昌等が、大胆にも面倒を起こしたことは、殊に痛恨に堪えない。既に黄昌は収禁し、一面では差役に歇家や凶暴な佃戸等を拘引させ、府に送って厳しく追及させる、とあった。事件は四年を経過し、費用も頗る掛かった。始祖太の血脈の子孫は、族産が費消されることに忍びず、各自が勇躍して義捐を行った。壬辰（乾隆三十七年）に至って、佃戸は処罰され、佃租は完納されて、族産は保全することができた。その功績を消すことはできない。ここに石に刻んで、このことを記しておく。

さて、「寧邑奸佃長関蔽租碑記」の内容は、従来の長関に対する理解とどのように関連するのであろうか。ここに見える「長関」を、われわれはどのように理解すればよいのであろうか。まず、当該碑記から読み取ることのできる点を二つほど指摘することにしたい。

第一に、「奸佃長関蔽租」と書かれた抗租が、謝氏の族田において乾隆三十年代に継続的に行われていたことである。当該時期に寧化県で抗租風潮が見られる点については、ほぼ同時代に福建布政使を務めた徳福・顔希深の『閩政領要』で指摘されており、乾隆『汀州府志』でも寧化県に関して「強悍難治」の表象の一つとして「抗租」が挙げられていた[13]。また「蔽租」という抗租を表す史料用語は筆者にとって初見であり、江南の史料に見える「匿租」と類似する表現として注目しておきたい[14]。第二に、碑文の最初に「南埠長関蔽租」と書かれているが、南埠とはかの黄通の本拠地であった留猪坑と同様に寧化県永豊里に所在し、県城から北東へ直線で約九キロ・メートルのところに位置する地名であり[15]、「奸佃」として黄権・黄昌の名が特記されていることと相俟って、当該の抗租と黄通一族との関連性を示唆するものとなっていることである[16]。

次に、「奸佃長関」をどのように解釈すればよいのであろうか。長関は依然として佃戸を中心とした組織と看做すべきなのであろうか。確かに、寧化県城近郊に祠堂（家廟）をもつ地主謝氏に対して、南埠という農村地域に居住する佃戸黄権・黄昌等が抗租を行ったという事実は、〈黄通の抗租反乱〉時に見られた〈城〉と〈郷〉との対立という状況が、順治初年から康熙十年代の〈耿精忠の乱〉を経て、乾隆年間の半ばまで持続していたことを示唆しているともいえよう。では、長関は消滅したのではなく、残存していたのであろうか。もしそうであれば、筆者の上記の見解は当然、修正を迫られることになる。しかし、この問いに対する答えを当該史料から導き出すのは容易なことではない。ただ、この段階において筆者は、次のような二点にわたる見通しを持っていた。一つは、〈国家〉と〈社会〉との乖離・対立という〈旧中国〉をめぐる古くて実は意外に新しい問題を想起させる点である[17]。或いは〈当為〉と〈実態〉との相違という問題なのかも知れない。かつて述べたように、清朝支配の確立にともなって当該地域には郷約・保甲に類する治安・秩序維持システムが広く行きわたっていたと思われる[18]。だが、それはあくまでも当為としての側面であり、郷村社会の実態としては、長関の組織がある時期は〈地下〉に潜ってしぶとく生き残っていたという解釈である。いま一つは、当該地域における〈黄通の抗租反乱〉の強烈なイメージの残存である。すなわち、抗租を行う

「奸佃」には、あたかも当然のように「長関」という語彙が結びつき、抗租はすなわち「奸佃の長関」が行うものとして定式化・自明化していたというものである。

どちらを採るにしても後考に俟つしかないというのが、二〇〇九年九月にはじめて謝氏家廟の当該碑刻を実見し、それについて考えた段階における筆者の率直な感想であった。なお、李世熊・黄通・寧文龍という当該抗租反乱に深くかかわった者たちが活動した地域、すなわち寧化県泉上鎮・同県河龍郷明珠村（旧留猪坑）・建寧県均口郷半寮村等を直接参観することによって、歴史を読み解く上で景観の重要性を改めて認識させられたこと、また黄通の拠点であった留猪坑の、城鎮とは隔絶された聚落の印象がきわめて鮮烈であったことが、如上の考えに影響を与えたこともまた事実である。

三　謝氏族譜に見える長関史料

すでに述べたように、二〇一〇年九月十九日に謝氏家廟において再度、碑刻と対面したとき、その場でわれわれの様々な質問に答えてくれた謝氏の後裔の一人、謝栄祥氏が持参されたのは、謝氏の族譜の中の一冊の線装本であった。それは民国十一年（一九二二）に編纂・刊行された『謝氏十修族譜』の段階には完成に至らず、その後、編輯に従事していた族人の死や当該地域が中国共産党のソヴィエト区に包摂されるなどの事情もあって、二十年という時を経て同三十一年（一九四二）六月に至ってはじめて完成を見た『謝氏十修族譜』の「祀産紀」であった（以下、「増修祀産紀」と略称）[19]。この一冊を手に取り、各葉を捲るうちに、われわれは「長関」という字句に寓目した。そこには、先の「寧邑奸佃長関蔽租碑記」（「碑」）の内容と密接に関連する記述が存在していたのである。

その史料は「増修祀産紀」(〔増〕)に収録された、乾隆四十九年(一七八七)正月付の謝星「一世祖位下襄功約祀産序」である。ここにその全文を紹介することにしたい。

〔増①〕上進賢坊、建我始祖祠、置有南埠嘗租米壹拾弐石、歴収従無減折。至乾隆戊子歳、南埠起長関、租以六折上納。長関者、倡率減租之俗号也。己丑歳、星値年、邀各房股長、往収不依勒減。長関鼓衆赶殺、田主受傷。星等控於県・府・道各憲、搆訟多載、費用浩繁。衆欲将嘗業出售、幸得孝慈孫子二十有八人、在賢理家倡義、慷慨助銭。各参千文、合得八十四千、湊用嘗業内田・薗・塘・店、得仍厥旧。随蒙道・府大憲、厳批県主、将現獲長関刁佃三犯収禁、比追擬解、長関懼罪悔謝、歴年租始得楚。又立定規、久遠願納全租。其有交還田皮、立借耕字者、逓年請値年人臨田、主七佃三分収、自後再無減欠之患焉。闔族伯叔公議、以顕瑚等二十八人、保全嘗産、有功于祖、嘉此襄事之功、因念義方之教、設立牌位、祀其祖父于祠之東堂、額曰襄功堂。但有祀而無祭、亦缺事也。于是復各出銭陸千文、交賢学経理生息、置産設祭、即名為襄功約。命星序其事、以見有功於祖者、得帰美于先人。深合表揚激勧之義云。

上進賢坊には、我が始祖の祠堂が建てられ、南埠には租米十二石分の族産が購入されて存在していたが、歴代の収租ではこれまで〔佃租額を〕割り引くことはなかった。乾隆戊子の歳(乾隆三十三年)に至って、南埠では長関を起ち上がらせ、佃租は六掛で納入することにした。長関とは、首唱・統率して減租を行わせること(もの)の俗称である。己丑の歳(乾隆三十四年)に、〔謝〕星が年番となり、各房の股長に、〔南埠へ〕往って収租するときは減租の強要を受け入れないように求めた。長関は佃戸たちを鼓舞して〔田主の〕殺害に駆り立て、田主は負傷することとなった。星等は県・府・道の各憲に告訴し、〔結果として〕訴訟は多年に及び、その費用は夥しい額になった。族衆は族産を出売しようとしたが、幸いにも孝行で慈愛に溢れた子孫二十八人が、〔謝〕賢理の家で義挙を唱道し、慷慨して費用を援助することになった。各自が〔銅銭〕三千文を出して、合計八十四千文が集まり、それによって族産に含まれる田・園・塘・店が、元どおりになるようにした。嗣いで道台・知府の厳しい批を受け、知県は捕縛された長関の刁佃三犯を収禁し、［滞納していた佃租を］追比して［府へ］移送することに決定したところ、長関は罪を懼れて後悔・陳謝し、歴年の［滞納］佃租はやっと完納された。［そこで］また約定を決めたところ、［佃戸たちは］末永く佃租全額の納入を願った。田皮を［地主側に］売却し、借耕字（租佃契約）を取り交わした者もいたが、毎年、年番の者に田圃に出向いて、田主七割・佃戸三割で分収（分益租）を行うように頼んだところ、その後、二度と減租・欠租の禍は起こらなかった。［謝氏］一族の伯叔の会議では、［謝］顕瑚等二十八人が、族産を保全し、祖先に対して功績を立てたので、この［祖先祭祀を］成就した功績を嘉し、義の道を行うという教えを確認するために、位牌を作って、その祖・父を祠堂の東堂に祀り、扁額には襄功堂と記した。但し祀られても祭が行われないのは、また缺事である。そこでまた各自が銅銭六千文を出して、［謝］賢学に渡し、［それを元手に］経営して利益を生み出させ、田産を購入して祭祀を起こし、それを襄功約と名づけた。［私、謝］星が命じられて事の序を記し、それによって祖先のために功績があり、先人のために美事をもたらしたことを表明する。深く称揚・激励するという義に合致するであろう。

謝氏が永豊里の南埠に所有する族田で行われた抗租について、当該史料には先の「寧邑奸佃長関蔽租碑記」（［碑］）と比較しても、より詳しい内容が書かれているのである。抗租自体は、乾隆三十三年（一七六九）から佃戸側の恣意による六掛の「減租」として始まり、翌年には佃戸の地主側に対する暴力沙汰も起こっていた。その後、当該史料の作者である謝星を中心として裁判闘争がたたかわれ、最終的には佃戸側が陳謝するとともに所定の佃租を完納して事態は終息したのであった。なお、事件が解決した後、裁判闘争のために義捐を行った二十八名の族人の「祖父」の「位牌」を祠堂の東堂に祀り、そこを「襄功堂」と呼んだことが書かれているが、われわれが訪れた謝氏家廟の正面左側の部屋には「襄功堂」の扁額が掛けられていた（［写真３］参照）[20]。また、『謝氏十修族譜』祖祠図記、所収の「先世祖祠堂図」からも、家廟正庁の左側に「襄功堂」の文字を見出すことができる（［写真4］参照）。

さて、［増①］において何よりも注目すべきは、この記事の中に「長関」という語句が五ヵ所にわたって出てくることである。最初の用例では「南埠、長関を起こし、租は六折を以て上納す」とあり、長関によって六掛の減租（抗租）が行われたことが記されている。(21) 第二の「長関」は、まさに長関の定義にかかわるような注目すべき記述となっている。ここでは「長関とは、倡率減租の俗号なり」と書かれているが、この箇所は二通りの解釈が可能だといえよう。一つは、「長関」が「倡率して減租を行う」ことを表しているという解釈であり、いま一つは、「長関」が「倡率して減租を行う」もの、すなわち佃戸の組織・集団、またはその領導的存在を指しているというものである。次に、第三と第四とは「長関、鼓衆して赶殺せんとし」或いは「現獲の長関の刁佃三犯を将て収禁し」とあるように、どちらも佃戸側の組織・集団、或いは領導者を長関の解釈とすることができるように思われる。最後は「長関、罪を懼れて悔謝す」とある。この「長関」は明らかに「刁佃三犯」を指しており、そうであれば「長関」はまさに抗租の領導者を表しているということになる。

以上のきわめて簡単な分析による限り、［増①］に記された「長関」から、抗租を行う佃戸の組織・集団、或いはその領導者という二つの意味を汲み取ることは、自然な理解であると思われる。従って、［碑］の記載と併せて考えるとき、［碑］の「奸佃長関蔽租」は「奸佃の長関（組織・集団）による抗租」ということになろう。また、［碑］では黄権・黄昌等が官憲によって拘禁されているが、そのことは［増①］の「長関の刁佃三犯」の拘禁と対応しており、彼らこそ自らの統率のもとに組織的な抗租を敢行した領導者ということになる。

ところで、「増修祀産紀」には謝星「一世祖位下襄功約祀産序」（［増①］）のほかにも、長関に関連する史料として次のような記事を見出すことができる。

［写真３］謝氏家廟の襄功堂（2010年９月19日三木撮影）

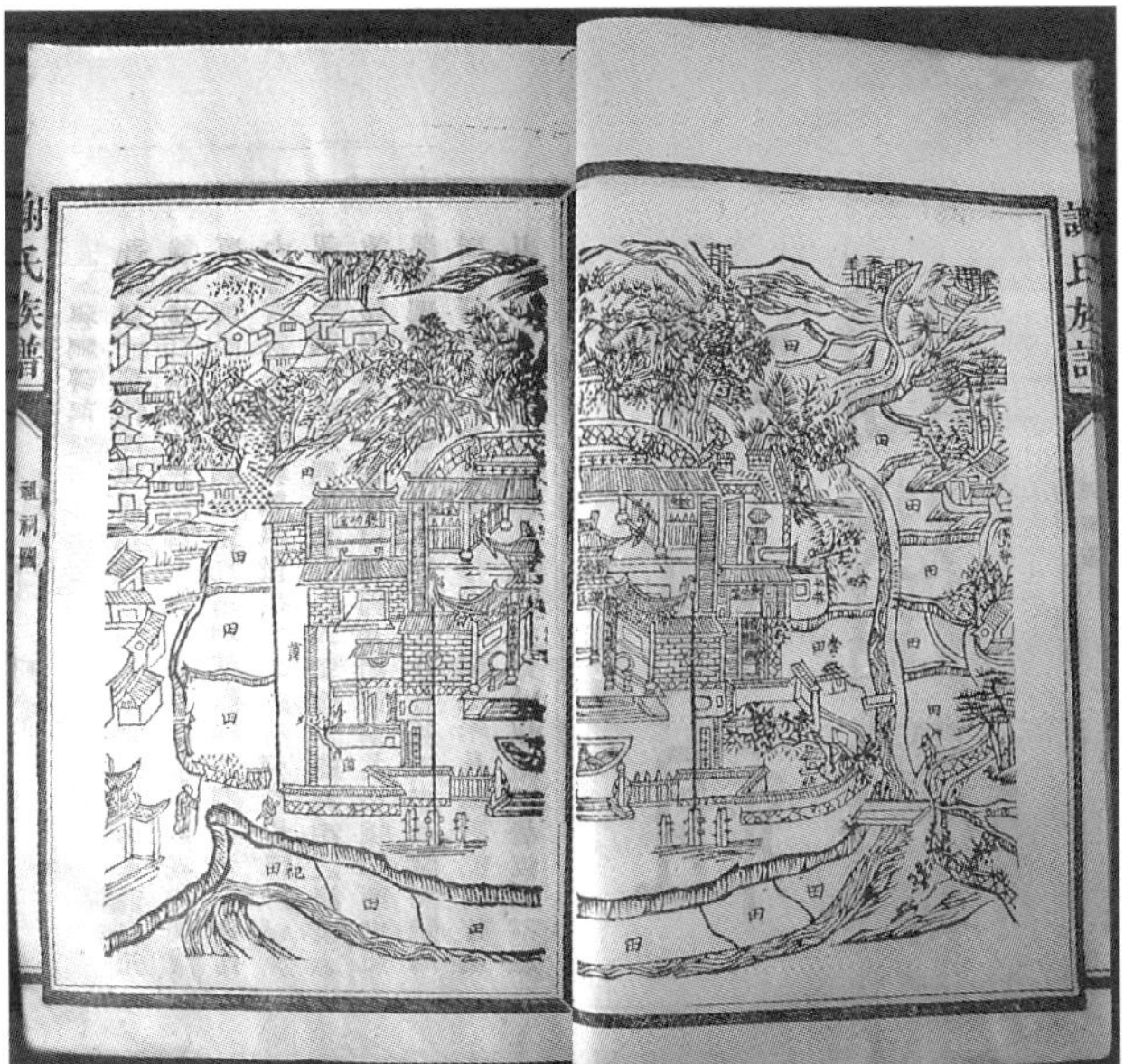

［写真４］『謝氏十修族譜』「先世祖祠堂図」（2010年９月19日三木撮影）

［増②］清康熙壬辰、建祖祠後、遞経先哲続置南舗等処田租・店房・薗地等。乾隆戊子、南舗田租、被長関勒減租額、鼓衆赶殺、田主受傷。経先哲星・賢学・賢理等、慷慨損資、遞控県・府・道各憲、搆訟多載、始得復旧収益。[22]

清の康熙壬辰（五十一年）、祖祠を建てた後、次々と続けて先哲が南舗等処に田租・店房・薗地等を設置した。乾隆戊子（三十三年）、南舗の田租は、長関に無理やり租額を減らされ、［長関は］衆人を鼓舞して殺害させようとして、田主は傷を負った。先哲の星・賢学・賢理等が、慷慨して資金を援助した後、次々と県・府・道の各憲に告訴し、訴訟は多年に及んだが、やっと復旧して収益をあげることができた。

［増③］乾隆戊子、因始祖南舗嘗租、被長関倡減抗納、鼓衆趕殺、田主受傷、経衆遞控県・府・道各憲、訟費頗繁。賢学公遵訓、捐助紋銀壹百両。後蒙厳令将刁佃収禁比追、致祭産得全。[23]

乾隆戊子（三十三年）、始祖の南舗にある族田の租が、長関に減租を唱えて抗租され、衆人を鼓舞して殺害させようとし、田主が傷を負ったことによって、族衆が次々と県・府・道の各憲に告訴し、訴訟費用は頗る嵩んだ。賢学公は［先祖の］訓令に遵い、紋銀一百両を捐助した。後に厳知県が刁佃を収禁して［滞納佃租を］追比したことで、祭産は全うすることができた。

ともに、謝氏二十三世の謝松生によって民国三十一年（一九四二）六月の段階にまとめられたものであり、ここにも「長関」は出てくるが、当然のように謝星の［増①］を踏襲して簡略化した内容となっている。[24] また「長関に租額を勒減し、鼓衆して赶殺せられ」（［増②］）或いは「長関に倡減抗納し、鼓衆して趕殺せられ」（［増③］）という表現からは、如上の長関のもつ両義性を窺うことができよう。なお、ここからは当該抗租をめぐる裁判闘争において、族内で主導的な役割を果たしたのが謝星・謝賢学・謝賢理の三名であったことが分かる。後二者については［増①］にも登場しているが、但し［碑］後半の義捐者名簿では謝星の名前しか見出すことはできない（［星壹千文］）。

ここでは取り敢えず、謝星・謝賢学の二人について簡単に触れておきたい。両者については『謝氏十修族譜』（［族］）

の中に伝記・墓誌銘が残されているからである[25]。まず、謝星は、謝氏文旻公房の十八世孫、すなわち輩行字が「世」の世代（「世派」）に属し[26]、原名は世仰、字は思聖、号は省斎、康熙五十八年（一七一九）の生まれで、乾隆三十四年（一七六九）に祖先祭祀の「年番」を務めた当時、五十歳になっていた。また「邑増生」とあり、生員身分を有していたこともあって、〈長関抗租〉問題の解決に向けて中心的な役割を果たしたものと思われる[27]。彼の族姪、謝賢掞による墓誌銘にも、当該の事件については、

［族①］始祖南埠祭田、遭猾佃倡減蔽租、県莫能治。公上控府道数載、租乃復。

始祖の南埠祭田は、猾佃に減租を唱えて佃租を隠匿され、県は治めることができなかった。公は府・道に訴えて数年［の後］、佃租は乃ち回復した。

と記されている[28]。

他方、謝賢学は、謝氏文禄公房の十九世孫、すなわち輩行字が「賢」の世代（「賢派」）に属し、字は福初、号は未堂、康熙六十一年（一七二二）生まれで、同様に乾隆三十四年（一七六九）には四十八歳であった。父親の謝世捷が一代で財を成したのをうけて、賢学自身もおそらくは商業に従事したと思われるが、結果として「資産は数倍に増えた」という。賢学も捐納によって貢生の身分を得ていた[29]。姻戚の李達材による伝記には、当該の抗租について次のように記載されている。

［族②］乾隆三十四年、始祖南舗嘗産、刁佃逋租缺祭。先生独出重金訟之、嘗得保全[30]。

乾隆三十四年、始祖の南舗の族産は、刁佃の佃租滞納によって祭祀が缺けることになった。先生は独りで大金を出して訴訟を起こし、族産は保全することができた。

族田の抗租問題を解決に導いた謝星による［増①］では「長関」による「減租」或いは「長関刁佃」などと明記さ

れ、それに依拠したと思われる後世の〔増②〕・〔増③〕でも「勒減租額」「倡減抗納」が「長関」によるものと書かれる一方で、ほぼ同時代人によって書き残された関係者の伝記類、すなわち〔族①〕・〔族②〕では「猾佃」による「蔽租」或いは「刁佃」による「逋租」と見えるものの、長関には全く触れられていない。この点は、どのように理解すればよいのであろうか。勿論、たまたま「長関」という字句を書き入れなかったということもあるであろう。しかしながら、長関と抗租との関連については、謝氏の族田に即して、いま少し検討を加える必要があろう。

すでに述べたように、地主謝氏が裁判闘争を敢行することで解決に至った〈長関抗租〉の問題は、寧化県永豊里の南埠（南舗）所在の族田で起こったものであった。「増修祀産紀」には、当該の族田に関する記載が存在する。「増修祀産紀」所収の「始祖一郎公位下箱嘗祀産列後」には、謝氏一族の始遷祖一郎のための「祀産」として全体で三十二ヵ所の田土・店舗・園地等が挙げられている[31]。その中で「南舗」という地名が見られるのは、全部で五ヵ所である。列挙された「祀産」の順番では、まず、第一・第二・第三の三ヵ所に、

〔増④〕一、田、南舗、小地名禾塘裡杉樹下梗下。原載骨租糯冬田拾弐担、計三坵。編査中沙郷八八段二七九号、等則二上、面積三畝、賦額六角九分。原納冬切糯穀参百觔。今暫納燥穀弐百觔。佃人謝栄生、住南舗小渓村。

一、田、南舗、小地名は禾塘裡杉樹下梗下。原載は、骨租糯冬田十二担で、合計三坵。〔土地〕編査では、中沙郷八八段二七九号で、等則は二上、面積は三畝で、賦額は六角九分。原納は、冬切糯穀三百觔。今は暫く燥穀二百觔を納付。佃人は謝栄生で、南舗小渓村に居住。

一、田、南舗、小地名社下墩。原載皮骨早田二十一担、又骨租早田八担、合計六坵。編査中沙郷八八段二九九号、等則一下、面積弐畝零四厘、賦額六角七分。又本段三零三号、等則一下、面積四畝二分、賦額一元三角九分。両共賦額二元零六分。原納早切穀九百觔。今暫納切穀伍百伍拾觔。借耕人謝時伙、住南舗村。

一、田、南舗、小地名は社下墈。原載は、皮骨早田二十一担、また骨租早田八担で、合計六坵。編査では、中沙郷八八段二九九号で、等則は一下、面積は二畝四厘で、賦額は六角七分。また本段三零三号で、等則は一下、面積は四畝二分で、賦額は一元三角九分。二つ共に賦額は二元六分。原納は、早切穀九百觔。今は暫く切穀五百五十觔を納付。借耕人は謝時伙で、南舗村に居住。

一、田、南舗、小地名転角坵。原載骨租早田拾陸担、計二坵。編査中沙郷八八段二四二号、等則一中、面積三畝三分五厘、賦額一元四角四分。原納早切穀伍百觔。今暫納切穀弐百伍拾觔。佃人謝起森、住南舗小渓村。

一、田、南舗、小地名は転角坵。原載は、骨租早田十六担で、合計二坵。編査では、中沙郷八八段二四二号で、等則は一中、面積は三畝三分五厘で、賦額は一元四角四分。原納は、早切穀五百觔。今は暫く切穀二百五十觔を納付。佃人は謝起森で、南舗小渓村に居住。

という記述が見られる。当該の三ヵ所ともに、最初に地名・租額・坵数が、次におそらくは民国二十六年（一九三七）—同二十八年（一九三九）に行われた土地整理事業（「土地編査」）によって確定・作成された段号・等則・地積・税額が、そして最後に納租形態・佃戸名および佃戸の居址が記されている。[32] 租額のところには「骨租」或いは「皮骨租」とあるように、田面・田底の区別も明示されている。

次に、第二十九・第三十の二ヵ所には、

[増⑤] 一、乾隆辛酉歳、続買南舗、糯租米伍斗、鄒斗収。佃良珠。

一、乾隆辛酉歳（六年）、続いて南舗に購買したもので、糯租米は五斗、鄒斗で収［租］する。佃［戸］は良珠である。

一、乾隆癸亥歳、続買南舗、糯租米参斗、鄒斗収。佃良珠。

一、乾隆癸亥歳（八年）、続いて南舗に購買したもので、糯租米は三斗、鄒斗で収［租］する。佃［戸］は良珠である。

とあり、前者は乾隆六年（一七四一）に、後者は同八年（一七四三）に買い増しされた族田が表示されている。ここに見える「鄒斗収」とは「鄒斗」と名づけられた量器（斗枡）を用いて佃租の徴収を行うことを、[33]「佃良珠」とは佃戸の名前を記したもので、おそらくは同族の謝良珠を指していると思われる。[34]

さらに、［増⑤］の記載の後に、編者の「按語」に相当するものが附けられているが、それは次のような記述となっている。

［増⑥］此田共載糯租米八斗、不知是否另一份、或合併在上列南舗数份田租之内。査、上列禾塘裡・社下墈・転角坵等処、旧譜原共載糯租米壹拾壹石弐斗伍升。幷此田合共載租米壹拾弐石零五升正。近査、本嘗南舗所有田担、共計止有五十七担、似与米桶不符、尚少去田三四担之譜、対于此田、殊多疑竇。後之輪値者、宜詳加査攷、以明真相焉。

この田は併せて糯租米八斗であるが、他の一ヵ処のものが、或いは併せて上列の南舗の数ヵ処の田租の中に入っているのか否かは分からない。調べたところ、上列の禾塘裡・社下墈・転角坵等の処は、旧譜ではもともと併せて糯租米十一石二斗五升と記載されている。この田を併せて合計すると租米十二石五升正になる。近ごろ調べたところ、本族産の南舗に所有する田担は、合計するとただ五十七担だけであり、米桶［数］とは符合せず、まだ田三四担が不足しているという族譜［の記載］は、この田に対して、殊に多くの疑惑を残しているようである。今後、輪番に当たる者は、宜しく詳細に調査を加えて、真相を明らかにすべきである。

［増④］の三ヵ所の族田における佃租額の合計は十一石二斗五升であり、［増⑤］の二ヵ所分を併せると十二石五升になるという。［増⑥］のこの数値は、〈長関抗租〉が起こった南埠の族田の佃租額「南埠嘗租米壹拾弐石」（［増①］）とほぼ同額である。ということは、謝氏が永豊里の南埠に所有していた族田は併せて五ヵ所（全十三坵）で、それを

耕作する佃戸の数は、民国三十一年（一九四二）の段階においてではあるが、わずか四名にしか過ぎないということになる。従って、当該の族田のみで抗租が行われたと考えた場合、その参加者はわずか四名前後の佃戸となり、抗租が長関という組織によるもの、或いは長関という領導に率いられて行われたものと看做すにしても、そのスケール・ダウンを否めないであろう。

しかしながら、その一方で、「増修祀産紀」の編輯について謝松生が記すように、清末の咸豊・同治年間以降、民国二十年代にかけて、当該地域にも到来した政治的・社会的混乱によって、「祀産」の把握自体がままならない状況が続いたことも事実であろう。[35]結果として、先の「始祖一郎公位下箱嘗祀産列後」が乾隆三十年代の謝氏族田のすべてを正確に記載しているとも限らないのである。[36]また［碑］に「夥党」と見え、［増①］に「鼓衆」とあることから、長関によってそれなりの組織・集団が形成されていたと考えることができないわけではない。さらに、〈長関抗租〉が謝氏の族田ばかりでなく、南埠という農村地域一帯を巻き込んで行われたという可能性を完全に否定することもできないであろう。現時点では、当該時期の〈長関抗租〉の内実を十分に明らかにし得る段階には至っていないのである。

典型的には［碑］に「奸佃長関の蔽租」とあり、［増①］に「長関とは、倡率減租の俗号なり」と記された「長関」が、乾隆三十年代の南埠に所在した謝氏族田の抗租では佃戸の組織、或いはその領導を指すとしても、それが強固な実体を伴うものであると明言することには些か躊躇せざるを得ないといえよう。史料としての［碑］や［増①］を書き残した地主謝氏にとって、特に中心的な人物であった謝星にとって、抗租は直截的に長関と結びつくというイメージが生成されていたこと、換言すれば、抗租と長関との結合がまさに自明化していたことは、少なくとも指摘できるのではなかろうか。しかしながら、たとい〈長関抗租〉がイメージの所産であったとしても、乾隆中期の寧化県農村社会では、〈黄通の抗租反乱〉以来の長関の伝統がまさに脈々と継承されていたのである。

おわりに

以上、本章は、二〇〇九年・二〇一〇年と二年続けて九月に行われた福建省寧化県での史跡・史料調査において蒐集することのできた、清代乾隆年間の〈長関抗租〉に関する新史料二種について、その紹介とごく簡単な分析とを試みたものである。

旧県城西郊の謝氏家廟に残された碑刻「寧邑奸佃長関蔽租碑記」（［碑］）および『謝氏十修族譜』「増修祀産紀」所収の謝星「一世祖位下襄功約祀産序」（［増①］）は、乾隆三十年代に謝氏の族田で起こった〈長関抗租〉とその顚末について記した貴重な史料であり、乾隆中葉という時期に歴史の表舞台に再登場してきた長関という存在に、われわれは驚かされたのであった。上述のごとく、前者のみを見たときに筆者が考えた見通し――長関は消滅したのではなく、残存していたのではないか――に即して述べるならば、後者の史料を併せて閲読した段階でも、先の見通しにさほど大きな変更を加える必要はないように思われる。明清鼎革期の〈黄通の抗租反乱〉時に登場した長関は、康熙十年代の〈耿精忠の乱〉を経て、乾隆三十年代まで持続的に存在していたのであった(37)。ただ、乾隆中期において長関は抗租を行う佃戸の組織、或いは組織的な抗租を統率する領導者を表す名辞として現出していたが、それは強固な実体を伴うものというよりは、むしろ長関は抗租と結びつくというイメージの所産のように思われる。そうしたイメージ自体は、まさしく長関の伝統として、その深層に潜む時期と表層に現れる時期とを問わず、寧化県の農村社会のなかで持続的に底流していたのではなかろうか。そうした意味で、先に触れた劉永華氏が紹介する、清末の汀州府武平県に存在した長関の事例はきわめて貴重なものである。劉亦農氏の「整理」による限り、武平県の「長関会」は民間の紛争処理機関として民国期まで存続していたのであり、〈国家〉統治の裏側に〈社会〉的実態として存在する長関の特質を改めて浮かび上がらせるものだといえよう[38]。

以上に縷説したところを踏まえるならば、取り敢えず、筆者のかつての見解、すなわち康熙後半における長関の消滅という理解は、やはり修正の必要があるといわざるを得ないであろう。

最後に、『謝氏十修族譜』および「増修祀産紀」には本章で取り上げた、乾隆三十年代の族田の事例以外にも、いくつかの抗租に関する記述を見出すことができる。康熙年間には「刁佃抗租」[39]、乾隆年間には「刁佃巫添養、歴年抗租」[40]、また咸豊年間には「頑佃抗欠、十無一収」[41]等の事例が存在することを附言しておきたい。

註

（1）二〇〇九年の調査では、厦門大学副教授の劉永華氏、同大学博士研究生の朱忠飛氏および同大学碩士修了生張鳳英氏の三名が、二〇一〇年には前年に引き続いて朱忠飛氏と中山大学博士研究生の陳貴明氏の二名が、われわれに同行して多くの援助を与えてくれた。ここに記して謝意を表する。また、われわれの寧化県での調査を順調に行うことができたのは、張恩庭氏をはじめとする寧化県石壁客家宗親聯宜会および寧化県客家研究会の方々の支援の賜物である。併せて感謝を申し上げたい。その後、二〇一一年六月九日から同十三日まで、森正夫氏は前回同様に朱忠飛・陳貴明両氏と共に、三回目の寧化調査を行っている。

（2）稲田清一「福建寧化県「黄通の乱」関係史跡・史料調査記録」『甲南大学紀要』〈文学編〉一六〇号、二〇一〇年、同「福建省寧化県檔案館所蔵資料紹介」『甲南大学紀要』〈文学編〉一六一号、二〇一一年。また、稲田清一「謝氏族譜と地籍史料についての覚え書き――福建省寧化県の事例から――」吉尾寛編『民衆反乱と中華世界――新しい中国史像の構築にむけて

――』汲古書院、二〇一二年、所収は、本章の内容とも密接に関連するものであり、是非参照されたい。

（3）森正夫「民衆反乱史研究とフィールドワーク――明末清初福建省寧化県における黄通の抗租反乱に即して――」吉尾寛編、前掲『民衆反乱と中華世界』所収。

（4）本文で後掲の李世熊『寇変紀』および同『寇変後紀』、さらには同『寨堡紀』『堡城紀』は、ともに中国社会科学院歴史研究所清史研究室編『清史資料』一輯、中華書局（北京）、一九八〇年、所収。また、われわれは朱忠飛氏の援助により、福建師範大学図書館所蔵『寇変紀』（抄本）のデジタル画像版を閲覧することができた。『寇変紀』等の前者と後者との間には、若干の字句の異同が見られる。なお後者は、福建師範大学図書館古籍組編『福建地方文献及閩人著述綜録』（福州）、一九八六年、一五五頁では「寇変紀一巻後紀一巻寨堡記一巻　清寧化李世熊撰　伝抄本（本館968.1Ao10）」と記されている。

（5）傅衣凌「明清之際的〈奴変〉和佃農解放運動」同『明清農村社会経済／明清社会経済変遷論』〈傅衣凌著作集〉、中華書局、二〇〇七年、所収（原載は、同『明清農村社会経済』生活・読書・新知三聯書店（北京）、一九六一年、所収）。

（6）森正夫「一七世紀の福建寧化県における黄通の抗租反乱（一）――一七世紀の福建寧化県における諸反乱の展開過程――」同『森正夫明清史論集』二巻〈民衆反乱・学術交流〉、汲古書院、二〇〇六年、所収（原載『名古屋大学文学部研究論集』五九〈史学二〇〉、一九七三年）、同「一七世紀の福建寧化県における黄通の抗租反乱（二）――長関及び関連集団の存在形態――」同前、所収（原載『名古屋大学文学部研究論集』六二〈史学二一〉、一九七四年）、同「一七世紀の福建寧化県における黄通の抗租反乱（三）――一七世紀の福建・江西・広東省境地区江西側における抗租反乱の展開――」同前、所収（原載『名古屋大学文学部研究論集』七四〈史学二五〉、一九七八年）、および同「『寇変紀』の世界――李世熊と明末清初福建省寧化県の地域社会――」同『森正夫明清史論集』三巻〈地域社会・研究方法〉、汲古書院、二〇〇六年、所収（原載『名古屋大学文学部研究論集』一一〇〈史学三七〉、一九九一年）。

（7）劉永華「一七至一八世紀閩西佃農的抗租・農村文化与郷民文化」『中国経済史研究』一九九八年三期。なお、後述するように、武平県の事例として紹介されたのは、劉亦農（整理）「武平団練後局始末」『武平文史資料』一〇輯、一九八九年によるものである。また「長関遠候」の語義は、明の劉寅『六韜直解』巻二、龍、「奇兵第二十七」によれば「長其関限、遠其斥候」

であるという。

（8）三木聰「長関・斗頭から郷保・約地・約練へ――福建山区における清朝郷村支配の確立過程――」同『明清福建農村社会の研究』北海道大学図書刊行会、二〇〇二年、所収（原載は、山本英史編『伝統中国の地域像』慶應義塾大学出版会、二〇〇〇年、所収）。

（9）稲田清一、前掲「福建寧化県「黄通の乱」関係史跡・史料調査記録」二八三頁、参照。なお、魏徳毓氏が抄写した碑文については張恩庭編『寧化農民抗租史料』寧化石壁宗親聯宜会・寧化県客家研究会（寧化）、二〇一〇年にも収録されているが、誤脱の訂正は行われていない。

（10）二〇一〇年九月十九日に訪れたとき、当該家廟は同年六月の長雨によって正庁の屋根が崩落するという無惨な様相を呈していた。

（11）この箇所は「回□公」となっており、二字目が判読不能であるが、後述の『謝氏十修族譜』による限り「卿」字が該当する。

（12）なお、当該碑記二行目に見える「道憲楊」は、乾隆三十五年（一七七〇）に分巡巡海汀漳龍道に就任した楊開鼎である（道光『福建通志』巻一〇七、職官、国朝、分巡巡海汀漳龍道）。同じく三行目の「府憲鈞」については、未詳。

（13）徳福・顔希深『閩政領要』巻中、「民風好尚」には、

一曰、抗租。閩人業主佃戸、並無情意浹洽、彼此視為仇讐。佃戸以抗租為長技。……租竟抗頼、顆粒不給、以致業佃互相訐訟、経年不休。寧化県為尤甚、往往醸成人命。

とある。また、乾隆『汀州府志』巻六、風俗では、寧化県の「強悍難治」の原因の一つに「抗租」が挙げられている。三木聰「明末以降の福建における抗租の展開」同、前掲『明清福建農村社会の研究』所収、三一―三二頁、および三六―三七頁、参照。

（14）乾隆『鎮洋県志』巻一四、雑綴類、祥災に「四郷姦佃、謀尽匿租」とある。小山正明「明末清初の大土地所有――とくに江南デルタ地帯を中心にして――」同『明清社会経済史研究』東京大学出版会、一九九二年、所収（原載『史学雑誌』六七

編一号、一九五七年)、三二〇頁、参照。
(15) 民国『寧化県志』巻四、城市志二、郷村。また、福建省寧化県地名辦公室編『寧化県地名録』一九八一年、六四頁の「中沙公社地名図」には「南鋪」という地名を見出すことができ、同じく六九頁には「練畲大隊」下の「村」として「南埔」が挙げられている。
(16) なお、二〇一〇年九月十九日に謝氏家廟での聞き取りにおいて、謝氏後裔の人の話では、南埠(南鋪)には明珠村(留猪坑)から黄氏の人々が移り住んで謝氏の族田を佃作していたという。稲田清一、前掲「謝氏族譜と地籍史料についての覚え書き」五一二—五一四頁、および森正夫、前掲「民衆反乱史研究とフィールドワーク」四七四頁、参照。
(17) 特に最近の議論として、滝田豪「中国研究における「国家と社会」概念の再検討」『法学論叢』一五三巻三号、二〇〇三年、参照。
(18) 三木聰、前掲「長関・斗頭から郷保・約地・約練へ」参照。
(19) 「増修祀産紀」所収の謝松生「増修十修族譜祀産記」民国三十一年(一九四二)六月には、例えば、

唯祀産譜、尚待校正続発、不幸先厳先叔、旋先後辞世、祀産譜因之中輟焉。嗣後族衆屢起提議、又因赤禍蔓延、邑陥数載、逃且不及遑言譜事。

とあるなど、その間の事情が縷々叙述されている。ここでは「赤禍蔓延」と書かれているが、本文に提示した[写真1]にも見えるように、謝氏家廟には「城関紅軍医院旧址」という横額が掛けられており、当時、家廟は紅軍に接収されて祠堂としての役割を果たすことができなくなっていたと思われる。謝松生は、謝氏の二十三世として「増修祀産紀」の編輯に尽力した人物である。ここでは、謝松生「増修十修族譜祀産記」の標題をも勘案して、当該祀産紀を「増修祀産紀」と略称する所以である。なお、われわれは、同日、謝氏後裔の謝金明氏のお宅を訪問して、民国十一年(一九二二)の『謝氏十修族譜』(全三十三冊、第三十一冊缺)を披閲すると同時に、その撮影を許可された。当該の『謝氏十修族譜』目録には「祀産紀参百拾頁」と書かれているが、第二十八冊・第二十九冊の二冊が「祀産紀」に相当する。但し、その内容は先の「増修祀産紀」とは別物であり、稲田清一氏が指摘されるように、土地整理事業以前にまとめられ、印刷されたものだと思われる。この二

冊は、葉数の合計が二百十葉であり、目録所載の「頁」数から百葉分が足りないことになる。この不足分が本来、民国三十一年（一九四二）段階の「増修祀産紀」へと繋がるものだったのであろうか。ここでは「増修祀産紀」とは区別して、当該の二冊の記事については『謝氏十修族譜』祀産紀」と表記することにしたい。これらの事情については、稲田清一、前掲「謝氏族譜と地籍史料についての覚え書き」五一七—五二三頁、参照。

(20) 当該史料には義捐を行った人数について「孝慈孫子二十有八人」と書かれているが、先掲［碑］の義捐者名簿には全部で五十二名が挙げられている。

(21) 最初は当該の箇所を「南埠起長関租、以六折上納」と読み、「長関租」自体が抗租、或いは減租を表すものと解釈したが、やはり本文に記したように「南埠起長関、租以六折上納」と読むのが妥当のように思われる。この読みについては、森正夫先生および濱島敦俊先生の御示教を頂いた。感謝を申し上げる次第である。

(22) 「増修祀産紀」所収、謝松生「一世祖位下箱嘗祀産序」民国三十一年（一九四二）六月。

(23) 「増修祀産紀」所収、謝松生「始祖位下崧毓鳴上二公・允元公・用儀公紀功約総序」民国三十一年（一九四二）六月。

(24) 当該の抗租が起こった地名を［碑］・［増①］は「南埠」とし、［増②］・［増③］は「南舗」とするが、『謝氏十修族譜』墳図記、文旻公支下墓図、所収の「南埠猛虎跳墻形」には「右図在永豊里南埠，俗呼南舗」と書かれており、「南舗」は俗称であったという。また、註（15）参照。なお、南埠には〈長関抗租〉の解決に尽力した謝星の墳墓が存在していた。上記「南埠猛虎跳墻形」には「乾隆五十五年庚戌歳十二月十二日丑時、葬十八世祖文学省斎府君」と見える。後述するように「省斎」は謝星の号である。

(25) 謝賢理については、『謝氏十修族譜』の中に伝記類を見出すことはできない。ただし「賢理」の名を有する謝氏の族人の中で、時期的に該当する人物として次の二名を挙げることができる。一人は、当該族譜、順卿公房次子文禄公支下系伝、世桂公三子に見える「賢理」で、雍正二年（一七二四）生まれ、乾隆三十四年（一七六九）当時、四十五歳である。いま一人は、同、順卿公房長子文富公支下系伝、世琇公三子の「賢理」で、乾隆十年（一七四五）生まれ、同じく当時、二十四歳である。後述するように、謝星および謝賢学と年齢が近いことを考えると、前者の「賢理」が［増①］・［増②］に見える謝賢理である可能性が高いといえよう。

(26) 輩行字については、上田信『伝統中国――〈盆地〉〈宗族〉にみる明清時代――』講談社、一九九五年、一二五―一二八頁、参照。

(27) 『謝氏十修族譜』順卿公房五子文旻支下系伝、馨公之子、星、および同、先行紀、所収の謝賢掞「従叔省斎先生墓誌銘」乾隆五十五年（一七九〇）十二月十二日による。

(28) 前註所引、謝賢掞「従叔省斎先生墓誌銘」。

(29) 『謝氏十修族譜』順卿公房次子文禄公支下系伝、世捷公之子、賢学、および同、先行紀、所収、李達材「明経謝未堂先生伝」による。なお、後者は江西から寧化県に移入された「木油」をめぐって、市場で牙行が「弊秤」で「軽出重入」の不正を働いていたが、謝賢学が自身の秤を持ち出して是正を行った結果、その秤は賢学の字から一字を取って「復秤」と称されたというエピソードを伝えている。また、謝世捷については、同じく、先行紀、所収の巫道純「大賓挺軒謝公伝」による。

(30) 前註所引、李達材「明経謝未堂先生伝」。

(31) 当該記事の標題に見える「箱嘗」について、註(22)所引の謝松生「一世祖位下箱嘗祀産序」には、

始遷祖一郎公位下祀産、老譜載名曰嘗箱、又曰箱嘗。其義何居。蓋祖宗祀産、宜将田片佃名租額、辦理規則等、詳載嘗簿、以木箱貯之、防蠹魚侵蝕。即古人顧名思義之意耳。

と記されている。なお、始遷祖の謝一郎について『謝氏十修族譜』世系伝、「第一世」では、

始遷祖一郎公、宋末由建邑来寧化、居興善里上坪。寿八十三。葬在城龍山寺何坑蟠龍形丙向。

と書かれている。

(32) 民国期の当該地域における土地整理事業については、稲田清一、前掲「福建省寧化県檔案館所蔵資料紹介」二六三―二六五頁、および同、前掲「謝氏族譜と地籍史料についての覚え書き」五一四―五一七頁、参照。

(33) 『謝氏十修族譜』祀産紀には「旧佃邱樊、送倉交値祭人、鄒斗収」（「七世祖文寿公位下祀産」）等、多くの箇所で「鄒斗収」という表記が見られるが、他にも「租米玖斗、送倉交値祭人、鄒爺斗収」（「十世祖宗発公位下祀産」）或いは「粳租米弐石肆

斗、鄒桶送倉」(「十四世祖忠公位下祀産」)という記述を見出すことができる。「鄒斗」は「鄒爺斗」「鄒桶」とも呼ばれていたようである。

(34)『謝氏十修族譜』世系伝に拠る限り、謝氏の二十一世孫に当たる「良」派の中に「良珠」という名前は八名ほど見出すことができるものの、時代的に該当する者は存在しないようである。ただ「良」派の生年は乾隆年間から光緒年間までという拡がりを見せており、民国期に「良」派の族人が生存していた可能性は皆無ではないといえよう。

(35)「増修祀産紀」所収、謝松生「増修十修族譜祀産記」。稲田清一、前掲「謝氏族譜と地籍史料についての覚え書き」五一八—五一九頁、参照。

(36)稲田清一氏によれば、土地整理事業関連の「土地坵冊」および「坵地聯絡図」を見る限り、南舗(南埠)周辺には「増修祀産紀」から記載漏れした族田の存在が認められるという。稲田清一、前掲「謝氏族譜と地籍史料についての覚え書き」五二八—五三〇頁。

(37)『謝氏十修族譜』先行紀、所収、謝超元等「先考朝菴公行述」は、謝氏十七世孫の謝曦について書かれたものであるが、そこでは、

先考、諱曦、字義生、号旭菴、先祖朝階公之子也。……年十六、受知督学王公。甲寅、逆藩変。四郷苦長関之害。邑侯王公之佐、請四鎮兵除之、策于考。考指画中肯。

とあるように、〈耿精忠の乱〉期の「長関の害」について言及されている。

(38)劉永華、前掲「一七至一八世紀閩西佃農的抗租・農村文化与郷民文化」一四六頁、註二、および劉亦農、前掲「武平団練後局始末」六二頁、参照。

(39)『謝氏十修族譜』先行紀、所収、謝顕元「先考一衡府君行状」に、

先祖家頗殷実、後百務蝟集、加以刁佃抗租、歳入遂不如前。

とある。

(40)『謝氏十修族譜』祀産紀、所収、「七世祖文寿公位下祀産」には、次のように記されている。

因刁佃巫添養、歴年抗租、乾隆二十五年、経本房世泰等、扭稟県主陳、蒙批仰捕衙訊追。詎巫添養、因欠租数甚多、懼罪在捕署自縊。

(41)『謝氏十修族譜』祀産紀、所収、「文旻祖太嘗規子貞公・子琦公両房裔孫眼仝編立」に、

兪坊里租、因頑佃抗欠、十無一収、銭糧累及子孫、衆議将租売出、以絶賠累。

と見える。

【補記】

原載は、吉尾寛編『民衆反乱と中華世界——新しい中国史像の構築に向けて——』汲古書院、二〇一〇年、所収である。本章では原載に対して若干の修改・訂誤が加えられている。なお、福建省寧化県の調査は、文部科学省科学研究費補助金（基盤研究(A))「日本・中国・台湾の研究者による中国の民衆運動の史実集積と動態分析」(二〇〇七年—二〇一〇年度)によって行われたものである。研究代表者の吉尾寛氏、および原載の草稿に対して御指教を賜った森正夫先生に感謝を申し上げる次第である。

第六章　土地革命と郷族
——江西南部・福建西部地区について——

はじめに

明清時代の中国農村社会の特質を解明するにあたって、きわめて有効な概念として〈郷族〉という用語を提示し、かつ福建・江西の農村社会を中心とする〈郷族〉の具体的な存在形態を実証的に分析・検討されたのは、傅衣凌氏であった。[1]〈郷族〉とは宗族の単なる同族結合ではなく、「血縁＝族から地縁＝郷へと拡大した結合」形態を表現したものであり、[2]特に江西・福建・広東等の諸地域では、土地所有・土地売買・農業生産・商業運輸活動・階級関係・治安維持・イデオロギー統制等の様々な側面において〈郷族〉が一定の役割・作用を果たしていたのである。但し、傅氏は〈郷族〉の第一義的な存在意義を次の点に置いているように思われる。すなわち、地主―農民という基本的な階級関係・階級対立が厳然として存在する「中国封建社会」において、「地主階級と農民階級との間は、地縁と血縁とによる郷族結合を通じて緩衝地帯を獲得し、矛盾を緩和させ、かつ階級関係を混乱させて、等級厳重な階級対立を温情脈々たるベールで被った」という点である。[3]

では、こうした〈郷族〉は、中国の近現代という変革の時代のなかで、どのように存続し、或いはどのように解体されたのであろうか。二十世紀半ばにおける土地改革の目的が、地主的土地所有の廃絶と農民的土地所有の創設とにのみ単純化されるべきではなく、「旧土地所有という物的基盤」に支えられた農村の権力構造、すなわち地主支配構造それ自体の変革＝解体にあったとすれば[4]、その当然の論理的帰結として、当該地域の土地改革では〈郷族〉の何らかの解体が志向されたと看做すべきであろう。

ところで、一九八〇年二月、広東省廉江県で起こった一つの事件は、きわめて興味深い問題をわれわれに投げ掛けている。『南方日報』の報道を伝えた『毎日新聞』の記事は、次のように述べている[5]。

二月二十三日の夜、共産党員で生産隊幹部の鐘世発と同大隊員の鐘志強が相談して、のぼりや香炉を持ち出し、神おろしを始めた。……この事件で注目されるのは、首謀者の四人が迷信で農民を煽動し、昔の鐘一族の土地であった畑や旧領地の返還を要求したことである。同大隊近くにある松木山一帯は歴史的に鐘氏の財産だったが、土地改革で隣の大隊の土地となり、山の上には政府の病院や学校が建てられた。二年前にも一部の農民がこの土地の返還を要求して騒ぎを起こしたことがあるように、今なお土地をめぐる争いがあった。

土地改革後、ほぼ三十年を経過したにも拘わらず、かつての「一族の土地」に対する所有意識は、なお根強く残存していたのである。こうした問題に関連して、石田浩氏は一九七八年において次のように指摘されている。中国革命は農村の階級関係を基本的には打破したが、「階級支配の基盤となっていた「共同体」」をも同時に解体したか否かは疑問であり、特に一九四九年以降の華中南を中心とする新解放区では「農村における伝統的な社会関係の変革が充分に行われたとは言い難いし、数千年来の伝統的家族制は容易に解体されるとは考えられない」と[6]。明清時代以来の〈郷族〉は、中国革命および社会主義建設という大きな変革の時期を経過しながらも、なおかつ当時の中国社会に何らかの影を投じていたのであろうか。

本章では、こうした問題関心に基づき、一九二〇年代末期から三〇年代初期に至るまでの江西南部・福建西部地区における土地革命と〈郷族〉との関連について、特に土地革命の過程で〈郷族〉のどのような解体が志向されたのか、また土地革命にとって〈郷族〉はどのような存在であったのか、という点を中心に若干の考察を加えることにしたい。(7)

一　土地法と公田

まず、当該時期の中国共産党の土地革命政策において、〈郷族〉の土地所有を直接的に体現する族田・祠田・祭田等のいわゆる公田は、どのように処理すべきものと考えられていたのであろうか。(8)

この時期、当該地域の土地所有状況については、次のような数値が残されている。福建西部（閩西）地区の一九二九年の調査では、地主の土地が七〇％、「名目は公田でも実質的には豪紳が覇占している福会嘗田」が二〇％、農民の土地が一〇％という数値が出されており、(9)同地区の長汀県に関する別の報告では、商業資本家が二〇％、「封建地主」が三〇％、公田が三三％、そして農民が一五％と発表されている。(10)他方、江西についても「公堂・祠堂の土地は特に多い」といわれており、(11)また江西南部（贛南）地区について、一九三〇年の毛沢東「尋鄔調査」では公田四〇％、地主三〇％、農民三〇％、同じく「興国調査」では地主四〇％、「公堂」一〇％、富農三〇％、中農一五％、貧農五％という比率が提示されている。(12)一九三〇年代初期の中央革命根拠地（中央ソヴィエト区）の中心的地域を構成する江西南部・福建西部地区の土地革命では、公田の処理という問題が一定の比重を占めていたといえよう。

第一次国共合作が決裂した後、一九二七年八月七日における中国共産党の中央緊急会議（〈八七会議〉）は、土地革命および武装蜂起を党の総方針として決定した。次いで、同年十一月九・十日の中央政治局拡大会議における「中国共産党土地問題党綱草案」は「行動綱領的部分」[13]（全十五条）の第五条で、

祠堂・宗族の土地は一律に農民代表者会議の支配に移す。共産党は農民を助けて、このような陳腐かつ劣悪な土地制度を根本的に消滅させようとするものである。

と記述しており、[14]その後、一九二八年七月、モスクワ郊外で開催された中国共産党六全大会における「土地問題についての決議（関於土地問題決議案）」に収録された、共産党の最初の正式な「土地綱領」の第三条は、

祠堂・廟宇・教会の土地、およびその他の公有財産・官有荒地、或いは所有者のいない荒地・沙田は、すべて農民代表会議（ソヴィエト）の処理に移し、農民に分配して使用させる。

と規定している。[15]祠堂等の土地、すなわち公田の処理に関する両者の条文では、ともに地主の所有地とは異なって無償で没収とは明記されていないが、[16]明らかに公田は地主所有地と同様にソヴィエトの公有として農民に分配すべきことが謳われているのである。

こうした条文の背景には、次のような認識が存在していた。前者の第五条では公田が「陳腐かつ劣悪な土地制度」であると明記されているが、他の箇所では「祠田・族田・廟田などの収入もすべて郷紳に搾取されている」と書かれている。[17]他方、後者でも「共有地」は「豪紳の個人財産」とされ、[18]また「小作制度による農民搾取としては、単に地主の私有地の小作だけでなく、さらにいわゆる公地の小作も存在しており、例えば族田・祠田および寺院・廟宇「の土地」、官地等々である」と記述されている。[19]すなわち、族田・祠田自体が「郷紳」「豪紳」等の地主階級による農民搾取のための物的基盤として「地主の私有地」と同質のものであるという認識がそれである。こうした認識は、以後、毛沢東・李立三両路線の土地法でも基本的には踏襲されていくのである。

一九二七年十月以降、共産党中央との一定の隔絶のもとで、井崗山に革命根拠地を建設した毛沢東は、一年に及ぶ土地革命の実践を経た一九二八年十二月に「井崗山土地法」を制定し、翌二九年四月には「興国県土地法」を制定した。前者の第一条では「一切の土地を没収してソヴィエト政府の所有に帰し」と規定されているのに対して[20]、後者の同じく第一条では「原則的な改正」が加えられ[21]、

一切の公共の土地および地主階級の土地を没収して、興国ソヴィエト（工農兵代表会議）政府の所有に帰し、土地のないか土地の少ない農民に分配して耕作・使用させる。

と規定されている[22]。「公共の土地」と「地主階級の土地」とが並記され、ともに没収の対象とされているように、公田の処理をめぐって「興国県土地法」は六全大会の「土地問題についての決議」と同じ立場に在ったのである。

その後、一九三〇年にかけて、毛沢東が直接的に関与した江西南部・福建西部地区の三つの土地法・決議案でも、公田の処理に関しては「興国県土地法」と同じ内容の条文が存在しており、「祠堂・廟宇」の土地は地主の土地と同様に没収・分配の対象とされたのであった。以下、①一九二九年七月二十日から二十九日まで毛沢東の領導のもとに上杭県蛟洋で開催された中国共産党閩西第一次代表大会における「土地問題決議案」、②一九三〇年二月六日から九日まで吉安県陂頭で開かれた紅四軍前委、紅五軍・紅六軍両軍委および贛西・贛南両特委の連席会議（〈二・七会議〉）において承認された「贛西南ソヴィエト政府土地法（贛西南蘇維埃政府土地法）」、そして③同年八月に公布された中国革命軍事委員会（主席毛沢東）「ソヴィエト土地法（蘇維埃土地法）」という三者の関係条文を、原文のまま提示しておきたい。

①暴動推翻地主階級政権後、須立刻没収一切地主・土豪及福会堂等田地（不論典当・売絶、一概没収）、帰農民代表会、或農民協会分配[23]。

②暴動推翻豪紳・地主階級政権後、須立刻没収豪紳・地主階級、及祠堂・廟宇・社会的田地・山林・池塘・房屋、帰蘇維埃所有、由蘇維埃分配与貧苦農民、及其他需要土地等項的人民。[24]

③暴動推翻豪紳・地主階級政権後、須立即没収一切私人的、或団体的——豪紳・地主・祠堂・廟宇・会社・富農——田地・山林・池塘・房屋、帰蘇維埃政府公有、分配給無地・少地的農民、及其他需要的貧民使用。[25]

一方、この時期、党中央の指導的地位にあった李立三の路線に基づく土地法として、一九三〇年五月の全国ソヴィエト区域代表大会を通過した「土地暫行法」が存在する。この「土地暫行法」でも公田の処理については、その第二条に、

すべての祠堂・廟宇・教会・官産……《ママ》の占有に属する土地は、一律に無償で没収する。

と規定されており、加えて、

これらの祠堂・廟宇・教会・官産……《ママ》等の土地は、その大半が豪紳・僧尼・牧師・族長の私有に帰している。たとい表面的には一姓一族、或いはその地の農民の共有であっても、実際にはやはり族長・会長・豪紳が独占しており、それを利用して農民を搾取している。従って、このような土地は一律に没収する。

という「解釈」が附けられている。[26]「土地暫行法」については、すでに六全大会における決議の「原則的立場」を「具体化」したものという評価がなされているが、[27]公田に関しても、当該決議と同様に族長・豪紳の独占物、かつ農民搾取の基盤として没収の対象とされたのであった。

以上、一九二七年の「中国共産党土地問題党綱草案」から一九三〇年の一連の土地法に至る公田関係条文について概観してきたが、基本的には同一の認識に基づく、これらの諸規定に対して、一九三一年十二月一日に公布された「中華ソヴィエト共和国土地法（中華蘇維埃共和国土地法）」ではきわめて注目すべき文言が附加されているのである。

この年の十一月七日から二十日にかけて江西省の瑞金で開催された第一回全国ソヴィエト代表大会において制定された当該土地法は、同年一月の中国共産党六期四中全会以後、党中央の実権を掌握した王明等〈留ソ派〉の路線と毛沢東の路線との間における「意見調整」をもとに「留ソ派の主張がほぼ貫徹」したものとされているが[28]、公田の処理についてはその第六条において、次のように規定されている[29]。

一切の祠堂・廟宇およびその他の公共の土地については、ソヴィエト政府が無条件で農民に支給するように努めなければならない。ただし、これらの土地について執行・処理する際には、農民の自発的な賛成を得るようにし、彼らの宗教的感情を阻害しないことを原則としなければならない。

ここでは「祠堂・廟宇」等の「公共の土地」について「没収」とは明記されておらず、また農民への分配についても「努めなければならない（必須力求）」という穏やかな表現がなされている。そして、さらに従来の土地法には見られない文言が加えられたのであった。すなわち、公田の処理に際して「農民の自発的な賛成」を重視し、農民の「宗教的感情」に配慮すべきことが述べられているのである。「中華ソヴィエト共和国土地法」に至って、公田は「あらゆる封建地主・豪紳・軍閥・官僚およびその他の大私有主の土地」（同法第一条[30]）とは截然と一線を画し、農民自身が何らかの関わりをもつものであるという認識に立ち至っていたのである。

ところで、蕭作樑氏は「中華ソヴィエト共和国土地法」の当該条文に見える、農民の「宗教的感情」に対する配慮がコミンテルンの決議に由来するものであることを指摘されている[31]。この点に関連して、まず一九三〇年六月のコミンテルン執行委員会政治局「中国問題についての決議」には、

中国における［社会主義への移行のための］過渡的諸施策は、農民の大多数の利益と結びついたものでなければならない。さまざまな地域の社会構造の差異を考慮し、農民大衆の組織性と意識水準とのさまざまな水準や、

宗族《クラン》・氏族その他の制度の影響力を考慮することが、必要である。

という記述が存在する。(32) 次いで、同年八月ないしは十月に起草されたという、コミンテルン執行委員会東洋書記局「ソヴィエト区域の土地・農民問題についての決議（草案）」には、先の「中国問題についての決議」に見える、農民の意識水準や「宗族・氏族」の問題について、より詳細かつ具体的な叙述が行われている。(33) ここでは「氏族の土地」の処理をめぐる全六項目の記載のうち、注目すべき五項目を提示しておきたい。(34)

(1) 氏族はすでに分化して、中国社会のもろもろの階級に変わっており、氏族関係および氏族と結びついた宗教関係はみな、「氏族の有力者」の一般氏族員にたいする搾取をおおいかくすものになっている。

(2) 氏族の土地における直接的生産者――農民――にたいする搾取は、けっして普通の私有地におけるよりも軽くはなく、氏族の土地からの利益はすべて、「氏族の有力者」の所得に帰している。

(3) 同時に、氏族関係および氏族と結びついた宗教的上部構造は、いずれもいまなおかなりの勢力をもっている。反革命派が異姓・異氏族間の紛争を挑発していること、また同姓・同氏族の者のあいだにも、族地［氏族共有地］の収益のごく小部分しか分けあたえられていないこと、祖宗の共同祠堂［祠廟］の伝統的な力などが、一部の地方では依然として氏族内部の支配者の勢力を助けている。

(4) われわれの任務は、氏族内部に階級分化をおこさせ、農民や氏族内の一般勤労者をその氏族の地主・豪紳・高利貸の影響下から解放することである。革命的な農民運動の経験は、われわれに、すぐれた処理がとられ、またそれが相当に慎重におこなわれるかぎり、こうした任務の解決は比較的容易であることを、教えている。

(5) 徹底的に、勇敢に問題を提起し、氏族の土地を農民に引きわたすとともに、それを農民の手で平均に分配することが、問題解決の唯一の正しい方法である。しかし、この場合、祖宗の祠廟にかんしては、氏族員の宗教的感情（祖先崇拝）を急激に動揺させないよう、できるかぎり注意しなければならない。「氏族関係および氏族と結びついた宗教関係」が地主―農民間の搾取＝被搾取関係を隠蔽し、かつ「氏族の土地」が「氏族の有力者」である豪紳・地主の搾取基盤となっていることを述べる⑴・⑵の内容は、まさに六全大会「土地問題についての決議」以来の基本的な認識であり、むしろここでは⑶・⑷・⑸の記載に注目しなければならない。すなわち、⑶「氏族関係および氏族と結びついた宗教的上部構造」が厳然と存在するがゆえに、⑷「氏族内部に階級分化をおこさせ」ることは困難であり、「氏族」をめぐる問題は「相当に慎重に」処理しなければならないという主張は、中国社会の現実――当然、江西・福建の革命根拠地の社会を前提としているであろう――を見据えたうえでのものであるといえよう。従って、⑸「氏族の土地」の処理という面においても「氏族員の宗教的感情」への配慮の必要性が謳われてくるのである。直接的には、⑸の内容が「中華ソヴィエト共和国土地法」第六条に継承されたものと思われる。

以上のように、コミンテルンの「ソヴィエト区域の土地・農民問題についての決議（草案）」をうけて成立した「中華ソヴィエト共和国土地法」第六条は、公田の処理という限定された課題のなかに、〈郷族〉社会における土地革命の一端が凝縮された内容となっている。そこでは公田が地主による農民搾取の物的基盤としてのみ単純化されるのではなく、農民自身が〈郷族〉を媒介として何らかの関わりをもつ客体として把握されているのである。すなわち「中華ソヴィエト共和国土地法」における土地革命理念の一面は、〈郷族〉の存在を前提とした農民の意識形態（「宗教的感情」或いは「宗教的上部構造」）を無視したかたちでは土地革命が遂行しえないこと、換言すれば、土地革命の過程で農民の意識形態そのものを変革することは現実的課題としてその射程内には納められていなかったことを明示しているといえよう。

二　土地革命の実践と郷族

一九二八年十一月二十五日の共産党中央への報告「井崗山の闘争（井崗山的闘争）」において、毛沢東は当該地域に普遍的に存在する「家族主義」「地方主義」の問題を提起したのであった[35]。なかでも「家族主義」は「土地問題」のなかで論及されており、そこでは「家族主義」の克服と階級分化の完成と——両者は相互に関連するものとされている——に「比較的長い時間」を必要とすることが述べられている[36]。また、一九三〇年十一月十五日に江西省の吉安で開かれた江西省行委第一回拡大会議における毛沢東のメモ「分青と出租問題（分青和出租問題）」のなかでも、「村を単位とする土地分配の弊害」の一つに地主・富農が「姓氏主義」によって大衆を欺瞞し、結果として「平田」並びに「土豪打倒」の徹底化が行われない点が指摘されている[37]。

毛沢東のこうした認識は、井崗山革命根拠地の建設以降、一九二八—三〇年における土地革命の実践のなかから得られたものと思われるが、「家族主義」「姓氏主義」と表現された〈郷族〉の存在は、まさに〈革命の桎梏〉として注目されたのであった[38]。〈郷族〉に対する同様の見解は「中華ソヴィエト共和国土地法」に基づく土地革命の実践の過程においても屢々提出されてくる。

「中華ソヴィエト共和国土地法」の公布からほぼ一年の後、一九三二年十二月に出された「福建省ソ報告（福建省蘇報告）」は、「土地法の施行がきわめて不十分であり」かつ「各級政府が積極的に土地検査を行っていない」ことを指摘している[39]。ここに見える「土地検査」とは、土地法施行の不徹底を是正するために福建西部地区に行われたものであった。この年の七月十三日の福建ソヴィエト政府「土地検査条例（検査土地条例）」は、前文において、地主・富農が「旧来の封建的な房族・親戚の勢力」に依拠して強引に土地分配に与っていることを述べるとともに、(40) 第九条の「土地検査および土地補分の手続」の項目でも、

土地検査のときには、地主・富農と妥協するという観念（例えば、親戚・房族関係によって……《ママ》敢えて詳しく検査しないなど）を打破しなければならず、同時に地主・富農を恐れるという観念（地主・富農の恫喝を受けるなど）をも打破しなければならない。

と規定している。(41) 土地法を実施するという段階で「親戚・房族関係」の影響のもとに土地革命が徹底化しえないという事態が現出していたのであった。

また、江西地区について、一九三二年五月の「江西ソ区中央省委工作総括報告（江西蘇区中央省委工作総結報告）（一・二・三・四月総報告）」は、当該地域における「農民の氏族観念は特に濃厚であり、同じ姓族の豪紳・地主・富農に対して妥協を示し、同時に過去の大姓が小姓を圧迫するという伝統は、現在に至っても依然として数多くのソ区に存在している」と記述している。(42) この報告では、如上の記載に続いて、土地革命の過程で「封建制度のもとでの社会意識」或いは「遅れた意識」が克服されつつあることが指摘されているが、しかしながら、こうした観念・意識は当該ソヴィエト区に厳然と存在していたのであり、現実に、この年の四月、寧都県青塘区において「大姓が優良地を分配され、小姓が劣等地を分配される」という偏向的事態の発生が報告されていた。(43)

その後、土地革命の不徹底な地域における「土地法の厳格な施行と階級の精密な区分」を目的として、(44) 一九三三年六月に査田運動が開始された。六月一日付の中華ソヴィエト共和国中央政府人民委員会（主席毛沢東）の訓令十一号「広汎で深く掘り下げた査田運動を実行しよう（実行広泛深入的査田運動）」は、以後の査田運動展開の嚆矢となった文書であるが、そこでは具体的な運動方針（全十二項目）の一つに「遅れた区・郷」、特に「大きな村」において「その

村の貧困な大衆」の「その村の地主・富農」に対する階級闘争が査田運動の必須条件として提示されており、また「氏族・地方闘争」が査田運動を阻害するものと規定されたのであった[45]。

六月から九月にかけて、査田運動は大いなる高まりを見せたが、その間、一貫して運動の領導的役割を果たしたのは毛沢東であった。六月十七日から二十日まで中央政府によって開催された、瑞金・会昌・雩都・勝利・博生・石城・寧化・長汀の八県の区以上ソヴィエト責任者査田運動大会の席上、毛沢東は〈郷族〉問題との関連でも興味深い内容を含む、二つの報告を行っている。一つは六月十八日の「査田運動は広大な区域内の中心的かつ重大な任務である（査田運動是広大区域内的中心重大任務）」であり、いま一つは六月二十一日の「八県の区以上ソヴィエト責任者運動大会で承認された結論（八県区以上蘇維埃負責人員査田運動大会所通過的結論）」である。

前者では、まず土地革命の進展の度合によって①「闘争の深まった地域」、②「闘争の比較的遅れている地域」、③「新たに発展してきた地域」という区分がなされている。そして②に見られる状況として「革命的な農民大衆と仮面をつけた地主・富農分子との闘争」には「一種の特別な困難」が存在しており、農村社会の強固な「封建関係」「氏族関係」等によって「農民大衆の階級的な自覚度の点で、すべての者に、最終的には封建的残存物を一掃しなければならないことを認識させるのは容易なことではない」と指摘されている[46]。そうした実状を踏まえて、後者では、次のような具体的な戦術が提起されたのであった。

(a)　すべての発生しえる氏族・地方闘争を回避しようとするならば、すべての力を結集して地主・富農に対する闘争を展開しなければならない。従って、本村・本姓の貧困な大衆を動員して本村・本姓の地主・富農を徹底的に検査させることは、査田運動における重要な戦術である[47]。

(b)　過去に両姓闘争が発生した地域では、両姓の大衆の代表会議において、「団結公約」を取り結び、互いに過去の誤りを認め合い、ともに階級闘争を過去の両姓闘争に代えることを約束させるべきである。[48]

(a)の記載は、先の「広汎なかつ深く掘り下げた査田運動を実行しよう」の内容を、より明確化したものであるといえよう。ここでは〈郷族〉というベールに覆われた地主・富農と農民との間の階級矛盾を顕在化させるために「本村・本姓の貧困な大衆」による「本村・本姓の地主・富農」の「清査」が提唱されている。[49]だが、地主・富農に対する「清査」を行うためには「本村・本姓の貧困な大衆」の糾合・団結が必須の条件であり、それはまさに〈郷族〉を媒介としてなされるものではなかったか。他方、(b)においても「両姓の大衆」を団結させる前段階にはそれぞれの〈郷族〉における農民の団結が必要とされたであろう（「両姓の大衆の代表会議」の設定は各姓の「代表」の選出を前提とする）。すなわち〈郷族〉は「農民の氏族観念」や「氏族・地方闘争」と表現された〈革命の桎梏〉として現出する一方で、農民の団結・組織化をもたらす〈革命の紐帯〉としての一面をも有していたのではなかろうか。

この点に関連して、時期的には些か遡るが、一九二八年—二九年の段階において土地革命を実践した福建西部地区永定県の次のような状況を、孔永松・邱松慶両氏は紹介されている。[50]

永定の大地主廖鏡波は、同姓すなわち同宗の族号を掲げて土地分配を阻止しようとした。……封建的宗派を利用して破壊を行う階級敵に対して、ソヴィエト政府は面と向かった闘争を敢行させた。例えば、大地主廖鏡波が宗族関係を利用してデマをとばし、大衆を惑わして土地分配を阻止しようとしたとき、広汎な大衆は彼を詰問した。「おまえ廖鏡波の姓は廖であり、われわれも姓は廖である。それなのに、どうして収租のときに一粒の穀米も負けなかったのか。あのときどうして同姓・同宗であることを持ち出さなかったのか」と。

一方で、地主の側が〈郷族〉（「封建的宗派」「宗族関係」）を利用して土地革命に対する妨害活動を展開しており、他方、農民の側は〈郷族〉（「同姓・同宗」）そのものを逆手にとった反地主闘争を敢行していたのである。また、同じ地

区における一九二八年六月の〈永定金砂暴動〉並びにその後の土地革命を領導した張鼎丞は、当時を回顧して、
　こうした姓氏紛争と地方闘争とは、われわれが大衆を獲得するための大きな障害であり、また大衆が切実に解決を求める問題でもあった。……当時、各階層の大衆が党のスローガンを受け入れやすくするために「郷党で和し、宗族で睦まじくする（和郷党、睦宗族）」を掲げて調停のスローガンとした。このスローガンは、宗族社会の守旧思想をもつ人にとって受け入れやすいものであった。しかし、これは古い形式を利用しただけであり、その内容と目的とは大衆を獲得するためのものであった。

と述べている。[51]土地革命を行うにあたって「和郷党、睦宗族」というスローガンが唱道されているように、現実に〈郷族〉を媒介とした大衆の獲得が図られていたのである。

　ところで、上述の八県の区以上ソヴィエト責任者査田運動大会以後も、中央政府ないしは江西ソヴィエト政府主催の貧農団大会・ソヴィエト責任者大会・経済建設大会が開かれ、査田運動は急速な展開を遂げていった。[52]しかしながら、こうした査田運動の過程においても〈郷族〉の〈革命の桎梏〉としての側面は十分に克服されることはなかったのである。

　一九三三年八月の「査田運動の初歩的総括（査田運動的初歩総結）」のなかで、毛沢東は地方の党・ソヴィエト指導層における「厳重な錯誤」として、次の点を指摘している。すなわち、査田運動の高まりのなかで「彼らは姓族および地方の関係を破棄することができず、同姓・同村の地主・富農分子を庇った」と。[53]また、具体的な実例としても、いくつか報告されている。石城県では、査田運動の進捗状況がきわめて遅く、なおかつ「県ソ主席鄧海如は、地方観念・姓氏観念が非常に濃厚であり、本姓・本地の地主・富農を庇護し、査田運動に対して動揺を表している」という事態も発生していた。[54]尋鄔県の澄江区でも、地主・富農が「宗族姓氏観念を利用して、同姓の中農・貧農を籠絡・欺

瞞している」とともに「区ソの査田運動に対する指導が、地域的境界・姓氏的観念について動揺を来している」ことが指摘されている[55]。

以上のように、「中華ソヴィエト共和国土地法」以後における土地革命の実践（査田運動も含む）の過程で〈郷族〉の存在は〈革命の桎梏〉としての面に大いなる注意が払われるとともに、その〈桎梏〉が容易には克服・否定しえないものであることが屡々指摘されていた。しかしながら、その一方で〈郷族〉自体は革命のために農民を糾合し、団結させる〈革命の紐帯〉としての一面をも有していたのである。従って、土地革命に対してプラス・マイナスの両面性をもつ〈郷族〉の存在は、土地革命の実践によって、全面的に否定・解体すべきものとは捉えられなくなっていたのではなかろうか。この点に関連して、最後に、査田運動の展開に一つの画期をもたらした、一九三三年十月十日付の中央政府人民委員会「土地闘争中のいくつかの問題についての決定（関於土地闘争中一些問題的決定）」の「公堂の管理（管公堂）」の記載に注目しておきたい。

上述の八県の区以上ソヴィエト責任者査田運動大会で採択された毛沢東「どのように階級を分析するか（怎様分析階級）[56]」と「土地闘争中のいくつかの問題についての決定」とは、査田運動の過程における最も重要な文書である。前者では、周知のとおり、地主・富農・中農・貧農・雇農（「工人」）という五つの階級区分および各階級の定義がなされているが、「公堂の管理」については地主・富農の両者における「搾取方式」の一つとして記されているだけであった[57]。他方、前者を踏まえて「さらに具体的、詳細に規定」された後者では「公堂の管理」として独立の項目が立てられ、次のように記述されている[58]。

公堂の管理は一種の搾取行為である。但し、地主・富農・資本家による公堂の管理と、工・農・貧民による公堂の管理との違いを区別しなければならない。

［註］　各種の祠廟・会社の土地・財産を管理することを、公堂の管理と呼ぶ。公堂の管理は疑いもなく搾取の一種であるが、特に地主階級および富農は公堂を利用して大量の土地・財産を集積しており、それが搾取の主要な方式の一つになっている。およそ、こうした少数の者によって大量の搾取収入が独占・支配されている公堂の場合、公堂を管理する行為は、当然、管理者の階級成分を構成する一つの要素である。但し、一部の小さな公堂は工・農・貧民大衆によって輪番で管理されており、搾取量もきわめて少なく、従って、管理者の階級成分を構成する一つの要素とすることはできない。一部の人は公堂を管理しただけですべて地主・富農ないし資本家であると考えているが、それは誤りである。

ここでは、本文・註ともに傍点部分に注目したい。「公堂」と表現された「祠廟・会社の土地・財産」が完全に搾取の対象として地主・富農によって管理される存在であるばかりでなく、それとは截然と異なるものとして「工・農・貧民による公堂の管理」の存在自体が明確に規定されているのである。「公堂の管理」の規定は、まさに土地革命の実践のなかから確立されてきたものであり、「中華ソヴィエト共和国土地法」第六条の公田認識は、ここに至ってより明確で具体的なかたちとなって現出していたのであった。

おわりに

以上、本章では、江西南部・福建西部地区における土地革命と〈郷族〉との関連という問題を、一九二七年から一九三三年までの時期に限定して若干の考察を行ってきた。

ここで、当該時期の土地革命における〈郷族〉の土地所有、すなわち公田の処理という課題に直接的に反映された、中国共産党の土地政策における公田認識の変遷をまとめるならば、およそ次の三つの段階に分けることができよう。

(Ⅰ) 一九二七年十一月の「中国共産党土地問題党綱草案」および一九二八年六月の「土地問題についての決議」から一九三〇年五月の「土地暫行法」および同年八月の「ソヴィエト土地法」までの段階

公田は「陳腐かつ劣悪な土地制度」であり、地主所有地と同様に、地主・豪神による農民搾取の物的基盤である。

(Ⅱ) 一九三一年十一月の「中華ソヴィエト共和国土地法」の段階

公田は地主所有地とは異なって農民自身が関わりをもつものであり、公田に対する農民の「宗教的感情」に配慮する必要がある。

(Ⅲ) 一九三三年十月の「土地闘争中のいくつかの問題についての決定」の段階

公田（「公堂」）には地主・富農が管理するものと農民が管理するものとがあって、両者は截然と異なるものであり、後者における搾取の側面はきわめて小さい。

こうした(Ⅰ)→(Ⅱ)→(Ⅲ)という変遷は、まさに当該期における土地革命の実践によって将来されたものと思われるが、(Ⅲ)の段階における公田認識を敷衍するならば、農民の管理する公田の場合、土地革命の展開のなかで地主の所有地と同様に没収の対象とされたとは考えられず、何らかの別の措置が取られたのではなかろうか。すなわち、この段階の土地革命では、〈郷族〉の全面的な解体は志向されていなかったと理解することができよう。

最後に、所論の〈郷族〉或いは公田の問題を、一九五〇年段階の新解放区の土地改革との関連において少しく展望しておきたい。一九五〇年六月三十日に公布された「中華人民共和国土地改革法」では、第二条の「地主の土地」の「没収」に対して、第三条の「祠堂・廟宇」等の「公地」の「徴収」が規定されているが[59]、天野元之助氏はこの「没収」と「徴収」との違いのなかに「共同の敵に対してと、然らざるものに対する慎重な政治的ふくみ」の存在を見出されたのであった[60]。こうした公地に対する配慮について、福建省を含む華東区の土地改革の実施にあたって一九五〇年七月二十三日に発表された、華東軍政委員会の主席饒漱石の「華東の土地改革を完成させるために奮闘しよう（為完成華東土地改革而奮闘）」では、次のように記述されている[61]。

華東の公地は比較的多く（調査によれば、華東各地の公地は一般には全耕地の一〇〜一五%前後を占めており、多いところでは二〇%以上に達するものがある）、まさに「土地改革法」第三条の規定に基づいて処理すべきである。宗教の土地および宗族の土地を処理するときは、必ずや人民の宗教的感情と宗族的感情とに配慮しなければならない。……宗族所有の土地を分配するときは、まさに本族農民の意見を尊重するように心がけ、併せて適度に本族の土地のないか土地の少ない農民の要求に配慮すべきである。

ここでは、まさに「中華ソヴィエト共和国土地法」第六条が「宗族の土地」に対する「宗族的感情」への配慮という、より明確なかたちで継承されており、その後、同年十一月二十六日付の華東軍政委員会「華東土地改革実施辦法の規定（華東土地改革実施辦法的規定）」のなかに反映されているのである。すなわち、当該規定の「土地改革法」第三条に関する項目には、

族田を徴収・分配するときは、まさに本族農民の意見を尊重するように心がけ、併せて適度に本族の土地のないか土地の少ない農民の要求に配慮すべきである。少量の祭田を酌留するか否かについては、本族農民が自ら協議して処理しても構わない。

という記載が存在する[62]。前半部分は明らかに族田に対する〈郷族〉の農民の所有意識に配慮すべきことを述べたものであり、それはまさに、そうした所有意識をある程度は容認するものであった。さらに、後半部分では「少量の祭田」

の存続が農民の意思に委ねられているのであり、こうした内容が法的効力をもつ当該規定のなかに明記されたこと自体、取りも直さず、土地改革における〈郷族〉の解体がきわめて不完全なかたちでしか行われえなかったことを表しているといえよう。

一九二〇年代末期から一九三〇年代初期までの土地革命と〈郷族〉との問題は、一九五〇年期の土地改革においても継承されていたのであり[63]、長期にわたる変革の時代を経過しながらも、〈郷族〉という存在は様々な形態をとりつつ、その後の中国農村社会のなかに残存していったのではなかろうか。

註

（1）傅衣凌「明清時代福建佃農風潮考証」同『明清農村社会経済／明清社会経済変遷論』〈傅衣凌著作集〉、中華書局（北京）、二〇〇七年、所収（原載は同『福建佃農経済史叢考』協和大学中国文化研究会（邵武）、一九四四年、所収）、同「論郷族勢力対於中国封建経済的干渉——中国封建社会長期遅滞的一個探索——」同『明清社会経済史論文集』〈傅衣凌著作集〉、中華書局（北京）、二〇〇八年、所収（原載『厦門大学学報』〈社会科学版〉、一九六一年三期）、同「明清封建各階級的社会構成」同、前掲『明清農村社会経済／明清社会経済変遷論』所収（原載『中国社会経済史研究』一九八二年一期）、等。また、森正夫「「郷族」をめぐって——厦門大学における共同研究の報告——」同『森正夫明清史論集』二巻〈民衆反乱・学術交流〉、汲古書院、二〇〇六年、所収（原載『東洋史研究』四四巻一号、一九八五年）、参照。

（2）傅衣凌、前掲「中国封建各階級的社会構成」二四四頁。

（3）同前、二四三頁。

（4）加藤祐三『中国の土地改革と農村社会』アジア経済研究所、一九七二年、一四一頁。

（5）『毎日新聞』一九八〇年六月十四日（朝刊）「「近代化」にくすぶる迷信——広東省で〈神おろし〉騒動——」。

（6）石田浩「非西欧世界における社会革命の意義——中国農村社会の分析を通じて——」『農林業問題研究』五〇号、一九七八年、四〇頁。

（7）土地革命に関するわが国の研究としては、取りあえず、以下のものを挙げることができる。天児慧「土地革命と毛沢東――一九二九―三〇年赤色根拠地における土地闘争を中心として――」『一橋研究』一巻一号（通巻三一号）、一九七六年、同「瑞金時代に関する一考察――農村革命の展開と土地革命政策をめぐる党内闘争――」『社会経済史学』四二巻三号、一九七六年、今堀誠二「瑞金政権時代における工農兵ソビエトの土地革命と階級分析」同『毛沢東研究序説』勁草書房、一九六六年、所収、太田秀夫「「中華ソヴェート共和国土地法」の形成過程――山本秀夫説の批判的検討――」『歴史評論』三一九号、一九七六年、同「毛沢東の土地政策と富田事変」芝池靖夫編『中国社会主義史研究――中国解放区研究序説――』ミネルヴァ書房、一九七八年、所収、同「江西ソヴェート期における毛沢東の土地政策」『研究紀要』〈鹿児島短期大学〉二一号、一九七八年、北田定男「江西ソヴェトにおける反羅明路線闘争」『アジア研究』二〇巻三号、一九七三年、小島朋之「地方指導者としての毛沢東――一九三〇年末の富田事件――」同『中国政治と大衆路線――大衆運動と毛沢東、中央および地方の政治動態――』慶應通信、一九八五年、所収、蜂屋亮子「中国共産党蘇区中央局の成立と毛沢東」『アジア研究』一七巻一号、一九七〇年、同「中国革命軍事委員会の〈土地法〉について」『近代中国研究センター彙報』一四号、一九七〇年、宮坂宏「査田運動と毛沢東――土地革命とソヴェト建設についての毛沢東路線をめぐる一考察――」『社会科学年報』一一号、一九七七年、毛里和子「江西ソヴェト期の土地革命――査田運動が生みだしたもの　査田運動が残したもの――」『アジア研究』一九巻四号、一九七三年、山本秀夫「中国土地立法の史的考察――土地国有制原則から農民的所有原則へ――」『農業総合研究』一五巻三号、一九六一年、同「中国共産党土地綱領の分析」同『中国の農村革命』東洋経済新報社、一九七五年、所収（原載は、山本秀夫・野間清編『中国農村革命の展開』アジア経済研究所、一九七二年、所収）、等。本章は、これらの研究の成果に負うところきわめて大きい。

（8）公田については、取り敢えず、毛沢東「尋鄔調査」（一九三〇年）『毛沢東農村調査文集』人民出版社（北京）、一九八二年、一〇六―一〇八頁、所収、参照。

（9）「閩西第一次工農兵代表会議宣言」一九三〇年三月二十四日、江西省檔案館・中共江西省委党校党史教研室編『中央革命根拠地史料選編』（以下『史料選編』と略称）下、江西人民出版社（南昌）、一九八二年、所収、四三頁。
（10）陳誠「長汀県委工作報告」一九三〇年七月、『史料選編』上、江西人民出版社（南昌）、一九八二年、所収、二八七頁。
（11）「江西蘇区中共省委工作総結報告（一・二・三・四月総報告）」一九三二年五月、『史料選編』上、四四五頁。
（12）前掲『毛沢東農村調査文集』一〇五頁および一九九頁。
（13）山本秀夫、前掲「中国共産党土地綱領の分析」一一〇頁。
（14）陳翰笙・薛暮橋・馮和法編『解放前的中国農村』（以下『中国農村』と略称）一輯、中国展望出版社（北京）、一九八五年、一八頁。また、日本国際問題研究所中国部会編『中国共産党史資料集』（以下『党史資料集』と略称）三、勁草書房、一九七二年、四〇四頁、参照。
（15）『中国農村』一輯、二七頁。また『党史資料集』四、勁草書房、一九七三年、五四頁、参照。
（16）地主所有地については「中国共産党土地問題党綱草案」の当該条項の第一条および「土地問題についての決議」の「土地綱領」第二条に規定されている。
（17）『中国農村』一輯、一三頁。また『党史資料集』三、三九六頁、参照。
（18）『党史資料集』四、三九頁。
（19）『中国農村』一輯、二〇頁。また『党史資料集』四、四〇頁、参照。
（20）前掲『毛沢東農村調査文集』三五頁。
（21）同前、四〇頁。
（22）同前、三八頁。
（23）『史料選編』下、三六八頁。孔永松・邱松慶「略論閩西革命根拠地的創建」『党史研究』一九八二年二期、五六頁によれば、中共閩西一大で確立された土地革命の方針によって、ごく短期間のうちに長汀・龍巖・永定・上杭・連城の各県で約八十万の「貧苦農民」が土地を獲得したという。
（24）『史料選編』下、三七七頁。なお、ここでは「土地法（一九三〇年二月七日）」と記されているのみであるが、その日付および全四章・全三十三条の構成からして「贛西南蘇維埃政府土地法」であると思われる。太田秀夫、前掲「毛沢東の土地政策と富田事変」九一頁、および金徳群「中央革命根拠地在一九二九―一九三一年間土地革命的情況」『歴史教学』一九八二年二期、参照。

(25)『史料選編』下、四一五頁。また『党史資料集』四、六一三頁、参照。「ソヴィエト土地法」の公布年月については、蜂屋亮子、前掲「中国革命軍事委員会の〈土地法〉について」二頁において「一九三〇年六・七月から八月の間」と推定されているが、『史料選編』では一九三〇年としか記されておらず、また韓延龍・常兆儒編『中国新民主主義革命時期根拠地法制文献選編』(以下『法制文献選編』と略称)四、中国社会科学出版社(北京)、一九八四年、一〇頁では、同年六月とされている。しかし、孔永松・邱松慶『閩西革命根拠地的経済建設』福建人民出版社(福州)、一九八一年の末尾に附された「大事記」一一〇頁では、一九三〇年八月の公布とされており、朱成甲編『中共党史研究論文選』中冊、湖南人民出版社(長沙)、一九八三年、所収の郭徳宏「第二次国内革命戦争時期党的土地政策的演変」、梁尚賢「第二次国内革命戦争時期土地革命路線的形成過程」および金徳群「第二次国内革命戦争時期分配土地的標準問題」でも八月説が採られている。

(26)『法制文献選編』四、七頁。また『党史資料集』四、六一〇頁、参照。

(27)山本秀夫、前掲「中国共産党土地綱領の分析」一三五頁。

(28)天児慧、前掲「瑞金時代に関する一考察」四三―四四頁。

(29)『史料選編』下、四六〇頁。また『党史資料集』五、勁草書房、一九七三年、四六九頁、参照。

(30)『史料選編』下、四五九頁。また『党史資料集』五、四六八頁、参照。

(31) Hsiao, Tso-liang, *The Land Revolution in China, 1930-1934 : A Study of Document*, University of Tokyo Press, Tokyo, 1969, p. 54.

(32)村田陽一編訳『コミンテルン資料集』(『コミンテルン』と略称)五、大月書店、一九八二年、二二五頁。また『党史資料集』五、三八頁、参照。本文引用の訳文は前者によった。[　]内は引用者の註記。

(33)当該文献の成立時期について『党史資料集』五、四四頁では八月説が、『コミンテルン』五、五七八頁では「一〇月ごろ」

という説が採られている。

(34)『コミンテルン』五、二七〇頁。また『党史資料集』五、五〇―五一頁、参照。引用の訳文は前者によった。

(35)『毛沢東選集』第一巻、人民出版社（北京）、一九七四年、六八・七三頁。

(36)同前、六八頁。

(37)前掲『毛沢東農村調査文集』二七六頁。

(38)〈革命の桎梏〉という表現は、石田浩氏が前掲「非西欧世界における社会革命の意義」四〇頁において使われたものである。

(39)『史料選編』下、二五二―二五三頁。

(40)『史料選編』下、四七四頁。

(41)『史料選編』下、四七六頁。

(42)『史料選編』上、四四五頁。

(43)張談高「反対脱離階級的寧都政府的工作路線」『紅色中華』一七期、一九三二年四月十三日、および柏台「寧都蘇維埃工作之一班」『紅色中華』一八期、一九三二年四月二十一日。

(44)毛利和子、前掲「江西ソヴェト期の土地革命」六二頁。

(45)『史料選編』下、四七九頁。また『党史資料集』六、勁草書房、一九七三年、二九八頁、参照。なお、前者では標題が「中央政府関於査田運動的訓令」とされている。

(46)『紅色中華』八六期、一九三三年六月十七日。また『党史資料集』六、三一五頁、参照。

(47)『史料選編』下、四八七頁。また『党史資料集』六、三二〇頁、参照。

(48)『史料選編』下、四八九頁。また『党史資料集』六、三二二頁、参照。

(49)天児慧、前掲「瑞金時代に関する一考察」五三頁、参照。

(50)孔永松・邱松慶、前掲『閩西革命根拠地的経済建設』二三―二四頁。

(51)張鼎丞『中国共産党創建閩西革命根拠地』福建人民出版社（福州）、一九八二年、八―九頁。

(52)『党史資料集』六、四九五―四九六頁の「編註」。
(53) 毛沢東文献資料研究会編『毛沢東集』三、蒼蒼社、一九八三年、三四六―三四七頁。
(54) 卓夫「石城県八月分査田運動総結――従思想闘争中取得勝利――」『紅色中華』一一一期、一九三三年九月二十一日。
(55) 賀堅「辺区熱烈進行査田運動」『紅色中華』一一八期、一九三三年十月十二日。
(56) Hsiao, op. cit., p.103.
(57)『法制文献選編』四、六五―六六頁。また『党史資料集』六、三三九―三三〇頁、参照。
(58)『史料選編』下、五二七頁。また『党史資料集』六、四二〇―四二一頁、参照。
(59) 中南区軍政委員会土地改革委員会編『土地改革重要文献与経験彙編』上冊、同委員会、一九五一年、二六頁。また、日本国際問題研究所中国部会編『新中国資料集成』三巻〈一九四九年一〇月―一九五二年〉、日本国際問題研究所、一九七二年、一三一頁、参照。
(60) 天野元之助『中国の土地改革』アジア経済研究所、一九六二年、七九頁。
(61) 華東軍政委員会財務委員会編『華東区財政経済法令彙編』下冊、華東人民出版社（上海）、一九五一年、一九九〇頁。
(62) 前掲『華東区財政経済法令彙編』下冊、一九八一―一九八二頁。
(63) 野間清「第三次国内革命戦争期および一九五〇年期の土地改革」山本秀夫・野間清編、前掲『中国農村革命の展開』所収、一五八頁および一九二―一九三頁、参照。

【補記】

原載は、菊池英夫編『変革期アジアの法と経済』〈昭和五十八―六十年度科学研究費補助金（一般研究A）研究成果報告書〉、一九八六年、所収である。ここでは、四半世紀以上も過去となった原載発表時以降に公刊された、本章の内容と特に関連する論著（日文のみ）を挙げることにしたい。

小林一美『中共革命根拠地ドキュメント――一九三〇年代、コミンテルン、毛沢東、赤色テロリズム、党内大粛清――』御茶の水書房、二〇一三年。

高橋伸夫『党と農民――中国農民革命の再検討――』研文出版、二〇〇六年。

鄭浩瀾『中国農村社会と革命――井岡山の村落の歴史的変遷――』慶應義塾大学出版会、二〇〇九年。

山本真「福建西部革命根拠地における社会構造と土地革命」『東洋学報』八七巻二号、二〇〇五年。

山本真「革命と福建地域社会――上杭県蛟洋地区の地域エリート傅柏翠に着目して（一九二六―一九三三）――」『史学』七五巻四号、二〇〇七年。

第七章　一九五〇年期福建の土地改革と公地・公田

はじめに

本章は、中華人民共和国の成立から程なくして、一九五〇年六月三十日に公布された「中華人民共和国土地改革法」（以下、「土地改革法」と略称する）に基づいて実施された新解放区の土地改革をめぐって、特に華東軍政委員会の管轄下にあった福建省の土地改革と宗族的土地所有との関連について考察しようとするものである。標題にいう「公地」或いは「公田」とは、個々の地主・農民による所有地とは別に、農村社会に存在した共有地を表す呼称であるが[1]、福建においては族田・祭田・祠田・蒸嘗田・太公田等、さまざまな名称で呼ばれた宗族の共有地が圧倒的多数を占めていた[2]。

実質的には一九七九年以降、改革・開放政策が実施されるにともない、早くも八〇年代初期には華中・華南の各地で宗族の〈復活〉が伝えられていた[3]。八〇年代の後半には、わが国でも内戦期から一九五〇年期までの土地改革によって伝統的農村社会が〈解体〉されたという通説に対して疑義が提出され、「伝統農村がどのように変わり、あるいは変わらなかったのか」という問題提起がなされるようになっていた[4]。そうした状況のもとで筆者は、一九二〇年代末から三〇年代初にかけて、贛南（江西南部）・閩西（福建西部）に展開した革命根拠地（ソヴィエト区）における中国共産党の公田をめぐる土地政策の変遷と土地革命の実践との考察を通じて、第一に、公田に対する党の認識が、地主・豪紳による農民搾取の物的基盤から農民自身が宗族を媒介して何らかの関わりをもつものへと変化したこと、第二に、宗族的結合の存在が、容易に克服することのできない〈革命の桎梏〉として注意が払われると同時に、農民を糾合・団結させる〈革命の紐帯〉としての側面を有していたことを指摘した。さらに、一九五〇年の段階においても、宗族の〈解体〉が不完全なものでしかなかったのではないか、という推定を行った。[5]

その後、閩西革命根拠地に関連するものでは、二〇〇〇年代に入ると、高橋伸夫氏が、閩西における共産党の農村社会への浸透をめぐって、宗族結合の強い当該地域における党工作の困難性と「土地改革」の限界性とを強調するとともに、やむを得ざる状況のもとで共産党は「伝統文化の少なくとも一部を意図的に温存した」と指摘されたのであった。[6] また山本真氏は、土地革命期から四〇年代に至る時期の閩西農村地域に関する一連の研究によって、同族意識と階級原理との矛盾の具体的な有りようを提示し、さらには宗族社会の革命・改革をめぐるオルタナティヴの可能性をも明らかにされている。[7] さらに小林一美氏は、一九三〇年の〈富田事件〉に代表される「党内粛清」が特に宗族地帯としての客家地区の公田没収政策ときわめて関連性が高いことを論じられたのであった。[8] 閩西以外では、江西・湖南の省境に位置する井崗山地域の農村社会を対象として、近年、鄭浩瀾氏は「革命も宗族を排除することができず、むしろそれを基盤に展開していた」と指摘されている。[9]

一方、解放後の土地改革に関する研究史を振り返ると、改革内容が「相対的に穏健」であったこともあり、[10] 七〇年代までの研究は内戦期のそれと比較して、量的には稀薄であったといえよう。また、土地改革を歴史的に評価するに際しても、〈封建的土地所有制〉の解体と農民の〈封建的搾取〉からの解放とが自明のこととされ、いわば〈変革〉

の内実についてはあまり問題とされてこなかったように思われる。[11]しかしながら、一九八七年における川井伸一氏の研究は、広東の土地改革を対象に、宗族社会との関連できわめて注目すべき見解を提出されたのであった。すなわち、第一に、強固な宗族結合が存在する広東では、土地改革の過程で「階級的組織化」を行うことは現実的に「困難」であったこと、第二に、族田の「徴収」という側面では「宗族集団」に対する配慮が見られ、党自体も華北に比べて、より「慎重な態度」を取っていたことである。そして、さらには土地改革の後も宗族関係は「根強く存続した」という見通しを述べられたのである。[12]九〇年代以降、福建についても主に実地調査のデータに基づき、同様の見解が発表されている。代表的なものとして、土地改革は「同族結合を解体するほど大きな変革ではなかった」という石田浩氏の研究、および土地改革の裏側で「宗族意識は存続し、形を変えて働き続けた」と述べる阮雲星氏の研究を挙げることができる。[13]さらに、近年では個々の地域に密着した新たな視座が提起されており、例えば、土地改革と日中戦争・国共内戦による「戦時体制」との直接的な関係、或いは土地改革の「戦後処理」的側面についても、研究の眼差しが向けられているといえよう。[14]

以上の研究史的状況を踏まえて、本章では主として、福建の土地改革において宗族的土地所有を中心に構成されていた公地・公田がどのように捉えられ、どのように処理されたのか、という問題について考察することにしたい。こうした問題の設定を行う理由の一端は、次のような「土地改革法」第三条の文言にある。[15]

祠堂・廟宇・寺院・教堂・学校と団体の農村に所在する土地およびその他の公地を徴収する。

同法第二条では「地主の土地」について「没収」と規定されているのに対して、「祠堂」の土地、すなわち族田については、同法第六条に規定された「富農」および「半地主式富農」の「出租地」と同様に「徴収」の対象とされているのである。「没収」と「徴収」との違いについては、夙に天野元之助氏が「共同の敵に対してと、然らざるものに対する慎重な政治的ふくみを考慮している」と指摘されている[16]。天野氏のいう「慎重な政治的ふくみ」にはどのようなことが含意されているのであろうか。同じく「徴収」の対象とされた富農の問題については、土地革命期以降、一九五〇年期に至るまで一貫して土地改革研究の中心的主題の一つとされてきた[17]。その一方で、新解放区の族田の問題については、上述の川井氏の研究を除いて、わが国ではほとんど顧みられることはなかったのである[18]。本章が解放後の華東区の中でも、特に宗族的土地所有が広汎に展開していた福建省を考察の対象として公地・公田の問題を取り上げる所以である[19]。

一　福建における土地改革の概況

本節ではまず、福建における一九四九年の解放から土地改革の終結に至る過程について概観することにしたい。

人民解放軍が一方では江西省の上饒・鉛山を経て、もう一方では浙江省の江山を経由して、二方面から福建省へ入ってきたのは一九四九年五月九日であった。その日のうちに、最寄りの崇安県城、或いは浦城県城を解放し、その後、五月から七月にかけて、閩北（福建北部）では建陽・南平・邵武・順昌、閩東（福建東部）では福鼎・霞浦・福安等、各県城の占領・解放を経て、八月中旬には福州に近接する連江（北東）・閩清（北西）・福清（南西）各県の三方向から福州を目指したのであった。そして、八月十七日には、遂に省会福州市を解放したのである。解放軍は続いて、沿海地域を閩南（福建南部）方面へと進軍し、二十日には莆田、三十一日には晋江を経て、十月一日の中華人民共和国の建国を挟み、同月十七日には厦門市へと至った。また、別部隊は各方面に展開し、ほとんどの県城は同年中に解放されたが、江西との省境に近く、閩北・閩西の中間に位置する泰寧・建寧・光沢の各県城の解放は、五〇年の二月上旬から中旬まで遅れたのであった[20]。

その間、福州が解放されて間もなく、四九年八月二十四日には福建省人民政府が成立し、永定県出身で閩西革命根拠地の党指導者であった張鼎丞が主席として就任した。また、その翌日には、中国共産党福建省委の機関誌として『福建日報』が創刊された[21]。

一九四九年十一月六日、党省委によって「如何に具体的に華東新区農村減租暫定条例を執行するかについての指示（関於如何具体執行華東新区農村減租暫行条例的指示）」が出され、その翌日「華東新区農村減租暫定条例（華東新区農村減租暫行条例）」を福建に適用するという省人民政府の布告によって、減租政策は福建全域で実施されることになった[22]。この時期の減租政策は、一般に「封建的搾取」を軽減し、「封建勢力」を弱体化させ、土地改革のための実行条件を準備するのが目的であったが、福建でも他の地域と同様に「剿匪」「反覇」「征粮」と結合して行われたのである[23]。他方、十月三十一日に、福州市に隣接する林森県（閩侯県）で農民協会籌備委員会が成立したのを皮切りに、翌年の四月にかけて、福建各地では県レヴェルの農民代表会議が開かれ、農協籌委会を経て農民協会が陸続と成立した[24]。そうした状況をうけて、一九五〇年六月二十五日から七月五日にかけて、第一回福建省農民代表会議が福州で開催され、七月六日には省農民協会が正式に発足したのである[25]。また、前年の十二月から翌一月にかけて、周寧・古田・林森・建陽・同安等の各県では、いわゆる〈悪覇〉に対する闘争大会が開かれ、なかでも林森県の「大悪覇地主」で「鰲裏金」という渾名の附けられた孫亨梧は、一九五〇年八月五日に福州市人民法院の判決によって死刑に処せられたのであった[26]。

さて、一九五〇年六月三十日に「土地改革法」が公布された後、華東区各地には同年九月十五日付で、華東軍政委員会による「華東土地改革実施辦法の規定（華東土地改革実施辦法的規定）」が通達された。福建でも、九月二十五日に

「福建人民政府通令」が出され、各種メディアを通じて省内全域に伝えられたのである。[27]その後、十一月二十六日に至って、当該「規定」は中央人民政府政務院の批准を経て正式に公布された。[28]福建では、これより以前の八月中旬から土地改革の第一段階に位置づけられる〈典型試験〉が始まっていた。その地域は、福州周辺の閩侯・福清・長楽・閩清・連江・羅源の六県七郷であった。[29]そうして、同年十二月以降、本格的な土地改革が展開されたのである。

福建省全体を俯瞰した場合、土地改革は三期に分けて実施された。第一期は、一九五〇年十二月から五一年の〈春耕〉前までの期間で、沿海の「平原地区」を主な対象として、全省の四三・三％の「郷」で行われた。[30]第二期は、五一年の〈春耕〉後から始まり、農作業の間隙を利用して行われ、同年の〈秋収〉前には終了した。この時期に実施された地域の多くは「山区」「林区」であり、他に「漁区」「塩区」が含まれていた。全省の四二・六％の「郷」が対象になったという。最後に、第三期であるが、五一年の〈秋収〉後から五二年の〈春耕〉前までの期間、交通の便の悪い「辺鄙な山区」に位置する一四・一％の「郷」が主たる対象であった。[31]そして、一九五二年六月二十八日には、福建の土地改革が基本的には終結したことが報道されたのである。[32]〈典型試験〉の後に、三期〜四期に分けて土地改革を実施するという方式は、個々の専区・県レヴェルにおいても採用されていた。[33]地域別に見ると、やはり沿海地区では早期に土地改革が終了しており、閩侯専区に属する福清・閩清・羅源の各県では、ほぼ五一年五月頃までに土地改革が完成し、福清県では同年十一月には土地改革後の「復査」「土整」といわれる再検査も終了していた。[34]当時、晋江専区に属した莆田県・仙游県でも、五一年八月頃までに土地改革は終わっていた。[35]

当初、福建の土地改革は華東区の他の地域より遅れて、一九五一年の秋から実施することになっていたようである。一九五〇年七月十日に開催された華東軍政委員会の第二次全体委員会議の席上、主席の饒漱石は「華東の土地改革を完成させるために奮闘しよう（為完成華東土地改革而奮闘）」という報告の中で、次のように述べているからである。[36]

皖北と浙江の一部の地区、および福建の大部分の地区は、土地改革の条件が未だ十分には熟しておらず、今冬・明春にはまさに剿匪・減租・合理的負担および生産救災等の運動において大衆を動員し、継続して土地改革の条件を準備し、それによって一九五一年の秋収後に土地改革を実行できるようにすべきである。

ところで、一九五〇年十一月二十六日から三十日にかけて、中国共産党福建省委の当該年度における第三次拡大会議が福州で開催された。この時、会議で取り上げられたのが毛沢東の「緊急指示」であり、それは最終的に「拍車をかけて匪賊を討伐し、かつ土地改革運動を展開することについての決議（関於加緊剿匪及開展土地改革運動的決議）」として採択された[37]。この毛沢東の「指示」とは、次のようなものであった。毛沢東は、同年十一月十七日付で党中央華東局第一書記（華東軍政委員会主席）饒漱石と同局第二書記（同委員会副主席）陳毅の両名宛に電報を送っていた。そこには三点にわたる指示が書かれていたのである。ここでは、そのうちの第二・第三の内容について見ていくことにしたい[38]。

（二）……閩・浙両省では剿匪工作がきわめて重要であり、特に福建の匪禍については四・五個の主力部隊を用い、全力で追いつめて攻撃し、期限を定めて粛清すべきである。該省の剿匪の成績は他省に比べて劣っているが、原因を点検すべきである。私は［次のように］提案する。現在より、広汎に展開する土地改革の工作と組み合わせて（福建では迅速に土改を実行すべきである）、六ヵ月以内にすべての土匪集団を殲滅し、葉飛・［張］鼎丞に責任を持たせ、全力で行い、成績をあげさせる、と。ただ福建の土匪が消滅し、土改が完成しさえすれば、たとい蔣介石が上陸・侵攻したとしても、容易に対応できるであろう。（三）華東のすべての工作は、米国および蔣介石の上陸・侵攻を想定するという基礎に立って配置せねばならない。

「土地改革法」が公布される直前の一九五〇年六月二十五日に勃発した朝鮮戦争という現実と、併せて浮かび上がってきた蔣介石による大陸反攻の可能性とは、毛沢東に大いなる危機感を抱かせていたといえよう。[39]そうした危機を回避するためには土地改革を迅速に完成させ、農村の新たな体制を強固なものにしなければならなかったのである。特に、当該電報では台湾との前線に位置する福建を名指しで、「土匪の消滅」と「土改の完成」とを「迅速に」進めることを要求しているのである。この点には留意する必要があろう。

毛沢東の電報を受信した華東局によって、同年十二月五日に出されたのが「予定を早めて土地改革を完成することについての指示（関於提早完成土地改革的指示）」であった。全八条からなる「指示」の第一条では、「アメリカ帝国主義」による「侵略戦争」の拡大という状況下にあって、当初の予定を早めて土地改革を完成させることが現時点における「最も切迫した任務」であると謳われている。また、第八条では、華東区のなかで唯一、福建の名前を挙げて「剿匪」と「土改」とを結合して行うことが改めて規定されているのである。[40]さらに、十二月十日から十五日まで福州で開かれた、省人民政府第二次全体委員会議における主席張鼎丞の報告「福建の土地改革を完成するために奮闘しよう（為完成福建土地改革而闘争）」でも、今後は「迅速にして広汎に土地改革を実行し」或いは「広汎にして迅速に土地改革を行うという段階に進むべき」ことが指示されたのであった。[41]

以上、本節では、福建における土地改革までの経緯についてきわめて簡略に概観してきたが、福建の土地改革は一九五〇年の〈秋収〉後、十二月頃から本格的に実施され、省全体としては一九五二年六月の段階において基本的には終結・完成したのであった。しかしながら、おそらくは当初の予定を前倒しにして土地改革が本格的に実施される直接的な要因になったと思われる、一九五〇年十一月の毛沢東の「緊急指示」は、すでに事実上、参戦していた朝鮮戦争と蔣介石の大陸反攻とに対する危機感を色濃く滲ませるものであった。こうした現実は、華東区の中でも特に福建において、土地改革をじっくりと徹底して行うという餘裕を奪い取り、予定を早めて迅速に実施・終結せざるを得ない状況へと導いていったのではなかろうか。また、こうした問題は、おそらくは後述する公地・公田の処理においても、少なからざる影響を及ぼしたものと思われる[42]。

二　土地改革前の土地所有状況と公地・公田

「土地改革法」が公布されるほぼ半月前の、一九五〇年六月十四日から北京で始まった中国人民政治協商会議第一回全国委員会第二次会議の席上、劉少奇は著名な「土地改革問題についての報告（関於土地改革問題的報告）」を行った[43]。周知のように、当該報告は「土地改革法」の内容を補完するものであったが、そのなかで劉少奇は、中国が土地改革を必要とする理由として、土地制度が「きわめて不合理」である点を挙げ、次のように指摘している。すなわち、農村の人口の一〇％にも満たない地主・富農が七〇―八〇％の土地を所有する一方で、人口の九〇％以上を占める貧農・雇農・中農等はわずか二〇―三〇％の土地しか所有していない、と。これ自体は「旧中国の一般的な土地状況」について述べたものであるが、それと同時に「最近の華東および中南におけるいくつかの農村の調査資料」によれば、と断りつつ、劉少奇はまた次のように述べている。当該地域では地主の所有する土地と公地とが三〇―五〇％を、富農の土地が一〇―一五％を、そして中農・貧農・雇農の土地が併せて三〇―四〇％を占めている、と[44]。先の「一般的な土地状況」とはかなり異なる数値がここでは示されているが、一見すると、華東区における地主の土地所有がそれほど極端には展開していないような印象を受けるのである。

さて、劉少奇の「報告」が当然のように土地改革のための政治的プロパガンダとしての意味合いが強いことは言を俟たないであろう。しかし、ここでまず注目しておきたいことは、劉少奇が華東・中南両区における「農村の調査資料」に言及していることである。華東区では、すでに内戦期に土地改革が始まっていた山東省を除くと、一九四九年の後半から各地で農村調査が行われ、それらの調査データおよび調査報告は、そのほとんどが一九五〇年内に集積されていた[45]。例えば、福建ではその一部が『福建日報』紙上で公表されている[46]。こうした状況を前提として、華東区における土地改革がほぼ終結した後の一九五二年十二月、華東軍政委員会土地改革委員会の名のもとに「華東農村経済資料」と銘打って、全五冊（全六分冊）で編輯・刊行されたのが『江蘇省農村調査』（第一分冊）、『浙江省農村調査』（第二分冊）、『福建省農村調査』（第三分冊）、『安徽省農村調査』（第四分冊）および『山東省・華東各大中城市郊区農村調査』（第五・第六分冊）である[47]。

こうした各省レヴェルの農村調査と同様に、一九五二年十二月には、同じく華東軍政委員会土地改革委員会編『華東区土地改革成果統計』が出されている[48]。わずか二十四頁で、十種類の統計表によって構成されている当該書に収録された「土地改革前華東農村各階級（層）土地占有情況統計」を［表1］として提示し、また、その「附表（一）」として掲載されている「土地改革前華東各省（区）市農村各階級（層）土地占有情況統計表」を地域ごとに整理したのが［表2］から［表5］までである。［表1］には華東区全体の統計数値が、［表2］～［表5］にはそれぞれ蘇南・安徽・浙江・福建のデータが挙げられている[49]。

まず［表1］によれば、華東区全体で、地主・富農（半地主式富農を含む。以下、同）は戸数比で五・三三％、人口比で七・一六％を占めており、土地所有の割合は三三・三八％である。他方、中農・貧農・雇農は戸数比が八五・八三％、人口比が八五・三〇％と圧倒的多数を占めているが、土地所有の割合も併せて五二・一五％であり、地主・富農の土地を大きく超えている。中農が所有する土地（三三・六五％）も地主のそれ（二六・一七％）を比率では上回っているのである。また、公田については華東区全体で一〇・三二％という数値が示されている。

二　土地改革前の土地所有状況と公地・公田

［表１］土地改革前華東農村各階層土地所有状況

階層	戸数	戸数比(%)	人口数	人口数比(%)	土地（市畝）		
					畝数	畝数比(%)	平均畝数
地主	485,428	3.07	2,612,643	4.00	37,265,955.29	26.17	14.26
半地主式富農	50,924	0.32	271,102	0.41	1,952,643.21	1.37	7.20
富農	306,081	1.94	1,794,629	2.75	8,321,251.86	5.84	4.64
工商業者	59,326	0.38	314,397	0.48	443,405.93	0.31	1.41
小土地出租者	375,009	2.37	1,110,337	1.70	3,639,183.90	2.56	3.28
中農	5,173,128	32.72	23,783,996	36.40	47,918,593.66	33.65	2.01
貧農	7,612,914	48.15	29,863,778	45.71	25,644,368.04	18.01	0.86
雇農	784,635	4.96	2,087,140	3.19	700,931.31	0.49	0.34
手工業工人	69,464	0.44	258,104	0.40	50,081.14	0.03	0.19
その他	893,999	5.65	3,243,537	4.96	1,786,887.31	1.25	0.55
公田	——	——	——	——	14,696,521.86	10.32	——
合計	15,810,888	100.00	65,339,663	100.00	142,419,823.51	100.00	2.18

表註：統計範囲として「浙江76県、安徽71県（市）・４市郊、福建66県・２市郊、蘇南22県中1,722郷、合計235県（市）・６市郊、1,722郷」という数が挙げられている。
典拠：華東軍政委員会土地改革委員会編『華東区土地改革成果統計』1952年、２頁。

［表２］土地改革前蘇南農村各階層土地所有状況

階層	戸数	戸数比(%)	人口数	人口数比(%)	土地（市畝）		
					畝数	畝数比(%)	平均畝数
地主	42,563	2.50	226,098	3.18	3,683,299.83	28.30	16.29
公田	28,319	1.67	5,331	0.07	768,165.05	5.90	144.09
富農	37,885	2.23	216,627	3.05	912,012.19	7.01	4.21
中農	512,161	30.14	2,424,649	34.11	4,113,937.30	31.61	1.70
貧農	882,086	51.90	3,569,034	50.21	2,715,092.61	20.86	0.76
雇農	57,111	3.36	168,712	2.37	57,214.79	0.44	0.34
手工業工人	——	——	——	——	——	——	——
小商販	——	——	——	——	——	——	——
工商業者	11,064	0.65	51,383	0.72	148,001.17	1.14	2.88
小土地出租者	65,520	3.86	205,946	2.90	479,058.19	3.68	2.33
その他	62,761	3.69	240,925	3.39	137,985.17	1.06	0.57
合計	1,699,470	100.00	7,108,705	100.00	13,014,696.30	100.00	1.83

典拠：同前、３頁。

［表３］土地改革前安徽農村各階層土地所有状況

階層	戸数	戸数比(%)	人口数	人口数比(%)	土地(市畝)		
					畝数	畝数比(%)	平均畝数
地主	240,545	3.81	1,311,764	4.84	25,256,995.01	30.87	19.25
公田	——	——	——	——	3,415,431.26	4.17	——
富農	168,934	2.68	996,687	3.67	6,477,087.77	7.92	6.50
中農	2,164,998	34.29	10,169,565	37.51	28.366,337.23	34.67	2.79
貧農	3,088,405	48.92	12,623,773	46.56	15,381,544.15	18.80	1.22
雇農	365,997	5.79	1,082,831	3.99	479,993.60	0.59	0.44
手工業工人	——	——	——	——	——	——	——
小商販	——	——	——	——	——	——	——
工商業者	——	——	——	——	——	——	——
小土地出租者	122,882	1.95	339,039	1.25	1,991,391.07	2.43	5.87
その他	161,837	2.56	590,880	2.18	455,063.60	0.55	0.77
合計	6,313,598	100.00	27,114,539	100.00	81,823,843.69	100.00	3.02

典拠：同前、3-4頁。

［表４］土地改革前浙江農村各階層土地所有状況

階層	戸数	戸数比(%)	人口数	人口数比(%)	土地(市畝)		
					畝数	畝数比(%)	平均畝数
地主	140,377	2.81	711,917	3.64	5,663,524.00	20.66	7.96
公田	——	——	——	——	4,480,794.00	16.35	——
富農	100,381	2.01	557,188	2.85	1,854,564.00	6.77	3.33
中農	1,499,065	29.98	6,578,200	33.66	8,888,239.00	32.43	1.35
貧農	2,402,511	48.04	9,042,775	46.27	4,749,286.00	17.33	0.53
雇農	258,299	5.16	589,544	3.02	107,093.00	0.39	0.18
手工業工人	12,461	0.25	52,086	0.27	——	——	——
小商販	——	——	——	——	——	——	——
工商業者	20,875	0.42	101,936	0.52	169,140.00	0.62	1.66
小土地出租者	118,489	2.37	350,787	1.80	669,365.00	2.44	1.91
その他	448,114	8.96	1,557,644	7.97	824,177.00	3.01	0.53
合計	5,000,572	100.00	19,542,077	100.00	27,406,182.00	100.00	1.40

典拠：同前、４頁。

二　土地改革前の土地所有状況と公地・公田

［表5］土地改革前福建農村各階層土地所有状況

階層	戸数	戸数比(%)	人口数	人口数比(%)	土地（市畝）		
					畝数	畝数比(%)	平均畝数
地主	63,105	2.23	368,364	3.17	2,753,304.41	13.50	7.47
公田	——	——	——	——	5,986,632.13	29.36	——
富農	52,118	1.84	306,316	2.64	1,054,511.73	5.17	3.44
中農	999,902	35.24	4,624,861	39.80	6,597,744.14	32.36	1.43
貧農	1,246,933	43.95	4,646,762	39.99	2,833,596.43	13.90	0.61
雇農	104,514	3.68	250,766	2.16	59,340.79	0.29	0.24
手工業工人	56,565	1.99	206,133	1.77	50,093.29	0.25	0.24
小商販	32,530	1.15	149,050	1.28	42,118.94	0.20	0.28
工商業者	27,818	0.98	172,553	1.48	136,949.39	0.67	0.79
小土地出租者	68,643	2.42	214,550	1.85	509,177.51	2.50	2.37
その他	185,035	6.52	680,648	5.86	367,536.27	1.80	0.54
合計	2,837,163	100.00	11,620,003	100.00	20,391,005.03	100.00	1.75

典拠：同前、４頁。

次に［表2］～［表5］の数値から窺えることとして、およそ次の三点を挙げることができよう。第一に、本章の主題との関連でいえば、土地所有状況に占める公田の割合が、蘇南では五・九〇%、安徽では四・一七%、浙江では一六・三五%に対して、福建の公田は二九・三六%という、突出して高い数値を示していることである。第二に、先の劉少奇の言説、すなわち「きわめて不合理」といわれた「一般的な土地状況」はもとより、「華東・中南における」それよりも、四地域すべてにおいて中農・貧農・雇農の土地所有の割合が地主・富農のそれを大きく上回っていることである。特に福建では地主・富農の土地所有の割合が一八・六七%と四地域の中では最も低く、安徽（三八・七九%）の半分以下の比率でしかない。そして、第三に、第二の点とも関連するが、中農の土地所有率が意外なほど高いことである。地主と中農との比較で言えば、蘇南では前者二八・三〇%と後者三一・六一%、安徽では同じく三〇・八七%と三四・六七%、浙江では二〇・六六%と三二・四三%、そして福建では一三・五〇%と三二・三六%というように、すべての地域で中農の所有する土地の割合は地主のそれを超えており、福建では二倍以上の較差となっているの

［表6］土地改革前福建各地の公田および各階層の土地所有比率（%）

専区	県名等	公田	地主	富農	中農	貧農	雇農	その他	典拠
閩侯	福清市	10.93	15.40	6.20	42.41	19.84	0.30	4.92	(1)
	羅源県	32.16	19.40	5.91	19.66	14.32	0.78	7.77	(2)
	閩清県	39.44	10.50	5.61	22.08	12.32		10.05	(3)
建陽	邵武市	36.37	26.90	7.49	18.35	6.80	0.20	3.89	(4)
	建甌県	45.01	19.70	7.85	17.22	7.10	0.26	2.86	(5)
	浦城県	31.93	31.38	7.43	17.74	3.87	0.11	7.54	(6)
	松渓県	35.88	10.47	2.70	24.32	11.30	0.11	15.22	(7)
	政和県	28.70	23.60	6.39	24.10	12.60	0.20	4.41	(8)
南平	南平地区	41.99	14.30	7.42	23.35	10.04	0.30	3.77	(9)
	南平市	44.71	19.62	7.43	17.09	8.49	1.21	1.45	(10)
	尤渓県	47.38	13.83	5.93	17.80	8.46	0.16	6.44	(11)
	沙　県	49.74	15.68	6.37	16.61	6.43	0.15	5.02	(12)
	古田県	22.05	14.44	6.41	32.26	14.83	0.36	9.65	(13)
	順昌県	25.50	19.64	8.52	28.56	10.25	0.15	7.38	(14)
	将楽県	32.84	13.69	8.23	27.52	12.08	0.16	5.48	(15)
	建寧県	23.68	19.70	9.87	23.74	10.88	0.13	12.00	(16)
晋江	泉州市	16.52	4.06	2.82	57.28	12.88	0.18	6.26	(17)
	仙游県	40.29	8.47	3.08	30.44	13.98	0.06	3.68	(18)
	安渓県	17.53	5.20	4.78	44.96	19.46	0.52	7.55	(19)
	永春県	39.24	6.25	2.83	29.90	11.50	0.21	10.07	(20)
	徳化県	27.82	11.21	9.12	32.36	12.63	0.08	6.78	(21)
龍渓	漳州市	19.31	11.70	6.33	38.77	17.54	0.19	6.16	(22)
	龍渓県	16.89	13.98	7.68	38.58	16.55	0.25	6.07	(23)
	海澄県	18.25	16.56	6.45	36.72	16.55	0.09	5.38	(24)
	詔安県	26.20	6.20	5.60	42.40	15.00	0.10	4.50	(25)
	平和県	21.99	13.22	4.08	38.84	19.10	0.16	2.61	(26)
	長泰県	28.80	15.08	5.01	35.24	13.13	0.30	2.44	(27)
	華安県	19.89	17.19	5.82	36.55	14.93	0.35	5.27	(28)
永安	三明市	44.10	13.59	6.69	21.14	10.82	0.26	3.40	(29)
	清流県	35.88	10.47	2.74	24.32	11.30	0.11	15.18	(30)
	寧化県	——	10.51	3.18	29.19	11.24	0.28	45.60	(31)
	大田県	38.94	10.05	6.02	26.31	15.41	0.54	2.73	(32)
龍巌	龍巌地区	42.69	7.96	3.90	22.44	18.37	0.35	4.29	(33)
	漳平県	36.12	9.81	4.85	31.92	12.21	0.08	5.01	(34)
	長汀県	49.07	4.79	2.31	20.03	17.56	0.08	6.16	(35)
	永定県	48.31	6.79	3.64	22.28	17.94	0.13	0.91	(36)

福安	寧徳地区	22.09	22.22	4.64	27.99	16.90	0.52	5.64	(37)
	寧徳市	23.55	17.70	3.63	27.26	18.40	0.42	9.04	(38)
	福安市	15.45	38.59	4.03	19.07	15.61	0.54	6.71	(39)
	福鼎県	24.41	18.78	3.16	29.44	15.71	0.68	7.82	(40)
	周寧県	30.15	16.85	4.33	23.36	21.23	0.99	3.09	(41)

表註：「県名等」の項は典拠とした新編地方志の名称によった。「公田」の項は各地方志によって「公地」「公田」「封建公田或機動田」「族廟学田」「公輪田機動田」「氏族公田」等と呼ばれているものを一括して「公田」とした。各項目の数値は小数点以下二桁に統一して表記した。

典拠：以下、煩雑を避けるために書名・書誌・頁数のみの表記に止めた。（1）新編『福清市志』厦門大学出版社（厦門）、1994年、176-177頁。（2）同『羅源県志』方志出版社（北京）、1998年、174-175頁。（3）同『閩清県志』群衆出版社（北京）、1993年、135頁。（4）同『邵武市志』群衆出版社（北京）、1993年、341頁。（5）同『建甌県志』中華書局（北京）、1994年、123頁。（6）同『浦城県志』中華書局（北京）、1994年、244頁。（7）同『松渓県志』中国統計出版社（北京）、1994年、153頁。（8）同『政和県志』中華書局（北京）、1994年、157頁。（9）同『南平地区志』第1冊、方志出版社（北京）、2004年、349頁。(10) 同『南平市志』上冊、中華書局（北京）、1994年、615頁。(11) 同『尤渓県志』福建省地図出版社（福州）、115頁。(12) 同『沙県志』中国科学技術出版社（北京）、1992年、143頁。(13) 同『古田県志』中華書局（北京）、1997年、143頁。(14) 同『順昌県志』中国統計出版社（北京）、1994年、150頁。(15) 同『将楽県志』方志出版社（北京）、1998年、179-180頁。(16) 同『建寧県志』新華出版社（北京）、1995年、111頁。(17) 同『泉州市志』第1冊、中国社会科学出版社（北京）、2000年、535頁。ここでの数値は莆田・仙游・同安の三県を含む晋江専区全体のデータである。(18) 同『仙游県志』方志出版社（北京）、1995年、159頁。(19) 同『安渓県志』上冊、新華出版社（北京）、1994年、178-179頁。(20) 同『永春県志』語文出版社（北京）、1990年、187頁。(21) 同『徳化県志』新華出版社（北京）、1992年、135頁。(22) 同『漳州市志』第1冊、中国社会科学出版社（北京）、1999年、566-567頁。(23) 同『龍海県志』東方出版社（北京）、1993年、106頁。(24) 同前、107頁。(25) 同『詔安県志』福建教育出版社（福州）、1999年、196頁。(26) 同『平和県志』群衆出版社（北京）、1994年、211頁。(27) 同『長泰県志』方志出版社（北京）、2005年、165頁。(28) 同『華安県志』厦門大学出版社（厦門）、1996年、122頁。(29) 同『三明市志』第1冊、方志出版社（北京）、2002年、469頁。ここでの数値は当時、南平専区に属した尤渓・沙県・将楽・泰寧・建寧五県を含むデータである。(30) 同『清流県志』中華書局（北京）、1994年、111頁。(31) 同『寧化県志』福建人民出版社（福州）、1992年、167頁。なお当該県志では「公田」の数値は「その他」として一括されているため「公田」の項には数値を入れていない。(32) 同『大田県志』中華書局（北京）、1996年、204頁。(33) 同『龍巖地区志』上冊、上海人民出版社（上海）、1992年、213頁。(34) 同『漳平県志』生活・読書・新知三聯書店（北京）、1995年、149-150頁。(35) 同『長汀県志』生活・読書・新知三聯書店（北京）、1993年、125頁。(36) 同『永定県志』中国科学技術出版社（北京）、1994年、158頁。(37) 同『寧徳地区志』上冊、方志出版社（北京）、1998年、265-266頁。(38) 同『寧徳市志』中華書局（北京）、1995年、174頁。(39) 同『福安市志』方志出版社（北京）、1999年、377-378頁。(40) 同『福鼎県志』中国統計出版社（北京）、1993年、343頁。(41) 同『周寧県志』中国科学技術出版社（北京）、1993年、98頁。

である。[50]

ところで、福建内部における土地改革前の土地所有状況はどのようなものだったのであろうか。ここでは、現時点で比較的容易に接することのできるデータとして、主に一九九〇年代以降、二〇〇〇年代にかけて陸続と刊行された、福建各地の新編地方志の「土地改革」の項に提示されているものを利用することにしたい。[表6]は、土地改革時期の福建の八専区ごとに四十一地域・三十八県（現在の八市を含む）の数値データを整理したものである。[51]

福建省全体の県数からすれば、半分強のデータに過ぎないが、[52]［表6］の数値からは次の点を確認することができよう。第一に、各地の公田の比率については、土地改革期の行政区画とは異なっているが、新編地方志段階の区・市で見た場合、沿海地域の福安市が一五・四五%、泉州市が一六・五二%、漳州市が一九・三一%であるのに対して、内陸に位置する南平地区は四一・九九%、三明市は四四・一〇%、龍巌地区は四二・六九%というように、きわめて高い数値を示していることである。[53]また、個別の県でも同様に、沿海の福清県（閩侯専区）が一〇・九三%、龍渓県（龍渓専区）が一六・八九%、海澄県（同）が一八・二五%に対して、内陸の建甌県（建陽専区）は四五・〇一%、沙県（南平専区）は四九・七四%、尤渓県（同）は四七・三八%、および長汀県（龍巌専区）は四九・〇七%となっているのである。全般的に沿海地域のデータが些か少ない嫌いはあるが、福建では概して沿海地域よりも内陸の〈山区〉といわれる地域において、公田はより広汎に展開していた。[54]第二に、地主・富農の所有する土地を併せた割合が概して低い数値を示していることであり、中農・貧農・雇農の土地を合計した数値を超える地域は、わずかに建甌県・浦城県（建陽専区）の二県と邵武市（南平専区）・福安市（福安専区）の二市のみである。また、地主の所有地に限定して見るならば、晋江専区（泉州市）では全体として四・〇六%と極端に低い比率を示しており、仙游・安渓・永春の三県も五—八%台の数値となっている。そのほかにも、詔安県（龍渓専区）は六・二〇%、長汀県は七・一〇%である。第三に、地主・富農の所有地とは対照的に、やはり中農の所有する土地の割合が比較的高い数値を示していることである。特に晋江専区は五七・二八％、福清県では四二・四一％、詔安県では四二・四〇％という、非常に高い比率の地域も存在していた。

以上、土地改革以前の福建における土地所有状況を探るために、各階層が所有する土地と公田との割合に関する数値データを、華東区の蘇南・安徽・浙江・福建について、さらには福建省内の各地について検討し、ごく初歩的な分析を加えてきた。華東区のなかでも、土地所有率に占める公田の割合が突出して高い数値を示している福建では、地主・富農の土地の比率がきわめて低く、その一方で、華東区の他の地域と同様に中農の土地の割合が比較的高いという特徴を見出すことができた。当然のように「土地改革法」では一切「侵害してはならない」と規定された中農の土地を除外すると、(55) 福建では公田を地主の土地と同様に没収の対象としない限り、土地改革の一方の柱である〈農民的土地所有〉の確立、すなわち貧農・雇農に対して改革の〈果実〉をそれなりに分配することなど、端から不可能であったということになろう。

三　公地・公田の徴収をめぐって

すでに前章で述べたように、土地革命期の中国共産党の公田認識は、一九二八年七月段階（中国共産党六全大会「土地問題についての決議」）の地主・豪紳による農民搾取の物的基盤というものから、一九三一年十二月（「中華ソヴィエト共和国土地法」）には農民自身が関わりをもつがゆえに、農民の「宗教感情」に配慮しなければならないものへと変化し、最終的には、一九三三年十月十日に出された「土地闘争中のいくつかの問題についての決定（関於土地闘争中一些問題的決定)」の「公堂の管理(管公堂)」において確立したのであった。「公堂の管理」とは、まさしく族田等の公田の所有・管理に関わるものであるが、当該の「決定」ではそれ自体が基本的には「搾取行為」であると認定しながらも、「地主・富農・資本家による公堂の管理」と「工・農・貧民による公堂の管理」とが截然と分けられ、その「註」には次のように書かれていた。

但し、一部の小さな公堂は工・農・貧民大衆によって輪番で管理されており、搾取量もきわめて少なく、従って、管理者の階級成分を構成する一つの要素とすることはできない。一部の人は公堂を管理しただけですべて地主・富農ないしは資本家であると考えているが、それは誤りである。

まさに、農民を管理の主体とする公田は必ずしも没収の対象とはされず、何らかの別の措置が取られることになっていたといえよう(56)。

こうした公田認識は、中央政府レヴェルでは一九五〇年期の土地改革においても踏襲されていたと思われる。一九五〇年八月二十日に公布された政務院「農村の階級成分を区分することについての決定(関於劃分農村階級成份的決定)」は「土地改革法」の実施に向けて、それを補完する役割を果たすものであったが、その中に「土地闘争中のいくつかの問題についての決定」がほぼそのまま収められているからである(57)。

では、この時期、華東区において、公地・公田はどのように取り扱うべきものと考えられていたのであろうか。すでに触れた、一九五〇年七月における饒漱石の報告(「華東の土地改革を完成させるために奮闘しよう」)には、次のような記述が存在する(58)。

第五に、華東の公地は比較的多く(調査によれば、華東各地の公地は一般的に全耕地のほぼ一〇—一五%前後を占めており、多いところでは二〇%以上に達するものがある)、まさに「土地改革法」第三条の規定によって処理すべきである。宗教の土地および宗族の土地を処理するときは、必ずや人民の宗教的感情と宗族的感情に配慮しなければならない。……宗族の土地を分配するときは、まさに本族の農民の意見を尊重するように心がけ、併せて適度に本族の土地のないか土地の少ない農民の要求に配慮すべきである。

公田の処理に当たっては、農民の「宗教的感情を阻害しない」という、土地革命期の「中華ソヴィエト共和国土地法」第六条に登場した考え方が、ここでは「宗族の土地」に対する「宗族的感情」に配慮するという、より明確なかたちで継承されているのである。(59) その後、九月の段階で福建に通達された「華東土地改革実施辦法の規定」に見える「土地改革中の各項目の具体的政策についての補充規定」の（五）でも、「祠堂・廟宇」等の公地の「徴収および分配」に際して注意すべきことが、次のように規定されている。(60)

族田を徴収し、分配するときは、まさに本族農民の意見を尊重するように心がけるべきであり、併せて適度に本族の土地のないか土地の少ない農民の要求に配慮すべきである。少量の祭田を斟酌して残すか否かについては、本族の農民が自ら協議して処理しても構わない。

先の饒漱石の報告をそのまま踏襲して宗族農民の所有意識に配慮するとともに、「少量の祭田」すなわち族田のごく一部の存続が宗族農民の意思に委ねられているのである。(61) この段階では、まさしく宗族的土地所有の全面的な解体は志向されていなかったといえよう。「土地改革法」第三条が「没収」ではなく「徴収」と記した意味の一端はここに表出しているのではなかろうか。

次に、こうした華東区の公地・公田の処理についての方針に対して、福建ではどのような対応がなされたのであろうか。一九五〇年十二月に、張鼎丞は「福建の土地改革を完成させるために奮闘しよう」の中で、「祠堂・廟宇」等の「土地問題」に関して、これらの土地の大部分は地主階級によって支配され、農民に対して封建的搾取を行っており、われわれの典型試験郷の経験によれば、大多数の農民はこれらの土地の分配を要求している。従って、まさに土地改革法第三条の規定によって徴収・分配すべきである。一部の地域でその地の農民の衆議を経て若干の公益事業用の田（橋の修理、渡船、茶亭）を保留することを要求するときは、斟酌して保留しても構わないが、但し佃権を確定して、生産に利するようにすべきである。

と述べている。[62] ここでは、公田が地主の農民に対する「封建的搾取」の物的基盤となっているという、いわば〈当初〉型の公田認識が改めて表明されており、少量の族田を保留して存続させるか否かという問題は棚上げされ、「公益事業田」の問題にすり替えられているのである。「土地改革法」および「華東土地改革実施辦法の規定」に依拠して福建で土地改革を実施するという段階において、公田に対する認識はまさに〈後退〉とでもいうべき状況に立ち至っていたと看做すことができよう。

ところで、土地改革の直前に実施された農村調査において、福建の公地・公田、すなわち族田・祭田等の宗族的土地所有自体は、どのように把握されていたのであろうか。福建の土地所有状況および公田の比率については、すでに前節で検討を加えたが、ここでは族田の具体的な存在形態について少しく見ていくことにしたい。

一九五〇年八月二十九日の『福建日報』には、靳蘇賢「南平専区六個村調査――祭・廟・社田の迷信浪費――」という記事が掲載されている。[63] その内容は、南平専区に所属する古田県・沙県・尤渓県の、併せて六ヵ村の「封建性を帯びた公田」に関する実地調査の報告であった。それぞれの村の耕地面積に占める公田の割合が四七・八％（沙県鎮江村）―七五・八％（古田県七保村）というきわめて高い数値を示しているように、当該記事には福建の公田に関する典型村の調査という意味合いが込められていたように思われる。また、この記事における全体の基調は、次の叙述に表現されているといえよう。

　公田の経営人は、すべて族長・社首・会頭であり、彼らの大多数は地主・悪覇・富農等の封建統治階級である。農民の団結を破壊し、宗派間の敵視関係を挑発して彼らの封建統治を維持するために、一般には本姓・本社の農民が本姓・本社の祭田・社田を耕作することはできないと規定されていた。

まさしく、土地革命期以来の公田は「地主・悪覇・富農」による「封建統治」の手段であり、「宗派間の敵視関係を挑発して」というように宗族自体は〈革命の桎梏〉でしかないという政治的メッセージ性を窺うことができよう(64)。しかしながら、この時期の農村調査に描かれた公田のイメージは、必ずしもそのようなものばかりではなかったのである。

　すでに触れたように、一九五二年に刊行された『福建省農村調査』には、福建省農民協会による「福建省共有田調査」（一九五〇年春）が収録されていた。そこでも「共有田」の割合については言及されているが、比率の高いものとして、先の「南平専区六個村調査」にも見られた古田県七保村の七五・八％、さらには永定県（龍巌専区）中川村の七〇・〇四％等が例示されている(65)。しかしながら、当該調査では必ずしも公田が地主・豪紳の支配・掌握するものばかりとは捉えられていないのである。すなわち「福建省共有田調査」は「族田の共有者の階級成分はかなり複雑である」と述べて、古田県羅華村に見られる三種類の族田に言及している。ともに魏姓の族田であるが、（A）魏西源公の族田一九・七五畝は「共同所有者」が「地主一戸、富農二戸、富裕中農二戸、中農十三戸、貧農三十一戸、雇農十戸、商人四戸、手工業者二戸、革命職員四戸、自由職業者および店員各二戸、合計七十三戸」であった。（B）魏桂生公の族田六八・七六畝および魏宜添公の族田三〇七・八六畝は、それぞれ地主三戸および同四戸の「共同所有」であった。そして、（C）魏善侯公の族田一七・八畝は「貧農の魏宜僑・宜旺・興生《ママ》……等五戸の共同所有」であった

［表７］仙遊県十三個郷各階層占有公田統計数字

	戸数		実際占有			説明
	戸	%	畝数	%	毎戸平均数	
地主	90	2.40	1,009.90	9.77	12.60	
富農	62	1.90	555.40	5.38	8.67	
中農	1,480	44.80	4,540.93	44.02	3.06	
貧農	1,518	45.80	3,039.31	30.00	2.04	
その他	164	4.95	1,116.19	10.80	6.80	
合計	3,312	100.00	10,314.13	100.00	3.11	

典拠：福建仙遊県委「仙遊県多点試験土改工作総結」1951年２月13日（福建省檔案館所蔵檔案、全宗106号・目録1号・案巻112-1号）。

という[66]。特に（Ｃ）の族田の場合、「華東土地改革実施辦法の規定」では、（Ｂ）の地主が掌握する族田と同様に、ごく単純に「徴収」の対象となるものではなかったであろう。また、（Ａ）の族田の場合もきわめて複雑な様相を呈しており、やはり慎重な対応が必要とされたのではなかろうか[67]。さらに、次のような記述も見出すことができる[68]。

多くの族田は、族房が輪番で収租を行い、或いは輪番で耕作を行っている。これら輪番で収租を行い、または輪番で耕作する族田は、おそらくは管理する者の支配の少ないものであろう。

こうした論法でいけば、「多くの族田」は「管理する者の支配の少ないもの」となり、地主・豪紳による族田支配という認識は、まさに単なるドグマでしかないということになろう。

次に、晋江専区の仙遊県について、きわめて注目すべき報告が残されている。一九五一年二月十三日付の福建仙遊県委「仙遊県の多くの典型試験における土改工作の総括（仙遊県多点試験土改工作総結）」は、典型試験を行った十三の郷における公田比率がすべて三〇％以上であり、個別の郷では六〇％のところも存在することを踏まえて「土地問題とは主要には公田のことであり、地主の土地に拠るだけでは問題を解決することはできない」と述べている。それと同時に、［表７］のデータを提示して、次のように指摘しているのである[69]。

十三郷の資料によれば、中農階層は公田の四四・〇二％を占有しており、数的に最も多いことが分かる。従って、我々は土改において公田を徴収するときには必ずや状況の理解を深めて、動員・教育工作を実行すべきであり、配慮できるところではできるだけ配慮を加えることが重要である。

［表7］によれば、仙遊県十三郷における公田占有率は、地主が九・七七％、富農が五・三八％であるのに対して、中農は四四・〇二％、貧農は三〇・〇〇％であり、数値の上では後者が前者を圧倒している。すなわち、公田の「徴収」によって中農の利益を侵害する可能性は大いに存在していたのであり、そうであればこそ「できるだけ配慮を加え」なければならなかったのである。

最後に、『福建日報』一九五〇年八月六日の記事を紹介することにしたい。それは「輪田と典地（輪田与典地）」と題されたコラムに見える質疑応答の一部である。(70)

〔問〕　祭田はもともと甲・乙・丙・丁の四つの房が輪番で耕作しており、去年は丁が耕作し、今年は甲の番に当たっていた。しかし丁は生活が苦しく、甲が〔田圃に〕水を引いて播種した後で、継続して耕作したいと要求してきた。どのように処理すべきであろうか。

〔答〕　祭田の輪番による耕作は、まさに族の規定に拠るべきであり、業佃関係によって処理すべきではない。もしも四人が輪番で耕作し、甲が順番に当たっているとき、丁が生活が苦しいために継続して耕作することを要求するのであれば、まさに祠内の族人が協議して解決すべきであり、併せて甲の同意を取り付けるべきである。

ここから窺えることは、この「祭田」が「土地闘争中のいくつかの問題についての決定」の「公堂の管理」に規定された「工・農・貧民大衆によって輪番で管理されて」いる公田そのものだということである。すなわち、ここに「搾取」のきわめて少ない族田は確かに存在していたのである。

以上、きわめて限られた事例しか提示できていないが、土地改革前の福建では、族田等の宗族的土地所有が圧倒的比重を占める公地・公田が、必ずしも地主・豪紳が支配・掌握し、農民を搾取する物的基盤であるという、政治性を帯びたステレオ・タイプのものばかりとは捉えられていなかったのであり、宗族内のさまざまな階層が「共同所有者」として名を連ね、或いは貧農のみによって共有される族田の存在も認識されていたのである。また、閩侯専区の羅源県における一九五〇年七月の調査によれば、耕地面積の三二・一六%を占める「大量の封建公田（公輪田）」のなかで、六〇%ぐらいが「地主・豪強の掌握するもの」であったという。[71]そうであるならば、残りの約四〇%には「水利田・義渡田・茶亭田」等の「公益事業田」が若干含まれていたとしても、[72]かなりの比率で「工・農・貧農大衆」が直接的に関わりをもつ族田が存在していたことになろう。さらに、近年の研究では、宗族を地主・豪紳の支配・搾取のための装置と看做す一面的な理解に対する疑義とともに「宗族内部の不平等関係を誇大視する論法は、福建宗族の実際の状況には符合しない」という見解さえ提出されているのである。[73]土地改革における公地・公田の「徴収」とは、本来的には、地主の土地と同様に没収・分配しても構わないというような、それほど単純なものではなかったのである。

おわりに

以上、本章は、「中華人民共和国土地改革法」に依拠して実施された新解放区の土地改革をめぐって、特に福建の土地改革と族田・祭田・祠田等の宗族的土地所有が中心となっていた公地・公田との関連について、初歩的な考察を試みたものである。

福建では「土地改革法」が公布された後、一九五〇年十二月から本格的に土地改革が実施され、一九五二年六月には基本的にその終結を迎えたのであった。しかしながら、本来的には一九五一年の秋以降に行われる予定であった土地改革が前倒しで実施された背景には、明確な理由が存在していた。すでに参戦していた朝鮮戦争と蔣介石の大陸反攻の可能性に対して危機感を抱いた毛沢東は、五〇年十一月の「緊急指示」の中で、特に福建に対して土地改革の迅速な完成を要求していたのである。そうした現実の前に、福建では土地改革を十分に徹底して行う餘裕は存在せず、極力、予定を早めて迅速に実施・終結せざるを得ない状況へと導かれていったといえよう。

土地改革前における福建の土地所有状況の特徴として、まず何よりも、土地所有に占める公地・公田の割合が華東区の中でも突出して高い数値を示している点を挙げることができる。特に福建の山区においては、四〇%以上、或いは五〇%に迫るほどの高い比率を示す地域さえ存在していた。その一方で、地主・富農が所有する土地の比率はきわめて低く、華東区の他の地域と同様に中農の土地の割合は比較的高い数値となっていた。土地改革において中農の土地を除外すると、福建では公地・公田を地主の土地と同じく没収の対象としない限り、〈農民的土地所有〉確立のために貧農・雇農に対してそれなりの土地を分配することは初めから不可能であったということになろう。

「土地改革法」第三条では、「祠堂・廟宇」等の公地・公田に対して「没収」ではなく「徴収」という表現が用いられていたが、そこには地主の土地とは異なるものとして公地・公田に対する微妙な配慮が込められていたと思われる。その後、「華東土地改革実施辦法の規定」では、族田の「徴収・分配」において宗族農民の所有意識に配慮するとともに「少量の祭田」の存続が宗族農民の意思に委ねられることになっていた。こうした華東区の公地・公田をめぐる方針に対して、福建では公田が地主による農民搾取の物的基盤であるという、むしろ時代的に〈後退〉した認識に基づき、少量の族田の留保・存続問題は棚上げにされたのであった。しかしながら、土地改革期の福建における農村調査によれば、公地・公田の中でも圧倒的比重を占める族田は、必ずしも地主・豪紳が支配し、農民を搾取する基盤であるという、政治性を帯びた類型的・画一的なものばかりではなく、宗族内のさまざまな階層が「共同所有者」として名を連ねるものから、貧農のみによって共有されるものまで、種々の存在が認識されていたのである。「少量の祭田」の留保・存続問題は、まさに確かな現実性を有していたといえよう。

福建における土地改革は、以上に論じたところの諸条件を前提として「迅速に」「拍車をかけて」行われたのであった。公地・公田自体は、ほぼすべてが特段の配慮もなしに「徴収・分配」されたものと思われる。福建各地の新編地方志には、かなりの数で土地改革後の土地所有状況に関するデータが載せられているが、そこでは土地改革前の「公田」が多くは「機動田」と名を替え、土地の比率では多いもので三・九〇％、少ないもので〇・三七％という数値が示されている。[74]そのほかに「養渡田」〇・一三％、「義渡田」〇・一二％という記載も見出すことができる。[75]これらの数値の意味するところについては、更なる史料の収集とともに、今後の課題としたい。

註

（1）「公地」については、後述の「土地改革法」第三条に「祠堂・廟宇」等の土地と関連して「その他の公地」と規定されている。また「公田」について、例えば、毛沢東は「尋鄔調査」（一九三〇年）『毛沢東農村調査文集』人民出版社（北京）、一九八二年、所収、一〇六頁において、「公共地主」の範疇に入れられた「祖宗地主」の項目で「公田」という語を用いている。

（2）華東軍政委員会土地改革委員会編『福建省農村調査』〈華東農村経済資料第三分冊〉、同委員会、一九五二年、所収、福建省農民協会編「福建省共有田調査」（一九五〇年春）一一〇—一一一頁、参照。

（3）例えば、辻康吾『転換期の中国』岩波書店（新書）、一九八三年、一四三頁では、当時の湖南における宗族間の械闘の存在が記述されている。

（4）小林弘二「農村変革再検討の視角と課題」同編『中国農村変革再考——伝統農村と変革——』アジア経済研究所、一九八七年、所収、一三頁。

（5）本書第六章。

（6）高橋伸夫「党、紅軍、農民――閩西根拠地、一九二九年―一九三四年――」同『党と農民――中国農民革命の再検討――』研文出版、二〇〇六年、所収（原載『法学研究』七七巻八号・同九号、二〇〇四年）。

（7）山本真「福建西部革命根拠地における社会構造と土地革命」『東洋学報』八七巻二号、二〇〇五年、同「革命と福建地域社会――上杭県蛟洋地区の地域エリート傅柏翠に着目して（一九二六―一九三三）――」『史学』七五巻四号、二〇〇七年、同「民国前期、福建省南西部における経済変動と土地革命」『中国研究月報』六二巻三号、二〇〇八年、同「一九三〇～四〇年代、福建省における国民政府の統治と地域社会――龍巌県での保甲制度・土地整理事業・合作社を中心にして――」『社会経済史学』七四巻二号、二〇〇八年、同「農村社会からみた土地改革」飯島渉・久保亨・村田雄二郎編『シリーズ二〇世紀中国史』三〈グローバル化と中国〉、東京大学出版会、二〇〇九年、所収。

（8）小林一美「客家と「土地革命戦争」」同『中央革命根拠地ドキュメント――一九三〇年代、コミンテルン、毛沢東、赤色テロリズム、党内大粛清――』御茶の水書房、二〇一三年、所収（原載は「中共、中央革命根拠地における客家と土地革命戦争」『人文研究』〈神奈川大学人文学会〉一五五巻、二〇〇五年）。

（9）鄭浩瀾『中国農村社会と革命――井岡山の村落の歴史的変遷――』慶應義塾大学出版会、二〇〇九年。

（10）田原史起『二十世紀中国の革命と農村』〈世界史ブックレット一二四〉、山川出版社、二〇〇八年、三五頁。また、奥村哲『中国の現代史――戦争と社会主義――』青木書店、一九九九年、一一九頁、参照。

（11）一九五〇年期の土地改革に関する代表的な研究として、古島和雄「農業革命と農民解放の実態」同『中国近代社会史研究』研文出版、一九八二年、所収（原載「中国における農業革命と農民解放の実態」山田盛太郎編『変革期における地代範疇』岩波書店、一九五六年、所収）、天野元之助『中国の土地改革』アジア経済研究所、一九六二年、加藤祐三『中国の土地改革と農村社会』アジア経済研究所、一九七二年、野間清「第三次国内革命戦争期および一九五〇年期の土地改革」山本秀夫・野間清編『中国農村革命の展開』アジア経済研究所、一九七二年、所収、等、参照。また、中国においても従来の土地改革研究の画一性――土地改革の「革命戦争、郷村の発展および農民自身の解放に対する積極的作用」を肯定する――が指摘されている。張一平「三十年来中国土地改革研究的回顧与思考」『中共党史研究』二〇〇九年一期、一一一頁、参照。

(12) 川井伸一「土地改革にみる農村の血縁関係」小林弘二編、前掲『中国農村変革再考』所収。

(13) 石田浩『中国同族村落の社会経済構造研究――福建伝統農村と同族ネットワーク――』関西大学出版部、一九九六年、および阮雲星『中国の宗族と政治文化――現代「義序」郷村の政治人類学的考察――』創文社、二〇〇五年。

(14) 夏井春喜「呉江県第二区釵金郷・東渓郷・清水郷の「佃戸調査冊」」同『中華民国期江南地主制研究』汲古書院、二〇一四年、所収（原載「日中戦争期の呉江県の土地関係簿冊について――呉江県第二区釵金郷・東渓郷・清水郷の「佃戸調査冊」――」『北海道教育大学紀要』〈人文科学・社会科学編〉六一巻一号、二〇一〇年）、四九三頁、および笹川裕史『中華人民共和国誕生の社会史』講談社、二〇一一年、一九一―一九二頁・一九六頁、参照。

(15) 「土地改革法」については、数多くの文献に収録されており、改めて提示する必要もないかと思われるが、取り敢えず、次の二種を挙げておく。中南軍政委員会土地改革委員会編『土地改革重要文献与経験彙編』上冊、同委員会、一九五一年、二六―三四頁、および中共中央文献研究室編『建国以来重要文献選編』第一冊、中央文献出版社（北京）、一九九二年、三三六―三四五頁。なお、邦訳については、日本国際問題研究所中国部会編『新中国資料集成』三巻〈一九四九年一〇月―一九五二年〉、日本国際問題研究所、一九七二年、一三一―一三六頁、参照。

(16) 天野元之助、前掲『中国の土地改革』七九頁。

(17) 例えば、古島和雄「土地改革と富農問題」同、前掲『中国近代社会史研究』所収（原載「中国の土地改革と富農問題」『社会科学研究』九巻一号、一九五七年）、野間清、前掲「第三次国内革命戦争期および一九五〇年期の土地改革」、濱口允子「地主富農階級区分考」『中国――社会と文化――』一二号、一九九七年、等、参照。

(18) 中国では近年、特に江南地域の公田について詳細な研究が発表されている。鍾霞「蘇南土改中的農村公地問題」『江蘇大学学報』〈社会科学版〉六巻五号、二〇〇四年、王瑞芳『土地制度変動与中国郷村社会変革』社会科学文献出版社（北京）、二〇一〇年。

（19）明清以降の福建の宗族・族田に関する最も詳細な研究として、陳支平『近五百年来福建的家族社会与文化』生活・読書・新知三聯書店（上海）、一九九一年、および鄭振満『明清福建家族組織与社会変遷』湖南教育出版社（長沙）、一九九二年、参照。

（20）『福建日報』一九五〇年八月十七日、「福建解放以来大事記」。また、福建省地方志編纂委員会編『福建省歴史地図集』福建省地図出版社（福州）、二〇〇四年、九四—九五頁、所収「解放福建進軍路線和重要戦役」参照。

（21）『福建日報』前掲「福建解放以来大事記」。

（22）『福建日報』一九四九年十一月七日、「福建省人民政府布告（民字第四一号）」。また『福建日報』前掲「福建解放以来大事記」および中華人民共和国地方志『福建省志』〈大事記〉、「中華人民共和国成立後」、方志出版社（北京）、二〇〇〇年、二七三—二七四頁、参照。以下、中華人民共和国地方志については、新編『〇〇県志』等と略称する。

（23）『福建日報』一九四九年十一月十六日、「中共福建省委関於如何具体執行華東局新区農村減租暫行条例的指示」。

（24）『福建日報』前掲「福建解放以来大事記」。なお、当該記事によれば、農民代表会議が開催され、或いは農協籌備会・農民協会が成立した県（月日）は、四九年が林森（十月三十一日）、福清（十一月六日）、長楽（同十日）、閩清（同十六日）、古田（同二十三日）、龍渓（十二月十三日）であり、五〇年が南靖（一月八日）、詔安（同九日）、漳浦（同十八日）、雲霄（同二十三日）、南平（二月二十七日）、仙遊（三月十二日）、建甌（同十八日）、閩侯（四月一日）、連江（同十七日）、霞浦（同二十一日）、柘栄（同二十六日）等であったという。なお、林森県は一九五〇年四月に名称がもとの閩侯県に変更されている（『福建日報』一九五〇年四月二十七日、「林森県恢復原名閩侯」）。

（25）前掲、新編『福建省志』〈大事記〉二七八頁。

（26）『福建日報』前掲「福建解放以来大事記」および前掲、新編『福建省志』〈大事記〉、二七九頁。

（27）『福建政報』一九五〇年九期、華東軍政委員会「華東土地改革実施辦法的規定（辦秘字第一〇一八号／一九五〇年九月十五日）」および同、福建人民政府「関於転発華東軍政委員会土委会通告的通令」（一九五〇年九月二十五日）。後者によれば、各城鎮における大量の掲示、各地の新聞紙上での連続掲載、映画館における連続上映、および放送局による連続放送を通じて宣伝は行われたという。

(28)「華東土地改革実施辦法的規定」は、華東軍政委員会財務委員会編『華東区財政経済法令彙編』下冊、華東人民出版社（上海）、一九五一年、一九七六―一九八六頁にも収録されているが、そこでは「中央人民政府政務院の批准をうけて、一九五〇年十一月二十六日に公布」と記されている。

(29)新編『福建省志』〈農業志〉、第二章第二節、所収「土地改革」、中国社会科学出版社（北京）、一九九九年、四二頁。また『福建政報』一九五〇年一一期、郝可銘「為完成全区六県土地改革而奮闘」参照。

(30)「土地改革法」第十一条では、土地の分配は「郷、或いは郷に等しい行政村を単位として」行うことになっていた。前掲『土地改革重要文献与経験彙編』上冊、二八頁、および前掲『新中国資料集成』三巻、一三二頁、参照。

(31)前掲『福建省志』〈農業志〉、四二―四三頁。また、陳于勤「福建省土地改革運動探討」『党史研究与教学』一九九四年一期、四五―四七頁、参照。

(32)前掲『福建省志』〈大事記〉、二九二頁。

(33)例えば、新編『泉州市志』第一冊、巻五、経済綜述、第一章第一節、所収「農村所有制変革」、中国社会科学出版社（北京）、二〇〇〇年、五三四頁によれば、晋江専区では一九五〇年十一月に十七郷で典型試験が開始され、翌年一月、典型試験を総括した後、四グループに分けて土地改革が実施された。人口稠密な「沿海平原地区」から始まり、次に「半山区」へと移り、最後に「山区」の安渓・永春・徳化三県で行われ、五二年七月に終結したという。

(34)新編『福清市志』巻四、農業、厦門大学出版社（厦門）、一九九四年、新編『閩清県志』巻四、農業、群衆出版社（北京）、一九九三年、新編『羅源県志』第五篇、農業、方志出版社（北京）、一九九八年、所収の各「土地改革」の項、参照。

(35)新編『莆田県志』第五篇、農業、中華書局（北京）、一九九四年、新編『仙游県志』第四篇、農業、方志出版社（北京）、一九九五年、所収の各「土地改革」の項、参照。なお、一九五一年段階における福建の専区の領域については、福建省民政庁編『福建省行政区画地図集』福建省地図出版社（福州）、二〇〇七年、一四頁、参照。

(36)『福建政報』一九五〇年七期、饒漱石「為完成華東土地改革而奮闘」。また当該報告は、前掲『華東区財政経済法令彙編』

下冊、一九八六—一九九六頁にも収録されている。引用箇所は、前者では一頁、後者では一九八七頁。

(37) 前掲、新編『福建省志』〈大事記〉、二八二頁。

(38) 『建国以来毛沢東文稿』第一冊、中央文献出版社（北京）、一九八七年、六六九—六七〇頁、所収「関於加強華東軍区領導和做好剿匪工作的電報」一九五〇年十一月十七日。

(39) ほぼ一ヵ月前の同年十月十九日、中国人民義勇軍は鴨緑江を渡河して朝鮮戦争に参戦していた。その間の中国共産党中央の政策決定については、朱建栄『毛沢東の朝鮮戦争——中国が鴨緑江を渡るまで——』岩波書店、一九九一年（後に、岩波現代文庫、二〇〇四年）、参照。

(40) 『福建政報』一九五〇年一二期、中共中央華東局「関於提早完成土地改革的指示」一九五〇年十二月五日。当該「指示」は、前掲『華東区財政経済法令彙篇』下冊、一九九六—一九九八頁にも収録されている。なお、饒漱石が毛沢東の指示を承けて土地改革の新たな方針を打ち出したことについては、莫宏偉「饒漱石与華東新区土地改革」『江蘇大学学報』〈社会科学版〉八巻三期、二〇〇六年、二三頁、参照。

(41) 『福建政報』一九五〇年増刊、張鼎丞「為完成福建土地改革而闘争」。前掲『福建省志』〈大事記〉二八二頁、参照。

(42) 奥村哲、前掲『中国の現代史』一一九頁では、解放後の土地改革が「朝鮮戦争が勃発したことによって、テンポが早められるとともに、実際の方式も急進化していった」と指摘されている。

(43) 中国共産党編年史編委会編『中国共産党編年史』五〈一九五〇—一九五七〉、山西人民出版社（太原）／中共党史出版社（北京）、二〇〇二年、一七四一頁。劉少奇「関於土地改革問題的報告」は、前掲『土地改革重要文献与経験彙篇』上冊、七—二四頁、および『劉少奇選集』下冊、人民出版社（北京）、一九八五年、二九—四七頁、等に収録されている。なお、邦訳については、前掲『新中国資料集成』三巻、一〇八—一二二頁、参照。

(44) 前掲『劉少奇選集』三三—三四頁。また、前掲『新中国資料集成』三巻、一一〇—一一一頁、参照。

(45) 本文で後述する華東軍政委員会土地改革委員会編『江蘇省農村調査』〈華東農村経済資料第一分冊〉、同委員会、一九五二年、等、全五冊の調査資料、参照。

(46)『福建日報』一九四九年十一月二十六日、「農村調査之一——沙県城区赤硃保土地・階級剝削情況——」、同、同年十二月五日、「林森義序郷的封建剝削情況」、同、同年十二月十三日、「農村調査之三——南平分区土地・賦元的調査／階級比重及土地占有情況——」、同、一九五〇年一月二十七日、「農村調査之四——不減租能活下去嗎——」（建甌県朝天門村）、同、同年四月十二日、「農村調査之五——古田六区前壠保的農村概況——」、同、同年六月二十九日、「閩東北農村土地・租佃剝削情況」および同、同年八月二十九日、「南平専区六個村調査——祭・廟・社田的迷信浪費——」等。

(47)最も分量の多い『江蘇省農村調査』には「蘇南農村調査」として八十九件にも及ぶ各地の「農村経済概況」や各種の「情況調査」等が収録されている。他方、最も少ないのは『福建農村調査』で、わずか十七件の各種「調査」が収められているだけである。

(48)『華東区土地改革成果統計』には、先の五種の『農村調査』と同様に奥付は見られず、その代わりに「内部資料」という字句が印刷されている。

(49)「土地改革前華東各省（区）市農村各階級（層）土地占有情況統計表」では「省別」として蘇北・蘇南・安徽・浙江・福建・南京・上海の七項目ごとに数値が整理されているが、蘇北はわずか十郷という、他の地域と比べて極端に少ないデータに基づくものであり、また「土地改革前華東農村各階級（層）土地占有情況統計」の「説明」では、華東区全体の数値にも反映されていないという。従って、蘇北についてはここでは省略した。また、都市部に当たる南京・上海についても省略した。なお「省別」といいながら江蘇省が蘇北と蘇南とに分かれ、南京・上海が別建てとなっているのは、一九五〇年一月に華東軍政委員会が成立した後、管轄区域が山東・浙江・福建の三省、蘇北・蘇南・皖北・皖南の四行署区、および南京・上海の二直轄市に分けられていたからであろう。范暁春『中国大行政区——一九四九—一九五四年——』東方出版中心（上海）、二〇一一年、九六頁、参照。

(50)特に蘇南については、すでに森正夫氏が「「郷族」をめぐって——厦門大学における共同研究会の報告——」『森正夫明清史論集』二巻〈民衆反乱・学術交流〉、汲古書院、二〇〇六年、所収（原載『東洋史研究』四四巻一号、一九八五年）、四八二頁において、明代から土地改革期まで繫がる「小民的土地所有」の広汎な展開に注目されており、また、濱島敦俊氏は

「江南に〈封建〉有りしや？——一九三〇年代上海郊区の地籍図から看る——」吉尾寛編『民衆反乱と中華世界——新しい中国史像の構築に向けて——』汲古書院、二〇一二年、所収、一七三—一七四頁において、江南では「自作農の比重がきわめて高い農村が、革命前に、形成されていた」と指摘されている。

(51) すでに小林一美氏は、前掲「客家と「土地革命戦争」」四三六—四三八頁において、新編地方志による湖南・江西・福建の公田比率データを紹介されているが、福建については十六県・地区のデータが挙げられている。

(52) 一九五〇年六月十三日、省編制委員会によって福建の県および市の等級が確定された。それによれば、当時の福建には、福州・厦門の二市を除いて、六十七の県が存在していた。前掲『福建省志』〈大事記〉二七八頁、参照。

(53) 泉州市および三明市の数値については、[表6]の「典拠」(17)・(29)、参照。

(54) 前掲『福建省農村調査』所収、「福建省共有田調査」一〇九頁では、すでに「共有田の占める割合」について「一般的には、閩北・閩西では五〇％以上を占めており、沿海各地では二〇—三〇％を占めるだけである」と指摘されている。

(55) 「土地改革法」第七条、前掲『土地改革重要文献与経彙編』上冊、二八頁。また、前掲『新中国資料集成』三巻、一三二頁、参照。

(56) 以上については、本書第六章、二二七—二二八頁、参照。「関於土地闘争中一些問題的決定」の引用箇所は、江西省檔案館・中共江西省委党校党史教研室編『中央革命根拠地史料選編』下、江西人民出版社（南昌）、一九八二年、六五—六六頁による。邦訳については、日本国際問題研究所中国部会編『中国共産党史資料集』六、勁草書房、一九七三年、四二〇—四二一頁、参照。

(57) 「関於劃分農村階級成分的決定」については、前掲『土地改革重要文献与経験彙編』上冊、三九—六三頁。また、前掲『新中国資料集成』三巻、一五一—一六九頁、参照。

(58) 前掲『福建政報』一九五〇年七期、三頁、および前掲『華東区財政経済法令彙篇』下冊、一九九〇頁。

(59) 本書第六章、二三〇頁、参照。

(60) 前掲『福建政報』一九五〇年九期、四八頁、および前掲『華東区財政経済法令彙編』下冊、一九八一—一九八二頁。

(61) 本書第六章、二三〇―二三一頁、参照。
(62) 前掲『福建政報』一九五〇年増刊、一〇八頁。
(63) 註(46)参照。
(64) 本書第六章、二二二―二二五頁、および山本真、前掲「福建西部革命根拠地における社会構造と土地革命」四九―五二頁、参照。
(65) 前掲『福建省農村調査』所収、「福建省共有田調査」一〇九頁。
(66) 同前、一一四頁。
(67) こうした調査内容は、何も福建に限ったものではない。例えば、同じく、既述の『浙江省農村調査』所収、中共衢州地委政研室編「江山県公共土地調査」(一九五〇年五月)二七七頁には、淤頭村の毛氏宗族について「大宗祠には族長三人、総経理一人、経理十四人(すべて本姓の者で、地主一人、富農二人、中農五人、貧農七人)が置かれ、族中の大小の事柄を把握し、……」という記述が見られる。また『安徽省農村調査』所収、中共皖南区党農委会編「皖南区農村土地情況」(一九五〇年六月一日)七頁でも「歙県岩寺区東堨村には大小五ヵ所の祠堂があり、その中の鮑家祠堂の管理者の階級成分は、地主が六人、中農が二人、貧農が三人、その他の成分が二人である」と書かれている。
(68) 前掲『福建省農村調査』所収、「福建省共有田調査」一一五頁。
(69) 福建省檔案館所蔵檔案、全宗一〇六号・目録一号・案巻一二一一号。
(70) 『福建日報』一九五〇年八月六日、「大衆園地/輪田与典地――答潘松官・陳担・趙修益・鄭寿湯諸先生――」。
(71) 新編『羅源県志』第五篇、農業、方志出版社(北京)、一九九八年、一七四頁。
(72) 同前。
(73) 陳支平、前掲『近五百年来福建的家族社会与文化』九一―九二頁。また、劉永華「明中葉至民国時期華南地区族田和郷村社会――以閩西四堡為中心――」『中国社会経済史研究』二〇〇五年三期、五七―五八頁では、族田の「本族(房)族人」に対する佃租率が「私人地主」のそれよりも低く、「宗族制度自体は佃農の境遇に対して大いに益するところがあった」と指摘されている。

（74）取り敢えず、新編『浦城県志』巻六、経済綜述、中華書局（北京）、一九九四年、二四四頁、および新編『徳化県志』第四篇、農業、新華出版社（北京）、一九九二年、一三五頁、等、参照。

（75）新編『将楽県志』巻五、農業、方志出版社（北京）、一九九八年、一八〇頁、および新編『尤渓県志』農業志、福建省地図出版社（福州）、一九八九年、一一六頁、参照。

【補記】

原載は『東洋史研究』七二巻二号、二〇一三年である。二〇一三年九月、中国福州市の福建省図書館および福建省檔案館において当該の主題に関わる文献調査を行い、本章ではそれに基づいた若干の増補・修改が行われている。調査に当たっては、厦門大学国学研究院の陳支平氏による御支援を賜った。ここに深甚の謝意を申し上げる次第である。また原載の［附記］にも記したように、本章の内容と大きく関わる論考として、山本真「一九五〇年代初頭、福建省における農村変革と地域社会――国家権力の浸透過程と宗族の変容――」奥村哲編『変革期の基層社会――総力戦と中国・日本――』創土社、二〇一三年、所収があり、併せて参照されたい。

附篇　万暦封倭考
――封貢問題と九卿・科道会議――

はじめに

明末の万暦二十年（一五九二）に始まる豊臣秀吉の朝鮮侵略に対して、特に同二十一年（一五九三）四月以降、明朝と日本との間で和議が模索された。対日講和交渉の過程で明朝中央政府はどのような政策的対応を行ったのであろうか。本附篇は、当該期の講和をめぐって、万暦二十四年（一五九六）五月までの時期を対象に、特に〈封貢問題〉に関する明朝側の政策決定過程の分析・解明を目指したものである[1]。

所謂〈封貢問題〉とは、秀吉を「日本国王」に冊封して日本の朝貢を認めるか否か、という明朝中央の政策論争を表しているが、万暦帝の厚い信任のもとに対日講和を総攬した兵部尚書石星[2]をはじめ、朝鮮における対日交渉に関わった経略宋応昌[3]、その後任の総督顧養謙[4]、提督李如松、および遊撃沈惟敬等の封貢推進の動きに対して、科道官を中心とする中央官僚の圧倒的多数は封貢反対派であった。〈封貢問題〉は最終的には、万暦二十二年（一五九四）十月、万暦帝の上諭によって秀吉の冊封のみを認めるという、きわめて変則的な〈封倭政策〉として決着した後、翌年の正月には、李宗城を正使とする冊封使節が日本へ正式に派遣されたのである。しかしながら、その後、万暦二十四年（一五九六）四月以降、李宗城の「釜山倭営」からの遁走にともなう混乱の事態を経て、副使楊方亨を改めて正使とする冊封使節が渡日した後、同年九月、大坂城で日明間の講和が決裂したことは周知の通りである。但し、ここでは、万暦二十二年（一五九四）五月および同二十四年（一五九六）五月という二つの時期の明朝中央における政治的動向を、ともに重要な役割を果たした九卿・科道会議を中心として考察しているに過ぎない。

さて〈封貢問題〉については、これまで多くの論者によって言及されてきたが[5]、なかでも小野和子氏の研究は、明末における東林党形成史、或いは冊封と国防との関連という視角から、当該問題をめぐる「政争」を具体的な政治過程のなかで分析したものであり、本附篇が対象とする時期の基本的な史実は、小野氏によってほぼ解明されているといえよう[6]。しかしながら、例えば、ここで直接的に問題とする万暦二十二年（一五九四）五月段階の政策決定――一時的に、日本に対する封貢を中止するというもの――が、どのような政治的要因によってもたらされたのか、という点については、いまだ十分な考察がなされていないように思われる。

ところで、邊土名朝有氏は、当該の政策決定に関して、九卿・科道会議を「最終審議機関」と看做すとともに「万暦二十二年五月戊寅」の「九卿科道官会議において、秀吉の冊封案件は否決され、神宗もそれに基づいていちおう裁決せざるをえなかった」と指摘されている[7]。ただ、邊土名氏の見解はこの時期の政治過程に対する細やかな分析に欠ける嫌いがあり、また、九卿・科道会議に対する理解も通説の内容とは異なるものだといえよう。取りあえず、張治安・王興亜両氏の研究に依拠して、九卿・科道会議の基本的な内容について簡単に触れておくことにしたい[8]。

九卿・科道会議は、一般には「廷議」といわれる中央の会議を指しているが、その取り扱う議題は「立君・継嗣・建都・封爵・官制置廃・民政興革・河道・漕運・辺政・国防」等、国政の重要問題に関わるものであり、明末の段階で廷議を主宰する人物は、基本的には、当該の議題に直接的に関連する六部の尚書であった。廷議を構成する人員は六部・都察院・通政司・大理寺の堂上官および六科・十三道の掌印官——すなわち九卿と科道官——のみではなく、多い場合には「議者百餘人」もの中央官僚が廷議に参加したという。(9)廷議が開催される場所としては、紫禁城の午門の東南に位置する闕左門——「東閣」或いは「東闕」——の周辺が一般的であった。さらに、廷議の性格について、王興亜氏は「政策の水準を高める上で一定の積極的な役割を果たした」が、当然のように最終的な決裁権は皇帝が掌握しており、廷議の「施策決定における役割は大きな制限を受けていた」と指摘されているのである。(10)

以下、まず第一に、対日〈封貢問題〉をめぐって万暦二十二年（一五九四）の前半期に開催された二回の九卿・科道会議の分析を中心に、同年五月の政策決定へと至る具体的な政治過程について考察を加えるとともに、続いて第二に、万暦二十四年（一五九六）四月から五月にかけて〈封倭〉をめぐる政局の混迷に立ち至った明朝中央の政治過程を、九卿・科道会議との関連において跡づけることにしたい。

一　封貢問題の経緯

万暦二十年（一五九二）四月十三日に釜山浦から上陸した日本軍は、同年五月三日には朝鮮の首都漢城を、六月十五日には平壌を陥落させた。だが、万暦二十一年（一五九三）正月における平壌および碧蹄館の戦いの後、朝鮮救援のために派遣された明軍と日本軍との間で、事実上の停戦協定が結ばれた。そして、同年四月以降、明朝側の経略宋応昌と日本側の第一軍を率いた小西行長との間で講和のための交渉が本格化したのである。

万暦二十一年（一五九三）四月、宋応昌によって「倭酋は過ちを悔い、哀れみを乞うて貢を求めている」という状況が伝えられて以降、[11]〈封貢問題〉は明朝中央にとって的確な対応を迫られる焦眉の課題となったのである。その間、宋応昌によって派遣された〈偽りの明使節〉が渡日したとき、同年六月二十八日に秀吉によって提示されたのが七ヵ条の所謂〈大明日本和平条件〉であった。[12]特に、第一条の明皇女の日本への降嫁、および第二条の勘合貿易再開の要求は、後に明朝中央に侃々諤々たる議論を惹起し、〈封貢論争〉を激化させる要因となったものであるが、この段階では事柄自体が明朝中央に対して隠蔽されたのであった。因みに、後述するように、前者は「和親」或いは「和婚」と称されるものであり、後者はまさしく朝貢と関連するものであった。

本節では、まず、明朝中央の〈封貢問題〉をめぐる対応を、万暦二十一年（一五九三）四月から同二十二年（一五九四）五月までの間に出された万暦帝の上諭の内容を中心に見ていくことにしたい。ここで提示する史料は、『朝鮮王朝宣祖実録』巻五六、宣祖二十七年（一五九四）十月甲寅（十日）条に引かれた、万暦二十二年（一五九四）九月十五日付の兵部尚書石星の「具題」である。[13]

前述の万暦二十一年（一五九三）四月の宋応昌の掲帖（「為倭衆畏威、悔罪乞哀、願帰本国通貢等事」）を承けた兵部の題奏に対する万暦帝の「聖旨」には、

狡夷変詐多端、非可深信。你部裏便馬上差人、伝与経略等官、務要審察夷情。如果聴命帰巣、只与明立約束、永無別生事端、侵掠隣境、即同外臣。何必更以通貢為信。

狡夷は変詐多端であり、深く信用することはできない。爾の部では早急に人を派遣して、経略等の官に伝え、夷情を審察するように務めさせよ。もし命を聴いて帰巣したならば、ただ明確に取り決めを行うことを許し、永久に別の事端を生ぜず、隣境を侵略しなければ、即ち外臣と同じである。何《どう》して更に通貢することで誠意を示す必要があろうか。

とあって、日本は「変詐多端」で信用できないと書かれており、また同年五月の兵科都給事中許弘綱の題奏（「為輿師

暴露日久、狡寇帰国無期等事」）に対しても、[14]

　這倭奴通貢事情、前有旨不得軽許。

　この倭奴の［要求している］通貢の事情については、先に「軽々しく許してはならない」という諭旨を出している。

とあり、日本の要求する「通貢」については、すでに「軽許するを得ず」という上諭が出されていたのである。この段階における明朝の方針は、まさに日本の封貢を認めないというものだったのである。ここでは取りあえず、こうした方針を〈不許封貢〉路線と呼ぶことにしたい。

ところが、同年九月の段階に至ると、明朝中央の方針は〈不許封貢〉路線から大きく転換することになる。『朝鮮王朝宣祖実録』の当該記事は続けて、(a)朝鮮経略宋応昌の題奏（「為申明始末講貢之説、並陳計処倭情之機等事」）および(b)兵部尚書石星の上奏（「為衰病愈甚、枢務難勝等事」）に対する「聖旨」を載せているが、それらは次のような内容となっていた。

　(a)倭奴原無内犯、非我叛臣。今既称畏威悔罪、朕以大信受降、豈追既往。但彼遠夷、尚未知中国法厳、豈有兵留近地、未見輸服真情、便可軽許之理。你部裏還作速伝諭宋応昌、一意厳兵防守、勒令尽数帰巣之後、許其上表称臣請封、永為属国。仍遵旨既其入貢、以防内地奸民、勾引生釁、有乖朝廷威懐遠人、不貴異物之意。

　倭奴は原《もと》より内犯しておらず、我が叛臣ではない。今は既に「威を畏れ罪を悔いている」と称しているのであるから、朕は大いなる誠意を以て降服を受け入れ、豈《どう》して既往［の罪］を追及などしようか。但し彼の遠夷は、なお中国の法の厳しさを知らないのであるから、豈して兵を近地に駐留させて、輸服の真情を表していないのに、軽々しく［封貢を］許すことのできる道理があろうか。爾の部ではやはり早急に宋応昌に伝えて、ひとえに兵に厳しく防守を行わせ、［倭奴に］数を尽くして帰巣させた後に、その表文を上せて臣と称し、冊封を願い出て、永久に属国となることを許す。やはり［先の］諭旨に遵い、既にそれが入貢すれば、それによって内地の奸民が、［倭奴を］引き入れて事件を起こし、「朝廷は遠人を威懐し、異物を貴ばない」という考えに乖るのを防ぐようにせよ。

(b)中国之馭夷狄、来則不拒、去則不追、服則羈縻、乃千古不易之理。昨有旨、待倭奴尽数帰巣、因取有称臣服罪、永無侵犯表文、許封不許貢。朕自定計、何畏多言。

中国の夷狄を馭する方法は、来るものは拒まず、去るものは追わず、服すれば羈縻するというものであり、［これは］乃ち千古不易の理である。先ごろ諭旨を出し、倭奴が数を尽くして帰巣するのを待って、「臣と称して罪に服し、永久に侵犯しない」という表文を取り、封は許すが貢は許さないことにした。朕が自ら計を定めたのであり、何して多言を畏れることがあろうか。

(a)において万暦帝は、日本の降服を受け入れて「既往」を追及しないと述べるとともに、朝鮮からの全面撤退（「尽数帰巣」）という条件つきながら、表文によって冊封を請願することを容認しているのである。但し、それは冊封は認めるものの、朝貢（「入貢」）は依然として認めないというものであった。[15] この方針は、(b)では「封は許すも貢は許さず」という表現になっており、同時に万暦帝は自らが決定したことだと明言しているのである。まさしく科道官を中心とする反封貢派の議論（「多言」）を前提としての言説だと思われる。[16] この九月段階における新たな方針を、ここでは〈許封不許貢〉路線と呼ぶことにしたい。

ところで、明朝中央の〈不許封貢〉から〈許封不許貢〉への路線変更には、日本に対する明朝独自の講和条件が附随していた。同じく九月段階の、南京吏科給事中陳容諄の題奏（「為島夷復逞、東事可憂等事」）をうけた兵部の「覆議」では、次のような提案がなされており、万暦帝の上諭はそれを「是」としたのであった。

即如議封一節、必令行長尽数帰巣、必令不得因封求貢、必令不復侵犯朝鮮。三者尽能聴命、則代為奏請、表文至日、臣等仍将一応事宜、題請府部・科道議聴宸断。数者有一之未従、即従而尚渉支吾、将貽後患、則明白声言罷之、不得再議。

即ち議封の一件については、必ず［小西］行長に数を尽くして帰巣させ、必ず封によって貢を求めないようにさせ、必ず再び朝鮮を侵犯しないようにさせる。三つについて［日本が］尽く命を聴いたならば、代わりに奏請を行い、表文が至った日に、臣等はやはり一応の事宜について、［五］府・［六］部・科道の会議を題請し、宸断を仰ぐことにする。数あるうちの一つでも従わず、たとい従ったとしても、なお誤魔化そうとして、後の禍を残すことがあれば、「これを罷める」と明白に声明を出し、再び［冊封を］提議してはならない。

すなわち、冊封を認める条件として、第一に、日本軍の朝鮮からの全面撤退、第二に、冊封のほかに朝貢を要求しないこと、第三に、二度と朝鮮を侵略しないこと、が挙げられており、この三条件を受諾することが日本に求められたのであった。後日、日本側の〈偽りの降伏使節〉＝内藤如安（「小西飛」）が来京したとき――万暦二十二年（一五九四）十二月――に提示されたのがこの〈講和三条件〉であり、(17)それはまた秀吉冊封のために正使楊方亨が持参した万暦帝の「勅諭」にも明記されていたものである。(18)

以上のように、明朝中央の対日方針は、万暦二十一年（一五九三）の四・五月段階における〈不許封貢〉路線から九月段階には〈許封不許貢〉路線へと転換したのであったが、その後、翌年二月の総督顧養謙の題奏（「為恭報倭情、以慰聖懐事」）に対する「聖旨」には、

倭使来、便当坦然受之、面与約束、請封之外、如有別項要求、即時拒絶。大威大信、豈不両全。

倭使が来たならば、まさに平然と受け入れ、直に取り決めを行い、封を願うほかに、もし別項の要求が有れば、即時拒絶する。［そうすれば明朝の］大いなる威厳も誠意も、豈《どう》して両方とも全うできないことがあろうか。

と書かれており、「倭使」（内藤如安）が冊封以外を要求した場合には、断固、講和を拒絶することが確認されている

のである。

さて『朝鮮王朝宣祖実録』の当該記事には、最後に、万暦二十二年（一五九四）四月から五月にかけて三件の上諭が引かれている。それぞれ、(a)は総督顧養謙の題奏（「為懇乞聖明早決倭酋封貢等事」）によって開かれた「会議」――まさしく当面、問題とする九卿・科道会議――の報告ともいうべき兵部の「議覆」であり、(b)は顧養謙の掲帖（「為塘報倭情事」）をうけた兵部の「具題」であり、そして(c)は同じく顧養謙の題奏（「為東事失策、救弊無能事」）に対する「聖旨」であった。

(a)朝廷降勅、事体重大、且未可軽擬。還行与顧、一面諭令倭衆帰島、一面将倭使齎来表文、験其真情与否。如果夷情真心帰化、表文是実、即与奏請、候旨処分。

朝廷が勅諭を降すことは、事柄が重大であり、且つ軽々しく擬することはできない。やはり顧［養謙］に命じて、一面では倭衆を説諭して帰島させ、一面では倭使に表文を持参させ、それが真情であるか否かを調べる。もし果たして夷情が真心から帰化を望んでおり、表文が実物であれば、即《ただ》ちに奏請を許し、処分［決定］の旨を待つようにさせる。

(b)屢有旨、主張許封不許貢、正為倭情未定。朝廷先示大信、使曲在彼、方可随機操縦。……若果一面請封、一面抄掠、便可明諭倭使、以大義絶之。此乃奉行明旨、原不因議論遷就。

屢々諭旨を出し、封は許すが貢は許さないことを主張してきたが、正に倭情によって未だ定まってはいない。朝廷が先に誠意を示し、もし曲が相手に在れば、はじめて随時に操ることができよう。……もし一面で封を請い、一面で掠奪を行うのであれば、明確に倭使に諭し、大義によってこれを絶つことができる。これが乃ち明旨を奉行することであり、原より議論によって迎合することではない。

(c)覧奏。這封貢都着罷了。

奏文を覧た。今回の封貢はすべて罷めさせることにする。

(a)と(b)とでは、まだ最終的な判断に至っていないが、五月に出された(c)では、明白に「封貢」の中止という裁定がなされているのである。この間の事情については、後に詳述することにしたい。[19]

万暦二十一年（一五九三）四月から翌年五月にかけて、明朝中央政府の〈封貢問題〉への対応は、まさに紆余曲折を経るとでもいうべきものであり、当初の〈不許封貢〉から〈許封不許貢〉へと、万暦二十一年（一五九四）九月段階に大きく路線を転換したにも拘わらず、翌年五月には再び〈不許封貢〉路線に戻って封貢を中止するという政策決定がなされたのであった。しかしながら、この時点においても最終決定には至らなかったのであり、二転三転した〈封貢問題〉は、同年十月に再度、〈封倭政策〉を認めるというかたちで決着を見たのである。

二　万暦二十二年三月の九卿・科道会議

上述のように、万暦二十一年（一五九三）九月の段階において、日本に対する〈許封不許貢〉路線が採択されたが、十二月には、それまで講和交渉の責任者であった経略宋応昌に替わって、顧養謙が朝鮮問題担当の総督薊遼として遼東（遼陽）へ派遣されたのであった。[20]

その後、万暦二十二年（一五九四）二月に至って、〈封貢問題〉は新たな局面を迎えることになる。それまで隠蔽されてきた日本側の講和条件、すなわち〈大明日本和平条件〉に関する新たな情報が明朝中央にもたらされ、日本の「和親」の要求が暴露されたからである。その情報をもたらしたのは、燕行使（謝恩使）として来京した朝鮮の高官金睟であった。[21]

『明神宗実録』巻二七〇、万暦二十二年（一五九四）二月戊寅（二十九日）条は、礼部郎中何喬遠の上奏について、次のように記されている。

礼部郎中何喬遠奏、朝鮮陪臣金晬等涕言、倭夷猖獗、李如松既与講和、抑勒朝鮮、任其殺戮。束手受刃者、六万餘人。倭語悖慢無礼。沈惟敬与倭講和、皆云和親、輒曰乞降悔罪。臣謹将万暦十九年中国被掠人許儀後、所寄内地書、主事洪啓睿面審金晬情節、倭夷答副総兵劉綎書、及歴来入寇処置之宜進覧、乞特勅亟止封貢。

礼部郎中何喬遠は［次のように］奏上した。朝鮮の陪臣金晬等は涕ながらに［次のように］言っている。「倭夷は猖獗しているが、李如松は既に講和を与え、朝鮮を抑えつけて、その殺戮に任せている。手を拱いて殺された者は、六万餘人にものぼる。倭語は傲慢かつ無礼である。沈惟敬は倭と講和を行い、皆は「和親」と云っているが、［沈惟敬は］すなわち「降服を乞い罪を悔いる」ことだと言っている」と。臣は謹んで万暦十九年の中国の被虜人許儀後が内地に寄せた書、主事洪啓睿が金晬を直に審問した情節、倭夷が副総兵劉綎に答えた書、および歴代の入寇処置の事宜を進覧したい。どうか特に勅旨によって亟かに封貢を止めるようにして頂きたい、と。

末尾に見られるように、何喬遠はただちに「封貢」を止めるように上請しているが、ここでは金晬が訴え出た内容として、沈惟敬の進める講和交渉の過程で「和親」が取り沙汰されていることがはじめて公然と指摘されている点に注目する必要があろう。但し、沈惟敬は「和親」を「降を乞い罪を悔いる」ことだと強辯しているという。また何喬遠は、秀吉の「征明」情報を最初に明朝側にもたらした許儀後の万暦十九年（一五九一）の書簡等を、「封貢」中止を主張するための論拠として、万暦帝の〈御覧〉に供したのであった。(22)

ところで、何喬遠の上奏はその全文――万暦帝の上諭をも含めて――が自身の文集『鏡山全集』巻二二、奏疏に、「請止倭夷封貢疏」として収録されている。些か長文ではあるが、一部節略したものをここに提示することにしたい。

及東夷封貢、大関国家利害、在廷諸臣、先後無慮数十章。近日寺臣万自約、科臣孫羽侯・田大益、台臣黄一龍、皆剴切正当。然自廷論東封以来、皇上不過曰兵部知道而已。又其要者、則曰兵部看了来説而已。未聞発有手詔、詰問当事大臣、倭可封不可封之状。豈諸臣之疏、連篇累牘、皇上万機之煩、無暇詳察歟。抑皇上以当事大臣、皆憂国奉公可信、心委之歟。抑謂辺士将吏、皆以実情入報、不敢説謊歟。臣昨見、朝鮮陪臣刑曹判書金晬等、捧表謝恩、安歇会同館。提督二館主事臣啓睿、覿面訳審、陪臣叩首流涕具言、倭夷惨酷猖獗。李如松既与講和之後、抑勒朝鮮、任其殺戮。朝鮮束手受刃、死者六万餘人。倭夷言語、誖謾天朝、不一而足。奸民沈惟敬、所与講好者、皆以和親為名、中間尚有道路所不忍聞者、而輒粧点、曰乞降、曰悔罪。……臣因而簡得、万暦十九年、中国被掠人許儀後、自倭国寄書内地、預説今日事機、合如契券。内中所云、関白設計、欲直取北京、称帝大唐。善行金反間、詐和假降、以破敵国、等語。読之可謂寒心。今挙朝之人皆知之、独以市井瑣碎之言、不敢塵瀆天聴。君門九重、何繇洞燭。臣所以謂、皇上不復問東事顛末者、良繇諸臣連篇累牘、皇上未及詳察、以致当事因而敢於矯誣、辺吏因而敢於説謊也。臣今将許儀後書信、幷主事臣啓睿、面審朝鮮情節、及倭夷所答総兵劉綎書、与歴来入寇、先朝所以処置之宜抄略、上進皇上。儻垂一刻之覧、将前後情詞、互相比照、則倭之果為真降、果為可封、不待臣言、自然明白。伏乞皇上従中特降勅旨、亟止封貢之議、依高皇帝故事、却其表文、止勅兵部、一意防守、令経略・総兵、量行捄援朝鮮之策。則何威不奪、何人不懾、何奸民敢愚弄、何当事敢推諉。若一下兵部、便成故紙、万無捄正之機。天下者皇上之天下、亦高皇帝所伝皇上之天下。惟皇上熟計深慮。臣不勝迫切祈懇之至。奉聖旨、兵部知道。

東夷の封貢については、大いに国家の利害に関係しており、在廷の諸臣には、この間、無慮数十の上奏がある。近日では寺臣の万自約、科臣の孫羽侯・田大益、台臣の黄一龍［の上奏］などは、みな適切で正当なものである。然れども、朝廷で東封が論じられて以来、皇上は「兵部、知道せよ」と言うに過ぎない。またそれは要するに「兵部は看て来説せよ」と言っているだけである。手ずから詔を発して、担当大臣に、倭を封ずべきか封ずべきでないかを詰問したとは未だ聞いたことがない。豈《どう》して諸臣の上奏が、連篇累牘にのぼりながら、皇上としての万機の煩わしさのために、詳察する暇がないということがあろうか。そもそも皇上は、担当大臣が皆、国を憂えて公を奉じており、信頼できると考えて、心からこれに委任しているというのであろうか。そもそも辺士・将吏は皆、実情を報告しており、敢えて虚偽を言うことはないと思っているのであろうか。臣が先ごろ見たところでは、朝鮮の陪臣で刑曹判書の金晬等は、表文を捧げて御恩に謝し、会同館に滞在している。提督二館主事の臣［洪］啓睿は、直に訳審を行ったが、陪臣は頭を垂れ、涕を流しながら具さに言った。「倭夷は残酷にも猖獗している。李如松は既に講和を与えた後、朝鮮を抑えつけ、その殺戮に任せている。朝鮮では［人々が］手を拱いて殺されており、死者は六万餘人にものぼる。倭夷の言語が、天朝を侮辱すること、一つや二つではない。奸民沈惟敬が関わっている講和では、皆が「和親」と言っているが、その中にはなお道で聞くに忍びないものがある。それなのに粉飾して「降伏を乞う」と言い、「罪を悔いる」と言っている」と。……臣が因って調べたところ、万暦十九年の中国の被虜人許儀後が、倭国から書を内地に寄せ、今日の事態を予測していたが、合致することは契券の如きものである。内に云うところでは「関白は計略を設けて、直に北京を取り、大唐の皇帝になろうと望んでいる。よく買収や謀略を行い、和議を騙って降服と偽り、敵国を破っている」などとある。これを読むと、心がぞっとするものだといえよう。今、朝廷中の人は、皆が知っているが、ただ市井の瑣末な言で、敢えて天聴を汚すことをしないだけである。君門が九重にもなれば、何によって洞察することができようか。臣は故に思う、皇上が東事の顚末を問わないのは、諸臣［の上奏］が連篇累牘にもなるために、未だ詳察できないことによるのであり、そのために担当者は敢えて欺瞞を働き、辺吏は敢えて虚偽を報告するのだ、と。臣は今、許儀後の書信、並びに主事の臣啓睿が直に朝鮮［の陪臣］を審問した情節、および倭夷が総兵劉綎に答えた書、さらには歴代の入寇に対して、先朝が処置した事宜を書き出して、皇上に進呈する。もし一刻でも御覧になり、前後の事情を、相互に対照すれば、倭が果たして真に降服するか、果たして封ずべきかは、臣の言を待たずとも、自ずから明白であろう。どうか皇上には内より特に勅旨を降し、亟かに封貢の議を止め、高皇帝の故事に倣って、その表文を却け、ただ兵部に勅して、ひとえに防守を命じ、経略・総兵には、朝鮮救援の方策を図るようにさせて頂きたい。［そうすれば］どのような威勢も奪われず、どのような人も畏れず、どのような奸民も敢えて愚弄し、どのような担当者も敢えて責任逃れをすることがあろうか。もしひとたび［この上奏を］兵部に下したならば、すなわち故紙同然となり、万に一つも是正する機会は無くなるであろう。天下は皇上の天下であり、また高皇帝が皇上に伝えた天下である。ただ皇上が熟計深慮するのみである。臣は切迫祈懇の至りに勝えない。聖旨を奉じたところ「兵部、知道せよ」とあった。

先の実録の記事では、いまひとつ明確ではなかった事柄を三点ほど指摘することができよう。第一に、金晬の言に見える「和親」には「道路に聞くに忍びざる所の者」が含まれていると明言は憚られているものの、沈惟敬が「和親」を粉飾して「乞降」「悔罪」と強辯していること、第二に、許儀後の「書信」を引いて「関白の設計」は北京を陥れて「大唐」の皇帝になることであり、かつ秀吉の常套手段は種々の策略を用いて「敵国」を破ることである点に注意を喚起していること、(23)第三に、上奏文は全体として〈封貢問題〉への万暦帝の対応について批判的トーンに覆われていることである。特に、第三の点では、これまでの科道官等の上奏に対して、万暦帝はただ「兵部、知道せよ」というのみで、すべてを担当部局（兵部）に任せきりであり、皇帝として問題を「詳察」することもせず、結果として中央の「当事」――当然、兵部尚書石星を指していると思われる――は欺瞞に満ちた対応を行い、現場の「辺吏」――同様に宋応昌・顧養謙等――も虚偽の報告を行うばかりであると、厳しい語調で批判しているのである。(24)さらに末尾では、この上奏が「覆議」のために兵部に下されたならば「故紙」となり、政策を是正する機会さえ失われてしまうことが述べられている。しかしながら、皮肉なことに、万暦帝の上諭は「兵部、知道せよ」であり、何喬遠の上奏は事実上、無視されるかたちとなったのである。(25)

三月に入ると、まず『明神宗実録』巻二七一、万暦二十二年（一五九四）三月庚辰（二日）条に、

戸科都給事中王徳完備言、倭欲無厭、夷信難終。封則必貢、貢則必市。是沈惟敬誤経略、経略誤総督、総督誤本兵、本兵誤皇上也。其後科臣逯中立・徐観瀾・趙完璧等、台臣顧龍禎・陳惟芝、各具疏、与徳完同意。

戸科都給事中の王徳完は備さに上言した。倭欲は飽くことがなく、夷信は終わらせることが難しい。封は則ち必ずや貢となり、貢は則ち必ずや市となる。沈惟敬は経略を誤らせ、経略は総督を誤らせ、総督は本兵（兵部尚書）を誤らせ、本兵は皇上を誤らせている、と。その後、科臣の逯中立・徐観瀾・趙完璧等、台臣の顧龍禎・陳惟芝が、各々上奏を行ったが、［王］徳完の考えと同じであった。

という記事を見出すことができる。戸科都給事中王徳完をはじめ、逯中立・徐観瀾・趙完璧・顧龍禎・陳惟芝等の科道官がこの時期、反封貢の論陣を張っていたのである。続いて、同じく、三月甲申（六日）条には、兵部尚書石星の上奏が載せられている。

兵部尚書石星奏、諸臣于東封一事、人多疑慮、議論紛紜。然必令小西飛入京、面審羈留、以俟督撫報至、或再遣科道勘実。若倭尽退、而別無所求、則用臣等封議以示信。不退而更有別求、則用諸臣罷議以示威。儻既待封、又旋入犯、即斬小西飛首伝示、以見必剿。総之、封為虚号、止以完目前、防為実際、乃以図遠計也。

兵部尚書石星は［次のように］奏上した。諸臣は東封の一事に対して、多くの人が疑問に思っており、議論は紛糾した。然れども、必ずや小西飛を入京させ、直に審問して拘留し、督撫の報告の到着を俟って、或いはさらに科道官を派遣して実態を調べさせるべきである。もし倭が尽く撤退して、別に要求することが無かったならば、則ち臣等の封議を用いて誠意を示す。撤

退しないで、更に別の要求が有ったならば、則ち諸臣の罷議を用いて威厳を示す。もし既に封を待ちながら、また忽ち入犯したならば、即ちに小西飛の首を斬って［倭に］伝送し、必ずや討伐することを表明する。要するに、封は虚号で、ただ目前［の事態］を終わらせるだけであり、防は実際［の方策］で、それによって長久の計を図るのである、と。

ここでは対日講和（「東封一事」）をめぐって「臣等の封議」と「諸臣の罷議」との間で「議論紛紜」という状況に至っていたことが、一方の当事者、すなわち封貢を推進していた石星の口から述べられているのである。この点について、談遷『国榷』巻七六、万暦二十二年（一五九四）三月甲申（六日）条では、

朝議多斥封貢。兵部尚書石星奏、封貢虚事也、休兵実利也。或疑海外叵測、表文難辨。或疑催促可異、私親可駭。臣以為料敵貴審、当機貴断。今貢市厳絶、則窺窃無繇、禁約若明、則勾引可杜。故必令小西飛、入京審訂。倭既退、請科道勘実予封、否則罷議。若不論倭之退否、先拒失事、非臣之所敢知也。因擬劉綎還遼東。上是之。

朝議は、多くのものが封貢を斥けた。兵部尚書石星は［次のように］奏上した。封貢は虚事であり、兵を休ませることが実利である。或る者は海外のことは測ることができず、表文も［真偽を］辨別することは難しいと疑っている。或る者は催促することは異とすべきであり、私親は驚くべきことであると疑っている。臣が思うに、敵のことを料るには審を貴び、機に当たっては断を貴ぶ、と。今、貢市を厳しく絶てば、則ち窺い見ようとしても術はなく、禁約を明確にすれば、則ち［倭を］引き入れるのを杜絶することができる。故に必ずや小西飛を入京させて審問すべきである。倭が既に撤退したならば、科道官が実態を調べて封を与えることを請い、そうでなければ［封貢の］議を罷める。もし倭が撤退したか否かを論ぜず、先に拒絶して事（講和）が失われても、臣の関知するところではない。因って劉綎は遼東に戻すように提案する、と。上はこれを是とした。

と記述されている。末尾の劉綎に関する記述は実録には見られないが[26]、石星の上奏内容は、まさに実録の同日条に対

応するものだといえよう。但し、『国榷』では「朝議」の存在が明記されており、かつ「多く封貢を斥く」とあって、反封貢派の議論が優勢であったと書かれているのである。すなわち、実録には明記されていないものの、この時期には「朝議」が開かれていたのではなかろうか。ここでいう「朝議」とは、まさに九卿・科道会議（廷議）を表したものであろう。(27)

以上のように、『国榷』の記事から、万暦二十二年（一五九四）三月六日頃に九卿・科道会議の開催を推定したが、当該会議の存在について明示している史料を、呉亮『万暦疏鈔』のなかに見出すことができる。(28)すでに小野和子氏によって紹介されたものであるが、『万暦疏鈔』巻四三、東倭類、所収の王徳完「目撃東倭釁隙、専修備禦疏」万暦二十二年（一五九四）三月付がそれである。(29)まず、会議の開催に触れる箇所から提示することにしたい。

臣惟、倭奴封貢一節、関係社稷安危、在廷諸臣、無慮数十人、皆力言其不可。臣謂、即此可寝謀矣。頃接総督顧養謙倭情一疏、知表文将至、事在垂成。然止言求封、不及貢市。又言、倭戸尽逐、始可議封。臣以謂、総督或自有的拠。及接朝鮮王李昖賊情疏、則又謂、倭賊向来屯聚劫掠、蓋房築城、転運軍粮、絶無帰計。説和説貢、眩惑軍情、向背胡然。頓殊若此。昨因本兵石星、集台省諸臣于射所、会議東事。

臣が思うに、倭奴の封貢の一節は、社稷の安危に関係しており、在廷の諸臣も、無慮数十人が皆、その不可を力説している。臣が謂うに、この件は取り止めるべきである、と。近頃、総督顧養謙の倭情に関する一疏に接したところ、「倭の」表文がまさに到着しようとしており、事態が成立しようとしていることを知った。然れども、ただ「封を求めている」と言うのみで、貢市には言及していない。また「倭戸が尽く撤退したならば、始めて封を提議すべきである」と言っている。臣が謂うに、総督は或いは自ら確実な根拠を有しているのではないか、と。朝鮮王李昖の賊情に関する疏に接したところ、則ちまた「次のように」謂っている。「倭賊は従来から、屯聚して劫掠しており、房屋を建て城を築き、軍粮を転運しており、決して帰る計画はもっていない」と。和と言い貢と言って、軍情を眩惑しているが、その向背たるや何ということか。忽ちにして異なることはこのようである。昨ごろ因って本兵石星は、台省の諸臣を射所に集め、東事を会議した。

ここでは〈封貢問題〉について、数十人にも及ぶ「在廷諸臣」が反対意見を表明しており、王徳完自身も封貢の中止を主張しているのであるが、この段階に至って、総督顧養謙の冊封を求める「倭情一疏」が出され、また朝鮮国王李昖による「賊情疏」では日本に撤退の意志が全くないことが伝えられていたのである。その結果として、兵部尚書石星が主宰して「東事」を議題とする九卿・科道会議が「射所」で開催されたのであった(30)。

王徳完の上奏は、次に、会議に提出されたと思われる石星の「覆疏稿」の内容、および会議における石星との質疑応答をめぐって、次のように叙述されている。

臣得読本兵覆疏稿、則謂、一封之外、似無他事。又謂、不許粘帯貢市、致日後不静。又謂、撫按査核釜山倭戸、一人未帰、不得許封。大都与総督符合。臣以為、本兵或自有主見、及扣其所以、茫如捉影捕風。臣問、外伝総督貽書、有貢市禁絶、能以身任、等語。信然否。本兵曰、難必。倘強索貢市、只革其封号便是。臣等又問、釜山倭戸、肯尽数帰巣否。本兵曰、難必。臣等又問、特遣遼東巡按、親至釜山、査看倭戸有無帰去、可行否。本兵曰、不可。由此言之、則倭之封而不貢也、倭之去而不留也、毫無足憑、何能軽信。

臣は本兵の覆疏稿を読むことができたが、則ち「一封以外に、他の事は無いようである」と謂っている。また「貢市を附け加えて、後日の騒擾をもたらすことは許さない」と謂っている。また「撫按が釜山の倭戸を調査して、一人でも帰らなければ、封を許してはならない」とも謂っている。大体は総督［の言］と符合するものであった。臣が思うに、本兵は或いは自らの定見を持っているのかも知れないが、その所以を尋ねたところ、茫漠として影を捉え風を捕まえるようなものであった。臣は［次のように］質問した。「外伝によれば、総督の書には「貢市を禁絶すれば、自ら担当することができる」などと有るとのことだが、信か否か」と。本兵は［次のように］言った。「必ずしもそうとはいえない。もし無理に貢市を求めるならば、ただ封号を止めるというだけのことである」と。臣等はまた質問した。「釜山の倭戸は、本当に数を尽くして帰巣するか否か」と。本兵は言った。「必ずしもそうとはいえない」と。臣等はまた質問した。「特に遼東巡按を派遣して、自ら釜山に行かせ、倭戸の帰去の有無を調査することは、行うことができるか否か」と。本兵は言った。「できない」と。以上のことから、倭の封じて貢しないこと、倭の去って留まらないことには、毫も根拠がないのであり、何《どう》して軽々しく信用することができようか。

石星の「覆疏稿」には既定の方針通りに、「封」以外は「貢」も「市」も許可しないこと、さらに「封」については釜山浦に駐留する日本軍の完全撤退を条件とすることが明記されていたが、後者について王徳完が問い質したところ、石星は端なくも確約できないと答えたという。日本が冊封を許されたからといって朝貢を要求しないこと、或いは朝鮮から完全に撤退することに何の保証も根拠もなく、石星の「覆疏稿」に記された政策自体の有効性に対して、王徳完は不信の念を表明しているのである。

さらに、彼の上奏は朝貢および「和親」の問題へと切り込んでいる。

臣又覧、沈惟敬答倭書、有曰既許爾乞降、封貢何因循不至。則封貢已兼言之矣。臣又覧、倭国抄白副表一道、有曰比照旧例。蓋謂国朝封貢例也。末又曰、永献海邦之貢。則明白直言。諸臣佯若不知、殊為悖盭。臣又覧、行長答沈惟敬書、有和親字様、且以媒和之。既而飾辯両国相好、即是和親。然倭奴狡詐、豈不識相好二字。臣又覧、朝鮮陪臣金睟、与総督顧養謙稟帖称、倭瞰大軍不能久処、則継之以必不可聴之説、播在人耳、而難以口道。窃未知媒和者、悉以此聞於朝廷。否則惟敬許倭、不止貢市。何謂一封即可了事。興言及此、令人髪上指。

臣がまた覧たところ、沈惟敬が倭に答えた書には「既に爾が降伏を乞うことを許したのであるから、何して因循して封貢に至らないことがあろうか」と言っている。［そうであるならば］則ち封も貢も已に兼ねて言っていることになる。臣がまた覧たところ、倭国が抄写した副表一通には「旧例に照らして」と書かれている。蓋し国朝の封貢の例を謂っているのである。末尾にはまた「永久に海邦の貢物を献上する」と書かれている。則ち明白に［朝貢を］直言しているのである。諸臣はさも知らないように偽っているが、殊に背信を行っているといえよう。臣がまた覧たところ、［小西］行長が沈惟敬に答えた書には「和親」の字句が、「媒和」のことで使われている。［それなのに］既に「両国の相好」が「和親」であると粉飾しているのである。然れども、倭奴は狡猾であり、豈して「相好」の二字を知らないことがあろうか。臣がまた覧たところ、朝鮮の陪臣金睟が総督顧養謙に与えた稟帖では、「倭は［明の］大軍が久しく駐留できないことを窺い、則ちさらに必ずや聴すことのできない説を、人の耳にまき散らしているが、［これを］口にすることはできない」と述べている。窺いみたところ、「媒和」を知らないものが、悉くこれを朝廷に報告しているのだ。そうでなければ、則ち惟敬が倭に許したことは、貢市に止まらないことになる。何して一封すれば事を終えることができるなどと謂えようか。言動がここに及べば、［憤激によって］人の髪を逆立てるものである。

朝貢については、日本との講和交渉を一手に担っていた沈惟敬の「答倭書」の中で「封」と「貢」とが併せて言及されており、また日本の「副表」の末尾にも「貢」を献上することが書かれているなど、交渉の場では日本に対して「封」と同時に「貢」さえも認める動きが確かに存在していたこと、さらに「和親」についても、小西行長が沈惟敬へ宛てた「書」では「和親」という字句が「媒和」、すなわち婚姻によって和議を行うことの意味で用いられているにも拘わらず、沈惟敬は日明両国間の「相好」が「和親」であると詭弁を弄していることが指摘されている。まさに朝貢と「和親」とは〈封貢問題〉における焦点の事柄になりつつあったのである。王徳完の上奏は、講和交渉の場では日本の要求する朝貢と「和親」と――すなわち日本側の〈大明日本和平条件〉の第一条および第二条――を容認しながらも、明朝中央に対してはその事実を否定・隠蔽すると同時に〈許封不許貢〉路線のもとに〈封倭政策〉を推し進めようとする石星への不信と疑惑とに覆われていたといえよう。

ところで、王徳完の上奏は、明らかに、三月六日頃（或いはそれ以前）に開かれた九卿・科道会議における議論を前提としたものであったが、会議では、圧倒的多数を占める反封貢派の攻勢の前に、石星はその場を取り繕うのに終始したようである。[31] 前掲の実録、三月六日条に見える「封は虚号と為し、止だ目前を完するのみにして、防は実際と為し、乃ち以て遠計を図るなり」という石星の言説は、まさにそうした事態を反映したもののように思われる。

九卿・科道会議における政策論争では反封貢派の議論が圧倒的に優勢であったにも拘わらず、この時点で万暦帝は改めて石星に対する信任を表明したのであった。同じく『明神宗実録』の三月六日条には、石星の上奏に対する上諭として、次のように記されている。

　上謂、星既張主、自当聴従。事成功有所帰、不成責亦難諉。

　上は［次のように］謂った。［石］星が主張するのであれば、自ずからまさに聴従すべきである。事が成れば功績は帰するところが有り、成らなければ責任もまた逃れ難い、と。

この段階において、万暦帝は石星支持を表明するとともに、石星主導による〈封倭政策〉を再確認したのであった。但し、当該政策が失敗した場合の責任の所在についても忘れずに明言しているのである。

三　万暦二十二年四月の九卿・科道会議と諸龍光疑獄事件

(i)　四月二十八日の九卿・科道会議

四月に入ると、〈封貢問題〉は再び大きな展開を見せることになる。その直接的な要因は、対日講和の当事者の一人、総督顧養謙から出された〈許封不許貢〉路線に対する疑義であった。『明神宗実録』巻二七二、万暦二十二年（一五九四）四月甲寅（六日）条には、

総督顧養謙総称、許封不許貢之説、発之自内。惟敬之入倭営、始終無此説也。今惟有許則幷許、絶則竝絶而已。輔臣王錫爵、遺書於臣、欲臣尽言、彼且力為担当。石星亦誓以死報国矣。如用臣議、而竝許之、則択才辯武臣為正使、惟敬齎詔冊、随至大丘、令惟敬先諭諸酋、率兵渡海、然後使臣入国。封貢既成、可保十年無事。如用諸臣議、而竝絶之、則棄置朝鮮、自鴨緑以西為守。儻既絶封貢、而又欲保朝鮮、臣必不能任也。以臣所知、非吏部左侍郎趙参魯・刑部左侍郎孫鑛不可。蓋二臣見信於諸臣、無阻撓之者、事乃易集耳。今宜速遣科道、与使臣偕行。如至大丘、倭果尽去、便如前説。否則令使臣繳還。一切取裁於科道、臣不敢与。不出数月、而事可定矣。勅兵部会九卿・科道議聞。

総督顧養謙は総じて［次のように］称している。「許封不許貢」の説は、内から出たものである。［沈］惟敬が倭営へ入ったときも、始めから終わりまでこの説は無かった。今、ただ［封貢を］許すのであれば幷せて許し、絶つのであれば竝べて絶つだけである。輔臣の王錫爵は、書を臣に送って、臣が言を尽くすように望んでおり、彼は努めて引き受けるとあった。石星もまた死を以て国に報いると誓っている。もし臣の議を用いて、これを竝べて許すのであれば、則ち才智のある武臣を択んで正使とし、惟敬が詔冊を携えて、次いで大丘に至り、惟敬に先ず諸酋を説諭し、兵を率いて渡海させ、然る後に、使臣を入国させる。封貢が既に成立したならば、十年の無事を保つことができる。もし諸臣の議を用いて、これを竝べて絶つのであれば、則ち朝鮮を棄て置いて、鴨緑［江］以西を守ることになる。もし既に封貢を絶っているのに、さらにまた朝鮮を保とうとするのであれば、臣は決してその任を務めることはできない。臣の知るところでは、吏部左侍郎趙参魯・刑部左侍郎孫鑛でなければ［総督・経略の任に就くことは］できないであろう。蓋し二臣は諸臣に信頼されており、これを邪魔する者もおらず、事を成

しやすいからである。今は宜しく速やかに科道官を派遣して、使臣と共に行かせるべきである。もし大丘に至って、倭が果たして尽く去ったならば、すなわち前の説のようにする。そうでなければ、則ち使臣を召還させる。一切は科道官に決定させ、臣は敢えて関与しない。数ヵ月も経たずに、事は決着するであろう、と。［上諭には］兵部に勅して九卿・科道を集めて論議・上聞させる、とあった。

と記されている。当該記事は、〈封貢問題〉をめぐって揺れ動く中央政府の内情を含めて、きわめて多くの情報を与えてくれる。第一に、〈許封不許貢〉という路線は、あくまでも明朝中央の内部事情から生じたものであり、沈惟敬による日本との直接交渉の場では、こうした明朝側の考えが全く提示されていなかったこと、第二に、経略宋応昌以来の欺瞞的な対応に窮した顧養謙は、「封貢」に関して「幷許」か「竝絶」かという究極の選択を中央政府に迫っていること、但し、顧養謙の提起は二者択一をフラットに迫ったものではなく、「竝許」こそが養謙の考えであり、「諸臣の議」である「竝絶」と真っ向から対立するものであったこと、第三に、「幷許」論が中央で拒絶された場合、顧養謙は総督を辞する考えがあり、後任として反封貢派の吏部左侍郎趙参魯、或いは刑部左侍郎孫鑛を自ら推薦していること[32]、第四に、時の首輔王錫爵および兵部尚書石星の両者ともに顧養謙を支持していること、そして第五に、万暦帝の上諭として九卿・科道会議の開催が命じられたこと、以上である。

万暦二十一年（一五九三）九月段階に、明朝中央の方針として〈許封不許貢〉路線が決定していたにも拘わらず、講和交渉の実態が中央の方針とは乖離したものであったことを、顧養謙が率直に申し述べるとともに、むしろ実態に整合させるために「封」と「貢」との「幷許」論を提起したことは、明朝中央にとっても衝撃的なことだったと思われる。だからこそ、顧養謙の上奏を直接的契機として、九卿・科道会議開催の上諭が出されたのであった。この九卿・科道会議こそ、従来、五月一日の開催とされてきたものである。

実録によれば、顧養謙の上奏後も、封貢をめぐっていくつかの奏請がなされている。四月十二日には、吏部左侍郎趙参魯と礼部尚書羅万化とがそれぞれ上奏を行っているが、後者は封貢ではなく「備禦」を「本論」としながらも、これまでの経緯を踏まえて基本的には〈許封不許貢〉路線を容認せざるを得ないというものであった[33]。また二十五日には、尚宝司卿趙崇善が封貢に対置して「戦守」論を主張しており[34]、さらに二十八日には、首輔王錫爵が「病中上言」を行ったことが実録に記載されている[35]。

特に王錫爵については、先の顧養謙の題奏のなかで、自らを支持する存在として言及されていたが、四月二十八日の「上言」は、王錫爵の『文肅王公疏草』巻二〇にも、「謝宣諭疏」万暦二十二年（一五九四）四月二十八日付として収められている。

臣病中之一息不忘者、亦此国事也。目前国事、莫急倭・虜、而臣与同官、平日計議、亦自有定着。倭非我叛臣、若真心嚮化、決無絶理。又非我孝子、若分外要求、決無許理。覊縻駕馭、即此両端而決。若其他盈庭之議、勇欲歳糜百万之財、而怯不敢通一介之使、則非臣之所解。

臣が病中の一息の間にも忘れないことは、またこの国事である。目前の国事では、倭・虜より重要なものはないが、臣と同僚とは、平日協議して、また自ずから定着を見ている。倭は我が叛臣ではないのだから、もし真心から帰順するのであれば、決して「冊封を」絶つという道理はない。また我が孝子でもないのだから、もし分外に要求するのであれば、決して許すという道理もない。覊縻するか駕馭するかは、この両端に即して決めるものである。その他の朝廷に溢れる議論のごときもので、勇敢にも歳々に百万の財源を費消しようとするものや、卑怯にも敢えて一介の使節も通じようとしないものは、則ち臣の理解するところではない。

「目前の国事」として日本（「倭」）と女真（「虜」）との問題について述べているが、提示した箇所は日本の〈封貢問題〉に言及したところである。ここで王錫爵は日本が「真心に嚮化」すれば冊封を許し、「分外に要求」すれば冊封を止めるという、まさに〈許封不許貢〉路線に即した見解を述べているのであり、〈封倭政策〉こそ「平日の計議」で「定着」したものであった。従って、反封貢派の議論（「他盈庭之議」）に見える、対日戦争を主張する「勇」にも、或いは講和に反対する「怯」にも与しないことを、王錫爵は表明しているのである。(36)

さて、当面、問題とする九卿・科道会議について、まず『明神宗実録』では、巻二七三、万暦二十二年（一五九四）五月戊寅朔（一日）条に記述されており、従来、これを典拠として、当該会議が五月一日の開催と理解されてきたのであった。(37) しかしながら、私見によれば、当該会議の開催は五月一日ではなく、四月二十八日であったと思われる。以下、まず、この点を論証することにしたい。

実録の当該記事は、次のように書かれている。

(ア)九卿・科道、奉旨会議倭事。(イ)尚書陳有年、侍郎趙参魯、科道林材・甘士价等、則各具疏掲。総之、以罷款議守為主、不得已而与款、猶当遵明旨、守部議。(ウ)兵部尚書石星、採集以聞、因言、款事之始終、以平壌緩兵而約、以王京願退而許、以晋州之破而再拒、以王子・陪臣之還而再訂。然後有封而不貢之説、有退而後封之説。其成与否、臣又何心。今或降勅一道、付小西飛、帰諭関白、尽撤釜山兵、以観誠偽、則請如羅万化議。或遣使往諭、必如中国約。乃許倭使具表、偕来請封、及守鴨緑以西、宜尽責督臣、則請如孫鑛議。或封貢竝絶、自修内備、令朝鮮淬礪図存、而我遙為声援、兵餉倶難再助、則請如陳有年・趙参魯議。而衆論之所僉同者、莫不汲汲於選将練兵、儲器待餉、屯田扼険、皆本計也。(エ)上以降敕事大、未可軽擬。還令顧養謙、諭衆悉帰。査験表文、如果皆実、即奏請処分。其一応防禦、督撫官加慎整理。若将吏有款後弛辺備者、重処。餘依議。

(ア)九卿・科道は、諭旨を奉じて倭事について会議した。(イ)尚書の陳有年、侍郎の趙参魯、科道の林材・甘士价等は、各々疏掲を提出した。これを要するに、款〔講和〕を罷めて守を固めるという意見が中心であり、已むを得ず款を許すとしても、やはり明旨に遵って部議を守るべきであるというものであった。(ウ)兵部尚書石星は、［諸々の意見を］集めて上聞し、［次のように］言った。款事の顚末については、平壌での停戦によって取り決め、王京の返還を願ったことで許し、晋州を破ったことで再び拒絶し、［朝鮮の］王子・陪臣を返したことで再び締結した。然る後に、封ずるが貢は認めないという説や、撤退した後で封ずるという説が出てきた。それが成功するか否かについて、臣にどんな思惑があろうか。今、或いは勅旨を降して、小西飛に与え、帰国させて関白を諭し、尽く釜山の兵を撤退させ、それによって誠・偽を観るというのが、則ち羅万化の議の如きものである。或いは使節を派遣して諭し、必ず中国の約のようにさせる。［そうすれば］倭使が表文を携えて、ともに請封に来ることを許し、［その一方で］また鴨緑［江］以西の守備は、宜しく尽く督臣の責任とすべきであるというのが、則ち孫鑛の議の如きものである。或いは封貢は竝絶し、自ら内備を修め、朝鮮には奮励して存立を図るようにさせ、我々は遙かに声援を行い、兵・餉については倶に再び援助し難いというのが、則ち陳有年・趙参魯の議の如きものである。そして、衆論がみな同意したのは、将を選抜して兵を訓練し、武器を蓄えて兵餉を待たせ、屯田を行って険要を押さえることに汲々として努めざるを得ないのが、みな本計であるというものであった、と。(エ)上［諭］には、勅旨を降すことは事柄が重大であり、未だ軽々しく諮ることはできない。やはり顧養謙に命じ、［倭］衆を諭して悉く帰らせる。表文を査験して、もし果たして実物であれば、即ちに奏請して処分［決定］する。すべての防禦については、督撫の官が慎重に整頓するようにせよ。もし将吏で款の後に辺備を疎かにする者がいれば、重く処罰する。餘は議に依れ、とあった。

最初の(ア)に「九卿・科道、奉旨会議倭事」という文言が存在することによって、「会議」がまさに五月一日に開催されたと解釈することは、一見、妥当なもののように思われる。しかしながら、(ウ)では、兵部尚書石星によって、会議での議論を集約するかたちで行われた上奏〔「採集以聞」〕の内容が記載され、(エ)では、万暦帝の上諭が書かれているのである。従って、(ア)・(ウ)・(エ)という三つの記述によって、五月一日が実際に会議の行われた日なのか、石星が万暦帝に上奏（報告）した日なのか、或いは万暦帝の上諭が出された日なのか、という疑問が生じてくるといえよう。

この疑問に対して、談遷『国榷』巻七六、所載の同日条には、

兵部尚書石星、彙朝議奏曰、或降勅付小西飛、帰諭関白、尽撤釜山兵、以観誠偽、則有如羅万化議。或遣使往諭、必如中国約、乃許倭使齎表請封、及守鴨緑以西、尽責督臣、則有如孫鑛議。或封貢並絶、自修内備、令朝鮮淬礪図存、而我遙為声援、則有如陳有年・趙参魯議。而衆論之所同、則汲汲于選将練兵、儲器待餉、屯田阨険、皆本計也。上命顧養謙、諭倭尽帰、表至即奏請処分。

兵部尚書石星は、朝議をまとめ、上奏して［次のように］言った。或いは勅旨を降して小西飛に与え、帰国して関白を諭し、尽く釜山の兵を撤退させ、それによって誠・偽を観るというのが、則ち羅万化の議の如きものである。或いは使節を派遣して諭し、必ずや中国の約のようにさせ、［そうすれば］倭使が表文を携えて、請封に来ることを許す。［その一方で］また鴨緑［江］以西の守備は、尽く督臣の責任とするというのが、則ち孫鑛の議の如きものである。或いは封貢は並絶し、自ら内備を修め、朝鮮には奮励して存立を図るようにさせ、我々は遙かに声援を行うというのが、則ち陳有年・趙参魯の議の如きものである。衆論が同意したのは、則ち将を選抜して兵を訓練し、武器を蓄えて兵餉を待たせ、屯田を行って険要を押さえることに汲々として努めるのが、本計であるというものであった、と。上［諭］には、顧養謙に命じて、倭を諭して尽く帰らせ、表が到着したならば、即ちに奏請して処分［決定］する、とあった。

と書かれている。そのほとんどが実録を踏襲した内容であるが、冒頭の記載によれば、五月一日は九卿・科道会議が行われた日ではないことになる。では、九卿・科道会議の開催そのものを表す記事は『国榷』に存在しないのであろうか。同、巻七六、万暦二十二年（一五九四）四月丙子（二十八日）条には、次のような記述を見出すことができる。

廷議関白封貢。時伝沈惟敬許和親。餘姚人諸龍光、前客李如松所被慢、遂上急変、列如松罪状、幷各私札、投御史唐一鵬。内有征倭戚金、上如松帖、陳和親詳甚。一鵬以聞。□《ママ》科給事中喬胤亦言之。故有是命。訊諸龍光誰使之、不能得。法司擬杖、上怒、械市死。

関白の封貢を廷議した。時に沈惟敬が和親を許したことが伝えられた。餘姚の人、諸龍光は、先に李如松の客となっていたが、［彼に］侮られたために、遂に急変を訴え、如松の罪状を列挙し、併せて各々の私信を、御史唐一鵬に提出した。内には征倭［の官］戚金が、如松に上せた掲帖があり、和親について述べることは甚だ詳しかった。一鵬は［その件を］上聞した。□科給事中喬胤もまたこれを上言した。故にこの命が下されたのである。諸龍光に誰が教唆したのかを訊問したが、［答えを］得ることはできなかった。法司は杖［罪］に擬したが、上は怒って、市中で械に処したところ［諸龍光は］死亡した。

「時伝沈惟敬許和親」以下が、後述する諸龍光疑獄事件に関する内容であるが、はじめに「廷議関白封貢」とあって、九卿・科道会議の存在が明記されているのである。[38] すなわち『国榷』の四月二十八日条に見える「廷議」こそ、従来、五月一日とされてきた九卿・科道会議ではなかろうか。

九卿・科道会議の開催期日については、いま一つ注目すべき史料が存在する。それは銭一本『万暦邸鈔』万暦二十二年甲午巻、夏四月条に見える、

百官集東闕、議封倭。詔罷之。

百官は東闕に集まり、封倭を議した。詔によってこれは罷めることになった。

という記載である。[39]「百官」を闕左門（「東闕」）に集め、「封倭」を議題として開かれた会議こそ、当該の九卿・科道会議であろう。「詔罷之」とある点は、まさしく封貢中止の決定を表したものであるが、これに附された関連記事全体の構造については後述するとして、ここで特に留意すべき点は、会議の記事が「夏四月」の条に載せられているこ

とである。すなわち、銭一本は当該会議が実録所載の五月一日ではなく、四月中に行われたと認識していたのである。

以上、九卿・科道会議の開催期日について検討してきたが、従来、万暦二十二年（一五九四）五月一日の開催とされてきた当該会議は、実際には四月二十八日に行われたのであり、五月一日は会議を主宰した兵部尚書石星が会議内容を報告した上奏に対して、万暦帝が上諭を降した日付を指しているといえよう。

さて、闕左門で開催された九卿・科道会議における議論の展開を、再び実録の五月一日条の記事に即して見ていくことにしたい。前掲の当該史料には、内容によって(ア)〜(エ)の記号を附けてあるが、すでに検討した(ア)を除いて、(イ)は会議での議論の全体的趨勢を総括した部分であり、(ウ)は〈封貢問題〉の経緯を述べるとともに、それぞれ異なる三つの主要な意見を併記したものである。そして、最後に(エ)として、石星の報告に対する万暦帝の上諭が記されている。

(イ)によれば、会議では「罷款議守」という反封貢の意見が大勢を占め、たとい講和（「款」）を認める場合でも明朝側の〈講和三条件〉（「部議」）を堅持することが再確認されたという。次に、(ウ)では三つの議論が提示されているが、第一に、礼部尚書羅万化の意見は、万暦帝の勅諭を内藤如安（「小西飛」）を通じて秀吉に与え、釜山の日本軍が撤退するか否かを見極めてから封倭を判断するというものであり、むしろ石星の考えに近いものだったといえよう。第二に、刑部左侍郎孫鑛は、日本側が〈講和三条件〉（「中国約」）を遵守した場合にのみ「請封」を許し、同時に鴨緑江以西の防備を固めるという意見であり、第三に、吏部尚書陳有年と同左侍郎趙参魯とは「封貢竝絶」と同時に「内備」を固め、朝鮮から明軍を撤退させ、遠くから「声援」を行うという意見であった。まさに「款」か「守」かという二者択一の議論展開のなかで、後者の意見が前者を圧倒したといえよう。[40]なお、一見して、陳有年・趙参魯の方が、孫鑛よりも反封貢については過激な意見のように思われるが、反封貢派の急先鋒はむしろ孫鑛であった。この点は、後掲の諸史料が物語っているのである。なお、(エ)から明らかなように、廷議の報告を受けた万暦帝の上諭によれば、この段階では〈封貢問題〉に関する最終的な決断には至らなかったのである。
次に、当日の会議の雰囲気、或いは当時の明朝中央の状況を窺わせる史料をいくつか提示しておきたい。まず『明神宗実録』巻二七三、万暦二十二年（一五九四）五月丁酉（二十日）条には、

御史梁銓疏称、顧養謙与石星、計主封貢、而鑛議在戦守。鑛当会議、則面折石星之非、条禦倭、則尽違養謙之意。養謙挙鑛自代、必陰図所以窘之。欲釈窘鑛之疑、当務為助鑛之実。章入下部。

御史梁銓の疏は［次のように］称している。顧養謙と石星とは、封貢を主張しているが、［孫］鑛の議は戦守に在った。鑛は会議において、則ち直に石星の非を折き、禦倭［の方策］を列挙したが、則ち尽く養謙の意とは違っていた。養謙は鑛を自分の代わりに推挙しているが、必ずや陰でこれを陥れようと図っているに違いない。鑛を陥れるという疑いを解こうとするのであれば、まさに鑛を助けるという実に務めるべきである、と。章は入れられたが、部に下された。

と記されている。この梁銓（山西道監察御史）[41]の上奏に見える「会議」は、まさに四月二十八日の九卿・科道会議を指していると思われる。石星・顧養謙の「封貢」と孫鑛の「戦守」との対立的状況の中で、孫鑛は直接「石星之非」を論難したという。まさに当日の激しい議論を窺わせる記述だといえよう。
また『朝鮮王朝宣祖実録』巻五二、宣祖二十七年（一五九四）六月己酉（二日）条には、朝鮮の接伴官金瓚と副総兵劉綎との問答が、次のように記載されている。

臣答曰、……封貢事、中朝論議如何。曰、朝廷亦持両端、議猶未定。科道官及礼部、兵部右侍郎孫鑛等、議不可許。石尚書曰可許。其中一官議曰、今者送還小西飛、使倭奴尽帰其巣穴、彼若順命則許。只此一官、議得好也。皇上亦以此持疑不決。

臣は答えて言った。「……封貢の事について、中朝での論議は如何か」と。［劉綎は］言った。「朝廷では両論があり、議論は

なお未だ定まっていない。科道官および礼部、兵部右侍郎孫鑛等は、許すべきではないという考えであり、石尚書は、許すべきだと言っている。その中の一人の官は議の中で「今は小西飛を［日本に］送還し、倭奴を尽くその巣穴に帰らせ、彼らがもし命に従うのであれば、則ち許すことにする」と言っている。ただこの一官だけが、議論としては良い。皇上もまたこのために躊躇して決定していない」と。

同じく、六月甲寅（七日）条にも、同様に、

臣問督府曰、近有人来自倭営者乎。答曰、……且封貢朝議不一、張閣老・李提督・顧軍門等五六人、及戸・兵部、皆以許封貢為当、而其他科道等官、以死争之。故聖上猶豫未決云。

臣は督府に質問して言った。「近ごろ、倭営から来た人はいるのか」と。その答えは言った。「……かつ封貢に関する朝議は様々であり、張閣老・李提督・顧軍門等五六人、および戸［部］・兵部は、みな封貢を許すことは妥当であると考えているが、その他の科道等の官は、死を賭けてこれを争っている。故に聖上は躊躇して未だ決定できないでいるとのことである」と。

と記されている。ともに「中朝論議」或いは「封貢朝議」に言及しているが、前者では反封貢派として科道官および礼部が、さらに孫鑛の名が挙げられており、後者では李如松・顧養謙とともに内閣大学士張位が封貢派とされ[42]、戸部・礼部が「封貢」を主張しているのに対して、科道官などは死力を尽くして反対しているという。六月上旬の段階で〈封貢問題〉をめぐる政策決定の知らせは朝鮮に届いておらず、劉綎は自ら入手した情報をもとに封貢をめぐる激しい議論のなかで、万暦帝が「持疑不決」或いは「猶豫未決」という状態にいると認識していたのである。

以上、万暦二十二年（一五九四）四月二十八日開催の九卿・科道会議について見てきたが、実録に会議の記事が載った五月一日の段階では、日本の封貢を認めるか否か――或いは冊封のみ（封倭）を認めるか否か――について、万暦帝の最終的な決裁は行われなかったである。

(ii)　諸龍光疑獄事件

前掲の『国榷』の四月二十八日条は、九卿・科道会議の開催と同時に〈封貢問題〉に重大な影響を与えた諸龍光疑獄事件について叙述していた[43]。ここでは当該事件に関する史料として、まず実録の記事から検討していくことにしたい。『明神宗実録』巻二七二、万暦二十二年（一五九四）四月丙子（二十八日）条には、

広東道御史唐一鵬、以李如松家塾諸龍光、叩為投首和親之説、因劾如松、及宋応昌・石星・顧養謙・劉黄裳、争相欺罔、乞下法司速鞫、分別典刑。上以事情重大、令九卿・科道、虚心会議、不許徇私偏執。

広東道御史唐一鵬は、李如松の家塾［の教師］諸龍光が、和親を告発する説を訴えてきたことによって、如松および宋応昌・石星・顧養謙・劉黄裳が、相争って欺瞞していることを弾劾し、法司に下して速やかに鞫問し、各々を処罰するように上請した。上［諭］には、事情が重大であり、九卿・科道に対して虚心に会議することを命じ、情実によって偏執することは許さない、とあった。

と記されている。まさに九卿・科道会議の開催と前後して、広東道監察御史唐一鵬によって石星をはじめ、李如松・宋応昌・顧養謙・劉黄裳という対日講和に直接関わっていた官僚に対する弾劾が行われたのである[44]。それは、李如松の家塾の教師をしていた諸龍光が如松の「和親」への関与を告発したことに起因していた。これをうけて万暦帝は、事態の重大性に鑑み、再び九卿・科道会議の開催を命じたのであった。

この後、実録では、(a)五月戊寅朔（一日）条、および(b)同己卯（二日）条に、続けて関連記事が載せられている。

(a)兵部尚書石星、疏辯御史唐一鵬、参論李如松等和親事。上令不必会議、第究問諸龍光、主使何人。

兵部尚書石星は、御史唐一鵬が参劾した李如松等の和親の事について疏辯した。上は会議の必要はなく、ただ諸龍光を主使し

たのが何人であるかのみを究問するように命じた。

(b)都給事中喬胤劾奏、沈惟敬陰許和親、請亟捕逮、併収李如松、降旨切責。

都給事中喬胤は弾劾の上奏を行った。沈惟敬は陰で和親を許しており、亟かに逮捕し、併せて李如松を収監し、旨を降して厳しく糾問することを請う、と。

(a)は、唐一鵬によって弾劾された石星による辯明のための上奏である。結果は、これが奏功したことで、九卿・科道会議の開催は取り止めとなり、逆に諸龍光の糾問が上諭によって命じられたのであった。(b)は、李如松の疑惑と関連して、都給事中喬胤が沈惟敬と李如松の「和親」関与を弾劾したものである。

以上が実録に見える関連記事であるが、前掲の『国榷』四月二十八日条では、実録とは別系統の史料に依拠したと思われる内容、すなわち朝鮮駐留武官戚金の李如松宛の「帖」で「和親」について詳述されていること、[45]或いは「法司」における審問の後に諸龍光が刑死（「械市死」）したことなどが附加されているのである。

次に、当該事件に関するより詳細な史料として、同時代を生きた沈徳符の『万暦野獲編』巻一七、兵部、所収の「日本和親」を挙げることができる。沈徳符は当該事件の事実関係を、次のように伝えている。

李如松家塾師諸龍光、故浙江餘姚人也。受李氏恩豢已久、後復多所需求、李氏父子漸疎外之、龍光積忿未発。会如松奉征倭之命、先勝於平壌道、後敗於碧蹄館、久戍朝鮮、而封貢議起。如松頗附会文師宋応昌、及本兵石星、速成其事、以結束征之局、此実情也。一時抑和主戦者、議不得伸、漸謂軍中行賄媚倭。甲午四月、且有和親結好之説。龍光遂借以傾李氏、上急変、告如松私許日本与天朝和親。御史唐一鵬等信之、遂露章劾如松、幷東征在事諸臣。科臣喬允、因而和之。上命訊之、実無此事。下龍光究問主使之人、不得。法司擬以杖譴。上大怒、先命立枷、後遣戍、不数日遂死三木之下。

李如松家の塾師諸龍光は、もともと浙江餘姚の人である。李氏の恩養を受けてすでに久しかったが、後にまた要求することが多く、李氏父子に徐々に疎外され、龍光は積忿を解消することができずにいた。たまたま如松が征倭の命を奉じて、先に平壌道で勝利したが、後に碧蹄館で敗北し、久しく朝鮮に駐留していて、封貢の議が起こった。如松は、頗る文師の宋応昌、および本兵石星と結託し、速やかに［封貢の］事を成立させ、東征の局を終わらせようとしたというのが、この実情であった。一時、和議を抑えて戦を主張する者たちは、その議論を伸ばすことができず、「軍中では賄賂によって倭に媚びへつらっている」と謂いだした。甲午四月、さらに和親によって講和を結ぶという説が出された。龍光は遂にそれに借りて李氏を傾けようとし、急変を訴え、如松が密かに日本と天朝との和親を許したと告発した。御史唐一鵬等はこれを信じ、遂に奏文を書いて如松、並びに東征に関わった諸臣を弾劾した。科臣の喬允も、それによって迎合した。上はこれを訊問するように命じたが、実にこの事は無かったのである。龍光を［獄に］下して主使の人を究問したが、［解明することは］できなかった。法司は杖・譴［という量刑］に擬した。上は大いに怒り、先に立枷を命じ、後に遣戍としたが、数日も経たず［諸龍光は］遂に刑具の下に死亡したのである。

最終的に、諸龍光はその告発が誣告と認定され、杖刑および充軍（「譴」）という量刑がなされたが、万暦帝の勅命によって前者は「立枷」に改められ、結局は「立枷」執行中に刑死したのであった[46]。沈徳符の見解は、塾師をしていた諸龍光の李如松家に対する逆恨みの結果が「和親」関与の誣告であり、中央政府の処断を是とするものであった。

また、当該史料には、

造為此説者、皆出東征失志游棍、流謗都中、而言路一二無識者、遽登之白簡、至紛紛為諸龍光訟冤。辱朝廷而羞士大夫、真可痛恨。

この説が造作されたのは、みな東征で志を失った游棍が、都中にデマを流したことによるのであり、言路［官］の一・二の見識の無い者が、遽かにこれを白簡に登し、紛々として諸龍光のために怨みを晴らそうとしたのである。朝廷を侮辱して士大夫を羞めたことは、真に痛恨すべきである。

と書かれている。沈徳符は、日本との間における「和親」の説が「游棍」によるデマゴギー（「流謗」）であり、当時の北京で流布していた噂を安易に取り上げた科道官の不見識を非難しているのである。しかしながら、かの沈徳符でさえ「封貢」「和親」に関する事実を誤って理解していたということになろう。

諸龍光の告発が一転して誣告とされ、かつ否定された背景には、実録の五月一日条が述べるように、兵部尚書石星による「疏辯」が存在していた。すでに提示した『万暦邸鈔』夏四月条の、九卿・科道会議開催を伝える記事には、諸龍光事件に関する石星の次のような上奏が附されている。それはまさに実録の「疏辯」に相当するものであった。

星又言無端大獄将起等事。御史唐一鵬、為恭報賊臣、朋奸禍国等事、下九卿・科道会議。臣若避忌不言、激起奇禍、奸悪得志、労臣離心。隠忍緘墨之罪、死不足贖。大略辨和親之説之為誣。然亦有因、非如諸龍光所奏。頃據顧養謙致京中書云、倭于平壌敗後、而求封貢、曾向沈惟敬云、彼国有天皇女、欲献当今。忌功将領、即乗此播伝京師、以激人怒、而敗其事。其書大抵由此、而実非惟敬所説也。今則影響倶絶矣。若又如御史所奏、真足伝笑四方、遺譏万世。臣乃既不発覚、又為掩飾。有人心知自愛者不為、而臣肯如是乎。夫縁一市井無頼之子、妄持大将之短、以修其怨、而令臣等九列大臣、低首鬪口、而与之対。臣寧死不願与議、且既知必無矣。何苦必令逼假成真、為盛代増汚事、為奸細快報復。有旨罷議、逮諸龍光、鎮撫司問。

［石］星はまた原因のない大獄がまさに起ころうとしている等の事について述べた。御史唐一鵬の「賊臣が奸党を作って国に禍をもたらしていること等を恭しく報告する事について」［という上奏］は、九卿・科道会議に下された。臣がもし忌避して［何も］言わなければ、奇禍を激発し、奸悪［の輩］は志を得、労臣は愛想をつかすことになろう。隠忍して沈黙する罪は、

死んでも贖うことはできない。おおよそ和親の説をはっきりさせるというのは偽りである。然れども［それには］また原因が有るが、それとて諸龍光の奏するが如きものではない。近ごろ顧養謙が京中へ宛てた書では［次のように］云っている。「倭は平壌で敗れた後に、封貢を求めてきたが、かつて沈惟敬に対して「彼の国には天皇の女《むすめ》がおり、当今（万暦帝）に献上することを欲している」と云った。功を妬んだ将領が、これに乗じて京師に伝播し、それによって人々の怒りを誘い、この事を挫折させようとしたのである」と。その書［の内容］は大抵このようなものであるが、実のところ惟敬の説くようなものではない。今は則ちその影響も絶無である。もしまた御史の奏するが如きものであったならば、真に四方［の諸国］の笑いものとなり、譏りを万世に遺すことになろう。臣は［当然］暴露しないだけでなく、また粉飾さえするであろう。心に自愛を知る者の行うことではないのに、臣が敢えてこのようなことをしようか。そもそもは市井の無頼の輩が、妄りに大将の短所をあげつらい、その怨みを晴らそうとし、臣等のような九列大臣に、頭を下げて口を尖らせ、これと対峙するようにさせたのである。臣は寧ろ死んでもその議に与することを願わないし、かつ既に必ずや［和親のことが］無いことを知っている。何を苦しんで無理に偽りを真実に変え、盛代に汚点を増し、奸細のために報復を遂げさせる必要があろうか、と。［万暦帝の］諭旨には、会議を罷め、諸龍光を逮捕して、鎮撫司は審問せよ、とあった。

「和親」に関する諸龍光の告発および唐一鵬の弾劾に対して、石星が必死に辯明している様子を窺うことができよう。あろうことか石星は、顧養謙の書簡に借りて「和親」のデマゴギーが日本の皇女を万暦帝に献上することから発したものだと強辯し、対日講和で「和親」、すなわち明皇女の降嫁が取り沙汰されていることを真向から否定したのであった。石星にとっては、まさに辯明が奏功したことで「和親」を〈封貢問題〉から一旦は棚上げし、事態を諸龍光の刑死によって有耶無耶のうちに終わらせることができたのである。

しかしながら、当該事件には後日談が残されていた。思わぬところから新たな証拠が提出されるとともに、諸龍光の冤罪が主張されたのである。それは、福建巡按御史劉芳誉の上奏によるものであった。『朝鮮王朝宣祖実録』巻五五、宣祖二十七年（一五九四）九月丙戌（十一日）条には、「賊臣和親有拠、辱国難容、懇乞聖明大奮乾剛、顕誅正罪、以快群情、以絶後患事」と題する劉芳誉の上奏が収録されている。甚だ長文ではあるが、一部を節略して提示することにしたい。

近該臣巡歴漳・泉地方、有献四海商黄加・黄枝・姚明・姚治衢。凡四人内、黄加報称、加等去年搭許預・史世用船至日本、即往関白住城貿易。迫遇朝鮮人廉思謹、詢知世用同来打探情由、因寄書一封与世用。後各商回至大隅州。世用与許預不睦、已往薩摩州去訖、未得寄書、与加先回。所有原書、不敢私留、投進泉州府、転報到臣。臣覧其書、毛髪上指、恨不即請尚方剣斬賊臣頭、以謝思謹、顧忍默默、以不聞于皇上之前也。謹案、原書灑灑数百言、臣無容具述其言、和親一段云、往年游撃将軍沈惟敬、進兵朝鮮之時、与倭連和、而送倭之時、約送徐一貫・謝用梓《ママ》於倭王。倭王与沈惟敬約曰、可送大明王女於日本也。若然、則大明王女為倭王妃、而明年不往征、永永天地相好、云云。而送之、豈不痛乎。豈与犬豕而相姻之理乎。以天下之主、見如此不祥之辱言、我雖微賤臣下、聞之不覚痛憤。我雖擄于倭、不能屈而服事、何以天下之王、屈犬豕乎。我之所以因人所書于足下者、非特忠義感激而然也。我亦為礼義邦人。故今雖被擄、聞犯中原之説、不勝痛憤、而略鄙懐也。夫即此書中語、以質于礼部郎中河《ママ》喬遠・吏科都給事中林材・広東道御史唐一鵬之疏、若合符節。然後諸龍光之掲、為不誣也。奈何本兵石星、辺信李如松之言、極力以抵諸龍光、致奉厳旨、下龍光於獄、而必致之死哉。……本兵述惟敬之言曰、彼国有天王女、欲献当今。今思謹之書、則直為大明王女矣。是惟敬不過反辞、以飾非耳。臣聞、其在倭也、奴顔婢膝、随声附和、或以当今称関白。而所云天王女、即思謹所云大明王女也。且書言婚姻、又言哀乞、則惟敬之卑諂、不知何状、此思謹之所以痛憤、而辱満朝諸文武士也。星以握枢大臣、為所蒙蔽、而卒乃辱国至此、而欲腆顔就列耶。皇上不即顕斥、星亦可以自裁矣。至于経略宋応昌・提督李如松・賛画劉黄裳、其欺君誤国之状、諸臣言之甚悉。而皇上未遽処分者、独以和親之説為無拠耳。今有拠矣。惟敬何以辞罪。而応昌・如松・黄裳三人、又将何以自解者哉。……此思謹原書、即封送都察院備照、足以為惟敬之断案乎。伏乞勅下部院、従公処分、毋惜貴臣而網漏、毋軽賤士而加刑、庶公論昭明、人心大快、而此後任事諸臣、必不敢復相蒙蔽、以欺皇上矣。幸甚。奉聖旨、知道了。

近ごろ該臣は漳［州］・泉［州］地方を巡歴し、四名の海商黄加・黄枝・姚明・姚治衢を取り調べた。凡そ四人の内、黄加は［次のように］称している。「加等は去年、許預・史世用の船に搭乗して日本に至り、即ちに関白の居城に往き貿易を行った。［その折に］遭遇した朝鮮人の廉思謹は、世用が同行して諜報を行っているという事情を知ると、因って世用宛の書一封を［我らに］託した。その後、各商は大隅州に戻った。世用は許預と仲が悪く、已に薩摩州に去っており、未だ書を渡すことができず、加とともに先に帰ってきたのである」と。もとの書は、私留されず、泉州府に差し出され、転じて臣のところに報告された。臣はその書を覧てすぐに、毛髪は逆立ち、即ちに尚方剣で賊臣の首を斬るように上請し、それによって廉思謹が隠忍黙黙として、皇上の前に［自ら］上聞できないことに陳謝するすべもないことが恨めしい限りである。謹んで案ずるに、原書は長々として数百言にもなり、臣が具さにその言を述べることは許されないが、和親の一段は［次のように］云っている。「往年、游撃将軍の沈惟敬は、兵を朝鮮へ進めた時に、倭と講和を行い、倭へ送る時には、徐一貫・謝用梓を倭王に送ることを取り決めた。倭王は沈惟敬と［次のように］取り決めた。「大明の王女を日本に送るべきである。もしそうしたならば、大明の王女は倭の王妃となり、明年［明を］征服することはせず、永久に天・地は友好になるであろう。云々」と。これを送るとは、豈《どう》して痛ましくないことがあろうか。豈して犬豕と婚姻する理が有ろうか。天下の主に、このような不祥の辱言を見せるなど、私は微賤の臣下とはいえ、これを聞いて痛憤を覚えないことがあろうか。私は倭に囚われているとはいえ、屈服することはできないのに、何して天下の主を、犬豕に屈服させることができようか。私が人を通じて足下に書を送る所以は、ただ忠義に感じてそうするだけではない。私は礼儀の邦の人であり、故に今は被虜［の身］であるとはいえ、［倭が］中原を侵犯するという説を聞いたならば、痛憤に堪えず、鄙見を略説するのである」と。そもそもこの書中の語で、礼部郎中何喬遠・吏科都給事中林材・広東道御史唐一鵬の上奏［の内容］を質したならば、符節を合するがごときである。然る後には、諸龍光の告発が誣告ではないことになる。何ということか、本兵の石星は、李如松の言を偏信して、極力、諸龍光を［罪に］抵てようとし、厳旨を奉じて龍光を獄に下し、必ずやこれに死をもたらそうとしたのである。……本兵は惟敬の言を受けて「彼の国には天王の女がおり、当今に献上することを欲している」と述べている。今、思謹の書では、則ちただ「大明の王女」となっているだけである。これは惟敬が言葉を反対にして［自らの］非を飾っているに過ぎないのだ。臣が聞いたところでは、それ（沈惟敬）は倭に在っては、奴顔婢膝で、附和雷同し、或いは当今を関白と称している、とのことである。そうであれば、云うところの「天王の女」とは、即ち思謹の云う「大明の王女」のことになろう。且つ書には「婚姻」と言い、また「哀乞」と言っているが、則ち沈惟敬の卑屈なることが、どのような状態かは知らないが、これは思謹が痛憤する所以であり、朝廷中の諸文武の士を辱めるものである。［石］星は枢機を掌握する大臣であるのに、［沈惟敬等の］瞞着するところとなっており、結局は国を辱めることがここに至りながら、なおその厚顔を［大臣の］列に就けようというのか。皇上が即ちにはっきりと斥けないのであれば、星もまた自裁すべきである。経略宋応昌・提督李如松・賛画劉黄裳の、その君を欺いて国を誤らせた状況については、諸臣の言に甚だ尽くされている。それなのに皇上が遽かに処分を行わないのは、ただ和親の説を根拠の無いものと看做しているからだけである。今、根拠は有ったのである。惟敬は何して罪を逃れることができようか。応昌・如松・黄裳の三人も、また何して自ら釈明することができようか。……この思謹の原書は、即ちに都察院に封送して参照に供すれば、惟敬の断案を行うには十分であろう。どうか勅旨を部・院に下して、公正に処分し、貴臣を惜しんで法網から漏らすことなく、賤士を軽んじて刑罰を加えることのないようにして頂きたい。［そうすれば］公論は明白になり、人心は愉快になり、この後、担当の諸臣は、必ずや敢えてまた互いに瞞着して、皇上を欺くこともないに違いない。幸甚。聖旨を奉じたところ、知道した、とあった。

福建巡按御史劉芳誉は、泉州・漳州両府を巡視した際に、貿易商人黄加等が日本から将来した朝鮮被虜人廉思謹の武官史世用宛の書簡を入手したのであった。その書簡には日明講和交渉の内実が縷々記されていたが、「和親一段」には「大明王女」を日本へ送ることが明確に書かれていたという。劉芳誉は、これまでの〈封貢問題〉における「和親」の取り扱いと書簡の内容とを突き合わせることで、礼部郎中何喬遠等の上奏が事実に基づくものであり、また諸龍光の刑死が冤罪であることを改めて述べるとともに、先に石星が辯明した、日本の「天王女」を万暦帝に献上することが「和親」であるという主張そのものが欺瞞であることを看破しているのである。この上奏では、さらに「欺君誤国」の理由で石星・沈惟敬をはじめ、宋応昌・李如松・劉黄裳の弾劾も行われているが、万暦帝の上諭は「知道了」であった。劉芳誉の上奏は、中央政府において無視されたままに終わったといえよう。(47)

銭一本は『万暦邸鈔』万暦二十二年甲午巻、八月条に、

補福建巡按御史劉芳誉年例。

福建巡按御史劉芳誉は年例に補せられた。

と記すとともに、先の劉芳誉の上奏の梗概を載せ、さらに次のように伝えている。

不報。執政悪之、已而假年例、補温州知府。

［上諭は］不報とあった。執政がこれを憎み、已に年例に託けて、温州知府に補せられた。

『万暦邸鈔』によれば、劉芳誉はこの上奏を行ったことで「執政」に憎まれ、「年例」という勤務評定に基づく定例人事に託けて、浙江の温州府知府へ事実上、左遷されたという。(48)この人事が八月に行われたのであれば、劉芳誉の上

奏は六・七月頃に出されていたといえよう。なお、ここに見える「執政」とは、王錫爵引退後の首輔、趙志皐を指すと思われる(49)。

以上のように、四月末から五月初にかけて、明朝中央政府を震撼させた諸龍光疑獄事件に関連して三たび表面化した「和親」の問題は、福建巡按御史劉芳誉によって在日被虜朝鮮人廉思謹の書簡という新たな証拠が提出されたにも拘わらず、明朝中央では結局のところ有耶無耶のままに終始したのであった。しかしながら、後述するように、万暦二十二年（一五九四）五月における封貢中止という政策決定に「和親」の問題は、一定の影響を与えていたのである。

四　万暦二十二年五月における封貢中止の決定

上述のように、万暦二十二年（一五九四）四月二十八日に九卿・科道会議が開催された後、会議の主宰者である兵部尚書石星の会議内容の報告をうけて、五月一日には万暦帝の上諭が出されたが、しかし、この段階においても〈封貢問題〉に関する何らかの決定が行われたわけではなかった。

その後、五月六日から七日にかけて、〈封貢問題〉は大きな展開を見せることになる。まず『明神宗実録』巻二七三、万暦二十二年（一五九四）五月癸未（六日）条には、

先是尚書石星、遣指揮史世用等、往日本偵探倭情。世用与同安海商許豫偕往、逾年豫始帰、報福建巡撫許孚遠。豫之夥商張一学・張一治、亦随続報、互有異同。孚遠備述以聞、因請、勅諭日本諸酋長、擒斬秀吉、朝廷不封凶逆、而封能除凶逆者。又云、莫妙於用間、莫急於備禦、莫重於征勦。疏下兵部。

これより先、尚書石星は、指揮史世用等を遣わし、日本へ往って倭情を偵探させた。世用は同安［県］の海商許豫と共に往っ

たが、年を越えて豫は始めて帰国し、福建巡撫許孚遠に報告した。豫の仲間の商人張一学・張一治も、また継いで続報したが、［その内容には］互いに異同が有った。孚遠は備さに述べて以聞し、［次のように］上請した。日本の諸酋長に勅諭を出して、秀吉を擒斬するようにさせ、朝廷は凶逆を冊封せず、よく凶逆を除いた者を冊封することを。また［次のように］云った。用間より妙案はなく、備禦より緊急なものはなく、征勦より重大なものはない、と。疏は兵部に下された。

とあり、続いて、同じく五月甲申（七日）条には、

遼東巡撫韓取善上言、倭在王京、彼実有求於我、倭拠釜山、我則有冀於彼。前宋応昌、許於倭、掲於按臣、倶曰封貢。及言於朝、請於皇上、惟曰封。其辯明心迹一疏、亦曰、表文一至、即与之封。則貢之一字、督臣生之乎、経略生之乎。為今日計、許則封貢竝許、聴督臣持議以退倭、此督臣之所能任也。欲絶則封貢幷絶、惟議守鴨緑以示援、此臣所敢任也。若欲議征、則険阻不能転輸、人皆知之矣。蓋講和於兵餉両足之時、而駆戦於兵餉倶竭之後、人心称苦、恐有他虞。奏入付該部。

遼東巡撫韓取善は［次のように］上言した。倭が王京に在るときは、彼らが実に我々に求めたが、倭が釜山を拠ると、我々は則ち彼らに望んだ。前に宋応昌は、倭に許し、按臣に掲帖を出したときは、倶に「封貢」と言っていた。朝廷に報告され、皇上に上請されるに及んで、ただ「封」と言うのみであった。その心迹を辯明した一疏では、また［次のように］言っている。「［倭の］表文が一たび至れば、即ちにこれに封を与える」と。則ち貢の一字は、督臣がこれを生み出したのであろうか、［それとも］経略がこれを生み出したのであろうか。今日の計としては、許すのではあれば、則ち封・貢は竝べて許し、督臣に［自らの］考えに従って倭を撤退させることを聴せば、これは督臣のよく担当するところとなろう。絶つことを欲するのであれば、則ち封・貢は幷せて絶ち、ただ鴨緑［江］を守って援助を示すことを議論するだけであれば、これは臣の敢えて担当するところとなる。もし［倭を］征討しようと欲したとしても、則ち険阻によって転輸できないことを、人々はみな知っている。

蓋し兵・餉が両方とも足りている時に講和を行い、兵・餉が倶に缺乏した後に戦争を行うのは、人心の苦と称するものであり、恐らくは他の憂いが残るであろう、と。奏は入れられたが、該部に下された。

と記されている。

前者は「孚遠備述以聞」とあるように、福建巡撫許孚遠の上奏について記述したものである。実録ではきわめて簡略化された上奏の全文は、許孚遠の文集『敬和堂集』撫閩疏に「請計処倭酋疏」として収録されているが、それは指揮史世用等の派遣による日本でのスパイ活動、許孚遠による反封貢の意見、および対日軍事方略というような多岐にわたる内容を有するものであった[50]。福建巡撫許孚遠と福建巡按御史劉芳誉の二人の協同で行われた当該上奏が[51]、万暦二十二年（一五九四）五月段階の封貢中止と関連していたことは、すでに本書第二章において、ほぼ同時代の史料ともいうべき許孚遠に関する二種類の伝記に依拠して推定したところである[52]。特にそのうちの一つは、反封貢派の中心的人物であり、顧養謙の後を襲って総督兼経略に就任した孫鑛の『月峰先生居業次編』巻四、神道碑、所収の「明故兵部左侍郎贈南京工部尚書許公神道碑」であるが、この上奏に関連して、次のような状況を伝えていた。

疏聞於朝、謂発兵撃之為上策、禦之中策、不可軽与封。本兵至膠執、見之亦慄然、至親見司礼、道其実謂、即切責某数語、罷封貢最善。

疏は朝廷に伝えられ、［次のように］謂った。兵を発してこれを撃つのは上策であり、これを防禦するのは中策であるが、軽々しく封を与えるべきではない、と。本兵は至って固執していたが、これを見て慄然とし、親しく司礼［太監］に会見するに至り、その実情について［次のように］謂った。たとい私の数語を責めたとしても、封貢を罷めるのが最善である、と。

すなわち、兵部尚書石星は、許孚遠の上奏に接した後、宦官の司礼太監を通じて「封貢」の中止を万暦帝に答申したと書かれているのである。この時期、〈封貢問題〉に関連する個々の上奏に対して、石星がどのように応対していたのか、という観点からしても、きわめて注目すべき史料だといえよう。

他方、後者は、同年四月六日に出された総督顧養謙の上奏に対応するものであった。すなわち、顧養謙が封貢に関して「并許」か「竝絶」かの二者択一を迫るとともに「并許」論を主張したのとは対照的に、韓取善は同様に「今日の計」として「竝許」と「并絶」を挙げ、「并絶」であれば自ら巡撫として担当できることを述べているのである。

さて、『明神宗実録』巻二七三、万暦二十二年（一五九四）五月甲申（七日）条には、いま一つ重要な記事が存在する。それは封貢中止の決定を示唆する内容のものであり、実録から見出すことのできる唯一の記載だと思われる。

先是慶尚防禦使金応瑞、以斬獲倭功、馳報劉綎、綎報顧養謙、転部。尚書石星因言、我不当禁朝鮮不戦、何苦徇倭奴以封。且韓取善及養謙、近亦皆請罷絶封貢、似応亟行。督臣詰倭奴以逡巡、励朝鮮以振奮、則倭奴難責我之失信、朝鮮難責我之再援。我得蓄其全力、待備境上、計無善於此者。得旨、許封不許貢、正為倭情未完。使曲在彼、方可随機操縦。既有此報、就合行査。若請封、仍又抄掠、便以大義絶之。総督作速報来、勿得含糊姑息。主議之臣、務要緩不忘備、急不張皇。

これより先、〔朝鮮の〕慶尚〔道〕防禦使金応瑞は、倭を斬獲した功を、劉綎に馳報し、綎は顧養謙に報じ、転じて〔兵〕部に報告された。尚書石星はそれによって〔次のように〕言った。我々は朝鮮に〔日本と〕戦わないように禁止すべきではなく、何を苦しんで倭奴に封を示そうというのか。かつ韓取善および養謙は、近ごろまたみな封貢を罷絶するように請願しており、まさに亟かに行うべきかと思われる。督臣は倭奴を逡巡していることで詰問し、朝鮮に奮起するように督励しており、〔そうであれば〕則ち倭奴は我々が信を失ったことを責めるのは難しく、朝鮮は我々が再び援軍を出すように責めることも難しいであろう。我々はその全力を蓄えて、国境上に守備を固めることができるのであり、計略としてはこれより善いものは無い、と。旨を得たところ、封を許すが貢は許さないことは、まさに倭情によって未だ定まってはいない。もし曲が彼に在るようにすれば、はじめて随時に操縦することができるであろう。既にこうした報告が有るのであれば、まさに査察を行うべきである。もし封を請願しながら、やはり抄掠を行うのであれば、すなわち大義によってこれを絶つべきである。総督は速やかに報告を行い、曖昧・姑息にしてはならない。主議の臣は、務めて緩には備えを忘れず、急にも張皇しないようにすべきである、とあった。

朝鮮の慶尚道防禦使金応瑞による日本兵を「斬獲」した手柄についての一件が、劉綎・顧養謙を経て兵部にまで報告されてきたことに関連して、石星の上奏が行われたものであるが、その内容はこれまでの日本に対して封貢、或いは冊封を認めるという主張から一転して封貢の中止を提案するものであった。すなわち、韓取善および顧養謙による「罷絶封貢」の上請を承けて、石星は「似応亟行」と述べているのである。(53) この点、談遷『国榷』巻七六、万暦二十二年（一五九四）五月甲申（七日）条は、

先是朝鮮慶尚道防御使金応瑞、以斬獲倭功、馳報劉綎、綎転上之。石星併請罷封貢。

これより先、朝鮮慶尚道防御使金応瑞は、倭を斬獲した功を、劉綎に馳報し、綎は転じてこれを［中央に］上せた。石星は併せて封貢を罷めるように上請した。

と、明確に、石星による「請罷封貢」を伝えているのである。しかしながら、実録に見える上諭の内容は、万暦帝が明確に封貢の中止を決裁したものではなく、〈許封不許貢〉という路線、すなわち〈封倭政策〉が最終的には定まっていないと述べるに止まっていたのである。

さて、ここでいま一度、第一節で提示した『朝鮮王朝宣祖実録』に収録された同年九月十五日付の石星の「具題」に見える五月段階の上諭の内容を検討してみることにしたい。それによれば、五月には、一つは総督顧養謙の「掲帖」をうけた兵部の「具題」に対して、いま一つは顧養謙の「題奏」そのものに対して、併せて二つの上諭が出されてい

た。前者は、先の実録、五月七日条の石星の上奏をうけたものに対応しており、後者こそ、まさに「這封貢都着罷了」という封貢中止の決裁を行ったものであった。すなわち、五月七日に兵部尚書石星が遼東巡撫韓取善および総督顧養謙の上請をうけて行った封貢中止の提言は、依然としてペンディングの状態に置かれたのであり、七日の段階には封貢中止の決定にまでは至らなかったといえよう。

では、最終的に封貢中止が決定されたのは、五月の何日のことだったのであろうか。『朝鮮王朝宣祖実録』の当該記事では、五月における顧養謙の「題奏」（「為東事失策、救弊無能事」）の結果が封貢中止をもたらしたとされているが、顧養謙のこの題奏については、実録や『国榷』に関連記事を見出すことはできない。ただ、銭一本『万暦邸鈔』万暦二十二年甲午巻、夏四月条には、例の九卿・科道会議の開催と封倭の中止（「詔罷之」）に関する簡潔な記事の後に、おそらくは内容的に大幅に節略したと思われる、次のような顧養謙の題奏が載せられている。

已而薊遼総督顧養謙題、九卿・科道之議、大都止絶封貢。臣当局而迷、諸臣旁観而清。又刑部侍郎孫鑛所籌画、及先後遺臣書、言之甚辨、断之甚勇。臣憮然自失、請罷免。有旨、覧奏。這封貢都着罷了。本内既薦孫鑛才望可任、就着前去経略、専一料理倭事。

すでに薊遼総督顧養謙は［次のように］題奏した。九卿・科道の議は、大体が封貢を止絶するというものであった。臣は局に当たって迷っているが、諸臣は傍観しながらも明確である。また刑部侍郎孫鑛が籌画するもの、および前後して臣に宛てた書では、言うことが甚だ明断であり、断ずることが甚だ勇敢である。臣は憮然自失して、罷免を請うものである、と。旨には、奏を覧た。今回の封貢はすべて罷めさせることにする。［題］本内には既に孫鑛の才・望は［総督・経略に］就任することができると推薦しているので、すなわち経略として派遣し、専一に倭事を処理させることにする、と有った。

顧養謙の題奏の内容は、〈封貢問題〉をめぐる政策論争に敗北したという自己認識のもとに、自らの「罷免」を要求するとともに、いわば論敵であった孫鑛を後任に推薦するというものであった。これを承けた万暦帝の上諭では、遂に「封貢」の中止という決裁がなされたのであり、それと同時に、経略として孫鑛が任命されたのであった。

ところで、当面問題とする封貢中止という政策決定が、万暦二十二年（一五九四）五月の如何なる時点でなされたかは、依然として明確ではない。その原因は、封貢中止の上諭を導き出した顧養謙の題奏の日時が不分明だからである。但し、前掲の『万暦邸鈔』の記事に残された手掛かりは、万暦帝の上諭に封貢の中止とともに、孫鑛を経略に任命することが明記されている点にあると思われる。実録によれば、顧養謙の後任として正式に孫鑛が総督兼経略に任命されたのは、同年七月のことである。『明神宗実録』巻二七五、万暦二十二年（一五九四）七月庚辰（四日）条には、

以兵部左侍郎孫鑛、兼右僉都御史、代顧養謙、総督薊遼経略。養謙回部管事。

兵部左侍郎孫鑛に、右僉都御史を兼ねさせ、顧養謙に代わって、総督薊遼・経略［朝鮮］とする。養謙は［兵］部に回って事を管轄させる。

と記述されているのである。しかしながら、『万暦邸鈔』所載の万暦帝の上諭には、孫鑛が任命されたのは「経略」であり、かつ「専一料理倭事」と書かれているのである。この段階では、薊遼総督の官衙を孫鑛は帯びていなかったといえよう[54]。また、同じく実録の、巻二七三、万暦二十二年（一五九四）五月己亥（二十二日）条には、兵部の言として、

科臣呉文梓等、欲将経略併帰於総督、台臣朱鳳翔、欲将顧養謙別用、以孫鑛為総督、経督竝行、固一柄両持。

科臣の呉文梓等は、経略を総督に併帰するように欲しており、台臣の朱鳳翔は、顧養謙を別に用いて、孫鑛を総督とし、経［略・総］督を併せて行えば、もとより一柄両持となることを欲している。

とあり、五月二十二日の時点では、すでに孫鑛は経略の地位に在ったことがわかる。さらに、前掲の実録、五月二十

日条に見える山西道監察御史梁銓の「疏称」には、すでに顧養謙が自らの後任に孫鑛を推薦していたことが述べられており、従って、懸案の顧養謙の題奏は、五月二十日以前に遡ることになる。

顧養謙の題奏の日時、或いは封貢中止の上諭が出された日時を確定する作業は、現在までのところ、筆者の史料蒐集能力の限界から、この地点で止まることになる。しかしながら、最後に、『明神宗実録』巻二七三、万暦二十二年（一五九四）五月丁亥（十日）条の、次の記事に注目したい。

兵部尚書石星、引病求帰。上以辺事緊急、令勿推避。

兵部尚書石星は、病気を口実に帰郷することを求めた。上［諭］には、辺事が緊急であり、推避しないようにさせる、とあった。

すなわち、石星による辞任の願いを、万暦帝は容認しなかったというものである。この辞任願いは、まさに石星がこれまで主導してきた封貢・封倭の政策を貫徹できなかった責任を取るという意味でなされたのではなかろうか。もしそうであるならば、万暦帝による封貢中止の決裁、すなわち当該の政策決定は、万暦二十二年（一五九四）の五月八日、或いは九日に行われたということになるであろう。

ここでは、いま一度、銭一本『万暦邸鈔』万暦二十二年甲午巻、夏四月条に見える「百官集東闕、議封倭。詔罷之」という記載とその後に附された四つの関連記事とに注目することにしたい[55]。当該史料における(A)九卿・科道会議の開催と(B)封貢中止の詔とが、直接的に連結するものでないことは詳述したとおりである。しかしながら、銭一本は(A)から(B)へと至る政策決定の過程で、次の四つの記事・事柄が密接に関連していること、すなわち(A)と(B)とを取り結ぶ環節の役割を果たしていることを明示しているといえよう。その記事は、(1)九卿・科道会議の後、五月一日に行われた石星の上奏（報告）に対する万暦帝の上諭、(2)すでに触れた諸龍光疑獄事件に関する石星の辯明のための上奏と万暦

四　万暦二十二年五月における封貢中止の決定

帝の上諭、⑶福建巡按御史劉芳誉の「題奏」とされているが、福建巡撫許孚遠の「請計処倭酋疏」の一部分で「和婚」に関わる記述、および⑷総督顧養謙の題奏と封貢中止の上諭である。銭一本によれば、四月二十八日の九卿・科道会議の後、⑴・⑵・⑶によって封貢中止の方向へ大きく傾いた流れが、⑷において万暦帝による最終的決断に至ったという理解であると思われる。まさしく、九卿・科道会議、諸龍光疑獄事件、さらには福建巡撫許孚遠の上奏は、明朝中央における当該の政策決定に大きな影響を与えていたのである。それと同時に、こうした政治の流れのなかで、皇帝の厚い信任を得ながらも、自らが主導した〈封倭政策〉を貫徹できなかった兵部尚書石星の封貢中止という判断（「似応亟行」）――実録では五月七日――が、万暦帝の決断に決定的な意味をもったといえるのではなかろうか。

以上のように、万暦二十一年（一五九三）四月以降、本格化した日明講和交渉の過程で、〈不許封貢〉路線から〈許封不許貢〉路線へと転換した明朝の対日講和をめぐる〈封貢問題〉は、万暦二十二年（一五九四）五月八日乃至九日の段階において、封貢中止という政策決定に至ったのである。しかしながら、この決定が反故にされ、秀吉の冊封を認める〈封倭政策〉として再び決着を見るのは、僅か五ヵ月後の同年十月のことであった。

五　封倭の決定と冊封使の派遣

万暦二十二年（一五九四）五月、明朝中央政府は封貢中止という政策決定を行ったにも拘わらず、同年十月には三たび対日方針の転換がなされ、事実上、封倭が決定したのであった。すでに中村栄孝・小野和子両氏が詳述されるように、直接的には、薊遼総督として朝鮮・日本問題をいわば〈現場〉で統括していた顧養謙の圧力によって、朝鮮国王李昖がやむなく、日本に対して封貢を認めるよう奏請したことに起因していた。[56]

同年の十月下旬、兵部尚書石星は改めて「封倭」の「疏請」を行い、万暦帝の裁可を得たのである。『明神宗実録』巻二七八、万暦二十二年（一五九四）十月丁卯（二十三日）条は、次のように叙述されている。

兵部尚書石星、疏請封倭、略曰、方倭之陥没朝鮮、迹渉匪茹、則利用威。及退還王京、送回王子・陪臣、則利用信。皇上慨然許封、敷布詔旨、則一封而倭奴以退、朝鮮以保、外患以息、内備以修、無煩再許。惟久住釜山、我之欲封不封、既已失信、彼之請封未封、又復懐疑。故封後而勅令尽帰、宜無不得、封前而数為責備、似難必行。宜一面令小西飛進京、確示予封之信、一面諭行長速退、以待冊使之臨。即行長不敢遽帰、許令待冊使而後返、亦無不可。蓋既予封、則朝鮮必有三五年之安。彼固乗此、以自為戦守、我亦因之、以自為備具。若復設難成之約、則禍中朝鮮、全羅必失。遼左以残破之餘、虜乗其内、倭攻其外、其何以支。又況海内兵端屢動、無処無患、所在兵疲餉竭、無一堪恃。乃不為中国、而為属国、是舍腹心、而救四肢也。又言封後或有及覆、臣請自往涖之、不済則治臣罪。上允其奏、准小西飛進京、許其予封。如倭奴不去、則興兵正罪、一意征勦。仍令督撫、及時修備。

兵部尚書石星は、封倭を疏請し、ほぼ［次のように］述べた。初め倭が朝鮮を陥れたとき、その行動は推測し難く、［明朝としては］則ち威を用いることを利とした。王京が返還され、王子・陪臣が送り返されるに及んで、則ち信を用いることを利とした。皇上が慨然として封を許し、遍く詔勅を発布したならば、則ち一封にて倭奴は撤退し、朝鮮は以て［国を］保つことができ、外患は以て終息させることができ、内備は以て修めることができたのであり、再び封ずるという煩わしさも無かったであろう。ただ［倭は］久しく釜山に留まっているのみで、我らが封じようとして封じなければ、既に［倭に対して］信を失うばかりか、彼らが封を請うて封じなければ、また疑いを懐かせることになろう。故に封じた後に勅命によって［倭奴を］尽く帰国させるにしても、当然できないことではなく、封以前に屢々責備をなそうとしても、必ず行うべきであるとはし難いようである。宜しく一面では小西飛に京師へ来させ、確かに封を許すという信義を示し、一面では［小西］行長に諭し、速やかに撤退して、冊封使の到来を待たせるようにすべきである。たとい行長が敢えてすぐには帰国せず、冊封使を待った後で帰国を許したとしても、また不可ではないであろう。蓋し既に封を許したならば、則ち朝鮮には必ずや三〜五年の平安がもたらされるからである。彼ら（朝鮮）はもとより此に乗じて、自ら戦守をなし、我らもまたこれによって、自ら戦備を整えるのである。もしまた成立し難い条件を設けたならば、則ち禍は朝鮮にもたらされ、全羅［道］は必ずや失われることになろう。遼東は残破の影響によって、虜がその内に乗じ、倭がその外を攻めたならば、どうして支え保つことができようか。ましてや海内の戦端が動いたならば、災難を被らない処は無く、至るところで兵士は疲弊して兵餉は缺乏し、一に恃むことのできるものは無いことになろう。ところが、中国の為にではなく、属国の為に行うのであり、腹心を捨てて四肢を救おうというのである。また封じた後に或いは覆ることが有ると言うのであれば、臣は自ら［朝鮮に］往ってこれ（対日交渉）に臨み、役に立たなければ、則ち臣を処罰するようにして頂きたい、と。上はその上奏を允し、小西飛の来京を准して、封を認めることを許した。もし倭奴が去らなければ、則ち兵を派遣して［日本の］罪を正し、ひたすら討伐を行う。やはり督撫に命じて、時々に備えを怠らないようにさせた。

事実上「封倭」が決定したことによって、当時、遼陽に滞在していた〈偽りの降伏使節〉の内藤如安（「小西飛」）を北京に入れ、正式に冊封を承認するというスケジュールが決定したのである。

ところで、すでに述べたように、明朝側には講和のために日本に要求する三条件（「原約三事」）が存在していた。すなわち、①日本軍の朝鮮からの全面撤退、②冊封のほかに朝貢を要求しない、③二度と再び朝鮮を侵略しない、というものである。従って、冊封使の日本への派遣に際しては日本軍の撤退が必要不可缺の条件であったにも拘わらず、先の実録に見える石星の上奏では、小西行長に対して、冊封使節が釜山に到着するのを俟って撤退することを半ば容認する内容（「即行長不敢遽帰、許令待冊使而後返、亦無不可」）が提示されているのであり、この点にも留意する必要があろう。石星に代表される封貢推進派にとって、講和による戦争の終結こそが最大の眼目であり、そのためには「原約三事」を厳密に履行させる必要性はなかったのである。日本側の〈大明日本和平条件〉と明朝側の「原約三事」との内容的な齟齬、さらには講和交渉の当事者による情報の隠蔽という状況をも併せ見るとき、万暦二十四年（一五九六）九月の講和の破綻を頂点とする混乱の事態へと繋がる伏線は、はるか以前からすでに張られていたのである。

内藤如安の一行が北京へ入ったのは、万暦二十二年（一五九四）十二月上旬であった。そのことは後述するように、同月七日の兵部の上奏によって万暦帝に報告されている。[57]さらに『明神宗実録』巻二八〇、万暦二十二年（一五九四）十二月甲寅（十一日）条には、

大学士趙志皐等奏、倭使小西飛見朝、請皇上御門、百官侍班、甲士衛列。庶体統粛、而朝廷尊。

大学士趙志皐等は［次のように］奏上した。倭使小西飛の朝見では、どうか皇上には門に出御し、百官が侍班し、甲士が衛列するようにして頂きたい。［そのようにすれば国家の］体統は粛然とし、朝廷は尊崇されるに違いない、と。

とあり、首輔趙志皐は「百官の侍班」と「甲士の衛列」のもとで「小西飛」の万暦帝に対する「朝見」を行うよう上奏しているのである。[58]ここでは内藤如安が北京に到着した後の史実を、一点のみ確定しておきたい。それは「小西飛」が果たして万暦帝に謁見しえたのか否か、という問題である。

従来、中村栄孝氏は「十三日に朝見の礼をおこなった。そのあと、皇帝の面諭があり、語音不通をおそれて、とくに筆礼によって三条件が示され、小西飛もまた、自筆でこれに回答した」と述べており、「朝見の礼」「皇帝の面諭」という表現からも「小西飛」が万暦帝に謁見したと理解しているように思われる。[59]また、小野和子氏は「一二月一三日、神宗は、小西行長が和平工作の為、中国に派遣していた小西飛驒守内藤如安（小西飛）を謁見」と記しており、[60]北島万次氏も日付が異なるとはいえ「一五九四（万暦二二）年一二月七日（日本暦六日）、内藤如安一行は北京に到着

し、一四日、皇帝に拝謁した」という理解である(61)。

中村氏が依拠した諸葛元声『両朝平攘録』巻四、日本には、

十四、朝見畢。

十四［日］に、朝見［の礼］は終わった。

とあって、あたかも「朝見」が行われたように記述されているが、先に提示した実録、十二月十一日条の趙志皐の上奏に対する万暦帝の上諭は、次のような内容であった。

上謂、訳審回称未確、遠夷請封、必須尽得其情。平秀吉為何侵掠朝鮮、及至戦敗、尚拠釜山。今又差使乞封、豈可不審誠偽。着該部詳議封名、遣官一諭行長、不許留住釜山、倭夷尽還本国、房屋尽行焼燬、一諭朝鮮、待倭夷尽数退回、奏報。仍将小西飛、在左闕会官研審、具奏。

上は［次のように］謂った。［小西飛に対する］訳審の回答は未だ確定したものではなく、遠夷が冊封を請願する場合は、必ずやその事情をはっきりさせるべきである。平秀吉はなぜ朝鮮を侵略し、敗戦に至っても、なお釜山に駐屯しているのか。今また使節を派遣して冊封を願い出ているが、豈《どう》して誠・偽を審問しないでよいであろうか。該部に命じて封名を詳議させ、官を派遣して一面では［小西］行長に諭し、釜山に留まることを許さず、倭夷は尽く本国に帰り、房屋は尽く焼き払うようにさせ、一面では朝鮮に諭し、倭夷がすべて撤退するのを待って、［明朝に］奏報するようにさせる。やはり小西飛を左闕で官を集めて研審し、［その結果を］具奏せよ、と。

ここでは封倭にむけて日本軍の釜山からの完全撤退を確認すること、および「小西飛」を闕左門で「研審」することなどが命じられているが、謁見については一切触れられていない。

結論からいえば、万暦帝による内藤如安の謁見は行われなかったのである。そのことは、宋応昌『経略復国要編』

後附、所収の「兵部等衙門題、為仰奉明旨、以定東封事」の記載によって明確に知ることができる。

職方清吏司案呈、本月初七日、該本部題前事、内称、倭使小西飛等抵京、遵照礼部題奉欽依事理、合詣鴻臚寺、習礼三日畢、於十三日赴闕朝見。伏乞皇上、於是日御門賜見、群臣倶吉服侍班。礼畢、容臣等比照会議事例、集府部・九卿・科道、及本部司官於東闕、面諭倭使、明皇上威徳、因与盟約束。諭訳畢、会倭使於公所、候閣臣参見諭審、等因。奉聖旨、知道了。欽此。随於本月十三、該内閣伝奉聖諭、卿等与該部、以乞封倭使、請朕御門、朕以俞允。又以動火而煩、熱及咽啞、諭卿等知矣。昨因朝聖母、又感風寒、頭目眩疼、体発熱身軟。御門且暫免。其倭使小西飛、着照該部題請、卿与本兵、及文武官、面訳審其情形真偽、詳議来説。朝見另択日行。卿等可安心、毋自疑惑。朕非假疾。若有借此肆言的、朕定行重治不饒。卿等可伝与該部、及該科知道。諭卿等知。欽此欽遵。

職方清吏司は案呈した。本月初七日、該本部は前事を題奏したが、その中では［次のように］称している。倭使小西飛等は京師に到着したが、礼部が題奏欽依した事理に遵照して、まさに鴻臚寺に赴き、三日間の習礼が終わった後、十三日に闕に赴いて朝見を行うべきである。伏して願わくば、皇上はこの日、門に出御して朝見を賜り、群臣は倶に吉服で侍班することを。礼が終われば、臣等は会議の事例に照らして、［五］府・［六］部・九卿・科道、及び本部の司官を東闕に集めて、倭使を面諭し、皇上の威徳を明らかにして盟約を結ぶ。諭訳が終われば、倭使と公所で会合して、閣臣の参加を候って諭審するようにする、等と。聖旨を奉じたところ、知道した、とあった。欽此。随いで、本月十三［日］、該内閣が聖諭を伝奉したところ、卿等は該部とともに、冊封を願ってきた倭使について、朕が門に出御するように上請し、朕は［それを］許した。［ところが］また動気に煩わされ、熱が咽喉に及ぶことを、卿等に諭して知らせることにする。昨日は聖母に面会したことで、また寒気を感じ、眩暈がして、身体は熱があり、力が入らない。門への出御は暫らく中止する。倭使の小西飛については、該部に命じて題請に照らし、卿と本兵と、及び文武の官とが、直にその情形の真偽を訳審し、詳細に建議して来説せよ。朝見については別に日を択んで行う。卿等は安心すべきであり、疑惑を持ってはならない。朕は假疾ではない。もし此れに借りて勝手なことを言うものがいたならば、朕はきっと重く処罰して許さないであろう。卿等は該部、及び該科に伝えて知らしめよ。卿等に諭して知らせる、とあった。欽此欽遵。

「小西飛」は北京に到着してから、鴻臚寺において三日間「朝見」のための儀礼を修得した後、十二月十三日に「朝見」の儀を行うことが決定された。当日はまた「朝見」後に「東闕」（闕左門）で百官会集のもとに「倭使」に対して「面諭」が行われることになっていた。しかしながら、十三日当日、内閣に伝えられた「聖諭」は突然、謁見を中止する（「御門且暫免」）というものであった。理由は風邪（「風感」）による体調不良であり、万暦帝は「假疾」ではないという辯解さえ行っているのである。当該時期は、まさに万暦帝の「不郊・不廟・不朝なること三十年」といわれる時期に当たっており、「朝見」が行われなかったこと自体はむしろ当然であったといえるのかも知れない。(62)

その後、十二月二十日には内藤如安に対する十六項目に及ぶ審問が行われ、その結果として正式に封倭が決定したのである。(63)審問については、同じく『経略復国要編』後附、所収の「兵部等衙門一本、欽奉聖諭事」に、

臣等欽遵於本月二十日、会集内閣大学士趙志皐等、後府掌府事国公《ママ》徐文璧等、吏部尚書孫丕揚等、吏科等科左給事中耿随龍等、浙江等道御史崔景栄等於左闕、将倭使小西飛請封始末情由、備細開款、研加詳審、令其逐一登答。

臣等は謹んで本月二十日において、内閣大学士趙志皐等、後［軍都督］府掌府事［定］国公徐文璧等、吏部尚書孫丕揚等、吏科等科左給事中耿随龍等、浙江等道御史崔景栄等を左闕に会集し、倭使小西飛が冊封を請願した事の顛末を、詳細に箇条書きにして、厳しく審問し、それに逐一回答させた。

とあるように、内閣大学士趙志皐や定国公徐文璧等が加わっているとはいえ、九卿・科道会議に類する形態で、闕左門において執り行われたのであった。(64)

万暦二十二年（一五九四）十二月三十日、正使には李宗城を、副使には楊方亨を任命することが決定した後、冊封使節が北京を出発したのは年を越えた一月末であった。その後、李宗城は万暦二十三年（一五九五）四月末に朝鮮の首都漢城に入り、十一月三十日には釜山の倭営に到着したのである。しかしながら、日本軍の撤退と冊封使の渡日との目途が一向に立たない状況のなかで無為の五ヵ月が経過した後、万暦二十四年（一五九六）四月三日の夜、突如、正使李宗城は釜山倭営から出奔したのであった(65)。

四月十五日に当該の情報を入手した兵部尚書石星は、同月十九日に題奏を行っている。『明神宗実録』巻二九六、万暦二十四年（一五九六）四月乙卯（十九日）条は、次のように記載されている。

兵部尚書石星題、……本年四月十五日、拠探倭委官慎懋龍・胡応元稟称、正使于初三日半夜、止帯孔聞詔、并家人三名逃出。正使既出釜営、封事諒已難成。関白必先発憤朝鮮、乗機入犯。是皆当為亟備者。……其正使李宗城、雖以出営、副使楊方亨、及各随従員役、尚在釜山、与同沈惟敬先次渡海者、併聴督撫相機設処、不令失陷異域、致傷国体。臣星妄担封事、実冀為国家、省財力、全生霊、以仰舒皇上宵旰之憂。不意、明不足以知人、智不足以料敵、稽遅牴牾、遂至于此。臣負恩誤国、罪曷容辞。乞亟選忠賢代任。得旨、倭情既有変更、冊使何不報来。你部便馬上差人前去、偵探的確回奏。先屢有旨、着督撫官、訓練防禦兵馬、預備戦守。還再行申飭計処、餘如議行。軍機事重、卿竭忠為国、朕素所知、不得自此退阻。宜即出任事、悉心籌画、毋致疎虞。

兵部尚書石星は［次のように］題奏した。……本年四月十五日、探倭のための委官慎懋龍・胡応元の報告によると、［冊封］正使は初三日の夜半、ただ孔聞詔および家人三名を帯同するのみで逃走した、とのこと。正使は既に釜［山倭］営を出ており、封事は諒に成立し難いといえよう。関白は必ずや先ず朝鮮に憤りを抱き、機会に乗じて入犯するであろう。これはまさに亟かに備えるべきものである。……正使李宗城が出営したとはいえ、副使楊方亨及び各々の随従の員役で、なお釜山に居り、沈惟敬と共に先に海を渡る［予定の］者は、併せて督撫が時機を図って対処することを許し、異域（朝鮮）を攻め落とされ、国体を傷つけることになってはならない。臣［石］星は妄りに封事を担当し、実に国家の為に財力を省き、生霊［の命］を全うさせ、それによって皇上の日々の憂いを解消することを冀ってきた。何ということか、明は人を知るに足りず、智は敵を料るに足りず、［封倭が］滞って齟齬をきたすことが、遂にここに至るとは。臣が恩に負いて国を誤らせたことは、その罪を逃れることが許されようか。どうか亟かに忠賢［の者］を選んで［兵部尚書の］任を代えるようにして頂きたい、と。旨を得たところ、倭情には既に変化が見られるのに、冊封使は何して報告して来なかったのか。爾の部では速やかに人を派遣して［朝鮮に］行かせ、的確［な状況］を偵探して回奏せよ。先頃、屢々旨を出して、督撫の官に命じ、兵馬を訓練して防禦を行い、予め戦守に備えるようにさせた。さらに重ねて計処を行わせ、餘は議の通りに行うようにさせた。軍機の事は重大であり、卿が忠を尽くして国の為にしていることは、朕の素より知るところであり、これによって退阻してはならない。宜しく即ちに出てきて任に当たり、心を悉くして籌画すべきであり、疎かにしてはならない、とあった。

万暦二十四年（一五九六）の四月中旬、明朝中央政府は「探倭委官」の慎懋龍等によって李宗城の出奔を知らされたのであった。こうした緊急事態に直面した石星は、まず「封事、諒に已に成り難し」との認識を示すと同時に、自らが推進してきた〈封倭政策〉の破綻という現実を否が応でも感得することによって、兵部尚書の辞任を申し出たのである。しかしながら、万暦帝の上諭は、封倭の破綻にともなう日本軍の再攻撃という事態を予測して「防禦」「戦守」の準備を行うように命じるとともに、石星に対しては「竭忠為国」の臣として現職に慰留するという内容であった。(66)

但し、冊封正使の出奔・逃走はその後、明朝中央に〈封貢問題〉の再燃という事態を惹起したのであり、これについては次節で検討することにしたい。

六　万暦二十四年における封貢問題の再燃

既述のように、冊封正使李宗城の釜山倭営からの出奔によって、明朝の〈封倭政策〉は一瞬のうちにその完遂がきわめて危ぶまれる事態へと立ち至ったが、『明神宗実録』巻二九六、万暦二十四年（一五九六）四月乙丑（二十九日）条によれば、李宗城の「行李」のなかに「日本国王金印・冊使関防各一顆」が残されていたという楊方亭の上奏をうけて、兵部は次のような提言を行った。

部議、……而楊方亭称、金印尚在営中、倭衆甚喜。是望封之心、在彼似猶甚切、而頒封之典、在我詎容中止。但李宗城既已出営、無復再入之理。楊方亭未奉明旨、難以擅自行事。伏乞俯従臣請、将冊封日本勅印、及使臣関防、令楊方亭就彼収管、待倭将来迎之日、面証無他、拠実奏報。或添遣文臣、以楊方亭充正使、完冊封事。

［兵］部は［次のように］提議した。……楊方亭は［次のように］称している。「金印はなお営中に在り、倭衆は甚だ悦んでいる」と。これは冊封を望む心が、彼の方ではまだ甚だ切実であるようであり、冊封を頒つという典礼を、我が方ではどうして中止することなどできようか。但し李宗城はすでに出営したのであるから、また再び［倭営に］入るという道理は無い。楊方亭は未だ明旨を奉じていないのだから、勝手に事を行うことは難しい。どうか臣の上請に俯従し、日本を冊封する勅印、及び使臣の関防［印］を、楊方亭のところで収管させ、倭将が［使節を］迎えに来る日を待って、面証して何も無ければ、事実に拠って奏報する。或いは文臣を添遣したとしても、楊方亭を正使に充て、冊封の事を完遂させるようにして頂きたい、と。

すなわち、副使楊方亭を正使に昇格させて日本に対する冊封を完遂するという内容であった。しかしながら、この段階における万暦帝の上諭は、兵部の提議をそのまま受け入れるというものではなく、新たに「風力科臣一員」を送っ

て楊方亨とともに冊封のために日本へ派遣しようとするものであった。(67)

万暦二十四年（一五九六）の四月下旬から五月上旬にかけて〈封貢問題〉は瞬く間に再燃したのである。今回の事態は二年前の状況とは異なり、〈封倭政策〉を主導してきた兵部尚書石星と彼を全面的に支持する首輔趙志皐とに対して、科道官を中心に次々と非難・弾劾の上奏が行われたことに特徴があるといえよう。

実録には、四月二十日以降、関連する上奏を数多く見出すことができる。まず『明神宗実録』巻二九六、万暦二十四年（一五九六）四月丙辰（二十日）条には、

兵科署科事徐成楚題、沈惟敬堕関白術中、枢臣又堕惟敬術中、以致潰敗決裂、不可収拾。此女直・蒙古之兆、非匈奴・突厥之比。参論石星。章下兵部。

兵科署科事徐成楚は［次のように］題奏した。沈惟敬は関白の術中に陥り、枢臣（兵部尚書）もまた惟敬の術中に陥って、［封倭政策を］潰乱・決裂させ、収拾できない事態に至らせた。これは女直・蒙古の兆しであり、匈奴・突厥の比ではない、と。［そして］石星を弾劾した。章は兵部に下された。

とあり、署兵科事刑科左給事中徐成楚が石星に対する弾劾を行っている。同じく、四月己未（二十三日）条には、

工部郎中岳元声奏、参石星主封誤国、乞親臨御、勅廷臣厳決戦守。不報。

工部郎中岳元声は［次のように］奏上した。石星が封［倭］を主張して国を誤らせたことを弾劾するとともに、［皇上には］親しく臨御され、廷臣に勅命して断固として戦守に決するようにして頂きたい、と。［上諭は］不報であった。

と見え、工部郎中岳元声が「主封誤国」を理由に石星を弾劾したのであった。(68)

同様に、四月甲子（二十八日）条には、次の二つの上奏が記載されている。

吏科給事中戴士衡、参論石星欺誤五大罪。未報。

吏科給事中戴士衡は、石星を欺誤の五つの大罪で弾劾した。［上諭は］未報であった。

刑科給事中李応策、亦交章論、星誤国、罪無所逃、先正典刑。李宗城・宋応昌・顧養謙、並行議処、以粛軍政。及多方整理兵餉、以待不虞。上報有旨。其餘事情、倶下兵部。

刑科給事中李応策も、また奏文を提出して［次のように］論じた。［石］星が国を誤らせたことは、その罪を逃れることはできず、先ず典刑を正す。李宗城・宋応昌・顧養謙は、並びに処分を行い、それによって軍政を粛す。さらに尽力して兵・餉を整理し、それによって不虞に備える、と。上諭は、すでに旨が出ている、とあった。その他の事柄は、倶に兵部に下された。

吏科給事中戴士衡および刑科給事中李応策が、それぞれ「欺誤」「誤国」の罪で石星を弾劾しているが、後者は併せて出奔した正使李宗城のほかに、かつて朝鮮経略、或いは薊遼総督として対日講和の重責を担った宋応昌・顧養謙の処分までも要求しているのである。

五月に入ると、まず『明神宗実録』巻二九七、万暦二十四年（一五九六）五月丁卯朔（一日）条には、河南道監察御史周孔教が石星・趙志皐を弾劾した上奏を見出すことができる(69)。

河南道御史周孔教、題参石星誤国、幷参趙志皐。内言、東事之始、志皐不顧宗社大計、曲昵私交、引同郷宋応昌、幾敗乃公事。先是台臣郭実上疏、力争不可、語侵志皐。乃志皐切歯、貶而去之。聞、彼時刑部侍郎朱鴻謨、自南都移書責之、詞厳義正。志皐怫然不悦。夫宋応昌、通国皆曰不可用、志皐独曰可用。東倭、通国皆曰不可封、志皐独曰可封。力排群議、従諛石星。為此禍階、実其戎首。乞幷加罪。

河南道御史周孔教は、題奏によって石星が国を誤らせたことを弾劾し、併せて趙志皐をも弾劾した。その中では［次のように］述べている。東事（日本の侵略）が始まると、志皐は宗社の大計を顧みず、不正にも私的な交わりによって、同郷の宋応昌を引き立て、「幾んど乃公（皇帝）の大事を破ろうとした」のである。これより先、台臣の郭実が上疏し、努めてその不可を主張したが、その言は志皐を侵すものであった。そこで志皐は切歯して［怒り］、［郭実の官を］貶めて追い払ったのである。聞くところでは、その時、刑部侍郎の朱鴻謨が、南都から書を送ってこれを責めたが、その詞は厳しく義は正しいものであった。志皐は怫然として悦ばなかったという。そもそも宋応昌については、国中がみな「用いるべきではない」と言ったのに、志皐一人が「用いるべきである」と言った。東倭については、国中が「封ずるべきではない」と言ったのに、志皐一人が「封ずるべきである」と言った。努めて群議を排して、石星に阿諛したのである。このために禍は始まったのであり、［趙志皐は］実にその張本人である。どうか併せて罪を加えて頂きたい、と。

周孔教の石星に対する弾劾は、併せて首輔趙志皐にも及んでいるが、この記載ではむしろ混乱の「戎首」として趙志皐の方に力点が置かれているように思われる。当該の上奏は、周孔教『周中丞疏稿』所収の『西台疏稿』巻一に「東封誤国、亟賜議処疏」として収録されているが、そこでは、まず、

今正使已窃逃矣、随行已被殺矣、沈惟敬已被縛矣。倭変情形、明如指掌。此固不待借著為籌、便当屈指能算。乃石星執迷不悟、奉楊方亨片紙為蓍亀、蚩望倭奴之不変、僥倖封事之万一。噫愚亦甚矣。……臣窃料、今日倭情、不封固変、即封亦変。故皇皇議封者、拙也。急急議戦者、危也。惟有議守、為今日第一喫緊勝算。

今、正使はすでに窃かに逃走し、随行はすでに殺害され、沈惟敬はすでに捕縛された。倭変の情形は、掌は指すように明らかである。これは固より前著に借りて籌画するまでもなく、すぐにも指を屈して計算できるものである。ところが、石星は頑迷にして悟らず、楊方亨の一片の紙を奉って蓍亀とし、倭奴の変わらないことを愚かにも望み、封事の万一［の成功］を思いがけず願っている。何と甚だしく愚かなことではないか。……臣が窃かに考えるに、今日の倭情は、封じなければ固より変を起こし、たとい封じたとしてもまた変を起こすのである。故に慌てて封を提議するのは拙劣である。急いで戦を提議するのも危険である。ただ守を提議するだけが、今日では第一の喫緊の勝算である。

と見える。冊封正使の出奔にともなって「随行」が殺害され、沈惟敬が捕縛されたという、当時の混乱した状況下での虚偽の情報に基づいた「倭変」（戦闘の再開）を前提としているとはいえ、冊封の如何に拘わらず、日本が攻撃を再開するとの見解が提示されるとともに、「議封」「議戦」ではなく「議守」が主張されているのである。それと同時に、

故封事敗壊、星固罪不容赦、而罪之首者、輔臣趙志皐也。

故に封事の破綻については、［石］星は固よりその罪を赦すことはできないが、罪の首たる者は、輔臣の趙志皐である。

とあり、さらに実録では節略された部分が続いた後に、

力排公議、従臾石星。為此禍階、実為戎首。是志皐誤国之罪、不在石星下。

努めて公議を排して、石星に阿諛したのである。このために禍は始まったのであり、［趙志皐は］実にその張本人である。志皐が国を誤らせた罪は、石星の下に位置するものではない。

と記されている。周孔教にとって〈封倭政策〉の破綻・失敗という現実を前に、石星とともに責めを負うべき「罪之首者」「戎首」は趙志皐であった。故に彼は上奏の最後の部分で、次のように主張しているのである。

臣聞、慈父不能愛無益之子、明君不能愛無用之臣。若志皐・石星者、所謂無用之臣也。陛下又何愛此等無用之臣、以誤国事。譬之庸医、誤服其薬、幸而不死。豈可再誤。即皇上不忍加罪、合無勒令二臣致仕、別選道徳弘備、辺情諳練者、以代之。臣与二臣、非有嫌隙、惟是時事多艱、将相得人為急。故不避嫌怨、冒昧上陳。

臣が聞くところでは、慈父は無益の子を愛でることができず、明君は無用の臣を愛でることはできないという。［趙］志皐・石星の如き者は、いわゆる無用の臣である。陛下はまた何してこれら無用の臣を愛でて、国事を誤らせるのであろうか。これを譬えるならば、庸医が誤って薬を服用させたが、幸いにも死ななかった、というものである。豈して再び誤ることができようか。たとい皇上が罪を加えることに忍びないとしても、まさに二臣に致仕を命じ、道徳を広く備え、辺情に熟知している者

を別に選んで、これに代えるべきではないか。臣と二臣とは、［常日頃から］嫌隙が有るというわけではないが、ただ時事の多艱な折には、将相に人を得ることが急務である。故に嫌怨を避けず、愚昧を顧みないで上陳するのである。

すなわち、周孔教は首輔趙志皐と兵部尚書石星との両者をまさに「無用の臣」と切り捨て、万暦帝に対してその解任（「致仕」）を要求したのであった。

また、実録の五月一日条には、「東封一事」に関する吏科左給事中葉継美の題奏が載せられているが、継美自身も石星を非難するとともに、改めて封倭の中止（「罷封」）を建議したのである[70]。

その後、実録では五月壬申（六日）条に北直隷巡按御史曹学程の、さらには同月甲戌（八日）条に再び工部郎中岳元声の、それぞれ日本側の〈大明日本和平条件〉（「要求七事」）の内容を前提とした封貢反対論が記載されているが、両者ともに石星・趙志皐の責任を厳しく追及する内容であった[71]。これらについては、すでに小野和子氏による紹介・分析が行われており、贅言を要しないが、ここでは石星・趙志皐の弾劾に関する箇所にのみ触れておきたい[72]。

曹学程の上奏は、呉亮『万暦疏鈔』巻四三、東倭類に「倭情已変、封事宜停疏」として収録されている[73]。そのなかで学程は「倭夷」の「貪饕無厭」が「七事」の要求に反映しているがゆえに、「不難于一封、而難于七事」として封倭の中止を強く主張するとともに、その末尾で、

事成功有所帰、不成責亦難諉。天語煌煌、著如皎日。今日封事、成耶敗耶。言官持議、験耶否耶。陛下以平章軍国托元輔、以参賛機務倚枢臣、天下事非一家私、奈何偏執。星狠狠自用、皐碌碌依阿。星曰関白可封、皐亦曰関白可封。星曰再遣科臣、皐亦曰再遣科臣。……今東事潰裂、元輔・枢臣、不得辞其責矣。大臣去留、冊使行止、社稷安危、係此一挙。願陛下熟察斧断。

「事が成れば功績は帰するところがあり、成らなければ責任も逃れ難い。」天語（皇帝の御言葉）は煌煌としており、明らかな

ること太陽の如きものである。今日の封事が、成るか敗れるか。言官の持説が、検証されるか否か。陛下は軍国の統治を元輔に託し、機務への参与を枢臣に頼っているが、天下の事柄は家事とは異なるのであり、どうして偏執するのであろうか。[石]星はひどく独善的で、[趙志]皐は凡庸で阿るだけである。星が「関白は封ずるべきである」と言えば、[志]皐もまた「関白は封ずるべきである」と言う。星が「さらに科臣を派遣する」と言えば、[志]皐もまた「さらに科臣を派遣する」と言う。……今、東事は決裂したのであり、元輔・枢臣は、その責任を逃れることはできない。大臣の去就と冊使の処置とは、国家の安危がこの一点に係っている。願わくば陛下が熟慮のうえに決断されることを。

と述べている。「天語」として引用された「事成功有所帰、不成責亦難諉」という言説は、すでに述べたように、万暦二十二年（一五九四）三月初の九卿・科道会議における政策論争を踏まえて出された万暦帝の上諭に見えるものであり、対日政策の担当者として石星を信任する一方で、封倭が破綻した場合にはその責任を追及するというものであった[74]。この上諭の存在を前提として、さらに「東事潰裂」という現状のもとで、曹学程は「大臣の去留」が「国家の安危」に直接的に関連するとして、独善的な石星およびその石星に阿諛する趙志皐の責任を厳しく追及しているのである。

他方、岳元声の場合は『潜初子文集』巻一、奏疏、所収の「急削奸臣、早停封事疏」が、実録の記事に対応するものである。そのなかで彼は、

豈料、我朝二百年来、復有売国奸臣、昏迷不変、如石星其人者。陛下何不赫然震怒、乃尚可与此人、共謀宗廟社稷安危耶。

豈して思いもしようか、我が朝の二百年の間に、また売国の奸臣で、頑迷で覚らないこと、石星その人の如き者が出て来ようとは。陛下は何して赫然として震怒せず、なおこの者と共に宗廟・社稷の安危を謀ることができるのであろうか。

といい、さらに、

祖宗朝有通倭奸臣胡惟庸、陛下朝有通倭奸臣石星。祖訓凛然、殷鑑不遠。即今挙朝臣工、大小痛恨、靡不欲断石星之首、懸惟敬之頭。

祖宗の御代には倭と通じた奸臣胡惟庸がおり、陛下の御代には倭と通じた奸臣石星がいる。祖訓は厳然たるものであり、「殷の教訓は眼前にある」。今、朝廷中の群臣で、大も小も痛恨し、石星の首を斬し、［沈］惟敬の頭を晒すことを望まないものはいない。

と述べている。岳元声にとって石星は明初の洪武年間の宰相胡惟庸に比すべき「奸臣」であり、まさに唾棄すべき存在だったといえよう。

以上、万暦二十四年（一五九六）の四月下旬から五月上旬にかけて、一挙に噴出したともいうべき兵部尚書石星と首輔趙志皐とに対する非難・弾劾、或いは封倭反対の上奏について見てきたが、万暦帝の対応は「不報」「未報」「章下兵部」「留中」というようにそのほとんどを無視、または却下するというものであった。また、曹学程に対しては特に厳しい処置がとられ、彼は錦衣衛の獄に下されたのである。[75] さらに、岳元声も「革職」による官の剥奪という処分を受けたのであった。[76]

ところで、『明神宗実録』巻二九七、万暦二十四年（一五九六）五月己巳（三日）条には、自らに対する激しい非難・弾劾が行われるなかで出された趙志皐の上奏が載せられている。彼はこれまでの「東事許封始末」に関して辯明を行うとともに、

然人臣竭忠報国、不必執有成心、拘泥己説、以壊国事。諸臣何遂紛紛謂、臣為誤国也。臣不去、諸臣議論不止。乞賜罷臣、以定国計。

然れども、人臣として忠を尽くして国に報いようとすれば、必ずしも成心に囚われ、己の説に拘泥し、以て国事を壊すべきではない。諸臣は何して遂に紛々として「臣が国を誤らせた」と謂うのであろうか。臣が去らなければ、諸臣の議論が止むことはない。どうか臣に罷免を賜り、以て国計を定めて頂きたい。

と述べているのである。当時の政局が「諸臣の議論は止まず」と表現された混迷状態にあり、それを打開するために趙志皐は自らの「罷臣」を願い出なければならなかったといえよう。しかしながら、万暦帝の上諭は「浮言」によって「引去」を求めてはならないと趙志皐を戒め、かつ慰留するものであった(77)。

また、実録の五月庚午（四日）条によれば、前日の五月三日に出された万暦帝の上諭をうけて、内閣大学士の趙志皐・陳于陛・沈一貫の連名による題奏が行われている(78)。この題奏はきわめて長文のものであり、ここでは特に注目すべき箇所のみ提示することにしたい。

伏読聖諭云、自前歳関白乞求許封、南北紛紛、言不可者十有七八、説可者未見一二。蓋天下事、建議則易、当任則難。頃者倭夷侵犯属国、我兵遠出救援、士馬損折甚多、銭粮耗費無算。故不得已因其請封而許之。在本兵、則不欲損無辜之生霊于鋒鏑之下、在司農、則不欲棄有限之膏血于溝壑之中、而臣等亦欲為国家、息事安民、主持此議。所謂慮切同舟者、止此数人耳。此言可封者之所以少也。其他則皆事外旁観之人、信口而談、随声而和、但取一時之言説可聴、而不顧国家之利害何如。……至近日冊使既逃、則言不可者愈益甚、而言可者愈益孤。然臣等終以言可者、為老成憂国之計、言不可者、為幸災喜事之謀。此聖明所当洞察者一也。

伏して聖諭を拝読したところ［次のように］述べている。「前の歳に関白が冊封の許可を求めて以来、南北［の議論］は紛々とし、不可を言う者は十に七・八も有り、可と説く者は一・二も見ない」と。蓋し天下の事は、建議することは則ち易く、任に当たることは則ち難しいのである。近年、倭夷が属国を侵犯したために、我が兵は遠く救援に出向いたが、［兵］士・［軍］

馬の損傷は甚だ多く、銭粮の消耗も夥しい数になった。故に已むを得ず、それが冊封を請願したのでこれを許したのである。本兵に在っては、則ち無辜の人命を鋒鏑の下に損なうことを望まず、司農に在っては、則ち有限の資財を溝壑の中に棄てることを望まないのであり、臣等もまた国家のために、事を収めて民を安んじようとして、この議を主張したのである。いわゆる「慮は切にして舟を同じくする者」は、ただこの数人のみである。これが冊封すべきと言う者が少ない所以である。その他のものは則ち皆、事の外で傍観する人であり、口から出まかせに談じて、附和雷同し、ただ一時の聴くべき言説を取って、国家の利害が如何なるものかを顧みようともしない。……近日、冊封使が既に逃亡するに至って、則ち不可と言う者はますます甚だしく、可と言う者はますます孤立するばかりである。然れども臣等が結局のところ思うには、可と言う者は、穏健で国を憂える考えを持っており、不可と言う者は、災いを願い事件を喜ぶ思いを持っているのである。このことは聖明がまさに洞察すべきことの一つである。

すでに触れたように、万暦二十一年（一五九三）四月に日本との講和が問題となって以来、明朝中央官僚の圧倒的多数は封貢・封倭の反対派であった。そうした状況を象徴するのが、万暦帝の「不可と言う者、十に七八有り、可を説く者、未だ一二も見ず」という言説である。(79) ここでは冊封正使李宗城の釜山からの逃走という事態の出来によって、中央政府内で封倭を「可」とする側がますます孤立に追い込まれていることが吐露されている。趙志皐等によれば、封倭に賛成する者は兵部尚書（「本兵」）の石星、戸部尚書（「司農」）の楊俊民、および彼ら三名の大学士を含めて僅か「数人のみ」であったという。

万暦二十四年（一五九六）五月八日に開催された九卿・科道会議の直前には、以上のような政治的状況が展開していたのである。

七　万暦二十四年五月の九卿・科道会議

(i)　九卿・科道会議開催の決定

万暦二十四年（一五九六）四月二十八日、万暦帝による上諭が発せられた。『明神宗実録』巻二九六、万暦二十四年（一五九六）四月甲子（二十八日）条には、次のように記されている。

是日、復諭各衙門。禦倭戦守事宜、令九卿・科道官、将李応策・戴士衡所奏、秉公竭忠、会議停当、上聞。

この日、また各衙門に諭す。禦倭戦守事宜については、九卿・科道官に、李応策・戴士衡の上奏をも、公平にかつ忠を尽くし、会議によって処置を決めさせ、［その内容を］上聞するようにせよ、と。

内容は「禦倭戦守事宜」を議題とする九卿・科道会議の開催を命ずるものであった。但し、ここで特に注目しておきたい点は「李応策・戴士衡の奏する所を将て」という記述についてである。李応策および戴士衡の「所奏」とは、すでに前節で述べたように、実録の同じく四月二十八日条に記載された、ともに兵部尚書石星を弾劾する上奏であった。すなわち、当該の九卿・科道会議では「禦倭戦守事宜」を主たる議題とする一方で、石星の弾劾問題をも取り上げることになっていたと理解すべきではなかろうか。

この点については、実録の五月一日条の、石星・趙志皐を弾劾した周孔教の上奏に対しても、万暦帝は次のような上諭を出しているのである。

上命九卿・科道、一并会議停妥、務期万全、勿貽後日憂患。

上は、九卿・科道に命じて、併せて会議によって処置し、務めて万全を期して、後日の憂いを残さないようにさせた。

周孔教の上奏は、実録では「石星の誤国を題参し、并せて趙志皐を参す」と記されており、『西台疏稿』では「二臣の致仕」が提起されていた。ここに見える「一併に会議して停妥し」とは、まさしく趙志皐・石星の去就問題をも論議の対象とすべきことを明示したものだといえよう。[80]従って、五月一日の上諭は、九卿・科道会議の開催を命じた四月二十八日の上諭の内容を再確認したものと位置づけることができるのである。

さて、万暦二十四年（一五九六）五月八日に九卿・科道会議が開催されるまでの間に、科道官を中心とした封倭反対論や石星・趙志皐に対する弾劾文が数多く提出されたことは既述のとおりであるが、この段階に至っても、いま一つ重要な政治的課題が残されていた。それは出奔した李宗城に替わって誰を冊封正使に任命するかという問題である。四月二十九日の時点で、封倭を再確認する提議を行った兵部に対して出された万暦帝の上諭は、新たに六科給事中の一人（「風力科臣一員」）を楊方亨とともに日本に派遣して冊封を完遂させるというものであった。[81]しかしながら、実録によれば、五月三日には趙志皐・陳于陛・沈一貫の三名の大学士が、連名の題奏において「科臣を差して日本を往封すること、計において未だ便ならず」と述べるとともに、楊方亨・沈惟敬による冊封の遂行を主張しており、さらに、翌四日にも同じく三者連名で「科臣」派遣の反対を重ねて表明したのであった。[82]

同様に、『明神宗実録』巻二九七、万暦二十四年（一五九六）五月庚午（四日）条には、当該問題に関する兵部尚書石星の上奏が残されている。

兵部尚書石星奏、文武体統不同、夷狄情形亦異。査得、琉球出使、皆用文臣、虜王頒封、皆用武弁。今日本之封、正与虜王相類、又事係創始、礼節難周。在武臣或可権宜、在文臣豈容假借。倘威儀不備、順之不可。責之不能、将安従乎。況宗城既出、倭必馳報関白、向雖恭順無譁、今則情形難料。科臣到彼、不入則無以報命、軽進則恐蹈不測。是不可不熟慮也。且関白欲封果真、必已遣将来迎、方亨乗便前去、事機甚便。若科臣奉命、計其請勅等項、旬日始得出京、即兼程前去、亦必両月始到。稽遅既久、変故易生。一番挙動、又成画餅。頃者冊封諸王、皇上念六科乏人、不准差用、而外夷之封、較之諸王猶軽、是又可以無遣矣。星復称病。

兵部尚書石星は［次のように］奏上した。文武の格式は同じではなく、夷狄の情形もまた異なっている。査べたところ、琉球に使節を出す場合は、すべて文臣を用いており、［北］虜の王を冊封する場合は、すべて武官を用いている。今、日本の冊封は、正に虜王と類似しており、また事は創始に係るので、礼節も行き届き難いであろう。武臣に在っては、或いは便宜を許すことができるが、文臣に在っては豈《どう》して借用することが許されようか。もし威厳が備わらなければ、これに従わせることはできない。これに責任をおわせることができないのであれば、どうして従わせることができようか。ましてや［李］宗城が既に出奔したことを、倭は必ずや関白に急報しており、かつては恭順して騒ぎ立てなかったとはいえ、今は則ち情形を測ることは難しいのである。科臣が彼の地に到っても、［日本に］入らなければ、則ち復命することはできず、軽々しく進んだならば、則ち不測［の事態］に陥る恐れがある。これは熟慮しないわけにはいかない。且つ関白の冊封を求めることが果たして真実であれば、必ずや武将を遣わして迎えに来るはずであり、［楊］方亨がその便に乗じて出向くならば、事柄としても甚だ都合がよい。もし科臣が［陛下の］命を奉じたとしても、その請勅等のことを計るならば、十日を経て始めて北京を出立することができ、さらに行程を加えるならば、また必ずや両月を経て始めて［釜山の倭営に］到着することになろう。延滞すること既に久しければ、変事も生じ易い。今回の事柄も、また画餅と成るであろう。近ごろ諸王を冊封するとき、皇上は六科に人が乏しいことを念じて、その差用を准していないが、外夷の冊封は、これを諸王と較べるとなお軽く、これまた［科臣を］派遣しなくてもよいのである、と。［石］星はまた病気と称している。

明王朝の冊封使に関する先例として、琉球の場合には「文臣」が、「虜王」の場合には「武臣」が派遣されていること、また「諸王」を冊封する場合も近年では「六科」の派遣が行われていないことなどが指摘されているが、(83)日本の冊封に当たって「科臣」を派遣することの不都合を、時間的に遅延を餘儀なくされるという点を含めて石星は主張しているのである。さらに、ここでは末尾に見える「星、復た病と称す」という点にも注目しておきたい。

石星の上奏に対する万暦帝の上諭は、次のような内容であった。

上言、昨元輔等亦説、科臣往封不便、恐破壊彼中事情、招釁失信。依擬令楊方亨充正使、沈惟敬充副使、待日本来迎、渡海行礼。其会議戦守、准左右侍郎代。

上は［次のように］言っている。昨日、元輔等もまた科臣の往封は不都合であり、恐らくは彼の地の事情を壊し、禍を招いて信を失うであろうと説いている。提議の通りに楊方亨を正使に充て、沈惟敬を副使に充て、日本が迎えに来るのを待ち、海を渡って［冊封の］礼を行うようにさせる。戦守に関する会議では、左右の侍郎の代理を准す、と。

「科臣」の派遣に固執していた万暦帝は、この時点で趙志皐や石星の助言を受け入れ、冊封使に「科臣」を加えることを断念し、楊方亨を正使に、沈惟敬を副使に昇格させることを承認したのであった。すなわち、四月中旬に冊封正使李宗城の釜山倭営からの出奔が伝えられて以降、秀吉を「日本国王」に冊封するという明朝の対日講和政策の完遂が危ぶまれる事態が続いていたが、五月四日の段階において、取りあえず冊封使節を立て直すことで〈封倭政策〉を継続するための最小限の目途は立ったといえよう。

それと同時に、当該の上諭において万暦帝は、九卿・科道会議（「会議」）についても言及している。本来であれば「戦守」を議題とする廷議の場合、兵部尚書がその主宰となるべきであったが[84]、ここでは左右の侍郎が兵部尚書石星の代理となることを許可したのである。その理由として考えられるのは、直接的には先の実録の記事に「星、復た病と称す」と書かれていた点であろう。病気のために会議の主宰を辞退した石星に替わって、兵部の侍郎が充てられたと看做すことはきわめて妥当な解釈だと思われる。しかしながら、他方、すでに述べたように、数日後に予定されていた九卿・科道会議では「禦倭戦守事宜」とともに「大臣去留」問題が議題の一部を構成することになっていたのであり、後者に直接関わる石星が廷議に出席できないのも当然であった(85)。

九卿・科道会議の開催に至るまでの間に、いま一つ注目すべき記事を実録の中に見出すことができる。それは『明神宗実録』巻二七九、万暦二十四年（一五九六）五月癸酉（七日）条の、次のような記載である。

協理京営戎政右都御史沈思孝、奏封事三策。一謂、戦守亟宜修、而会議不当稍緩、以失事機。一謂、科臣似不必遣即往勘、亦不宜深入致損国体。一謂、会議務各伸其説、人見其長、以俟採択。主議者、毋得以位高曲従、非則必斥。毋得以職卑故斥、是則兼収。

協理京営戎政右都御史沈思孝は、封事の三策を［次のように］奏上した。一つは［次のように］謂っている。戦守は亟かに宜しく修めるべきであり、会議はまさに稍も緩めて、事機を失うべきではない、と。一つは［次のように］謂っている。科臣は必ずしも派遣して往勘させるべきではなく、また宜しく深入して国体を損なうようにすべきではないと思われる、と。一つは［次のように］謂っている。会議では務めて各々がその説を主張し、人はその優れているものを見て、以て採択を俟つべきである。会議を主宰する者は、［主張する者の］位が高いからといって曲従してはならず、［議論の内容が］非であれば則ち必ずや斥けるべきである。職が卑しいからといって殊更に斥けてはならず、是であれば則ち併せて受け入れるべきである、と。

都察院の右都御史沈思孝が、翌日に予定されていた九卿・科道会議を前提として自らの意見を開陳したものである。特に「封事三策」の第三点として沈思孝が指摘している事柄は、当該の会議において出席者の位階・官職の高低に拘わらず、公平な議論が行われるように「主議者」に対して釘を刺したものと看做すことができよう。後述のように、八日の九卿・科道会議において沈思孝は議論を主導する役割を果たすことになるのであり、この記事からは廷議を単なる形式的なものに終わらせないという、彼の強い決意を窺うことができるのではなかろうか(86)。

らば、当該会議について書かれた史料の間で期日の異同が見られるからである。

(ii)　五月八日の九卿・科道会議

万暦二十四年（一五九六）五月の九卿・科道会議については、まず、その期日を確定しなければならない。なぜならば、当該会議について書かれた史料の間で期日の異同が見られるからである。

ここで取り上げる史料は、(Ⅰ)『明神宗実録』巻二九七、万暦二十四年（一五九六）五月丙子（十日）条、(Ⅱ)談遷『国榷』巻七七、万暦二十四年（一五九六）五月丙子（十日）条、および(Ⅲ)姚士麟『見只篇』中（樊維城『塩邑志林』所収）の記事である。結論から言えば、(Ⅲ)において「上復召九卿・科道会議。時丙申五月八日也」と明記され、かつ姚士麟自身が〈聴衆〉の一人として会議の現場にいたことを述べており（「余亦往看」）、九卿・科道会議が五月八日に開催されたと断じて間違いないと思われる。その一方で、(Ⅰ)・(Ⅱ)ともに五月十日条に「九卿・科道衙門、于東闕会議戦守、及倭封等事」或いは「会議東事、言調兵集餉不一」と書かれているのである。また、(Ⅰ)では「兵部等衙門左侍郎李禎等」による「題覆」と万暦帝の上諭とが併せて載せられており、(Ⅱ)でも同様に「兵部左侍郎李禎、彙衆議上之」という記述とそれに対する「上諭」とを見出すことができる。すなわち、五月八日に九卿・科道会議が開催された後、李禎等による連名の報告（「題覆」）が行われ、十日に至って万暦帝の上諭が発せられたと推定しえるのではなかろうか。なお、(Ⅰ)の実録からも明らかなように、九卿・科道会議の開催場所は「東闕」すなわち闕左門の周辺であった。

さて、五月八日の九卿・科道会議の内容について、最初に(Ⅰ)実録の記事を取り上げることにしたい。

兵部等衙門左侍郎李禎等題覆、李応策・戴士衡・徐成楚・周孔教奏疏、及会議各官孫丕揚・蕭大亨・楊俊民・辺維垣・范謙・徐作・田蕙・連格・葉継美・沈思孝疏掲、通抄到部。該本部備録、分送九卿・科道衙門、于東闕会議戦守、及倭封等事。雖言人人殊、大略謂宜守朝鮮。而或又謂、朝鮮不易守、宜調兵馬。而或又謂、兵馬不易調、宜運粮餉。而或又謂、粮餉不易運。深思遠慮、無非謀国忠猷。臣等参詳衆論、酌量時宜、今日所議者、惟戦・守・

封三事耳。封則正使雖出、楊方亨等尚在営中、遽爾言罷、無論数百人員、皆将化為左衽、転為郷導。而我之兵力未集、倉卒難応、尤属可慮。謹遵詔旨、令楊方亨等在彼静待、関白来迎則封、不迎則罷。若兵家所謂用間緩敵者。我惟以戦守為実務、固不可張皇啓釁、亦不可怠玩疎防。今関白雖狡詐難信、我兵即遠不過禦之朝鮮止耳。未有越海往征者。但戦守之具、如兵如餉、皆当預講。業已遵旨、転行薊鎮督撫、専閫調援。至于粮餉作何備辦、海運応否開復、係戸部職掌、聴其詳議奏請。今朝鮮已経残破、粮餉空虚、代守固難、而不援朝鮮、将為倭有。不惟前功尽隳、且慮不支、折而従之、又増一外敵也。第宜将薊遼重兵、日加訓練、周防鴨緑、成虎豹在山之勢、近倭処所、扼其要害。仍令朝鮮、自加奮励、選将練兵、修屯足餉。且朝鮮素号守礼之邦、厳禁我兵、秋毫勿犯、可以得其心。我兵資其屯餉、省我内運、如諸葛之雑居渭濱魏民、安堵如故。勿徒止以禁約之文了事。至于直隷・山東・浙閩地方、原有防海衛所、統于将帥。只在各該督撫、精于整頓、足成常山蛇勢。而京営当居重之勢、尤宜精整。如此封可也、不封亦可也。何畏彼弾丸之倭哉。幷及元輔・本兵当去。

兵部等衙門左侍郎李禎等は［次のように］題覆した。李応策・戴士衡・徐成楚・周孔教の奏疏、および会議に提出された孫丕揚・蕭大亨・楊俊民・辺維垣・范謙・徐作・田蕙・連格・葉継美・沈思孝の各官の疏掲は、すべて抄写されて［兵］部に到った。該本部は備さに記録して、九卿・科道衙門に分送し、東闕において戦守および倭封等の事について会議を行った。言説は人ごとに異なっていたが、大略［次のように］謂っている。「宜しく朝鮮を守るべきである」と。或る者はまた［次のように］謂っている。「朝鮮を守ることは容易ではなく、宜しく兵馬を派遣すべきである」と。或る者はまた［次のように］謂っている。「兵馬を派遣することは容易ではなく、宜しく粮餉を搬入すべきである」と。或る者はまた［次のように］謂っている。「粮餉を搬入することは容易ではない」と。［これらはすべて］思慮深く、国のために忠義を尽くしていないものはない。臣等は衆論を参照し、時宜を斟酌したところ、今日、提議すべきことは、ただ戦・守・封の三事のみである。封とは則ち正使が

［倭営から］出奔したとはいえ、楊方亨等はなお営中にいるのであり、遽かに［冊封を］罷めると言えば、数百の人員を問わず、みな左衽［の夷狄］と化し、転じて郷導をなすことになろう。そして我が兵力が未だ集らなければ、倉卒に応じることは難しく、尤も憂慮すべきことになる。謹んで詔旨に遵い、楊方亨等に彼の地に在って静待させ、関白が迎えに来れば則ち冊封を行い、迎えに来なければ則ち［冊封を］罷めることにする。兵家のいわゆる「間を用いて敵を緩める」というものである。我が方としてはただ戦守を要務とし、固より張皇して禍を啓くべきではなく、また忽玩にも防禦を疎かにすべきではない。今、関白が狡猾で信じ難いとはいえ、我が兵は遠く朝鮮でこれを防禦するに過ぎないのである。未だ海を越えて征討に往くわけではない。ただ戦守の具として、兵や餉については、すべてまさに予め講じておくべきである。すでに諭旨に遵い、転じて薊鎮の督撫に命じて、調援を統制させる。粮餉をどのように備辦するか、海運はまさに開復すべきか否かに至っては、戸部の職掌に係れば、詳議して奏請することを許すようにする。今、朝鮮はすでに残破の状態にあり、粮餉は空虚で、代りに防守することも固より難しいが、朝鮮を援助しなければ、まさに倭の所有物となるであろう。ただ以前の功績は尽く破れただけでなく、且つ支えられないことを慮れば、折れて［朝鮮が］これに従うことは、また外敵を一つ増やすことになるのである。ただ宜しく薊・遼の重兵に対して、日々訓練を加え、遍く鴨緑［江］を守らせ、虎豹が山にあるような勢いとなって、倭に近い場所で、その要害を押さえるようにする。やはり朝鮮に命じて、自ら奮励を加え、将を選び兵を訓練し、屯田を修めて餉が足りるようにさせる。且つ朝鮮は素より〈守礼の邦〉と言われており、我が兵に厳禁して、些かも［民を］犯すことがなければ、以てその心を得ることができるであろう。我が兵がその屯餉に助けられ、我が内運を省くことができれば、まさに「諸葛［亮］が渭濱の魏民の間に雑居させても、［居民を］安堵することは元の通りであった」という［故事の］ようになるであろう。徒にただ禁約の文のみで終わらせてはならない。直隷・山東・浙閩の地域に至っては、原より防海の衛所が有って、将帥に統率されている。ただ各々の該当する督撫に在っては、［軍の］整頓に精励し、十分に［孫子の所謂］〈常山の蛇〉の勢いを維持するの

みである。さらに京営は居重の勢に当たっており、尤も宜しく精整すべきである。このようにしたならば［倭を］封じてもよいし、封じなくてもまたよいのである。どうして彼の弾丸のよう［に小さ］な倭を畏れる必要があろうか、と。併せて元輔・本兵はまさに［職を］去るべきことに及んだ。

兵部左侍郎李禎等による当該廷議の報告について整理するならば、次の四点にまとめることができよう。第一に、この「題覆」は四月下旬から五月上旬にかけて提出された科道官四名、すなわち李応策・戴士衡・徐成楚・周孔教の上奏をうけたものであり、このことは李禎等の認識において、首輔趙志皐・兵部尚書石星の去就問題がまさに議題の一部を構成するものであったことを如実に物語っているといえよう。第二に、当該の会議には同時に、孫丕揚（吏部尚書）・蕭大亨（刑部尚書）・辺維垣（都察院右都御史）・范謙（礼部尚書）・徐作（工部左侍郎）・田蕙（通政使）・連格（大理寺左少卿）・葉継美（吏科左給事中）・沈思孝（都察院右都御史）の「疏掲」が提出されていた[87]。第三に、会議に提出された意見を集約したもの（「斟酌衆論、酌量時宜」）として「戦・守・封三事」の重要性が指摘されているが、「封」については既定の方針に即して、基本的には楊方亨を中心に冊封を行うことが確認されている。また「戦」と「守」との二事はむしろ「戦守」一事として考えるべきであり、ここでは「兵」「餉」の調達や鴨緑江での守備、さらには朝鮮における「屯田」の問題まで論じられている。そして第四に、会議では「元輔・本兵、当に去るべし」と首輔趙志皐および兵部尚書石星の〈解任要求決議〉にまで及んでいたのである。

(I)の実録に拠る限り、会議での議論はまさに「禦倭戦守事宜」を中心に展開したように思われ、第四の点は末尾できわめて簡略に記されるのみであったが、それとは対照的に、(II)『国榷』では次のように記述されている。

会議東事、言調兵集餉不一。沈思孝独責石星、謂礼部尚書范謙佐之。謙曰、訛言遠在数千里、公能知其必壊乎。思孝曰、冊使潜逃、損威辱国。醸禍已極、尚附和邪臣誤国乎。謙失色而退。兵部左侍郎李楨、彙衆議上之。

東事について会議が行われたが、調兵・集餉に関する意見は様々であった。沈思孝は独り石星を非難し、礼部尚書范謙が彼〈石星〉の肩を持っていると謂った。［范］謙は言った。「デマは遠く数千里［の彼方］に在るのであり、公はその［封倭が］必ずや敗れることを知ることができようか」と。思孝は言った。「冊使は密かに逃走して、威厳を損ない国を辱めたのである。醸成された禍がすでに極まっているのに、なお邪臣が国を誤らせることに迎合するのか」と。謙は色を失って退いた。兵部左侍郎李禎は、衆議を集約して上奏した。

清初の談遷が依拠した史料は、明らかに実録とは系統の異なるものであり、まさに後述の(Ⅲ)『見只編』の記事との関連を窺うことができよう。会議では石星の責任問題をめぐって沈思孝と范謙との論争が行われ、前者が後者を論破したことが、ここでは述べられている。

すなわち、実録と『国榷』とでは当該会議における議論の展開について、その比重の置き方に異同が見られるのであり、前者では「禦倭戦守事宜」が議論の中心に位置づけられる一方で、後者ではむしろ石星の去就問題に焦点があてられているのである。

さて、(Ⅲ)姚士麟『見只編』中の記事であるが、管見の限りでは、万暦二十四年（一五九六）五月八日の九卿・科道会議に関して最も詳細な内容を有するものだといえよう。(88) 著者の姚士麟は現場に居合わせており、自ら〈聴衆〉の一人としてきわめて臨場感に溢れる記事を書き残したのであった。(89) ここに関係記事の全文について段落を区切って紹介することにしたい。

(a)封事遂敗。上復召九卿・科道会議、時丙申五月初八日也。諸公集東闕下、観者数千人。余亦往看。

封事は遂に敗れた。上はまた九卿・科道会議を召集したが、時に丙申［の歳］の五月八日であった。諸公は東闕の下に集まり、観る者は数千人であった。私もまた往って［会議を］看たのである。

(b)其班次、左辺第一、戸部尚書蒲州楊公俊民、次礼部尚書吉安范公謙、次倉場右都御史彭県辺公維垣、各西向。右辺第一、刑部尚書泰安蕭公大亨、左都御史南昌衷公貞吉、戎政右都御史吾郡沈公思孝、各東向。而次辺少後、則吏部侍郎無錫孫公継皐、礼部侍郎臨朐馮公琦、侍郎楚劉公楚先、通政使田公蕙。次沈少後、則兵部侍郎慶陽李公禎、刑部侍郎寧陵呂公坤、工部侍郎南昌徐公作、左副都御史沢州張公養蒙、大理少卿連公標《ママ》。而北向左班、為給事中徐公成位等、右班北向、為御史周公孔教等。班既定。

その［参会者の］班次として、左側の第一［の場所］には戸部尚書で蒲州［出身（以下、同）］の楊公俊民が、次に礼部尚書で吉安の范公謙が、次に倉場右都御史で彭県の辺公維垣が、各々西を向いていた。右側の第一［の場所］には刑部尚書で泰安の蕭公大亨が、左都御史で南昌の衷公貞吉が、戎政右都御史で吾が郡（嘉興府）の沈公思孝が、各々東を向いていた。次に辺［維垣］の少し後には、則ち吏部侍郎で無錫の孫公継皐、礼部侍郎で臨朐の馮公琦、［礼部］侍郎で楚の劉公楚先、通政使の田公蕙がいた。次に沈［思孝］の少し後に、則ち兵部侍郎で慶陽の李公禎、刑部侍郎で寧陵の呂公坤、工部侍郎で南昌の徐公作、左副都御史で沢州の張公養蒙、大理少卿の連公標がいた。そして北を向いた左側の班は、給事中の徐公成位等であり、右側の班で北を向いていたのは、御史周公孔教等であった。班は既に定まった。

(c)于是職方郎中賈公維鑰等、北面一揖、宣旨訖。此時上下厳粛、閴無人声。久之、楊公言曰、此事重大、其説甚長、非片言可尽。吾輩已各具一揭、但当画一題字足矣。諸公皆諾。惟吾郡沈公厲声曰、此一題字、誰敢写。石尚書以一封字、貽禍国家。皇上以国家命脈、聴之我輩。我輩既受国恩寵、不思竭忠尽言、図報国家。乃欲以一題字、了此公案、則安用吾輩、站班闕下。今宜毋附当事、毋執我見、吐尽本誠、以襄至計。時礼部范公、実賛封事。乃出班、詰沈曰、此一封字、足代師徒百万、策無踰此者。即有訛言、遠在万里、公能縮地、知其必壊乎。沈公叱之曰、封事既成、何以冊使潜遁、既懸万里。公当能飛耳長目、知其不壊耳。損威辱国、醸禍已極。尚欲附和奸臣、欺君誤国乎。范為失色而退。于是蕭公極言封事之非、因言戦守之要。沈公曰、戦守雖要、猶是第二義。須要択当事大臣、然後可議戦守。御史周公曰、沈公之言、是今日頂門一針也。国家之有東事、如人身之有痼疾。曰戦曰守、猶治標治本之湯剤也。假令庸医治之、雖知方薬、昧于緩急、必致死亡。今之庸医、則閣臣趙公・尚書石公是也。欲起痼疾、須去庸医、欲了東事、須罷趙・石。沈公復数石公欺君者三、辞色甚厲。両班失色、観者莫不吐舌。于時各官班後、各有中官数人、窃聴其言、書之小紙、飛報内庭。

ここにおいて職方［司］郎中の賈公維鑰等が、北面して一礼し、勅旨を宣布した。この時、上下ともに厳粛であり、静寂で人の声も無かった。久しくして、楊公（楊俊民）が言った。「この事は重大であり、その説は甚だ長く、片言で尽くすことはできない。吾等はすでに各々が一掲を提出したのであるから、ただまさに「題」の一字を書くのみで十分であろう」と。諸公はみな承諾した。ただ吾が郡の沈公（沈思孝）だけが声を荒げて言った。「この「題」の一字は、誰が敢えて書こうというのか。石尚書は「封」の一字によって、国家に禍をもたらしたのだ。皇上は国家の命脈を、我等に聴いているのだ。我等は既に国の恩寵を受けているのだから、忠を竭くして言を尽くし、国家に報いようと思わないでいられようか。それなのに「題」の一字で、この案件を終わらせようとするのであれば、則ちどうして吾等が闕下に整列する必要があろうか。今は宜しく担当者に任せるのではなく、自説に固執するのでもなく、誠心を吐露して、最上の方策を考えるべきである」と。時に礼部［尚書］の范公（范謙）は、実際のところ封事に賛成であった。そこで班を出て、沈［思孝］を詰問して言った。「この「封」という一字は、百万の兵士に代えることができるのであり、方策としてこれを超えるものは無い。たとい訛言が有ったとしても、遠く万里［の彼方］に在るのであり、公（石星）とて大地を縮めて、それが必ずや敗れることを知ることができようか」と。沈公は叱りつけて言った。「封事が既に成功したのであれば、何して冊使が密かに遁走し、既に万里も隔たることがあろうか。公は当然、飛耳長目して、それが失敗しないことを知らねばならないのだ。威を損なって国を辱めたのであり、醸された禍はすでに極まっている。それでもなお奸臣に迎合し、君を欺いて国を誤まらせようというのか」と。范〔謙〕は色を失って退いた。ここにおいて蕭公（蕭大亨）が封事の非を極言し、因って戦守の重要性を主張した。沈公は言った。「戦守は重要であるとはいえ、なお第二義的なものである。須く担当大臣を選び、その後で戦守を議論すべきであろう」と。御史の周公（周孔教）が言った。「沈公の言は、今日における頂門の一針である。国家が東事〔という問題〕を抱えていることは、人体に痼疾が有るようなものである。「戦」と言い「守」と言ったとしても、なお抹梢や根本を治療する湯剤のようなものである。もし凡庸な医者が治療したならば、処方薬を知っているとはいえ、緩急〔の見きわめ〕に暗く、必ずや死亡することになろう。今の庸医とは、則ち閣臣の趙公（趙志皐）と尚書の石公（石星）とがこれである。痼疾を直そうとするのであれば、須く庸医を辞めさせるべきであり、東事を終わらせようとするのであれば、須く趙・石を罷免すべきである」と。沈公はまた石公が君主を欺いた事柄を三つ数え上げたが、言葉と顔つきは甚だ厳しいものであった。両班〔の参会者〕は色を失い、観る者はみな舌を巻いていた。この時、各官の班の後には、それぞれ中官数人がおり、窃かにその言を聴き、それを小紙に書いて、急いで内庭に報告していた。

(d)議畢、諸公相向、一揖而退。比出端門、范公揖沈公、歓然摧謝。所謂下殿不失和気也。

会議が終わると、諸公は相向い、一礼して退出した。端門を出る頃に、范公は沈公に挨拶し、歓然として陳謝した。「殿を下りれば和気を失わず」と謂うことである。

当該史料は、九卿・科道会議の実態を理解するうえできわめて注目すべきものだといえよう。当日の会議に出席した者のうち、(b)では十九名に及ぶ中央官僚の名前が挙げられている。すなわち、戸部尚書楊俊民・礼部尚書范謙・刑部尚書蕭大亨・左都御史衷貞吉・通政使田蕙の九卿をはじめとして、倉場右都御史辺維垣・戎政右都御史沈思孝、吏部左侍郎孫継皐・礼部左侍郎劉楚先・礼部右侍郎馮琦・兵部左侍郎李禎・刑部左侍郎呂坤・工部左侍郎徐作[90]、左副都御史張養蒙、大理寺左少卿連格、[91] さらには給事中の徐成位、御史の周孔教、そして勅旨を宣布した職方司郎中の賈維鑰である。闕左門附近の開放的な場所において、それぞれが「班次」（並び順）によって東・西・南の三方に整列し、起立したままで会議は進行したのであった。[92] さらに、きわめて興味深い事柄の一つは、(c)に記されているように、参会した中央官僚たちの周りには「観者数千人」という〈聴衆〉がいて、そのなかの一人に著者自身も含まれており、さらに宦官（「中官」）が頻りにメモを取って内廷に報告していたという点である。九卿・科道会議それ自体の特徴として、その開放性・公開性を看取することができよう。[93]

次に、当該会議における議論の展開は、まさしく『国榷』の記事が簡潔にまとめたような内容であった。兵部尚書石星を非難する右都御史沈思孝と石星を擁護する礼部尚書范謙との間の激しい論戦、および論破された范謙が「色を失って退」いた様子、さらには沈思孝の主導によって石星および趙志皐に対する〈解任要求決議〉へと議論が収斂していく状況が鮮やかに描写されているのである。実録に記述された「戦守」についての議論は、廷議に当たって提出された各官の「疏掲」段階のものであり、姚士麟の叙述に拠る限り、会議の場における主要な議論はまさに趙志皐・石星の去就・更迭にかかわる問題だったといえよう。

さて、(I)実録の五月十日条には、兵部左侍郎李禎等の九卿・科道会議の報告に対する万暦帝の上諭が載せられている。「戦・守」について「廃すべからず」と述べた後、「元輔・本兵、当に去るべし」という決議に対しては、次のように記されているのである。

昨旨、原議戦守事宜、未議大臣去留。輒擅評議、姑且不究。元輔及本兵、俱已有旨。

先ごろの諭旨［の内容］は、原より戦守事宜を議することであり、未だ大臣の去留を議することではない。勝手に評議したことは、姑らく究明しないことにする。元輔および本兵については、俱に已に論旨が出ている。

万暦帝は、既述のように四月二十八日および五月一日に九卿・科道会議の開催を命じたときには、石星・趙志皐の去就問題を議題として取り上げることを容認していたにも拘わらず、李禎等の「覆奏」のなかで両者の更迭要求が提出された段階では、前言を翻して「大臣去留」を「評議」したこと自体を叱責するという言動に出たのであった。

万暦二十四年（一五九六）四月初旬に冊封正使李宗城が釜山倭営から出奔して以来、封倭をめぐって混迷をきわめた政治状況は、ほぼ一ヵ月後の五月上旬、九卿・科道会議で封倭担当大臣ともいうべき兵部尚書石星と彼を支持していた首輔趙志皐とに対する事実上の〈解任要求決議〉が出されるに至ったにも拘わらず、この時点において突如、この問題に終止符が打たれることになったのである。

『明神宗実録』巻二九七、万暦二十四年（一五九六）五月丁丑（十一日）条、および同五月戊寅（十二日）条には、趙志皐・石星の二名がそれぞれ辞意を表明した上奏についての記述が残されている。五月十一日条の趙志皐の上奏と万暦帝の上諭とは、次のような内容であった。

大学士趙志皐、奏辯台省及沈思孝諸臣、論其欺誤蒙蔽。内言、議封之始、係本兵力為担当。比小西飛至、訂以三事、止許一封公疏尽知、列名諸臣尽允、毫無間言。今拠楊方亨屢報、尚謂倭奴如旧。前者所報、関白統兵二十余万、已至南原崖、又未見有下落。而封疆之臣、見在議兵積餉、以待其来。初不因封以忘戦、実未嘗為欺為誤為蒙蔽也。惟因疾乞骸、以謝諸臣。上諭、封倭一事、原係本兵集議、朕心独断。卿有何欺誤蒙蔽。不必深辯。今雖倭情未定、朕且欲一封羈縻。其諸戦守機宜、方在督勅中外、着実修挙、未嘗失策。卿耆碩首臣、受恩深重、正当為朕任事分憂。豈可因浮言横詆、力求引退。宜即出入閣輔理、毋得再辞。

大学士趙志皐は、台省および沈思孝等諸臣が、その欺誤・蒙蔽を論じたことに奏辯した。その中では［次のように］言っている。冊封を提議した始めは、本兵が努めて担当していた。小西飛が［京師へ］至るに及んで、三事を取り決めたが、ただ一封を許すのみの公疏は尽く知られており、名を連ねた諸臣は尽く認めたのであり、毫も間言は無かったのである。今、楊方亨の度々の報告に拠ると、なお倭奴は旧のままであると謂っている。先ごろの報告では、関白が兵二十餘万を統率して、すでに南原崖に至っているとのことだが、また未だその行方はわからない。封疆の臣は、現在、兵・餉を準備して、その来襲を待っている。初めから封ずるとはいっても戦を忘れてはおらず、実に未だ嘗て欺誤・蒙蔽したことはないのである。ただ疾病によって辞職を乞い、諸臣に謝するのみである、と。上は［次のように］諭した。封倭の一事は、原より本兵が議論を集約し、朕が独断したものである。卿が何して欺誤・蒙蔽したことがあろうか。深く辯明する必要はない。今、倭情は未だ定かではないが、朕はやはり一封によって羈縻することを望んでいる。諸々の戦守の策については、まさに中外に命令し、着々と実行させており、未だ嘗て策を失ったことはない。卿は高齢・有徳の首臣で、恩を受けることがきわめて深いのであるから、正に朕のために事に任じて憂いを分かつべきであろう。豈して浮言や誹謗によって、強く引退を求めてよいであろうか。宜しく即ちに内閣に入って［朕を］補佐すべきであり、再び辞任しようとしてはならない、と。

首輔趙志皐の「奏辯」は、「台省、及び沈思孝諸臣」とあるように、五月八日の九卿・科道会議で出された自身に対する〈解任要求決議〉を前提としてまさに辯明に終始し、同時に病気を理由に辞任を申し出たものであった。それに対して万暦帝の上諭は、封倭実現の希望を改めて述べるとともに、趙志皐を強く慰留する内容であった。また、ここでは「封倭一事」について「本兵集議し、朕心独断す」と記されている点、すなわち、万暦帝が政策決定における自らの「独断」を明言していることに注目しておきたい。

さらに、同じく実録の五月十二日条には、

兵部尚書石星奏、群言淆乱、人情疑畏。乞将妻子寄往京師、自解部務、往朝鮮地方、便宜処置。……如或未允臣行、乞従罷斥之請、以謝人言。上報曰、卿再疏懇請自料理封倭事情、足見為国任労、欲釈主憂之意。但本兵職総枢機、関係甚重。豈可軽易遠出。還着安心居中調度、以副委任。其妄言誣蠛者、已有旨薄処。不必畏辯疑阻。
兵部尚書石星は［次のように］奏上した。群言は混乱し、人情は疑念を抱いている。どうか妻子を京師に寄住させ、自らは部務を解かれて、朝鮮へ往き、適宜処置できるようにして頂きたい。……もし或いは未だ臣が［朝鮮へ］行くことが允されないのであれば、どうか［私を］罷免する上請に従い、以て人々の言葉に謝すようにして頂きたい、と。上は［次のように］言った。卿が再度、奏文で自ら封倭の事柄を処理することを懇願していることは、国のために労苦を厭わず、君主の憂いを無くそうとする意を十分に体現している。ただ本兵の職は枢機を統括し、関係は甚だ重いのである。豈して軽々しく遠くへ出かけることができようか。やはり心を安んじ、中央に居て処置し、［朕の］委任に副うようにせよ。妄言や中傷を行う者については、すでに軽く処罰するように諭旨を出してある。［他人の］言動を畏れて躊躇する必要はない、と。

と見える。兵部尚書石星も、この間の自身への激しい非難に対して、自ら朝鮮へ出向いて陣頭指揮を取ること、或いは九卿・科道会議で出された「罷斥の請」を承認することを求めているのである。しかしながら、万暦帝は趙志皐の場合と同様に、石星を兵部尚書の職に慰留したのであった[94]。

以上のように、万暦二十四年（一五九六）五月八日の九卿・科道会議が封倭問題にともなう政治的混迷の帰結として、首輔趙志皐および兵部尚書石星の〈解任要求決議〉へと至ったにも拘わらず、万暦帝は五月十日に出された上諭によって会議での決議を一言のもとに葬り去るとともに、同十一日および十二日には趙志皐・石星の辞任を求める上奏を退けつつ、改めて両者に対する信任を表明したのであった。万暦二十四年（一五九六）四月中旬以降、一ヵ月弱続いた明朝中央における政治的混乱は、こうして急速に収束へと向かったのである。

おわりに

以上、本附篇は、豊臣秀吉の朝鮮侵略に直面した明朝国家の政策的対応に関する考察として、特に万暦二十一年（一五九三）四月から同二十四年（一五九六）五月までの時期を対象に検討を加えてきた。

万暦二十一年（一五九三）四月以降に本格化した日明講和交渉の過程で、当初の〈不許封貢〉路線から〈許封不許貢〉路線へと転換した明朝の対日講和をめぐる〈封貢問題〉は、万暦二十二年（一五九四）四月二十八日に封倭を議題とする九卿・科道会議が開催された後、五月上旬にかけて再度、大きく転換したのであった。すなわち、五月八日乃至九日の段階において、封貢中止という政策決定に至ったのである。そうした政策転換の要因については、四月二十八日の九卿・科道会議における議論の展開が当該の決定に大きな影響を与えたことは間違いないであろう。同時に、万暦二十二年（一五九四）の二月頃から明朝中央で公然化した日明講和における「和親」の問題、或いはそれと密接に関連した諸龍光疑獄事件、さらには福建巡撫許孚遠や薊遼総督顧養謙の上奏など、諸々の要因が有機的に絡み合うことで、最終的には兵部尚書石星の判断が封貢中止の決定をもたらしたものと思われる。

しかしながら、さらに同年の十月に方針は転換して事実上の封倭が決定し、翌年一月には李宗城を正使とする冊封使節が日本へ向けて派遣された。その一方で、日明間の講和条件――〈大明日本和平条件〉と「原約三事」――の齟齬は両国の講和の進展を妨げたのであり、万暦二十四年（一五九六）四月上旬、日本への渡航のために待機していた釜山倭営から冊封正使李宗城が突如、出奔するという事態を惹起したのであった。講和の破綻という現実を前に、明朝中央では同年四月下旬から五月上旬にかけて〈封貢問題〉の再燃という状況が現出したのである。

万暦二十二年（一五九四）前半に封貢それ自体をめぐって行われた政策論争とは異なり、万暦二十四年（一五九六）の政争の特徴は、対日政策を総攬していた兵部尚書石星および首輔趙志皐に対する非難・弾劾の上奏が科道官を中心に数多く提出されたことにある。こうした状況のもとで、五月八日に開催された九卿・科道会議では「禦倭戦守事宜」が中心的な議題となる一方で、石星・趙志皐の去就問題に焦点をあてた論議が行われたのであった。議論が最終的には右都御史沈思孝の主導によって石星・趙志皐の〈解任要求決議〉へと収斂していったことを、会議の現場に居合わせた姚士麟は『見只編』で鮮やかに描写しているのである。

万暦二十年代に対日〈封貢問題〉が緊急の政治的課題として立ち現れてきたとき、明朝の国家的意思の決定という重要な節目で、九卿・科道会議（廷議）は開催されていたといえよう。万暦帝の絶大なる信任を背景に〈封倭政策〉を推進していた兵部尚書石星の考えを揺り動かした点で、万暦二十二年（一五九四）四月二十八日の九卿・科道会議は封貢中止という政策決定に大きな〈刻印〉を残したのであった。他方、万暦二十四年（一五九六）五月八日の九卿・科道会議は、首輔・兵部尚書という事実上の政策担当者の解任・更迭を〈決議〉するに至ったにも拘わらず、それは万暦帝の上諭によって一言のもとに葬り去られたのである。その数日後、首輔趙志皐による辞任の申し出に対して、万暦帝は封倭については「本兵集議し、朕心独断す」と明言している。五月八日の九卿・科道会議は、まさに「朕心独断」という〈壁〉に阻まれたことで、明朝国家の意思決定にわずかな〈刻印〉をも残すことはなかったのである。

ほぼ四ヵ月後の同年九月上旬には大坂城において日明間の講和が決裂し、秀吉による〈第二次侵略〉が始まることになる。〈封倭政策〉の破綻が現実となったとき、万暦二十五年（一五九七）一月から二月にかけて、明朝中央には激しい〈政治の季節〉が三たび到来したのであった。二月九日に開催された九卿・科道会議の分析をはじめ、当該時期の政治過程と政策決定との関連についての考察は、次の課題である。

註

（1）明朝中央政府の対応を含めて、豊臣秀吉の朝鮮侵略全般に関しては、中村栄孝「豊臣秀吉の外征——文禄・慶長の役——」同『日鮮関係史の研究』中、吉川弘文館、一九六九年、所収、参照。

（2）兵部尚書石星については、中村栄孝、前掲「豊臣秀吉の外征」一六九頁、註（9）参照。

（3）『明神宗実録』巻二五一、万暦二十年（一五九二）八月乙巳（十八日）条に、

命兵部右侍郎宋応昌、往保薊・遼東等処、経略備倭事宜。

とあり、また同、巻二五五、万暦二十年（一五九二）十二月丁亥朔（一日）条等に「経略侍郎宋応昌」と見えることから、ここでは以下、「経略宋応昌」と簡略に称することにしたい。なお、宋応昌についても、中村栄孝、前掲「豊臣秀吉の外征」一六八—一六九頁、註（7）参照。

（4）『明神宗実録』巻二五六、万暦二十一年（一五九三）一月丁丑（二十二日）条に、

陞兵部右侍郎顧養謙、本部左侍郎、兼都察院右僉都御史、総督薊遼・保定。

とあることから、ここでは同様に「総督顧養謙」と称することにしたい。

（5）中村栄孝、前掲「豊臣秀吉の外征」のほかに、和田清「支那側から見たる豊太閤封王の事情」同『東亜史論叢』生活社、一九四二年、所収（原載『日本諸学振興委員会研究報告』四篇〈歴史学〉、一九三八年）、石原道博『文禄・慶長の役』塙書房、一九六三年、岡野昌子「秀吉の朝鮮侵略と中国」『中山八郎教授頌寿記念明清史論叢』燎原書店、一九七七年、所収、小野和子「明日和平交渉をめぐる政争」同『明季党社考——東林党と復社——』同朋社出版、一九九六年、所収（原載『山根幸夫教授退休記念明代史論叢』上巻、汲古書院、一九九〇年、所収）、邊土名朝有「明の冊封体制と文禄・慶長の役」同『琉球の朝貢貿易』校倉書房、一九九八年、所収、および李光濤『万暦二十三年封日本国王豊臣秀吉考』〈中央研究院歴史語言研究所専刊五三〉、中央研究院歴史語言研究所（台北）、一九六七年、等、参照。また、本書第二章、参照。

（6）小野和子、前掲「明日和平交渉をめぐる政争」。

（7）邊土名朝有、前掲「明の冊封体制と文禄・慶長の役」一一二頁。

（8）張治安『明代政治制度研究』聯経出版（台北）、一九九二年、一―三九頁、および王興亜『明代行政管理制度』中州古籍出版社（鄭州）、一九九九年、四二―五八頁。なお、張治安氏の研究については、京都大学人文科学研究所岩井茂樹氏の御教示を賜った。記して謝意を表する次第である。

（9）邊士名朝有氏は「九卿」が「大九卿」であって「太子太師・太子太傅・太子太保の三員と、六部尚書の六員」であると理解されているが、明らかに誤解だといえよう。邊士名朝有、前掲「明の冊封体制と文禄・慶長の役」一一二頁。

（10）王興亜、前掲『明代行政管理制度』五八頁。

（11）『明神宗実録』巻二五九、万暦二十一年（一五九三）四月戊戌（十四日）条に、

倭酋悔過、乞哀請貢。

とある。

（12）〈大明日本和平条件〉については、中村栄孝「対外戦争における豊臣秀吉の目的」同、前掲『日鮮関係史の研究』中、所収（原載『名古屋大学文学部十周年記念論集』一九五九年、所収）、北島万次「日明講和の和議折衝」同『豊臣秀吉の対外認識と朝鮮侵略』校倉書房、一九九〇年、所収（原載「日明講和交渉の和議条項をめぐって」永原慶二・佐々木潤之介編『日本中世史研究の軌跡』東京大学出版会、一九八八年、所収）等、参照。なお、〈偽りの明使節〉という表現は、北島万次『豊臣秀吉の朝鮮侵略』吉川弘文館、一九九五年、一四七頁に見える「偽りの「明使節」の名護屋派遣」から借用した。

（13）石星の題奏は、同年十月の秀吉に対する冊封決定の上諭につながる内容のものであるが、『明神宗実録』巻二七七、万暦二十二年（一五九四）九月のところには記載されていない。

（14）『朝鮮王朝宣祖実録』の当該記事では「該兵部都給事中題」とされているが、当時の兵科都給事中が許弘綱であることは『明神宗実録』巻二六〇、万暦二十一年（一五九三）五月甲戌（二十一日）条に「兵部覆兵科都給事中許弘綱題」と見えることから確認することができる。

（15）(a)については、『明神宗実録』巻二六四、万暦二十一年（一五九三）九月戊辰（十七日）条に「兵部尚書石星言」に対する上諭として記載されている。

（16）この間、兵科都給事中張輔之・浙江道監察御史彭応参・兵部職方主事曾偉芳等によって反封貢の意見が提出されていたことについては、小野和子、前掲「明日和平交渉をめぐる政争」一二二頁、および邊土名朝有、前掲「明の冊封体制と文禄・慶長の役」九六―一〇一頁、参照。

（17）北島万次、前掲『豊臣秀吉の朝鮮侵略』一七四頁、参照。〈偽りの降伏使節〉という表現も、同様に、同書、一七三頁に見える「偽りの降伏使節内藤如安の北京派遣」から借用した。

（18）万暦帝の「勅諭」については、大庭脩「豊臣秀吉を日本国王に封ずる明の誥命」同『古代中世における日中関係史の研究』同朋舎出版、一九九六年、所収（原載『関西大学東西学術研究所紀要』四集、一九七一年）二四四―二五一頁、参照。なお、当該の「勅諭」には「原約三事」として、

自今釜山倭衆、尽数退回、不敢復留一人。既封之後、不敢別求貢市、以啓事端。不敢再犯朝鮮、以失隣好。

と書かれている。

（19）小野和子、前掲「明日和平交渉をめぐる政争」一二七頁、参照。

（20）中村栄孝、前掲「豊臣秀吉の外征」一八六頁、参照。

（21）『明神宗実録』巻二七〇、万暦二十二年（一五九四）二月戊寅（二十九日）条に

朝鮮国王、差陪臣金晬等二十員、齎進方物、上表謝恩。

と見える。なお、朝鮮燕行使については、夫馬進「万暦二年朝鮮使節の「中華」国批判」前掲『山根幸夫教授退休記念明代史論叢』上巻、所収、参照。

（22）許儀後および彼が送った秀吉の征明情報については、松浦章「明代海商と秀吉「入寇大明」の情報」同『海外情報からみる東アジア――唐船風説書の世界――』清文堂出版、二〇〇九年、所収（原載『末永先生米寿記念献呈論文集』坤、末永先生米寿記念会、一九八五年、所収）、および管寧「秀吉の朝鮮侵略と許儀後」『日本史研究』二九八号、一九八七年、参照。

（23）侯継高『全浙兵制考』巻二、附録、近報倭警、所収の「万暦二十年二月二十八日朱均旺齎到許儀後陳機密事情」万暦十九年（一五九一）九月付には、

関白曰、以吾之智、行吾之兵、如大水崩沙、利刀破竹。何国不亡。吾帝大唐矣。

とあり、また、秀吉について、

東征西伐、併日本諸国、然未有戦一陣、勝一陣。惟皆甜言大話、黄金詭計得之也。

と記されている。

(24) この時期、万暦帝が政治を顧みず、臣下の上奏もそのほとんどが「留中」とされていたことは周知の通りである。例えば、孟森『明清史講義』上冊、中華書局(北京)、一九八一年、二四六頁には「不郊・不廟・不朝なること三十年」と象徴的に書かれている。

(25) 『明神宗実録』巻二七〇、万暦二十二年(一五九四)二月戊寅(二十九日)条には、本文引用部分に続けて、

若下部、便成故紙。仍下兵部。

とある。なお、何喬遠が翌年「不敬の罪」で広西布政司経歴に左遷されたことは、林田芳雄「何喬遠と『閩書』」『史窓』五四号、一九九七年、二二頁、参照。

(26) 劉綎は、当時「備倭副総兵」として朝鮮に派遣されていた。『明神宗実録』巻二六五、万暦二十一年(一五九三)十月乙酉(五日)条に、

陞劉綎為備倭副総兵・署都督僉事、暫留朝鮮。

とある。

(27) 中国古代の「朝議」については、渡辺信一郎『天空の玉座――中国古代帝国の朝政と儀礼――』柏書房、一九九六年、二〇―五四頁、参照。

(28) 呉亮および『万暦疏鈔』については、小野和子「『万暦邸鈔』と『万暦疏鈔』」同、前掲『明季党社考』所収(原載『東洋史研究』三九巻四号、一九八一年)参照。

(29) 小野和子、前掲「明日和平交渉をめぐる政争」二二四―二二五頁。

(30) 「射所」については、沈徳符『万暦野獲編』巻二四、畿輔、射所に、

今京城内長安街射所、亦名演象所、故大慈恩寺也。嘉靖間、燬於火後、詔遂廃之、為点視軍士、及演馬教射之地。象以非時来、偶一演之耳。

とある。長安街を承天門から西へ行き、西苑（太液池）を越えた北側の辺りが「射所」の所在地だと思われる。新宮学「明末清初期の諸史料にみえる燕王府＝西苑所在説の再検討――明初の燕王府をめぐる諸問題補論――」『山形大学歴史・地理・人類学論集』三号、二〇〇一年、六六頁、および七四頁、註（7）、参照。

(31)『明神宗実録』巻二七一、万暦二十二年（一五九四）三月丙申（十八日）条に見える、工科右給事中張濤の「東封一事、石星折於衆論、稍欲改悔」という言は、当該の九卿・科道会議の状況を踏まえたものだと思われる。

(32)特に孫鑛が反封貢派の中心的存在であった点については後述する。なお、孫鑛は同年四月末に刑部左侍郎から兵部左侍郎へ転じている。『明神宗実録』巻二七二、万暦二十二年（一五九四）四月丁丑（二十九日）条に、

改刑部左侍郎孫鑛、為兵部左侍郎。

とある。

(33)『明神宗実録』巻二七二、万暦二十二年（一五九四）四月庚申（十二日）条には、

吏部左侍郎趙参魯、以顧養謙推挙最熟倭情、自明其故、因言、封則繇前似為結局、繇後方為難端。不封則目前未見無虞、日後終能有備。

とあり、また、

礼部尚書羅万化奏、東事不言封貢、専修備禦本論也。第経略已許之、又有許封不許貢之旨。遽為決絶、倭必恥且忿、而蹙朝鮮、則封亦一時之権変。乃督臣欲以封冊、与勘使竝出、且遠至大丘、視其去留以決事。則我以封賂、倭以兵邀、与城下之盟何異。茲聞小西飛、捧表入京、宜降勅令其齎回宣諭、果受約則其誠立見、否則詐亦立見。此於尊体伐謀、庶幾得之。

とある。

(34)『明神宗実録』巻二七二、万暦二十二年（一五九四）四月癸酉（二十五日）条に、

尚宝司卿趙崇善疏云、不主封貢、当議戦守。朝鮮北面、与遼接壌、而三面距海。東西皆崇山絶島、連亘阻塞。惟南面釜山、乃倭夷入路。倭欲繇釜山入王京、必経全羅・慶尚二道、而全・慶之間、如雲峰・大丘、皆有険可拠。此地設防、一誠当百。今劉挺五千川兵尚在、再加南兵三千、令之訓練朝鮮士卒、彼国田最膏腴、因糧以練兵、無徴輸之煩、而有安壌之利。……是故欲安中国、必守朝鮮、欲安朝鮮、必守全・慶。

とある。

(35)『明神宗実録』巻二七二、万暦二十二年（一五九四）四月丙子（二十八日）条に、

大学士王錫爵、病中上言、目前国事、莫急於倭・虜。倭若真心向化、決無絶理、若分外要求、決無許理。覊縻駕馭、惟此両端。其他衆論、勇至欲歳糜百万之財、而怯不敢通一介之使、則非臣之所解。

と見える。

(36)王錫爵の〈封貢問題〉へのスタンスについては、本書第二章、五六―五九頁、参照。なお、王錫爵は同年五月二十三日、大学士を辞任して引退することが万暦帝によって認められている。『明神宗実録』巻二七三、万暦二十二年（一五九四）五月庚子（二十三日）条に、

大学士王錫爵、八疏乞休。上以其必不能留、乃令扶親帰省。仍加吏部尚書、兼建極殿大学士、厚賜銀幣、遣護送馳駅以行。

とある。

(37)小野和子、前掲「明日和平交渉における政争」一二七頁、参照。

(38)引用史料中にみえる「□科給事中喬胤亦言之」は、筆者が披閲した『国榷』（一九五八年中華書局排印本）によるものである。

(39)銭一本および『万暦邸鈔』については、小野和子、前掲「『万暦邸鈔』と『万暦疏鈔』」参照。

(40)〈封貢問題〉をめぐって行われた「封貢」か「戦守」かの論議については、小野和子、前掲「明日和平交渉における政争」一二六―一二七頁および一三四頁、参照。

（41）この時期、梁銓が山西道監察御史に就いていたことは、何出光等『蘭臺法鑒録』巻二〇、万暦朝、梁銓の項に、

字衡叔、浙江仁和県人。万暦十一年、進士。二十一年、由金壇知県、選山西道御史。二十二年、巡視光祿。

と見える。

（42）万暦二十二年（一五九四）五月下旬に王錫爵が辞任した後、次輔の地位に在った張位が〈封貢問題〉の議論のなかに登場することは稀であるが、『皇明経世文編』巻四〇八、所収の『張洪陽文集』掲帖、「論東倭事情掲帖」には、

臣窃計、馭倭有三策。一曰戦、二曰守、三曰市。請言三策之利害焉。

とあり、さらに「市」については、

惟有此一策也。既順夷情、又免海患。行之若久、永保安静。不猶愈於徴兵費餉、処処防禦之労、無已時乎。

とあるように、日本に対して「市」をも容認するという点から見て、『朝鮮王朝宣祖実録』の当該記事が述べるように、張位は明らかに封貢派であったといえよう。

（43）諸龍光疑獄事件については、本書第二章、四三―四四頁において若干の指摘を行った。

（44）劉黄裳については、後掲の史料でその肩書が「参画」とされているが、おそらくは経略宋応昌の幕下にいた公式のブレイン的存在であったと思われる。『朝鮮王朝宣祖実録』巻五〇、宣祖二十七年（一五九四）四月壬申（二十四日）条に、沈忠謙の言として、

曩者経略同来者、多是宋家門客。如艾主事為人、人所難堪。劉黄裳則少為俠客、晩来操志、学書登科云。

と見える。なお、参画については、本書第二章、八一頁、註（77）、参照。

（45）『朝鮮王朝宣祖実録』巻四八、宣祖二十七年（一五九四）二月丙辰（七日）条に、

上幸南別宮、要接天将戚総兵金・胡参将沢。総兵曰、……。

とあり、戚金は当時、総兵官であったと思われる。

（46）「立枷」については、仁井田陞「中国の戯曲小説の挿画と刑法史料」同『中国法制史研究』〈刑法〉、東京大学出版会、一九五四年、所収（原載『東亜論叢』五輯、一九四一年）六四三―六四四頁、参照。

(47) 以上の劉芳誉の上奏については、本書第二章、四三―四四頁、参照。

(48) 万暦年間に「年例」が「劣転・左遷」と同義になる点については、城井隆志「明代科道官の陞進人事」川勝守編『東アジアにおける生産と流通の歴史社会学的研究』中国書店、一九九三年、所収、二九二―二九三頁、参照。

(49) 王錫爵の引退については、註(36)参照。

(50) 本書第二章、四〇―五一頁、参照。また、許孚遠が派遣した史世用・許豫等による日本でのスパイ活動については、松浦章、前掲「明代海商と秀吉「入寇大明」の情報」および増田勝機「内之浦来航の唐船(明船)」同『薩摩にいた明国人』高城書房、一九九九年、所収(原載『鹿児島短期大学研究紀要』四五号、一九九〇年)参照。

(51) 本書第二章、四一頁、および七二頁、註(8)、参照。

(52) 本書第二章、五三―五四頁。

(53) ここで石星が述べる顧養謙の上請については、それを特定することはできないが、或いは、『朝鮮王朝宣祖実録』所載の同年九月十五日付の石星「具題」に「五月内」とされる顧養謙の掲帖(「為塘報倭情事」)のなかに「請罷封貢」に類する事柄が記されていたのかも知れない。

(54) 談遷の『国榷』では、巻七六、万暦二十二年(一五九四)六月癸亥(十六日)条に、

経略遼東顧養謙、薦孫鑛自代。許之。

とあり、また、同、七月庚辰(四日)条には、実録の記事と同様に、

兵部左侍郎孫鑛、兼右僉都御史、総督薊遼軍務。召顧養謙回部。

と書かれている。前者の日付の問題はさておいて、談遷は孫鑛の経略および総督への任命の間にタイム・ラグが存在することを正しく認識していたといえよう。

(55) 銭一本『万暦邸鈔』万暦二十二年甲午巻、夏四月条の関係記事全体を改めて提示しておく。

(A)百官集東闕、議封倭。(B)詔罷之。(1)兵部石星題、略言、一意罷款、両言可決。但三明旨許封、豈宜失信。況督臣有言。若不与封、則小西飛無詞以復行長、行長無詞以復関白。此其説誠為有拠。誠如礼臣羅万化之疏、則何患無詞。蓋其疏曰、

宜降勅一道、就令小西飛齎回。大略謂、封已許定、断不在疑。但釜山非封命所出之途、留兵非叩闕乞封之礼。且表文要約未明、難以遽受。宜即帰諭関白、更具表文、備開釜山之倭、尽数撤回、永不侵犯、朝廷亦無分外要求貢市、誓為天朝不侵不叛之臣。簡差正副使、用紅船一隻・従人若干、齎表幷賜勅書、従寧波旧道、附闕乞款、訊審無詐、朝廷亦選差正副使、仍従旧道、偕往冊封。果能聴命受約、則其誠立見、如猶遅回推托、則其詐亦立見。斯謂長慮却顧、得馭夷之体。有旨、朝廷降勅、事体重大、且未可軽擬。還行与顧養謙、一面諭令倭衆帰巣、一面将倭使齎来表文、験其真正与否。如果倭情真心帰化、表文是実、即与奏請、候旨処分。⑵星又言無端大獄将起等事。御史唐一鵬、為恭報賊臣、朋奸禍国等事。下九卿・科道会議。臣若避忌不言、激起奇禍、奸悪得志、労臣離心。隠忍緘墨之罪、死不足贖。大略辨和親之説之為誣。然亦有因、非如諸龍光所奏。頃據顧養謙致京中書云、倭于平壌敗後、而求封貢。曾向沈惟敬云、彼国有天皇女、欲献当今。忌功将領、即乗此播伝京師、以激人怒、而致其事。其書大抵由此、而実非惟敬所説也。今則影響倶絶矣。若又如御史所奏、真足伝笑四方、遺譏万世。臣乃既不発覚、又為掩飾。有人心知自愛者不為、而臣肯如是乎。夫縁一市井無頼之子、妄持大将之短、以修其怨。而令臣等九列大臣、低首闘口、而与之対。臣寧死不願与議、且既知必無矣。何苦必令逼假成真、為盛代増汚事、為奸細快報復。有旨罷議、逮諸龍光、鎮撫司問。⑶福建巡按劉芳誉題、偵探倭情有拠等事。拠商人許豫等探称、関白名平秀吉、令各処造舡隻千餘、大船長九丈・濶三丈、用櫓八十枝、中船長七丈・濶二丈五尺、用櫓六十枝。豫訪諸倭、皆云、候遊撃将軍、和婚不成、即乱入大明等処、云々。⑷已而薊遼総督顧養謙題、九卿・科道之議、大都止絶封貢。臣当局而迷、諸臣旁観而清。又刑部侍郎孫鑛所籌画、及先後遺臣書、言之甚辨、断之甚勇。臣憮然自失、請罷免。有旨、覧奏。這封貢都着罷了。本内既薦孫鑛才望可任、就着前去経略、専一料理倭事。

なお、⑶については、許孚遠『敬和堂集』撫閩疏、「請計処倭酋疏」に、

延至今年正月弐拾肆日、豫始得回、携帯同伴商人鄭龍・呉鸞、及先年被虜温州瑞安人張昂、……逐一呈報。……一、関白令各処新造船隻千餘、大船長玖丈・闊参丈、用櫓捌拾枝、中船長柒丈・闊弐丈伍尺、用櫓陸拾枝。豫訪諸倭、皆云、候遊撃将軍、和婚不成、欲乱入大明等処。

とある。

（56）中村栄孝、前掲「豊臣秀吉の外征」一九一―一九三頁、および小野和子、前掲「明日和平交渉をめぐる政争」一二七―一二八頁。
（57）後に提示する宋応昌『経略復国要編』後附、所収の「兵部等衙門題、為仰奉明旨、以定東封事」に見える。
（58）内閣大学士であった趙志皐は、万暦二十二年（一五九四）五月下旬に引退した王錫爵の後を嗣いで首輔となった。『明史』巻一一〇、表一一、宰輔年表二。また、註（36）参照。
（59）中村栄孝、前掲「豊臣秀吉の外征」一九七頁。
（60）小野和子、前掲「明日和平交渉をめぐる政争」一二八頁。
（61）北島万次、前掲『豊臣秀吉の朝鮮侵略』一七四頁。
（62）註（24）参照。
（63）内藤如安に対する審問については、中村栄孝、前掲「豊臣秀吉の外征」一九七―一九八頁、および北島万次、前掲『豊臣秀吉の朝鮮侵略』一七四―一七五頁、参照。また、審問後における万暦帝の上諭は『明神宗実録』巻二八〇、万暦二十二年（一五九四）十二月丙寅（二十三日）条に、

上諭、倭使既訳審的確、封名冊使等項、着詳議具奏。爾部先差官、宣諭倭将、率衆尽数回巣、待朝鮮王奏到之日、遣使往封。

と見える。この段階において既定の方針どおりに、日本軍の朝鮮からの撤退とそれを確認した朝鮮国王の上奏とを俟って、冊封使を派遣することが正式に決定されたのである。
（64）成化以降、通常の九卿・科道会議（廷議）に内閣大学士が参加しなかった点については、張治安、前掲『明代政治制度研究』一五頁、参照。
（65）この間の事情については、中村栄孝、前掲「豊臣秀吉の外征」一九七―二〇〇頁、参照。また、近年の労作として、佐島顕子「日明講和交渉における朝鮮撤退問題――冊封正使の脱出をめぐって――」中村質編『鎖国と国際関係』吉川弘文館、一九九七年、所収は、正使李宗城逃亡の背景に、日本軍の朝鮮撤退をめぐる石星・楊方亨（副使）・沈惟敬と李宗城（正使）

との間の「意志の矛盾」があったことを指摘されている。

(66) 石星はすでに同年三月下旬から二度にわたって辞任を申し出ていたが、ともに万暦帝によって却下されている。『明神宗実録』巻二九五、万暦二十四年（一五九六）三月己丑（二十二日）条には、

兵部尚書石星奏、封事未成、速賜罷斥。上曰、辺方多事、東封未完、正頼卿居中籌画、以副倚任。豈可因人言求去。宜即出供職、不准辞。

とあり、同じく巻二九六、同年四月丁酉朔（一日）条にも、

兵部尚書石星奏、工部郎中岳元声、疏論東事誤国。乞賜罷斥、待封事成否、正臣之罪。上曰、卿竭忠任事、原無欺蔽、朕所素知。今虜・倭未靖、本兵安危所寄、豈因一二浮言、遽欲求去。宜遵旨、即出供職、不允所辞。

と見える。

(67) 『明神宗実録』巻二九六、万暦二十四年（一五九六）四月乙丑（二十九日）条には、当該「部議」に対する上諭として、

上怒。拠楊方亨掲報、倭情既未変詐。著照旧選風力科臣一員、与楊方亨去冊封。

と記されている。

(68) 岳元声の当該上奏は、彼の『潜初子文集』巻一、奏疏に「親勅戦守機宜疏」として収録されているが、

宗廟社稷之安危、全在陛下。急出臨朝、親勅廷議、厳決戦守、振揚神武之一挙。……自非陛下大奮乾断、何以定此大計。

とあるように、政治を顧みない万暦帝を暗に批判する内容でもあった。

(69) 周孔教および当該上奏については、小野和子、前掲「明日和平交渉をめぐる政争」一三一―一三二頁、参照。

(70) 『明神宗実録』巻二九七、万暦二十四年（一五九六）五月丁卯朔（一日）条に、

吏科左給事中葉継美、題東封一事。大約星之智、不用之以料敵、而用之以彌縫。楊方亨等之言、非倭中之情形、乃受星之指使。夫倭封之不可、満朝知之、流害于今日。今復聴一細人之掲、決意不肯罷封、是何星之奸性不移、而皇上之信奸不抜、若是乎。

とある。

（71）『明神宗実録』巻二九七、万暦二十四年（一五九六）五月壬申（六日）条に、

直隷巡按曹学程題、倭情已変、封事宜停。本兵謂、遼東撫按之報、見謂流言。今冊使李宗城之揭、将不足憑乎。倭情已変、猶云未変、封事已壊、猶云可成。賊臣誤国、一至于此。吾誰欺欺天乎。今拠李宗城掲称、関白執沈惟敬、要求七事、原不為封。雖不顕言、大都有拠。倭情変詐異常、貪饕無厭、得封不已、必求入貢、入貢不已、必求互市、互市不已、必求和婚、和婚不已、必求朝鮮納賦、納賦不已、必求割地、割地不已、必席捲朝鮮、渡鴨緑江、而薊遼危矣。倭情吐露、不待今日、宋応昌経略之始、李如松入援之時、沈惟敬使倭之日、已与歃盟、即不尽許七事、業已軽諾二三。顧養謙封貢一疏、李如松与沈惟敬一札情形敗露、不在于沈惟敬就擒之日、已覚発于諸龍光未死之先矣。不然朝鮮・日本、一葦可航、悠悠年餘、何不一決此。其故不難于一封、而難于七事、不辯可知也。石星狠狠自用、志皐碌碌倚阿、元輔枢臣、不得辞其責矣。上報曰、今差科臣、乃是上意、且累朝往封朝鮮・琉球、或内臣、或文臣、充正使・副使。今李宗城執袴乳子、偸生辱命、欲着一風力科臣前去、一以完封、二以看彼中情形。何君命方下、輒紛紛阻撓推諉。常時毎以微細之故、喋喋煩瀆、欲伏斧鑽不辞。及至委用、亦推遅不遵。其附和取栄、背君棄義、又明矣。奉旨、原推科臣、未推御史。輒来狥私抗瀆、内必有賄囑関節。下学程錦衣衛問。

とあり、同じく五月甲戌（八日）条には、

工部都水司郎中岳元声、題参石星、内言、三辱四恥。初遣祖承訓、全軍覆没、一辱也。再遣李如松、碧蹄横潰、二辱也。三壊于宋応昌、密謀受和、三辱也。惟是三辱不羞、遂生四恥。小西飛過闕不下、恥一。石星卑辞厚贈、恥二。沈惟敬主盟赴約、恥三。李宗城寅夜逃走、恥四。豈惟四恥。兼有五恨。石星用心腹劉肖海、購買蟒衣金幣、齎送関白者、無算市賈通知、一可恨。用亡命沈惟敬、挑選戦馬三百餘匹、齎送渡海不返、二可恨。密謀楊方亨、捏写軍情、至与撫按掲報互異、欺蔽顕然、三可恨。撤劉綎甲兵、自決我軍節制、四可恨。諸龍光死、南兵殺王保且復用、五可恨。五恨不戒、且有五難。五難者何。即近日李宗城、掲報要求七事。臣聞其五、未聞其二也。彼倭奴全以金幣要我、我必不能飽犬羊無厭之欲、一難。彼倭奴且以割地朝鮮要我、我不救援、而棄以与狄、則唇亡歯寒之憂、我必不能免、二難。彼倭奴且以貢要我、我必不許、彼将借不許貢為兵端、三難。彼倭奴且以市要我、我必不許、彼将借不許市為兵端、四難。彼倭奴且以和親要我、

我必不許、彼将借不許和親為兵端、五難。惟是五難不備、必有五危。有如倭奴長軀朝鮮、朝鮮自度不支、且暮称降、則藩籬危。有如倭奴逞兵鴨緑、窺伺遼左、攻我無備、則屏翰危。有如倭奴席指直沽、飄泊天津、震動畿輔、則肘腋危。有如倭奴東寇登萊、阨塞要害、伺我粮道、則咽喉危。有如倭奴鳥挙城下、所向螫毒、束手失策、則社稷危。目前急著、惟有急調劉綎、屯兵鴨緑、急遣風力台省一員、如梅国楨監軍寧夏事例、以防欺蔽、急補廉幹有識之将、如蕭如薫、安置畿輔、以備緩急。疏入、留中。

とある。

(72) 小野和子、前掲「明日和平交渉をめぐる政争」一二九―一三三頁。また、邊土名朝有氏も、前掲「明の冊封体制と文禄・慶長の役」一四四―一四七頁において、曹学程の当該上奏の分析を行われている。

(73) 呉亮『万暦疏鈔』は、当該上奏および曹学程について「広東道監察御史、万暦二十四年十月」と記している。この年・月は上奏の行われた時期を指したものと思われるが、註(71)所引の実録の記事からも明らかなように「万暦二十四年十月」は「五月」を誤記したものだといえよう。

(74) 『明神宗実録』巻二七一、万暦二十二年(一五九四)三月甲申(六日)条。

(75) 註(71)所引の『明神宗実録』巻二九七、万暦二十四年(一五九六)五月壬申(六日)条、参照。

(76) 岳元声に対する処分については、『明神宗実録』巻二九七、万暦二十四年(一五九六)五月乙亥(九日)条に、

論吏部。近来各部属官、不修本等職業、往往狥私狂妄、煩言乱政。朱長春以候補之官、言会議之事、必岳元声見彼言未下、故暗相囑使本。倶当拏問姑従軽、朱長春・岳元声、都革職為民。

とある。朱長春の述べた「会議の事」の内容は不詳であるが、岳元声はまさしく五月八日条、所載の上奏が原因となって「革職」処分を受けたといえよう。なお、岳元声『潜初子文集』巻首、所収の陳懿典「疏草題詞」にも、

逮曹侍御下詔獄、嶽水部袖疏、至会極門、言願与曹同罪。上覧疏、条析利害甚具、意頗動、有尼之者、留中。適朱職方疏又上、遂有旨、水部与職方、倶削籍。

と見える。

（77）『明神宗実録』巻二九七、万暦二十四年（一五九六）五月己巳（三日）条には、趙志皐の上奏に対する万暦帝の上諭として、
上諭、卿数年以来、為朕籌画倭事、主戦主封、殫猷竭忠、皆朕所鑑知。原議以一封羈縻、兼安華夷之民、沿辺備禦、亦不廃弛。倭若果変、乃彼自逆天、我無所失、随機戦守、自当殄滅。何必以未定情形、預先倉皇、詆封為誤国。卿勿因浮言、輒求引去。宜安心、即出輔理。不允所辞。

と記されている。

（78）『明史』巻一一〇、表一一、宰輔年表二によれば、当該期における内閣大学士は首輔趙志皐のほかに、張位・陳于陛・沈一貫の併せて四名であった。なお、この時期、次輔の張位は病気で出仕していなかったと思われる。『明神宗実録』巻二九五、万暦二十四年（一五九六）三月甲午（二十七日）条には、
遣医問張位疾。随上表称謝。
と見える。

（79）『明神宗実録』巻二九七、万暦二十四年（一五九六）五月己巳（三日）条には、
是日、諭内閣。自前歳関白乞求許封、南北紛紛、言不可者十有七八、説可者未見一二。
とある。

（80）談遷『国榷』巻七七、万暦二十四年（一五九六）五月丁卯朔（一日）条には、直截的に、
河道御史周孔教、論石星誤国、并及趙志皐。命下廷議。
と書かれている。

（81）註（67）参照。

（82）『明神宗実録』巻二九七、万暦二十四年（一五九六）五月庚午（四日）条には、
大学士趙志皐・陳于陛・沈一貫題、……伏読聖諭云、今欲差科臣、充正使者、一以知忠義之道、二就以完封事、而勘彼中情形。又諭云、本兵所言、恐識破彼意、故来阻撓。窃思、皇上之神明精察、似疑倭情之終属難料、而必倚托科臣、以覈実也。又疑本兵之苟且完事、而故阻撓科臣之往勘也。臣等以為、夷情狡黠、険于山川、兵家変態、在於呼吸。此誠難

以逆料而預知者。但本兵石星、年来力主許封、無非為主上惜民省事、図安国家、以仰寛東顧之憂。豈有一念、自為身謀。近日倭情変動、朝議紛紜、遂至飲食俱廃、病瞶欲死。臣等未嘗不憐其操心之危、而悲其任事之苦。況封之一事、華夷万衆、所共見聞。豈可以一手、尽掩人之耳目。使冊使即今渡海、亦必待其竣事回還、島夷数年無所侵犯、乃可言封事之成。星又安能以一人譎巧、掩飾数年之久、使無破綻乎。今封事未可遽停、且当責成本兵、付之楊方亨等、不必更懐他疑、又添一科臣往勘。此聖明所当洞察者三也。

とある。

(83)　例えば、琉球への冊封使派遣の場合、明代に〈使琉球録〉を書き残した陳侃・郭汝霖・蕭崇業・夏子陽は、それぞれ吏科左給事中・刑科左給事中・戸科左給事中・兵科右給事中として冊封正使に任命されている。夫馬進編『増訂使琉球録解題及び研究』榕樹書林、一九九九年、所収の藤本幸夫「陳侃撰『使琉球録』解題」四頁、夫馬進「郭汝霖撰『重編使琉球録』解題」二一頁、岩井茂樹「蕭崇業・謝杰撰『使琉球録』解題」三四頁、および夫馬進「夏子陽撰『使琉球録』解題」五五頁、参照。また「虜王」の場合、オイラートの朝貢に対する「答礼の使節」として正統七年（一四四二）に派遣された正使陳友・王政はともに都指揮僉事であった。川越泰博『明代長城の群像』汲古書院、二〇〇三年、一九七頁、参照。

(84)　張治安、前掲『明代政治制度研究』一七―一八頁、参照。

(85)　秀吉の〈第二次侵略〉が始まった後、万暦二十五年（一五九七）二月九日に石星の更迭を議題とする九卿・科道会議が開催されたとき、廷議に出席できなかった石星が午門外の「兵部朝房」で状況を窺っている様子が、朝鮮の史料、柳思瑗『文興君控于録』に描かれている。夫馬進「日本現存朝鮮燕行録解題」『京都大学文学部研究紀要』四二号、二〇〇三年、一四七―一四八頁、参照。

(86)　当時の沈思孝の中央政界における位置については、城井隆志「万暦二十年代の吏部と党争」『九州大学東洋史論集』一三号、一九八四年、参照。

(87)　孫丕揚・葉継美以外の官職名については、主に後掲の姚士麟『見只編』中の記事に拠った。徐作が工部左侍郎であったことは『明神宗実録』巻二八五、万暦二十三年（一五九五）五月己亥（二十七日）条に「工部署部事左侍郎徐作」と見える。

なお、連格について『見只編』では「大理少卿連標」とされているが、何出光等『蘭臺法鑑録』巻一九、万暦朝、および巻二〇、万暦朝には、それぞれ連格・連標の伝が残されており、二人は兄弟（格が兄）であったことがわかる。また、前者の格の伝には、

字孟式、河南晃州人。万暦五年、進士。……二十二年、陞大理寺丞、累陞左少卿、養病。

とある一方で、後者の標の伝に大理寺関係の官職を見出すことはできない。さらに『明神宗実録』巻二九四、万暦二十四年（一五九六）二月辛丑（四日）条には、

陞大理寺右少卿連格、為本寺左少卿。

とあり、当該会議開催当時、大理寺左少卿に在任していたのは連格だったのである。姚士麟は「大理少卿連格」を「連標」と誤記したものと思われる。

（88）姚士麟『見只編』中に見える当該史料の存在については、京都大学人文科学研究所岩井茂樹氏から御教示を賜った。ここに特に記して感謝の意を表したい。

（89）この時期、姚士麟が如何なる経緯で北京にいて九卿・科道会議の現場に居合わせたのかは、いまひとつ明らかではない。姚士麟は浙江の嘉興府海塩県の出身であり、康熙『嘉興府志』巻一七、人物三、海塩県、隠逸、明には、

姚士粦、字叔祥。工詩歌、家貧傭書。劉世教過其間、見題句有異、訪之言于彭宗孟・胡震亨、皆与定交。従沈思孝固原幕府、遊塞下。詩文益高、当代名公、折節礼之。補諸生、入国学。祭酒馮夢禎、聘校宋書、士粦・震亨、好捜未見書、討論同異。嘗与思孝子士龍、同校十六国春秋・南唐書、及諸秘籍、刊布之。知県樊維城、聘修邑志、多所考訂。年八十餘卒。

と記されている。姚士麟は、沈思孝が万暦十九年（一五九一）から同二十年（一五九二）まで陝西巡撫であったときに幕友を務めており、その後、諸生となってからは、南京国子監祭酒馮夢禎の招聘で胡震亨とともに『宋書』の校訂に従事したという。ここでは、同じく嘉興府出身の沈思孝ときわめて親しい間柄であったことに注目したい。或いは、その関係から当時、北京に滞在していたのであろうか。一方で、馮夢禎の伝（銭謙益『牧齋初学集』巻五一、墓誌銘二、「南京国子監祭酒馮公墓

誌銘」および過庭訓『本朝分省人物考』巻四五、浙江嘉興府二、補遺）によれば、夢禎は「癸巳」＝万暦二十一年（一五九三）に南直隷広徳州の判官に補せられた後、南京礼部行人司左司副・同尚宝司丞・同国子監司業を経て、右春坊の右諭徳・右庶子として南京翰林院を署し、最後に南京国子監祭酒に就任したのであった。また官を辞してから「凡九年後」の万暦三十三年（一六〇五）に死去したという。従って、馮夢禎の南京国子監祭酒としての在任時期が、まさに万暦二十四年（一五九六）頃と重なることを附け加えておきたい。なお、姚士麟については、濱島敦俊『明代江南農村社会の研究』東京大学出版会、一九八二年、六二三頁、註（35）参照。

（90）当該史料にみえる各侍郎（李禎を除いて）が左右のいずれであるかについては、以下の実録の記事に拠った。『明神宗実録』巻二八四、万暦二十三年（一五九五）四月庚戌（八日）条の「陞詹事府少詹事兼翰林院侍読学士馮琦、為礼部右侍郎」、巻二八九、同年九月庚寅（二十一日）条の「刑部左侍郎呂坤」、巻二九三、万暦二十四年（一五九六）正月丁亥（二十日）条の「陞吏部右侍郎孫継皐、為本部左侍郎」、巻二九四、同年二月庚子（三日）条の「礼部左侍郎兼翰林院侍読学士劉楚先」、および註（87）所引の同、巻二八五、万暦二十三年（一五九五）五月己亥（二十七日）条である。

（91）註（87）参照。

（92）（c）の沈思孝の言に「站班闕下」とあることから、当該会議は明らかに立ったままで行われたといえよう。張治安、前掲『明代政治制度研究』二〇頁、所引の『明孝宗実録』巻一六、弘治元年（一四八八）七月甲戌（十二日）条にも「廷臣会議について「於闕左門下、立議片時」と記されている。

（93）城井隆志氏は、こうした廷議の有りようから「明末の政治情報の開放性」に注目すべきことをすでに指摘されている。『News Letter 2003』〈第十七回明清史夏合宿の会〉二〇〇四年、所収の城井隆志「コメントⅠ」参照。

（94）談遷『国榷』巻七七、万暦二十四年（一五九六）五月戊寅（十二日）条には、

石星再請解部事、身往朝鮮、議東封戦守。如未允求斥。上不許。

と見える。

【補記】

原載は「万暦封倭考（その一）——万暦二十二年五月の「封貢」中止をめぐって——」『北海道大学文学研究科紀要』一〇九号、二〇〇三年、および「万暦封倭考（その二）——万暦二十四年五月の九卿・科道会議をめぐって——」『北海道大学文学研究科紀要』一一三号、二〇〇四年である。本附篇は原載二論文に修改を加えて整理したものである。その後、九卿・科道会議の開催場所について考察した「九卿・科道会議はどこで開かれたのか——万暦封倭考補遺——」『史朋』三七号、二〇〇四年を発表しており、併せて参照されたい。

なお、原載の後者では、本附篇第七節に引用した万暦二十四年（一五九六）五月八日の九卿・科道会議に関する『明神宗実録』巻二九七、万暦二十四年（一五九六）五月丙子（十日）条の記事を、同月乙亥（九日）条と誤って論を進めていたが、本附篇では特にこの点について大きく修正が行われている。当該の誤りについては、城地孝氏から御指摘・御教示を頂いた（後述の城地孝『長城と北京の朝政』三八九頁、註（66）参照）。ここに謝意を表する次第である。

本附篇の原載発表以降に公刊され、内容的に関連する研究として、以下の論著（日文のみ）を挙げることができる。

佐島顕子「文禄役講和の裏側」山本博文・堀新・曽根勇二編『偽りの秀吉像を打ち壊す』柏書房、二〇一三年、所収。

城地孝『長城と北京の朝政——明代内閣政治の展開と変容——』京都大学学術出版会、二〇一二年（特に第七章「明代廷議における意見集約をめぐって」）。

中島楽章「封倭と通貢——一五九四年の寧波開貢問題をめぐって——」『東洋史研究』六六巻二号、二〇〇七年。

米谷均「豊臣秀吉の「日本国王」冊封の意義」山本博文・堀新・曽根勇二編『豊臣政権の正体』柏書房、二〇一四年、所収。

あとがき

二〇〇二年二月に前著『明清福建農村社会の研究』を上梓した直後の同年四月、私は高知大学から北海道大学へ割愛となった。本書の各章、並びに附篇の原型をなした九篇の論文のうち、六篇は北海道へ移ってから書かれたものである。この間、相変わらず自らの研究は遅々として進まず、その成果も微々たるものではあるが、恵まれた環境のなかで教育・研究に従事することができたのは、ひとえに北海道大学東洋史学研究室の同僚教員の援助のたまものである。菊池俊彦（名誉教授）・津田芳郎（故人）・森本一夫（現東京大学）・吉開将人・守川知子・佐藤健太郎・松下憲一（現愛知学院大学）の各先生には、衷心より感謝を申し上げたい。

また、二〇〇四年度から二〇一〇年度にかけて、幾つかの科学研究費関係プロジェクトに同時並行的にかかわったが、第三章・第四章・第五章・第七章はそれらに関連する論考である。特に、山本英史・吉尾寛両氏のプロジェクトでは、史料収集・史跡調査等の面で多大の恩恵を受けた。二年続けて福建省寧化県における史跡調査が可能となったのも、後者のプロジェクトのお蔭である。明末清初期の〈黄通の抗租反乱〉の現場を森正夫先生に同行し、時々に教えを受けながらまわることができたのは、これまで福建農村史の研究を継続してきた私にとって至福の時間であった。棚田に囲まれた田園地帯を抜けて突然、明珠村（黄通の本拠地＝旧留猪坑）が眼前に現れてきたときの驚き、またそこから山道を延々と登って黄通の山砦に到着し、石積みの城壁の上から下界を見下ろしたときの感慨など、昨日のことのように思い出される。留学中の三十数年前には望んでも叶わなかったとはいえ、対象とする歴史研究の現場に足を踏み入れ、その景観を自らの眼に焼き付けることの必要性・重要性を改めて実感することができた。

寧化県の調査では、第五章で紹介したように碑刻・族譜から新史料を見出すという、わくわくする瞬間を久しぶりに味わうこともできた。私にとって史料との出会いはやはり研究に対する最大のモチベーションとなっている。思い起こせば、修士論文の執筆時以来、座右にあった許孚遠『敬和堂集』に所収の「請計処倭酋疏」は、私を第二章からさらに附篇として収録した論文へと導いてくれた。北海道大学へ移った当初は、壬辰戦争に関連する万暦政治史に自らの関心を深めた時期であった。現在では、明代政治史を本格的に研究する若い学徒が登場しており、今後の研究の進展・深化が大いに期待される。二〇〇四年から三年間、私自身が研究代表者を務めた判牘調査のプロジェクトでは、中国・台湾の各種史料収蔵機関において、これまで埋もれていた判牘資料の調査・収集を思う存分に行うことができた。私たちが新たに発掘した百種以上の判牘の書誌データは『伝統中国判牘資料目録』（二〇一〇年）に記載されている。第三章・第四章の基盤をなした祁彪佳『莆陽讞牘』および王廷掄『臨汀考言』はそれ以前にも史料として利用していたが、特に『莆陽讞牘』は一九八〇年代の初めに文津街に在った旧北京図書館特蔵善本室で必死に抄写した史料であった。二〇〇五年に『歴代判例判牘』が出版され、『莆陽讞牘』を全面的に利用することができるようになったことは第四章の成り立ちに関係している。近年における史料状況の変化――かつてはあれほど待望した史料が洋装本やインターネットを通じて身近で容易に閲読できるという状況は、日本に現存する明清の地方志でさえ、そう簡単には見ることのできなかった私の大学院時代とは、やはり隔世の感があるといわざるをえない。

本書に収録した論文のうち、最も早期に書かれたものが第六章である。それは厦門大学での留学が終わる直前に入手することのできた『中央革命根拠地史料選編』に触発されたものであった。それと同時に、いまから思えば、一九七〇年代の半ばに明清社会経済史の研究を始めた者にとって、明末清初以降の「体制」が「土地改革の変革対象となる」という小山正明氏のテーゼは、私の心底に土地改革まで行かねばならないという勝手な思い込みを形作っていたようである。第六章から二十七年後の論文による第七章もそうした思いと関連しており、何となく、やっと辿り着いたという感覚をもつに至っている。もちろん、土地改革期の農村調査のデータから各種新聞・官報類、さらには土改関係檔案にまで及んでいる史料状況の改善があればこそ、第七章は書き上げることができたのではあるが。なお、本書に収録した論文の原載・初出については、各章の「補記」に明示した。

本書の上梓とほぼ同時に、私は一応の区切りとして北海道大学の停年——ただ現今の制度では後二年の特任期間が附帯している——を迎えることになる。曲がりなりにも歴史学徒としてこれまで私が研究を続けることができたのは、多くの方々のお世話になり、御援助をいただいた結果である。すべての方々に、心から感謝の意を表したい。

本書の出版に際しては、北海道大学大学院文学研究科の平成二十六年度一般図書出版助成を受けることができた。関係各位に深く謝意を表する次第である。汲古書院の小林詔子氏には、本書の編集において懇切な御配慮をいただいた。ここに記してお礼を申し上げる。

最後に、本書もまた、すべてにおいて私を支えてくれた妻ふみよに捧げることにしたい。

二〇一五年一月二十日

三　木　聰　識

著者紹介
三木　聰（みき　さとし）

1951年　北海道生まれ
現　在　北海道大学大学院文学研究科教授

著　書　『伝統中国判牘資料目録』（共編、2010年、汲古書院）
『明清福建農村社会の研究』（2002年、北海道大学図書刊行会）
『盗みの文化誌』（共著、1995年、青弓社）

伝統中国と福建社会

二〇一五年二月二十八日　発行

著　者　三　木　　聰
発行者　石　坂　叡　志
整版印刷　富士リプロ㈱

発行所　汲　古　書　院
〒102-0072 東京都千代田区飯田橋二-五-四
電　話　〇三（三二六五）九七六四
FAX　〇三（三二二二）一八四五

ISBN978-4-7629-6542-5　C3022

The Traditional China in Fujian

by

Satoshi MIKI

2015

KYUKO-SHOIN

TOKYO

索　引

事項索引

人名索引

ナ行

ハ行

ワ